信息系统项目管理师

章节习题与考点特训（第二版）

薛大龙 ◎ 主 编

王 红 赵德端 唐 徽 ◎ 副主编

www.waterpub.com.cn

·北京·

内 容 提 要

信息系统项目管理师考试是全国计算机技术与软件专业技术资格（水平）考试（简称"软考"）的高级资格考试，通过信息系统项目管理师考试，可获得高级工程师职称。

本书针对新颁第四版信息系统项目管理师考试大纲编写，作为软考教材的章节练习题集，本书具有四个特点：目录与第四版官方教材一致；知识点分布与最新考纲一致；重点与高频考点一致；难度与历年真题一致。在学习了知识点之后，再做与该章节知识点相对应的练习题，可以极大地提升学习效率。

本书可作为考生备考"信息系统项目管理师"的学习教材，也可供相关考试培训班使用。

图书在版编目（ＣＩＰ）数据

信息系统项目管理师章节习题与考点特训 / 薛大龙主编. -- 2版. -- 北京 : 中国水利水电出版社, 2023.11
ISBN 978-7-5226-1929-3

Ⅰ. ①信… Ⅱ. ①薛… Ⅲ. ①信息系统－项目管理－资格考试－自学参考资料 Ⅳ. ①G202

中国国家版本馆CIP数据核字(2023)第217432号

策划编辑：周春元　　　责任编辑：王开云　　　封面设计：李　佳

书　　名	信息系统项目管理师章节习题与考点特训（第二版） XINXI XITONG XIANGMU GUANLISHI ZHANGJIE XITI YU KAODIAN TEXUN
作　　者	主　编　薛大龙 副主编　王　红　赵德端　唐　徽
出版发行	中国水利水电出版社 （北京市海淀区玉渊潭南路1号D座　100038） 网址：www.waterpub.com.cn E-mail: mchannel@263.net（答疑） 　　　　sales@mwr.gov.cn 电话：（010）68545888（营销中心）、82562819（组稿）
经　　售	北京科水图书销售有限公司 电话：（010）68545874、63202643 全国各地新华书店和相关出版物销售网点
排　　版	北京万水电子信息有限公司
印　　刷	三河市鑫金马印装有限公司
规　　格	184mm×240mm　16开本　19.75印张　497千字
版　　次	2019年11月第1版　2019年11月第1次印刷 2023年11月第2版　2023年11月第1次印刷
印　　数	0001—3000册
定　　价	58.00元

凡购买我社图书，如有缺页、倒页、脱页的，本社营销中心负责调换

版权所有·侵权必究

本书之 WHAT&WHY

为什么选择本书

软考高级资格考试的历年全国平均通过率一般在 10%左右。考试所涉及的知识范围较广，而考生一般又多忙于工作，仅靠教程，考生在有限的时间内很难领略及把握考试的重点和难点。

本书作者多年来潜心研究软考知识体系，对历年的软考试题进行了深入分析、归纳与总结，并把这些规律性的东西融入软考培训的教学当中，取得了非常显著的效果。但限于各方面条件，能够参加面授的考生还是相对少数，为了能让更多考生分享到我们的一些经验与成果，特组织编写了本书。本书具有以下四个特点：

➢ **目录与第四版官方教材一致**：本书按照分类组织成习题集，使考生能更有针对性地复习和应考，考生通过做本书的习题，可掌握教材各章的知识点，考试重点和难点，熟悉考试方法、试题形式、试题的深度与广度、考试内容的分布，以及解答问题的方法和技巧。

➢ **知识点分布与最新考纲一致**：本书作者通过细致分析考试大纲，结合命题规律，使得本书中的题目分布与最新的信息系统项目管理师考试大纲的要求一致，符合考纲要求的正态分布。在学习了知识点之后，再做与该章节知识点相对应的练习题，可以极大地提升学习效率。

➢ **重点与高频考点一致**：本书把作者团队中多名杰出讲师的软考教学经验、多年试题研究及命题规律总结经验融汇在一起，练习题目与高频考点呈强正相关的关系，同时兼顾非高频考点。

➢ **难度与历年真题一致**：本书在以上三个特点的基础上，还专门分析了考试难度，使得练习题的难度与历年真题的难度一致，从而使考生不过多地正偏离，也不负偏离，完全符合考试的要求。

本书作者不一般

本书由薛大龙担任主编，由王红、赵德端、唐徽担任副主编。具体负责章节如下：第 1、3、5、7、9、10、11、13、15、17、19、22、23 章由王红负责，第 2、4、6、8、12、14、16、18、20、24 章由赵德端负责，第 21、25 章由唐徽和薛大龙负责，全书由薛大龙确定架构，由赵德端统稿，由薛大龙定稿。

薛大龙，北京理工大学博士研究生，多所大学客座教授，北京市评标专家，全国计算机技术与软件专业技术资格（水平）考试辅导教材编委会主任，作为规则制定者，曾多次参与全国软考的命题与阅卷。

王红，中南财经政法大学硕士研究生，高级工程师、PMP、信息系统项目管理师、系统集成项目管理工程师，具有丰富的软考和项目管理实战与培训经验，对软考有深入的研究，专业知识扎实，授课方法精妙，经常采用顺口溜记忆法和一些常识启发学员的理解与记忆；风格干净利落，温和中不失激情，极富感染力，深受学员好评。非常熟悉题目要求、题目形式、题目难度、题目深度等，曾在北京、上海、广东、湖北等地进行公开课和企业内训。

赵德端，软考新锐讲师，资深工程师，授课学员近十万人次。专业基础扎实，授课思路清晰，擅长提炼总结高频考点，举例通俗易懂，化繁为简。深知考试套路，熟知解题思路。教学风格生动活泼，灵活有趣，擅长运用口诀联系实际进行授课，深受学员喜爱。

唐徽，全国计算机技术与软件专业技术资格（水平）考试用书编委会委员，多次参与软考辅导书籍的编写工作。信息系统与信息管理专业高级工程师、资深项目经理，目前参与管理过的项目总投资金额累计上亿元，具有丰富的项目管理经验。主要研究方向：信息系统项目管理师、系统集成项目管理工程师、系统规划与管理师等。

致谢

感谢中国水利水电出版社周春元编辑在本书的策划、写作大纲的确定、编辑出版等方面付出的辛勤劳动和智慧，以及他给予我们的很多支持与帮助。

由于编者水平有限，且本书涉及的内容很广，书中难免存在疏漏和不妥之处，诚恳地期望各位专家和读者不吝指正和帮助，对此，我们将十分感激。

本书适合谁

本书可作为考生备考"信息系统项目管理师"的学习教材，也可供相关考试培训班使用。考生可通过学习本书，掌握考试的重点，熟悉试题形式及解答问题的方法和技巧等。

编　者

2023 年于北京

目　　录

本书之 WHAT&WHY

第 1 章　信息化发展 ·············· 1
　1.1　信息与信息化 ············· 1
　　答案及解析 ················· 2
　1.2　现代化基础设施 ··········· 3
　　答案及解析 ················· 3
　1.3　现代化创新发展 ··········· 3
　　答案及解析 ················· 4
　1.4　数字中国 ················· 5
　　答案及解析 ················· 5
　1.5　数字化转型与元宇宙 ······· 6
　　答案及解析 ················· 6
第 2 章　信息技术发展 ············ 8
　2.1　信息技术及其发展 ········· 8
　　答案及解析 ················· 9
　2.2　新一代信息技术及应用 ···· 11
　　答案及解析 ················ 12
第 3 章　信息系统治理 ··········· 15
　3.1　IT 治理 ················· 15
　　答案及解析 ················ 16
　3.2　IT 审计 ················· 16
　　答案及解析 ················ 17
第 4 章　信息系统管理 ··········· 19
　4.1　管理方法 ················ 19
　　答案及解析 ················ 20
　4.2　管理要点 ················ 21
　　答案及解析 ················ 22
第 5 章　信息系统工程 ··········· 25
　5.1　软件工程 ················ 25
　　答案及解析 ················ 28
　5.2　数据工程 ················ 32

　　答案及解析 ················ 34
　5.3　系统集成 ················ 36
　　答案及解析 ················ 36
　5.4　安全工程 ················ 36
　　答案及解析 ················ 37
第 6 章　项目管理概论 ··········· 39
　6.1　PMBOK 的发展 ············ 39
　　答案及解析 ················ 39
　6.2　项目基本要素 ············ 40
　　答案及解析 ················ 41
　6.3　项目经理的角色 ·········· 44
　　答案及解析 ················ 44
　6.4　价值驱动的项目管理知识体系 ···· 46
　　答案及解析 ················ 48
第 7 章　项目立项管理 ··········· 51
　7.1　项目建议与立项申请 ······ 51
　　答案及解析 ················ 52
　7.2　项目可行性研究 ·········· 52
　　答案及解析 ················ 55
　7.3　项目评估与决策 ·········· 59
　　答案及解析 ················ 59
第 8 章　项目整合管理 ··········· 61
　8.1　管理基础 ················ 61
　　答案及解析 ················ 61
　8.2　项目整合管理过程 ········ 62
　　答案及解析 ················ 63
　8.3　制定项目章程 ············ 64
　　答案及解析 ················ 65
　8.4　制订项目管理计划 ········ 66
　　答案及解析 ················ 67

8.5　指导与管理项目工作 ················· 68
答案及解析 ····························· 68
8.6　管理项目知识 ··························· 69
答案及解析 ····························· 70
8.7　监控项目工作 ··························· 70
答案及解析 ····························· 70
8.8　实施整体变更控制 ···················· 72
答案及解析 ····························· 72
8.9　结束项目或阶段 ······················· 72
答案及解析 ····························· 73

第9章　项目范围管理 ························· 74
9.1　管理基础 ·································· 74
答案及解析 ····························· 75
9.2　项目范围管理过程 ···················· 75
答案及解析 ····························· 76
9.3　规划范围管理 ··························· 78
答案及解析 ····························· 79
9.4　收集需求 ·································· 80
答案及解析 ····························· 82
9.5　定义范围 ·································· 84
答案及解析 ····························· 85
9.6　创建WBS ································· 85
答案及解析 ····························· 87
9.7　确认范围 ·································· 88
答案及解析 ····························· 90
9.8　控制范围 ·································· 91
答案及解析 ····························· 92

第10章　项目进度管理 ······················· 93
10.1　管理基础 ································ 93
答案及解析 ····························· 93
10.2　项目进度管理过程 ·················· 94
答案及解析 ····························· 94
10.3　规划进度管理 ························· 95
答案及解析 ····························· 96
10.4　定义活动 ································ 97
答案及解析 ····························· 99

10.5　排列活动顺序 ························· 101
答案及解析 ····························· 105
10.6　估算活动持续时间 ·················· 107
答案及解析 ····························· 109
10.7　制订进度计划 ························· 111
答案及解析 ····························· 116
10.8　控制进度 ································ 120
答案及解析 ····························· 120

第11章　项目成本管理 ······················· 122
11.1　管理基础 ································ 122
答案及解析 ····························· 125
11.2　项目成本管理过程 ·················· 128
答案及解析 ····························· 129
11.3　规划成本管理 ························· 129
答案及解析 ····························· 130
11.4　估算成本 ································ 130
答案及解析 ····························· 132
11.5　制定预算 ································ 134
答案及解析 ····························· 135
11.6　控制成本 ································ 136
答案及解析 ····························· 140

第12章　项目质量管理 ······················· 144
12.1　管理基础 ································ 144
答案及解析 ····························· 145
12.2　项目质量管理过程 ·················· 146
答案及解析 ····························· 146
12.3　规划质量管理 ························· 147
答案及解析 ····························· 148
12.4　管理质量 ································ 149
答案及解析 ····························· 150
12.5　控制质量 ································ 151
答案及解析 ····························· 152

第13章　项目资源管理 ······················· 154
13.1　管理基础 ································ 154
答案及解析 ····························· 158
13.2　项目资源管理过程 ·················· 162

答案及解析 …………………………………… 162	答案及解析 …………………………………… 195
13.3 规划资源管理 ……………………………… 163	15.7 规划风险应对 ……………………………… 197
答案及解析 …………………………………… 165	答案及解析 …………………………………… 199
13.4 估算活动资源 ……………………………… 167	15.8 实施风险应对 ……………………………… 201
答案及解析 …………………………………… 168	答案及解析 …………………………………… 201
13.5 获取资源 …………………………………… 169	15.9 监督风险 …………………………………… 201
答案及解析 …………………………………… 170	答案及解析 …………………………………… 202
13.6 建设团队 …………………………………… 171	第16章 项目采购管理 ……………………………… 203
答案及解析 …………………………………… 173	16.1 管理基础 …………………………………… 203
13.7 管理团队 …………………………………… 174	答案及解析 …………………………………… 203
答案及解析 …………………………………… 176	16.2 项目采购管理过程 ………………………… 203
13.8 控制资源 …………………………………… 177	答案及解析 …………………………………… 204
答案及解析 …………………………………… 178	16.3 规划采购管理 ……………………………… 204
第14章 项目沟通管理 ……………………………… 179	答案及解析 …………………………………… 205
14.1 管理基础 …………………………………… 179	16.4 实施采购 …………………………………… 206
答案及解析 …………………………………… 179	答案及解析 …………………………………… 206
14.2 项目沟通管理过程 ………………………… 180	16.5 控制采购 …………………………………… 207
答案及解析 …………………………………… 180	答案及解析 …………………………………… 207
14.3 规划沟通管理 ……………………………… 181	16.6 项目合同管理 ……………………………… 207
答案及解析 …………………………………… 182	答案及解析 …………………………………… 208
14.4 管理沟通 …………………………………… 183	第17章 项目干系人管理 …………………………… 210
答案及解析 …………………………………… 183	17.1 管理基础 …………………………………… 210
14.5 监督沟通 …………………………………… 184	答案及解析 …………………………………… 210
答案及解析 …………………………………… 184	17.2 项目干系人管理过程 ……………………… 211
第15章 项目风险管理 ……………………………… 185	答案及解析 …………………………………… 211
15.1 管理基础 …………………………………… 185	17.3 识别干系人 ………………………………… 212
答案及解析 …………………………………… 187	答案及解析 …………………………………… 213
15.2 项目风险管理过程 ………………………… 188	17.4 规划干系人参与 …………………………… 215
答案及解析 …………………………………… 189	答案及解析 …………………………………… 216
15.3 规划风险管理 ……………………………… 189	17.5 管理干系人参与 …………………………… 216
答案及解析 …………………………………… 190	答案及解析 …………………………………… 217
15.4 识别风险 …………………………………… 190	17.6 监督干系人参与 …………………………… 218
答案及解析 …………………………………… 192	答案及解析 …………………………………… 219
15.5 实施定性风险分析 ………………………… 192	第18章 项目绩效域 ………………………………… 220
答案及解析 …………………………………… 193	18.1 干系人绩效域 ……………………………… 220
15.6 实施定量风险分析 ………………………… 194	答案及解析 …………………………………… 221

18.2 团队绩效域 ············· 222
答案及解析 ············· 222
18.3 开发方法和生命周期绩效域 ····· 223
答案及解析 ············· 223
18.4 规划绩效域 ············· 225
答案及解析 ············· 225
18.5 项目工作绩效域 ·········· 226
答案及解析 ············· 226
18.6 交付绩效域 ············· 227
答案及解析 ············· 227
18.7 度量绩效域 ············· 228
答案及解析 ············· 228
18.8 不确定性绩效域 ·········· 229
答案及解析 ············· 230

第19章 配置管理与变更管理 ········ 232
19.1 配置管理 ·············· 232
答案及解析 ············· 236
19.2 变更管理 ·············· 239
答案及解析 ············· 240
19.3 项目文档管理 ············ 240
答案及解析 ············· 241

第20章 高级项目管理 ············ 243
20.1 项目集管理 ············· 243
答案及解析 ············· 244
20.2 项目组合管理 ············ 247
答案及解析 ············· 248
20.3 组织级项目管理 ·········· 250
答案及解析 ············· 250
20.4 量化项目管理 ············ 251
答案及解析 ············· 252
20.5 项目管理实践模型 ········· 252
答案及解析 ············· 253

第21章 项目管理科学基础 ········· 255
21.1 工程经济学 ············· 255

答案及解析 ············· 256
21.2 运筹学 ··············· 258
答案及解析 ············· 261

第22章 组织通用治理 ············ 265
22.1 组织战略 ·············· 265
答案及解析 ············· 266
22.2 绩效考核 ·············· 268
答案及解析 ············· 270
22.3 转型升级 ·············· 271
答案及解析 ············· 272

第23章 组织通用管理 ············ 273
23.1 人力资源管理 ············ 273
答案及解析 ············· 275
23.2 流程管理 ·············· 279
答案及解析 ············· 280
23.3 知识管理 ·············· 281
答案及解析 ············· 282
23.4 市场营销 ·············· 283
答案及解析 ············· 284

第24章 法律法规与标准规范 ······· 285
24.1 法律法规 ·············· 285
答案及解析 ············· 288
24.2 标准规范 ·············· 293
答案及解析 ············· 293

第25章 案例分析 ··············· 296
试题一 ················· 296
试题二 ················· 297
试题三 ················· 297
试题四 ················· 298
试题五 ················· 299
试题六 ················· 300
试题七 ················· 301
答案及解析 ············· 302

第1章 信息化发展

1.1 信息与信息化

- 国家信息化体系包含六个要素，其中___(1)___是国家信息化成功之本，对其他各要素的发展速度和质量有着决定性的影响，是信息化建设的关键。
  - （1）A．信息技术和产业　　　　　　　B．信息资源
  　　　 C．信息化人才　　　　　　　　　D．信息化政策法规和标准规范
- 信息的质量属性中，___(2)___代表信息的来源、采集方法、传输过程是可以信任的，符合预期。
  - （2）A．可靠性　　　B．完整性　　　C．可验证性　　　D．安全性
- 关于信息化基本内涵的描述，不正确的是___(3)___。
  - （3）A．信息化的手段是基于现代信息技术的先进社会生产工具
  　　　 B．信息化的空域是政治、经济、文化、军事和社会一切的领域
  　　　 C．信息化实现的途径是创建信息时代的社会生产力，推动社会生产关系及社会上层建筑的改革
  　　　 D．信息化的主体是信息技术领域的从业者，包括开发和测试人员
- 关于信息化的趋势，下列说法错误的是___(4)___。
  - （4）A．产业信息化是指整个社会体系采用先进的信息技术，建立各种互联网平台和网络，拓展人们日常生活的信息内容和活动时空
  　　　 B．国民经济信息化指在经济大系统内实现统一的信息大流动，使金融、贸易、投资、计划、营销等组成一个信息大系统，生产、流通、分配、消费等经济的四个环节通过信息进一步连成一个整体
  　　　 C．越来越多的产品中嵌入了智能化元器件，使产品具有越来越强的信息处理功能，这体现了产品信息化趋势

D. 传统产业广泛利用信息技术建立各种类型的产业互联网平台和网络，实现产业内各种资源、要素的优化与重组，从而实现产业的升级，这体现了产业信息化

答案及解析

（1）**答案：C** 解析 信息化体系包含信息技术应用、信息资源、信息网络、信息技术和产业、信息化人才、信息化政策法规和标准规范六个要素。其中，信息资源是核心、信息技术应用是龙头、信息网络是基础设施、信息技术和产业是国家信息化建设的基础、信息化人才是关键、信息化政策法规和标准规范是保障。

（2）**答案：A** 解析 信息的质量属性如下。

精确性：对事物状态描述的精准程度。

完整性：对事物状态描述的全面程度，完整信息应包括所有重要事实。

可靠性：指信息的来源、采集方法、传输过程是可以信任的，符合预期。

及时性：指获得信息的时刻与事件发生时刻的间隔长短。

经济性：指信息获取、传输带来的成本在可以接受的范围之内。

可验证性：指信息的主要质量属性可以被证实或者证伪的程度。

安全性：信息可以被非授权访问的可能性，可能性越低，安全性越高。

（3）**答案：D** 解析 信息化的基本内涵如下。

主体：是全体社会成员，包括政府、企业、事业、团体、个人。

时域：是一个长期的过程。

空域：是政治、经济、文化、军事和社会一切的领域。

手段：基于现代信息技术的先进社会生产工具。

途径：创建信息时代的社会生产力，推动社会生产关系及社会上层建筑的改革。

目标：使国家的总和实力，社会的文明素质和人民的生活质量全民提升。

（4）**答案：A** 解析 产品信息化——产品中各类信息比重日益增大、物质比重日益降低，其物质产品的特征向信息产品的特征迈进，越来越多的产品中嵌入了智能化元器件，使产品具有越来越强的信息处理功能。

产业信息化——农业、工业、服务业等传统产业广泛利用信息技术，大力开发和利用信息资源，建立各种类型的产业互联网平台和网络，实现产业内各种资源、要素的优化与重组，从而实现产业的升级。

社会生活信息化——包括市场、科技、教育、军事、政务、日常生活等在内的整个社会体系采用先进的信息技术，建立各种物联网平台和网络，大力拓展人们日常生活的信息内容，丰富人们的精神生活，拓展人们的活动时空等。

国民经济信息化——指在经济大系统内实现统一的信息大流动，使金融、贸易、投资、计划、营销等组成一个信息大系统，生产、流通、分配、消费等经济的四个环节通过信息进一步连成一个整体，国民经济信息化是世界各国急需实现的目标。

1.2 现代化基础设施

- 新型基础设施建设（简称"新基建"）作为拉动经济的新亮点，已经成为国家政策和地方政策的重要发力点，下列___(1)___不属于新基建的内容。
  - （1）A．工业互联网　　　B．高速公路　　　C．大数据中心　　　D．5G基站建设
- 新型基础设施建设，不包括___(2)___。
  - （2）A．信息基础设施　　　　　　　B．融合基础设施
  - 　　　C．工业基础设计　　　　　　　D．创新基础设施
- 工业互联网以网络为基础、___(3)___为中枢、数据为要素、安全为保障，既是工业数字化、网络化、智能化转型的基础设施，也是互联网、大数据、人工智能与实体经济深度融合的应用模式。
  - （3）A．技术　　　　　B．平台　　　　　C．生产　　　　　D．设备

答案及解析

（1）答案：B　解析　新型基础设施建设，主要包括5G基站建设、特高压、城际高速铁路和城市轨道交通、新能源汽车充电桩、大数据中心、人工智能、工业互联网七大领域。

（2）答案：C　解析　2018年中央经济工作会议提出"加快5G商用步伐，加强人工智能、工业互联网、物联网等新型基础设施建设"，主要包括三方面：

1）信息基础设施，基于新一代信息技术演化生成的基础设施，包括通信网络基础设施（5G、物联网、工业互联网、卫星互联网）；新技术基础设施（人工智能、云计算、区块链）；算力基础设施（数据中心、智能计算中心）。

2）融合基础设施，深度应用互联网、大数据、人工智能等技术，支撑传统基础设施转型升级，进而形成的融合基础设施。包括智能交通基础设施、智慧能源基础设施。

3）创新基础设施，支撑科学研究、技术开发、产品研制的具有公益属性的基础设施。包括重大科技基础设施、科教基础设施、产业技术创新基础设施。强调"平台新"。

（3）答案：B　解析　工业互联网不是互联网在工业的简单应用，而是具有更为丰富的内涵和外延。它以网络为基础、平台为中枢、数据为要素、安全为保障，既是工业数字化、网络化、智能化转型的基础设施，也是互联网、大数据、人工智能与实体经济深度融合的应用模式，同时也是一种新业态、新产业，将重塑企业形态、供应链和产业链。

1.3 现代化创新发展

- 关于我国两化融合的说法，不恰当的是___(1)___。
  - （1）A．工业化是信息化的基础，两者并举互动，共同发展

B．工业化为信息化的发展带来旺盛的市场需求

C．信息化是当务之急，可以减缓工业化，集中实现信息化

D．要抓住网络革命的机遇，通过信息化促进工业化

- GB/T 39116《智能制造能力成熟度模型》的成熟度等级分为五个等级，其中企业应采用自动化技术、信息技术手段对核心装备和业务活动等进行改造和规范，实现单一业务活动的数据共享属于___（2）___。

（2）A．规划级　　　　B．规范级　　　　C．集成级　　　　D．优化级

- 根据"十四五"规划和2035年远景目标纲要，到2035年，我国进入创新型国家前列，基本实现新型工业化、信息化、城镇化、___（3）___。

（3）A．农业现代化　　B．区域一体化　　C．智能化　　　　D．数字化

- ___（4）___是以个人为用户，以日常生活为应用场景的应用形式，以满足消费者在互联网中的消费需求而生的互联网类型。

（4）A．消费互联网　　B．工业互联网　　C．移动互联网　　D．产业互联网

答案及解析

（1）**答案：C**　解析　实施两化深度融合是企业落实《中国制造2025》战略规划的重要途径。我们不能等工业化完成后才开始信息化或停下工业化只搞信息化，而是应该抓住网络革命的机遇，通过信息化促进工业化，通过工业化为信息化打基础，走信息化和工业化并举、融合、互动、互相促进、共同发展之路。

（2）**答案：B**　解析　GB/T 39116《智能制造能力成熟度模型》规定了企业智能制造能力在不同阶段应达到的水平。成熟度等级分为五个等级，自低向高分别是一级（规划级）、二级（规范级）、三级（集成级）、四级（优化级）和五级（引领级）。较高的成熟度等级涵盖了低成熟度等级的要求。

1）一级（规划级）：企业应开始对实施智能制造的基础和条件进行规划，能够对核心业务活动（设计、生产、物流、销售、服务）进行流程化管理。

2）二级（规范级）：企业应采用自动化技术、信息技术手段对核心装备和业务活动等进行改造和规范，实现单一业务活动的数据共享。

3）三级（集成级）：企业应对装备、系统等开展集成，实现跨业务活动间的数据共享。

4）四级（优化级）：企业应对人员、资源、制造等进行数据挖掘，形成知识、模型等，实现对核心业务活动的精准预测和优化。

5）五级（引领级）：企业应基于模型持续驱动业务活动的优化和创新，实现产业链协同并衍生新的制造模式和商业模式。

（3）**答案：A**　解析　展望2035年，我国将基本实现社会主义现代化。关键核心技术实现重大突破，进入创新型国家前列。基本实现新型工业化、信息化、城镇化、农业现代化，建成现代化经济体系。

(4) **答案：A** 解析 消费互联网是以个人为用户，以日常生活为应用场景的应用形式，以满足消费者在互联网中的消费需求而生的互联网类型。消费互联网本质是个人虚拟化，以消费者为服务中心。

1.4 数字中国

- 《"十四五"数字经济发展规划》中明确提出___(1)___要素是数字经济深化发展的核心引擎。
  (1) A．数据　　　　　B．信息　　　　　C．技术　　　　　D．资源
- 数字经济"四化"框架内容是___(2)___。
  ①数字产业化　②产业数字化　③数字化治理　④数据价值化　⑤数字资本化　⑥数字资源化
  (2) A．①③④⑤　　　B．①②③④　　　C．②③④⑥　　　D．①②⑤⑥
- 智慧城市的五个核心要素不包括___(3)___。
  (3) A．多元融合　　　B．态势感知　　　C．数字孪生　　　D．中心决策
- 《"十四五"国家信息化规划》指出，以推动高质量发展为题，以建设___(4)___为总目标，以加快___(4)___发展为总抓手，发挥___(4)___对经济社会发展的驱动引领作用。
  (4) A．网络强国　信息化　数字网络　　B．数字中国　数字化　信息化
  　　C．制造强国　制造业　智能制造　　D．智能强国　智能化　数智化
- 提高数字政府建设水平，下列做法不恰当的是___(5)___。
  (5) A．推动政务信息化共建共用　　　　B．提高数字化政务服务效能
  　　C．加强国有数据开放共享　　　　　D．持续深化政务信息系统整合

答案及解析

(1) **答案：A** 解析 国务院印发《"十四五"数字经济发展规划》（以下简称《规划》），强调数据要素是数字经济深化发展的核心引擎；到2025年数据要素市场体系初步建立。《规划》还提出了要充分发挥数据要素作用；加快数据要素市场化流通；鼓励企业、研究机构等主体基于区块链等数字技术探索相关应用。

(2) **答案：B** 解析 数字经济包括数字产业化、产业数字化、数字化治理和数据价值化四个部分。

(3) **答案：D** 解析 ① 数据治理：围绕数据这一新的生产要素进行能力构建，包括数据责权利管控、全生命周期管理及其开发利用等。② 数字孪生：围绕现实世界与信息世界的互动融合进行能力构建，包括社会孪生、城市孪生和设备孪生等，将推动城市空间摆脱物理约束，进入数字空间。③ 边际决策：基于决策算法和信息应用等进行能力构建，强化执行端的决策能力，从而达到快速反应、高效决策的效果，满足对社会发展的敏捷需求。④ 多元融合：强调社会关系和社会活动的动态性及其融合的高效性等，实现服务可编排和快速集成，从而满足各项社会发展的创新需求。⑤ 态势感知：围绕对社会状态的本质反映及模拟预测等进行能力构建，洞察可变因素与不可

见因素对社会发展的影响，从而提升生活质量。

（4）**答案：B** **解析** 《规划》强调，要深入贯彻党的十九大和十九届二中、三中、四中、五中、六中全会精神，坚持以习近平新时代中国特色社会主义思想特别是习近平总书记关于网络强国的重要思想为指导，紧紧围绕统筹推进"五位一体"总体布局和协调推进"四个全面"战略布局，坚定不移贯彻新发展理念，坚持稳中求进工作总基调，以推动高质量发展为主题，以建设数字中国为总目标，以加快数字化发展为总抓手，发挥信息化对经济社会发展的驱动引领作用，推动新型工业化、信息化、城镇化、农业现代化同步发展，加快建设现代化经济体系。

（5）**答案：C** **解析** 提高数字政府建设水平，需要：①加强公共数据开放共享；②推动政务信息化共建共用；③提高数字化政务服务效能。

1.5 数字化转型与元宇宙

- ___（1）___ 是与土地、劳动力、资本和技术并列的主要生产要素，将会是未来社会数字化、智能化发展的重要基础。
  （1）A．数据　　　　　B．资本　　　　　C．劳动力　　　　D．知识
- 元宇宙本身不是一种技术，而是一个理念和概念，它需要整合不同的新技术，强调虚实相融。元宇宙主要有以下几项核心技术：一是___（2）___，包括VR、AR和MR，可以提供沉浸式的体验；二是___（2）___，能够把现实世界镜像到虚拟世界里面去，在元宇宙里面，我们可以看到很多自己的虚拟分身；三是用___（2）___来搭建经济体系。经济体系将通过稳定的虚拟产权和成熟的去中心化金融生态具备现实世界的调节功能，市场将决定用户劳动创造的虚拟价值。
  （2）A．扩展现实　数字孪生　区块链　　　B．增强现实　虚拟技术　区块链
  　　C．增强现实　数字孪生　大数据　　　　D．扩展现实　虚拟技术　大数据
- 元宇宙的主要特征有___（3）___。
  ①沉浸式体验　　②虚拟身份　　③虚拟经济　　④虚拟政府
  （3）A．①②③　　　B．①②④　　　C．②③④　　　D．①③④

答案及解析

（1）**答案：A** **解析** 数据是与土地、劳动力、资本和技术并列的主要生产要素，将会是未来社会数字化、智能化发展的重要基础。

（2）**答案：A** **解析** 元宇宙主要有以下几项核心技术：一是扩展现实技术，包括VR、AR和MR。扩展现实技术可以提供沉浸式的体验，可以解决手机解决不了的问题。二是数字孪生，能够把现实世界镜像到虚拟世界里面去。这也意味着在元宇宙里面，我们可以看到很多自己的虚拟分身。三是用区块链来搭建经济体系。随着技术的进一步发展，对整个现实社会的模拟程度将加强，我们在元宇宙当中可能不仅仅是在花钱，而且有可能赚钱，这样在虚拟世界里同样形成了一套经济体系。

（3）**答案：A** **解析** 元宇宙的主要特征有：

沉浸式体验：元宇宙的发展主要基于人们对互联网体验的需求，这种体验就是即时信息基础上的沉浸式体验。

虚拟身份：人们已经拥有大量的互联网账号，未来人们在元宇宙中，随着账号内涵和外延的进一步丰富，将会发展成为一个或若干个数字身份，这种身份就是数字世界的一个或一组角色。

虚拟经济：虚拟身份的存在就促使元宇宙具备了开展虚拟社会活动的能力，而这些活动需要一定的经济模式展开，即虚拟经济。

虚拟社会治理：元宇宙中的经济与社会活动也需要一定的法律法规和规则的约束，就像现实世界一样，元宇宙也需要社区化的社会治理。

第2章 信息技术发展

2.1 信息技术及其发展

- 信息技术是指信息的获取、整理、加工、存储、传递和利用过程中所采用的技术和方法，其中控制与显示技术属于___(1)___。
  - (1) A. 信息获取　　　B. 信息传递　　　C. 信息存储　　　D. 信息执行
- 下列关于计算机网络的说法，不正确的是___(2)___。
  - (2) A. 是将地理位置不同，并具有独立功能的多个计算机系统通过通信设备和线路连接起来，且以功能完善的网络软件（网络协议、信息交换方式及网络操作系统等）实现网络资源共享的系统
    B. 按作用范围可划分为个人局域网（PAN）、局域网（LAN）、城域网（MAN）、区域网、公用网、专用网
    C. 网络协议：为计算机网络中进行数据交换而建立的规则、标准或约定的集合。由三个要素即语义、语法和时序组成
    D. 网络标准协议 OSI 是一个标准的协议框架，采用分层设计的技术，共分为七层，每层提供一个规范和指引，由各厂家分别提出具体的协议来实现
- 以下不属于软件定义网络的特征的是___(3)___。
  - (3) A. 软控分离　　　B. 集中控制　　　C. 开放接口　　　D. 南向接口
- 在 OSI 参考模型中，负责对应用层消息进行压缩、加密功能的层次为___(4)___。
  - (4) A. 传输层　　　　B. 会话层　　　　C. 表示层　　　　D. 应用层
- 在下列四项中，不属于 OSI 参考模型七个层次的是___(5)___。
  - (5) A. 会话层　　　　B. 网管层　　　　C. 数据链路层　　D. 物理层
- 软件定义网络是由美国斯坦福大学 Clean-Slate 课题研究组提出的一种新型网络创新架构，其核心技术 OpenFlow 通过将___(6)___与数据面分离开来。

（6）A．网络终端的控制面　　　　　　B．网络设备的控制面
　　　C．计算机设备的控制面　　　　　D．信息安全的控制面
- 第五代移动通信技术（5G）是新一代宽带移动通信技术，___（7）___不是5G的特点。
（7）A．高速率　　　　B．宏基站　　　　C．大连接　　　　D．低时延
- 存储虚拟化技术存储模式中，以文件作为传输对象的是___（8）___。
（8）A．DAS　　　　　　　　　　　　　B．SAN
　　　C．NAS　　　　　　　　　　　　　D．以上三种均可
- ___（9）___是数据库系统最早使用的一种模型，它用"树"结构表示实体集之间的关联，其中实体集（用矩形框表示）为节点，而树中各节点之间的连线表示它们之间的关联。
（9）A．非格式化模型　　　　　　　　　B．关系模型
　　　C．网状模型　　　　　　　　　　　D．层次模型
- 针对信息系统，安全可以划分为四个层次，其中不包括___（10）___。
（10）A．设备安全　　　　　　　　　　　B．人员安全
　　　C．内容安全　　　　　　　　　　　D．行为安全

答案及解析

（1）**答案：D　解析**　信息处理指为获取有效的信息而施加于初始信息的所有操作。包括：信息的收集、加工、存储、传递、施用。基本信息技术有：

感测与识别技术——信息的获取与识别。

通信与存储技术——信息的传递、存储问题。

计算与处理技术——信息的转换与加工问题。

控制与显示技术——信息的施效问题。

（2）**答案：B　解析**　计算机网络是将地理位置不同，并具有独立功能的多个计算机系统通过通信设备和线路连接起来，且以功能完善的网络软件（网络协议、信息交换方式及网络操作系统等）实现网络资源共享的系统。按作用范围可划分为个人局域网（PAN）、局域网（LAN）、城域网（MAN）、广域网（WAN）、公用网、专用网。

网络协议：为计算机网络中进行数据交换而建立的规则、标准或约定的集合。由三个要素即语义、语法和时序组成。

网络标准协议 OSI 是一个标准的协议框架，采用分层设计的技术，共分为七层，每层提供一个规范和指引，由各厂家分别提出具体的协议来实现。

（3）**答案：A　解析**　软件定义网络架构由下到上分为数据层、控制层和应用层，具有转控分离、集中控制和可编程三种特性。与传统网络模式相比，软件定义网络在网络开放性、控制灵活性和运维高效性等方面优势明显。接口具有开放性，以控制器为逻辑中心，南向接口负责与数据平面进行通信，北向接口负责与应用平面进行通信，东西向接口负责多控制器之间的通信。

（4）**答案：C　解析**

OSI 七层中表示层的主要功能和详细说明

层的名称	主要功能	详细说明	代表协议
表示层	管理数据表示方式	使应用层可以根据其服务解释数据的含义。通常包括数据编码的约定、本地句法的转换，使不同类型的终端可以互相通信，例如数据加解密、压缩和格式转换等	GIF、JPEG、DES、ASCII、MPEG

（5）**答案：B**　**解析**　OSI 模型把网络通信的工作分为由低到高的七层：物理层、数据链路层、网络层、传输层、会话层、表示层和应用层。网管层不属于其中。

（6）**答案：B**　**解析**　软件定义网络（SDN）是由美国斯坦福大学 Clean-Slate 课题研究组提出的一种新型网络创新架构，是网络虚拟化的一种实现方式。其核心技术 OpenFlow 通过将网络设备的控制面与数据面分离开来，从而实现了网络流量的灵活控制，使网络变得更加智能，为核心网络及应用的创新提供了良好的平台。

（7）**答案：B**　**解析**　第五代移动通信技术（简称 5G）是具有高速率、低时延和大连接特点的新一代宽带移动通信技术，是实现人机物互联的网络基础设施。宏基站是一种大型基站，需架设于铁塔上，一般具有三个扇面，全向覆盖，且功率较大、覆盖较广，需配备一个专用机房以存放设备。机房内的配置包括：控制模块、射频模块、传输模块、合分路单元，以及配套的电源（市电、蓄电、交流屏）、避雷箱、环境控制箱（含三种探头）、空调、消防器材等。宏基站通过馈线与铁塔上方的天线相连接。值得注意的是：宏基站实际上指的是机房及其中的设备，而铁塔上挂载的，其实是宏基站的天线。

（8）**答案：C**　**解析**

常用存储模式的技术与应用对比

存储系统架构	DAS	NAS	SAN
安装难易度	不一定	简单	复杂
数据传输协议	SCSI/FC/ATA	TCP/IP	FC
传输对象	数据块	文件	数据块

（9）**答案：D**　**解析**　常见的数据结构模型有三种：层次模型、网状模型和关系模型，层次模型和网状模型又统称为格式化数据模型，关系模型则是非格式化数据模型。

1）层次模型是数据库系统最早使用的一种模型，它用"树"结构表示实体集之间的关联，其中实体集（用矩形框表示）为节点，而树中各节点之间的连线表示它们之间的关联。

2）网状数据库系统采用网状模型作为数据的组织方式。网状模型用网状结构表示实体类型及实体之间的联系。网状模型是一种可以灵活地描述事物及其之间关系的数据库模型。

3）关系模型是在关系结构的数据库中用二维表格的形式表示实体以及实体之间的联系的模型。关系模型中无论是实体还是实体间的联系均由单一的结构类型关系来表示。

（10）**答案：B　解析**　信息必须依赖其存储、传输、处理及应用的载体（媒介）而存在，因此针对信息系统，安全可以划分为四个层次：<u>设备安全、数据安全、内容安全、行为安全</u>。

2.2　新一代信息技术及应用

- 物联网的体系架构可分为感知层、网络层和＿＿＿(1)＿＿＿三个层次。
  - (1) A．接入层　　　　B．中间层　　　　C．应用层　　　　D．数据层
- 在物联网架构中，物联网管理中心和物联网信息中心处于＿＿＿(2)＿＿＿。
  - (2) A．感知层　　　　B．网络层　　　　C．应用层　　　　D．管理层
- 瑞德公司是一家云服务供应商，向客户提供多租户、可制定的办公软件和客户关系管理软件。瑞德公司所提供的此项云服务属于＿＿＿(3)＿＿＿服务类型。
  - (3) A．IaaS　　　　　B．PaaS　　　　　C．SaaS　　　　　D．DaaS
- 在下列应用场景中，属于 SaaS（软件即服务）模式的是＿＿＿(4)＿＿＿。
  - (4) A．消费者从供应商处购买软件的 License
    B．消费者从互联网下载和使用免费软件
    C．供应商开拓新的 IT 基础设施业务，消费者通过 Internet 从该 IT 基础设施获得服务
    D．供应商通过 Internet 提供软件，消费者从供应商处租用基于 Web 的软件来管理企业经营活动
- 关于区块链的描述，不正确的是＿＿＿(5)＿＿＿。
  - (5) A．区块链技术提供了开放、分散和容错的事务机制，成为新一代匿名在线支付、汇款和数字资产交易的核心
    B．区块链可在不可信的网络进行可信的信息交换
    C．存储在区块链的交易信息是高度加密的
    D．区块链分为公有链、联盟链、私有链和混合链四大类
- 关于大数据特点的描述，正确的是＿＿＿(6)＿＿＿。
  ①数据海量　②数据处理速度快　③数据价值密度高　④数据类型多样　⑤结构化数据为主
  - (6) A．①②③　　　　B．②④⑤　　　　C．①②④　　　　D．②③⑤
- 当前，人工智能细分领域涌现出大批专业型深度学习框架，其中＿＿＿(7)＿＿＿擅长自然语言处理。
  - (7) A．ROS　　　　　B．OpenCV　　　　C．NLTK　　　　D．AR Tool Kit
- 自然语言理解是人工智能的重要应用领域，下列＿＿＿(8)＿＿＿不是它要实现的目标。
  - (8) A．理解别人讲的话
    B．对自然语言表示的信息进行分析概括或编辑
    C．欣赏音乐
    D．机器翻译
- 以下不属于虚拟现实技术特征的是＿＿＿(9)＿＿＿。
  - (9) A．沉浸性　　　　B．引用性　　　　C．交互性　　　　D．想象性

_____（10）_____不属于云计算的特点。
　　（10）A．高可扩展性　　　B．高成本性　　　C．通用性　　　D．高可靠性

答案及解析

　　（1）**答案：C** 解析 物联网架构可分为三层：感知层、网络层和应用层。
　　1）感知层由各种传感器构成，是物联网识别物体、采集信息的来源。
　　2）网络层由各种网络组成，是整个物联网的中枢，负责传递和处理感知层获取的信息。
　　3）应用层是物联网和用户的接口，它与行业需求结合以实现物联网的智能应用。
　　4）物联网的关键技术主要涉及传感器技术、传感网和应用系统框架等。
　　（2）**答案：B** 解析 物联网管理中心和物联网信息中心属于网络层。
　　（3）**答案：C** 解析 按照云计算服务提供的资源层次，可以分为：
　　1）基础设施即服务（IaaS），向用户提供计算机能力、存储空间等基础设施方面的服务。
　　2）平台即服务（PaaS），向用户提供虚拟的操作系统、数据库管理系统、Web 应用等平台化的服务。
　　3）软件即服务（SaaS），向用户提供应用软件（如 CRM、办公软件等）、组件、工作流等虚拟化软件的服务，SaaS 一般采用 Web 技术和 SOA 架构。
　　4）数据即服务（DaaS），通过专门的大数据处理，提炼出有价值的信息传递给有需要的用户。题干中表述的为软件及服务。
　　（4）**答案：D** 解析 云计算有 SaaS、PaaS 和 IaaS 三大服务模式。其中，SaaS（软件即服务）是一种通过互联网提供软件服务的模式，在该模式中企业用户不用再购买软件，而采用向软件服务提供商租用软件的方式来完成本企业的经营活动。在这种模式下，企业（或其他消费者）无须建设机房、购买软硬件、雇用运维人员，只需向软件服务提供商支付项目实施费和定期的软件租赁服务费，软件服务提供商负责管理和维护软件。据此，选项 D 中供应商提供的是运行在云计算基础设施上的应用程序，消费者可以在各种设备上通过瘦客户端界面（如浏览器）访问，消费者不需要管理（或控制）任何云计算基础设施（包括网络、服务器、操作系统、存储等），因此它属于 SaaS 模式。
　　（5）**答案：C** 解析 存储在区块链上的交易信息是公开的，但是账户身份信息是高度加密的，只有在数据拥有者授权的情况下才能访问到，从而保证了数据的安全和个人的隐私。
　　（6）**答案：C** 解析 大数据的主要特征包括：
　　1）数据海量：大数据的数据体量巨大，从 TB 级别跃升到 PB 级别（1PB=1024TB）、EB 级别（1EB=1024PB），甚至达到 ZB 级别（1ZB=1024EB）。
　　2）数据类型多样：大数据的数据类型繁多，一般分为结构化数据和非结构化数据。
　　3）数据价值密度低：数据价值密度的高低与数据总量的大小成反比。
　　4）数据处理速度快：为了从海量的数据中快速挖掘数据价值，要对不同类型的数据进行快速的处理。

（7）**答案：C**　**解析**　本题考查的是人工智能。

A 选项：ROS 是一个机器人软件平台，它能为异质计算机集群提供类似操作系统的功能。

B 选项：开源计算机视觉（OpenCV）是一个主要针对实时计算机视觉的编程函数库。

C 选项：Natural Language Toolkit（NLTK），自然语言处理工具包，在 NLP 领域中，是最常使用的一个 Python 库。

D 选项：AR Tool Kit 是一个 C/C++语言编写的库，通过它可以让我们很容易地编写增强现实应用程序。

（8）**答案：C**　**解析**　自然语言理解是人工智能的重要应用领域，主要涉及理解和处理人类使用的自然语言。欣赏音乐不是自然语言理解的目标，因为自然语言理解与音乐的欣赏没有直接关联。自然语言理解的目标通常包括：

1）理解别人讲的话：自然语言理解的一个关键目标是对他人所说的话进行理解，包括理解语音或文本中的语义、语法、上下文等信息。

2）对自然语言表示的信息进行分析概括或编辑：自然语言理解也涉及对文本信息的分析、概括和编辑，包括提取关键信息、总结内容、生成摘要等。

3）机器翻译：自然语言理解还包括机器翻译的任务，即将一种自然语言的文本转换为另一种自然语言的等效文本。

虽然音乐也是一种人类创造的语言形式，但它与自然语言理解的目标不直接相关。音乐欣赏更多涉及感知、情感和审美等方面，属于音乐领域，而非自然语言理解的范畴。

（9）**答案：B**　**解析**　建立一个能包容图像、声音、化学气味等多种信息源的信息空间，将其与视觉、听觉、嗅觉、口令、手势等人类的生活空间交叉融合，虚拟现实的技术应运而生。虚拟现实技术的主要特征包括沉浸性、交互性、多感知性、构想性（也称想象性）和自主性。

（10）**答案：B**　**解析**　云计算的特点：

1）超大规模。"云"具有相当的规模，Google 云计算已经拥有 100 多万台服务器，Amazon、IBM、微软、Yahoo、阿里等的"云"均拥有几十万台服务器。企业私有云一般拥有数百上千台服务器。

2）虚拟化。云计算支持用户在任意位置使用各种终端获取应用服务。所请求的资源来自"云"，而不是固定的有形的实体。应用在"云"中某处运行，但实际上用户无须了解、也不用担心应用运行的具体位置。只需要一台笔记本或者一部手机，就可以通过网络服务来实现我们需要的一切，甚至包括超级计算这样的任务。

3）高可靠性。"云"使用了数据多副本容错、计算节点同构可互换等措施来保障服务的高可靠性，使用云计算比使用本地计算机可靠。

4）通用性。云计算不针对特定的应用，在"云"的支撑下可以构造出千变万化的应用，同一个"云"可以同时支撑不同的应用运行。

5）高可扩展性。"云"的规模可以动态伸缩，满足应用和用户规模增长的需要。

6）按需服务。"云"是一个庞大的资源池，用户按需购买；云可以像自来水、电、煤气那样计费。

7）极其廉价。由于"云"的特殊容错措施可以采用极其廉价的节点来构成云，"云"的自动化集中式管理使大量企业无须负担日益高昂的数据中心管理成本，"云"的通用性使资源的利用率较之传统系统大幅提升，因此用户可以充分享受"云"的低成本优势，经常只要花费几百美元、几天时间就能完成以前需要数万美元、数月时间才能完成的任务。

8）潜在的危险性。云计算服务除了提供计算服务外，还必然提供了存储服务。但是云计算服务当前垄断在私人机构（企业）手中，而他们仅仅能够提供商业信用。政府机构、商业机构（特别像银行这样持有敏感数据的商业机构）在选择云计算服务、特别是国外机构提供的云计算服务时，务必考虑其潜在的危险性。

第 3 章 信息系统治理

3.1 IT 治理

- 关于 IT 治理的描述，不正确的是___(1)___。
  （1）A．IT 治理由组织治理层或高级管理层负责
      B．IT 治理强调数字目标与组织战略目标保持一致
      C．IT 治理保护中高层管理者的权益，对风险进行有效管理，平衡成本提高收益，增强组织的核心竞争力
      D．IT 治理是一种制度和机制
- ___(2)___不属于 IT 治理的三大目标。
  （2）A．与业务目标一致　　　　　　　B．有效利用信息与数据资源
      C．风险管理　　　　　　　　　　D．质量控制
- IT 治理本质上关心的是___(3)___。
  ①实现 IT 的业务价值　②规避风险　③数据资源利用最大化　④IT 战略部署
  （3）A．①②　　　B．①③　　　C．②③　　　D．②④
- IT 治理的核心内容不包括___(4)___。
  （4）A．战略匹配　　　B．资源管理　　　C．风险管理　　　D．质量管理
- 有效的机制依赖于正式的程序，这体现了 IT 治理的___(5)___原则。
  （5）A．简单　　　B．透明　　　C．适合　　　D．规范
- IT 治理围绕决策体系、责任归属、管理流程、___(6)___四个方面，规范和引导组织的 IT 治理。
  （6）A．内外评价　　　B．组织战略　　　C．组织环境　　　D．组织目标
- 组织开展治理系统设计通过流程化的方式进行，COBIT 给出的建议设计流程为___(7)___。
  ①确定 IT 治理的目标　②了解组织环境和战略　③确定治理系统的初步范围　④优化治理系统的范围　⑤最终确定治理系统的设计

（7）A. ①②③④⑤　　　B. ①②④⑤　　　C. ②③④⑤　　　D. ①③④⑤

答案及解析

（1）**答案：C**　解析　IT 治理的内涵：

1）IT 治理由组织治理层或高级管理层负责。

2）IT 治理强调数字目标与组织战略目标保持一致。

3）IT 治理保护利益相关者的权益，对风险进行有效管理，平衡成本提高收益，增强组织的核心竞争力。

4）IT 治理是一种制度和机制。

（2）**答案：D**　解析　IT 治理主要目标包括与业务目标一致、有效利用信息与数据资源、风险管理。

（3）**答案：A**　解析　IT 治理本质上关心：实现 IT 的业务价值和 IT 风险的规避。

（4）**答案：D**　解析　IT 治理的核心内容包括六个方面：组织职责、战略匹配、资源管理、价值交付、风险管理和绩效管理。

（5）**答案：B**　解析　建立 IT 治理机制的原则包括：

简单：机制应该明确地定义特定个人和团体所承担的责任和目标。

透明：有效的机制依赖于正式的程序。

适合：机制鼓励那些处于最佳位置的个人去制定特定的决策。

（6）**答案：A**　解析　在 IT 治理目标和边界确定的情况下，IT 治理围绕决策体系、责任归属、管理流程、内外评价四个方面，通过相关框架体系的研究，规范和引导组织的 IT 治理完成"做什么""如何做""怎么样""如何评价"等问题。

（7）**答案：C**　解析　COBIT 设计指南描述了组织如何设计量身定制的组织 IT 治理解决方案。高效和有效的 IT 治理系统是创造价值的起点。

COBIT 给出的建议设计流程：①了解组织环境和战略；②确定治理系统的初步范围；③优化治理系统的范围；④最终确定治理系统的设计。

3.2　IT 审计

- ＿＿（1）＿＿不属于组织的 IT 目标。

  （1）A. 组织的 IT 战略应与业务战略保持一致

  　　B. 保护信息资产的安全及数据的完整、可靠、有效

  　　C. 充分识别并规避相关 IT 风险

  　　D. 合理保证信息系统及其运用符合有关法律、法规及标准等的要求

- IT 审计风险主要包括固有风险、控制风险、＿＿（2）＿＿。

  （2）A. 检查风险　　　B. 内部风险　　　C. 外部风险　　　D. 风险预防

- ___(3)___ 的特征是审计人员只能评估其风险水平而不能对其实施控制和影响。
  (3) A. 固有风险　　　B. 控制风险　　　C. 审计风险　　　D. 检查风险
- IT 审计范围的确定，___(4)___ 是确定组织范围。
  (4) A. 需要根据审计目的和投入的审计成本来确定
  　　B. 明确审计涉及的组织机构、主要流程、活动及人员等
  　　C. 具体的物理地点与边界
  　　D. 涉及的信息系统和逻辑边界
- ___(5)___ 是对风险影响和后果进行评价和估量，包括定性分析和定量分析。
  (5) A. 风险识别技术　　　　　　　B. 风险分析技术
  　　C. 风险评价技术　　　　　　　D. 风险应对技术
- 关于 IT 审计证据的特性，___(6)___ 指审计证据能够反映和证实客观经济活动特征的程度。受到审计证据的类型、取证的渠道和方式等因素的影响。
  (6) A. 充分性　　　B. 客观性　　　C. 可靠性　　　D. 合法性
- 广义的审计流程一般分为审计准备、审计实施、___(7)___ 及后续审计四个阶段。
  (7) A. 审计报告　　　B. 审计复核　　　C. 审计终结　　　D. 审计验收

答案及解析

（1）**答案：C**　解析　组织的 IT 目标主要包括：
1）组织的 IT 战略应与业务战略保持一致。
2）保护信息资产的安全及数据的完整、可靠、有效。
3）提高信息系统的安全性、可靠性及有效性。
4）合理保证信息系统及其运用符合有关法律、法规及标准等的要求。

（2）**答案：A**　解析　IT 审计风险主要包括固有风险、控制风险、检查风险和总体审计风险。

（3）**答案：B**　解析　固有风险、控制风险和检查风险的内容如下。

类别	描述
固有风险	1. 含义：是指 IT 活动不存在相关控制的情况下，易于导致重大错误的风险 2. 分类：可从 IT 组织层面控制、一般控制及应用控制三个方面分析固有风险 3. 特点：固有风险是 IT 活动本身所具有的，审计人员只能评估，却无法控制或影响它；固有风险的衡量是主观的、复杂的，不同的 IT 活动其固有风险水平不同
控制风险	1. 含义：是指与 IT 活动相关的内部控制体系不能及时预防或检查出存在的重大错误的风险 2. 分类：可从 IT 组织层面控制、一般控制及应用控制三个方面分析控制风险 3. 特点：与内部控制制度执行的有效性有关，与审计无关，属于内部控制的范畴，审计人员只能评估其风险水平而不能对其实施控制和影响。其风险水平的衡量由于需要兼顾传统内部控制的思想和计算机系统管理的知识，因而较为复杂且难以准确计量

续表

类别	描述
检查风险	1. 含义：检查风险是指通过预定的审计程序未能发现重大、单个或与其他错误相结合的风险 2. 影响检查风险的因素：由于 IT 审计规范不完善、审计人员自身或者技术原因等造成影响审计测试正确性的各种因素 3. 总体审计风险是指针对单个控制目标所产生的各类审计风险总和

（4）答案：B　解析　IT 审计范围的内容如下。

IT 审计范围	说明
总体范围	需要根据审计目的和投入的审计成本来确定
组织范围	明确审计涉及的组织机构、主要流程、活动及人员等
物理范围	具体的物理地点与边界
逻辑范围	涉及的信息系统和逻辑边界
其他相关内容	……

（5）答案：B　解析　IT 风险评估技术一般包括：

1）风险识别技术：用以识别可能影响一个或多个目标的不确定性，包括德尔菲法、头脑风暴法、检查表法、SWOT 技术及图解技术等。

2）风险分析技术：是对风险影响和后果进行评价和估量，包括定性分析和定量分析。

3）风险评价技术：是在风险分析的基础上，通过相应的指标体系和评价标准，对风险程度进行划分，以揭示影响成败的关键风险因素，包括单因素风险评价和总体风险评价。

4）风险应对技术：IT 技术体系中为特定风险制定的应对技术方案，包括云计算、冗余链路、冗余资源、系统弹性伸缩、两地三中心灾备、业务熔断限流等。

（6）答案：C　解析　IT 审计证据的特性：要求审计人员根据所获证据足以对被审计对象提出一定程度保证的结论，是对审计证据数量的要求，主要与审计人员确定的样本量有关；审计证据必须是客观存在的事实材料。客观的审计证据比需要判断或解释的证据可靠；审计证据与审计事项之间必须有实质性联系；审计证据能够反映和证实客观经济活动特征的程度。审计证据的可靠性受到审计证据的类型、取证的渠道和方式等因素的影响；审计证据必须符合法定种类，并依照法定程序取得。

（7）答案：C　解析　广义的审计流程是指审计机构和审计人员对审计项目从开始到结束的整个过程采取的系统性工作步骤，一般分为审计准备、审计实施、审计终结及后续审计四个阶段，每个阶段又包含若干具体内容。

第4章 信息系统管理

4.1 管理方法

- 信息系统包含四个组成要素，分别是____(1)____。
  - (1) A. 人员、技术、流程、数据　　　B. 人员、资料、数据、流程
  　　　C. 数据、信息、知识、技术　　　D. 终端、技术、数据、流程
- 信息系统管理覆盖了四大领域，其中____(2)____是针对信息系统的性能监控及其与内部性能目标、内部控制目标和外部要求的一致性管理。
  - (2) A. 规划和组织　　　　　　　　　B. 优化和持续改进
  　　　C. 设计和实施　　　　　　　　　D. 运维和服务
- 信息系统战略不包括____(3)____。
  - (3) A. 业务战略　　B. 安全技术　　C. 信息系统　　D. 组织机制
- 旺宏公司在推出产品时，从不大规模生产，而是选择做精做细，注重质量的方针，旺宏公司的制造工艺复杂，每一个细节都仔细推敲，确保生产出来的产品符合高质量的标准，从而相对独立于其他竞争对手，以上体现了业务的____(4)____。
  - (4) A. 总成本领先战略　　　　　　　B. 差异性战略
  　　　C. 专注战略　　　　　　　　　　D. 组织机制战略
- 关于信息系统战略，说法不正确的是____(5)____。
  - (5) A. 信息系统战略是组织用来提供信息服务的计划
  　　　B. 信息系统帮助确定组织的能力
  　　　C. 信息系统支撑组织实施其业务战略
  　　　D. 组织是开发信息系统战略的关键因素
- 以下选项中____(6)____不属于信息系统体系架构常见模式，其中____(7)____更加模块化，可以灵活添加服务器，组建多中心的组织治理机制。

（6）、（7）A．集中式　　　　　　　　　B．面向服务 SOA
　　　　　　C．服务器模式　　　　　　　D．分布式

- 某企业的邮件服务器经常宕机，按照 IT 服务管理要求，为彻底解决该问题应启动___（8）___流程。

　　（8）A．事件管理　　　B．问题管理　　　C．服务台　　　D．变更管理

- 优化和持续改进是信息系统管理活动中的一个环节，常用的方法为戴明环，即___（9）___。

　　（9）A．计划—执行—检查—处理　　　　B．组织—执行—检查—处理
　　　　　C．计划—执行—控制—协调　　　　D．计划—组织—指挥—协调

答案及解析

（1）**答案：A** 解析　信息系统包括四个要素：人员、技术、流程和数据。

（2）**答案：B** 解析　信息系统管理覆盖四大领域：

1）规划和组织：针对信息系统的整体组织、战略和支持活动。

2）设计和实施：针对信息系统解决方案的定义、采购和实施，以及它们与业务流程的整合。

3）运维和服务：针对信息系统服务的运行交付和支持，包括安全。

4）优化和持续改进：针对信息系统的性能监控及其与内部性能目标、内部控制目标和外部要求的一致性管理。

（3）**答案：B** 解析　信息系统战略三角突出了业务战略、信息系统和组织机制之间的必要一致性。业务战略是压倒一切的，推动组织机制和信息系统有机融合。

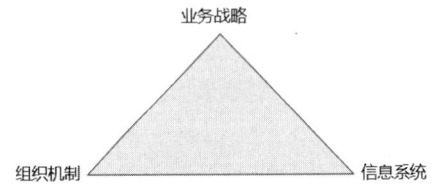

（4）**答案：C** 解析　经典的业务战略有三种：

1）总成本领先战略：目标成为市场上成本最低的生产者，最大限度地降低成本，从而获得高于平均水平的绩效。

2）差异性战略：以在市场上显得独特的方式，定义其产品或者服务。

3）专注战略：在更狭窄的细分市场，并为该组客户对象量身定制其产品。该策略有两种变体：

- 专注成本，在其细分市场内寻求成本优势。
- 专注差异化，寻求细分市场内的产品或服务的差异化。这种策略使组织能够实现区域竞争优势，即使它没有在整个经济与社会中实现竞争优势，也可以通过专注于某些细分市场的方式获得局部的竞争优势。

（5）**答案：D** 解析　信息系统战略：

1）信息系统战略是组织用来提供信息服务的计划。

2）信息系统支撑组织实施其业务战略。

3）信息系统帮助确定组织的能力。

信息是开发信息系统战略的关键因素,对企业战略成功的衡量需要并且只有通过相关信息的识别才能实现,这种信息构成了信息系统战略的基础。

(6)(7) 答案：C　D　解析　传统上,信息系统体系架构有三种常见模式：

1）集中式,适合具有高度集中式治理的组织,维护方便。

2）分布式,比集中式架构更加模块化,可以灵活添加服务器,组建多中心的组织治理机制。

3）面向服务 SOA,允许从现有的软件服务组件构建大型功能单元,对于快速构建应用程序非常有用,提供了模块化和组件化设计,易于变更。

(8) 答案：B　解析　事件管理负责记录、归类和安排专家处理事故并监督整个处理过程直至事故得到解决和终止。问题管理是指通过调查和分析 IT 基础架构的薄弱环节、查明事故产生的潜在原因,制定解决事故的方案和防止事故再次发生,将由于问题和事故对业务产生的负面影响减小到最低。与事故管理强调事故恢复的速度不同,问题管理强调的是找出事故产生的根源,从而制定恰当的解决方案或防止其再次发生的预防措施。发布管理是对经过测试后导入实际应用的新增或修改后的配置项进行分发和宣传的管理流程。变更管理是指为在最短的中断时间内完成基础架构或服务的某一方面的变更而对其进行控制的服务管理流程。

(9) 答案：A　解析　优化和持续改进是信息系统管理活动中的一个环节,常用的方法为戴明环,即 PDCA 循环。PDCA 循环是将持续改进分为四个阶段,即 Plan（计划）、Do（执行）、Check（检查）和 Act（处理）。

4.2　管理要点

- 以下数据管理能力成熟度等级划分顺序正确的是　　(1)　　。

  (1) A. 初始级、稳健级、受管理级、量化管理级和优化级
  　　B. 初始级、受管理级、稳健级、量化管理级和优化级
  　　C. 初始级、受管理级、稳健级、优化级和量化管理级
  　　D. 初始级、稳健级、受管理级、优化级和量化管理级

- 组织已意识到数据是资产,根据管理策略的要求制定了管理流程,指定了相关人员进行初步管理,这是　　(2)　　成熟度评估等级。

  (2) A. 稳健级　　　　B. 受管理级　　　　C. 优化级　　　　D. 量化管理级

- 数据已被当作实现组织绩效目标的重要资产,在组织层面制定了系列的标准化管理流程,促进数据管理的规范化,这是　　(3)　　成熟度评估等级。

  (3) A. 量化管理级　　B. 优化级　　　　C. 受管理级　　　　D. 稳健级

- 以下不属于初始级成熟度评估等级要求的是　　(4)　　。

  (4) A. 组织进行了初步的数据集成工作,尝试整合各业务系统的数据,设计了相关数据模型和管理岗位

B．组织在制定战略决策时，未获得充分的数据支持
C．没有正式的数据规划、数据架构设计、数据管理组织和流程等
D．业务系统各自管理自己的数据，各业务系统之间的数据存在不一致现象，组织未意识到数据管理或数据质量的重要性。

- 国家标准《信息技术服务 运行维护 第1部分：通用要求》（GB/T 28827.1）定义了IT运维能力模型，该模型包含治理要求、运行维护服务能力体系和___(5)___。

（5）A．人员管理　　　B．价值实现　　　C．关键指标　　　D．交付规范

- ___(6)___给出了智能运维能力框架，包括组织治理、智能特征、智能运维场景实现、能力域和能力要素，其中能力要素是构建智能运维能力的基础。

（6）A．T/CESA 1172　B．T/CESA 1772　C．T/CASE 1172　D．T/CASE 1772

- CIA是系统安全设计的目标，其中___(7)___属于CIA三要素。
①完整性　②保密性　③可用性　④真实性　⑤安全性

（7）A．①②③　　　B．①③④　　　C．②③⑤　　　D．②④⑤

- 信息系统造成了破坏，对社会秩序和公共利益造成特别严重危害，对国家安全造成了严重危害的，应定为___(8)___。

（8）A．第一级　　　B．第二级　　　C．第三级　　　D．第四级

- 数据管理能力成熟度评估模型（DCMM）定义了八个核心能力域，___(9)___通常包括数据治理组织、数据制度建设和数据治理沟通三个能力项。

（9）A．数据战略　　　B．数据治理　　　C．数据架构　　　D．数据应用

答案及解析

（1）**答案：B**　解析　DCMM将组织的管理成熟度划分为五个等级，分别是初始级、受管理级、稳健级、量化管理级和优化级。

（2）**答案：B**　解析　DCMM描述八个数据管理能力域，每个能力域包括若干数据管理能力项，标准中共包含28个能力项。通过对能力项的评估打分，识别企业在数据治理方面的能力。DCMM定义的评估等级分别为：

1）初始级：数据管理活动主要是在项目级进行体现，没有统一的管理流程，被动式的开展。

2）受管理级：组织已经意识到数据是资产，根据管理策略的要求制定了管理流程，指定了相关人员进行初步的管理。

3）稳健级：数据已经被当作实现组织绩效目标的重要资产，在组织层面制定了一系列标准化管理流程以促进数据管理的规范化。

4）量化管理级：数据被认为是获取竞争优势的重要资源，能够对数据管理过程进行监控，对结果进行量化分析。

5）优化级：数据被认为是组织生存的基础，相关管理流程能够实时优化，能够在行业内进行最佳实践的分享。

（3）**答案：D** 解析 DCMM 描述八个数据管理能力域，每个能力域包括若干数据管理能力项，标准中共包含 28 个能力项。通过对能力项的评估打分，识别企业在数据治理方面的能力。DCMM 定义的评估等级分别为：

1）初始级：数据管理活动主要是在项目级进行体现，没有统一的管理流程，被动式的开展。

2）受管理级：组织已经意识到数据是资产，根据管理策略的要求制定了管理流程，指定了相关人员进行初步的管理。

3）稳健级：数据已经被当作实现组织绩效目标的重要资产，在组织层面制定了一系列标准化管理流程以促进数据管理的规范化。

4）量化管理级：数据被认为是获取竞争优势的重要资源，能够对数据管理过程进行监控，对结果进行量化分析。

5）优化级：数据被认为是组织生存的基础，相关管理流程能够实时优化，能够在行业内进行最佳实践的分享。

（4）**答案：A** 解析 初始级：数据管理活动主要是在项目级进行体现，没有统一的管理流程，被动式的开展。而 A 选项中"组织进行了初步的数据集成工作，尝试整合各业务系统的数据"并没有体现出是被动的开展工作，且设计了相关数据模型和管理岗位，与初始级并不相符。

（5）**答案：B** 解析 国家标准《信息技术服务 运行维护 第 1 部分：通用要求》（GB/T 28827.1）定义了 IT 运维能力模型，该模型包含治理要求、运行维护服务能力体系和价值实现，如下图所示。选项 A 属于运行维护服务能力体系中的人员能力，选项 C 属于运行维护服务能力体系，选项 D 与题干无对应关系。

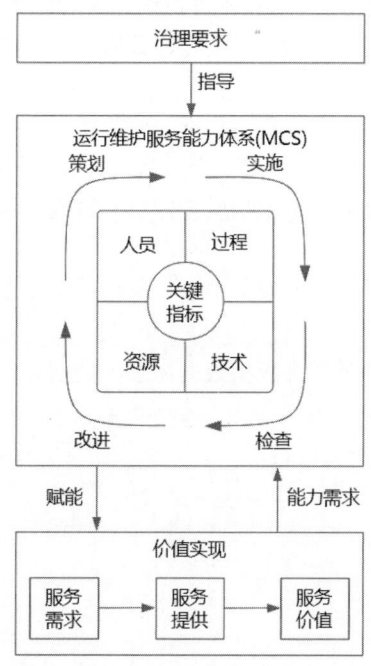

(6) 答案：A　解析　《信息技术服务 智能运维 通用要求》(T/CESA 1172)给出了智能运维能力框架，包括组织治理、智能特征、智能运维场景实现、能力域和能力要素，其中能力要素是构建智能运维能力的基础。

组织通过场景分析、场景构建、场景交付和效果评估四个过程，基于数据管理能力域提供的高质量数据，结合分析决策能力域做出合理判断或结论，并根据需要驱动自动控制能力域执行运维操作，使运维场景具备智能特征，提升智能运维水平，实现质量可靠、安全可控、效率提升、成本降低。

(7) 答案：A　解析　CIA 是保密性（Confidentiality）、完整性（Integrity）和可用性（Availability）三个词的缩写。CIA 是系统安全设计的目标。

(8) 答案：D　解析　安全保护等级划分：① 第一级，等级保护对象受到破坏后，会对相关公民、法人和其他组织的合法权益造成损害，但不危害国家安全、社会秩序和公共利益；② 第二级，等级保护对象受到破坏后，会对相关公民、法人和其他组织的合法权益产生严重损害或特别严重损害，或者对社会秩序和公共利益造成危害，但不危害国家安全；③ 第三级，等级保护对象受到破坏后，会对社会秩序和公共利益造成严重危害，或者对国家安全造成危害；④ 第四级，等级保护对象受到破坏后，会对社会秩序和公共利益造成特别严重危害，或者对国家安全造成严重危害；⑤ 第五级，等级保护对象受到破坏后，会对国家安全造成特别严重危害。

(9) 答案：B　解析　数据管理能力成熟度评估模型（DCMM）定义了数据战略、数据治理、数据架构、数据应用、数据安全、数据质量、数据标准和数据生存周期八个核心能力域。

1）组织的数据战略能力域通常包括数据战略规划、数据战略实施和数据战略评估三个能力项。

2）组织的数据治理能力域通常包括数据治理组织、数据制度建设和数据治理沟通三个能力项。

3）组织的数据架构能力域通常包括数据模型、数据分布、数据集成与共享和元数据管理四个能力项。

4）数据应用能力域通常包括数据分析、数据开放共享和数据服务三个能力项。

5）组织的数据安全能力域通常包括数据安全策略、数据安全管理和数据安全审计三个能力项。

6）组织的数据质量能力域通常包括数据质量需求、数据质量检查、数据质量分析和数据质量提升四个能力项。

7）组织的数据标准能力域通常包括业务术语、参考数据和主数据、数据元和指标数据四个能力项。

8）组织的数据生存周期能力域通常包括数据需求、数据设计和开发、数据运维和数据退役四个能力项。

第5章 信息系统工程

5.1 软件工程

- 图中的软件架构设计属于___(1)___风格。

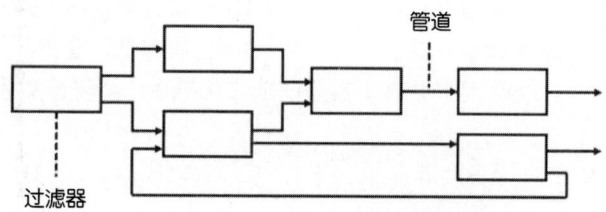

  (1) A. 虚拟机风格   B. 调用/返回风格
     C. 独立构件风格   D. 数据流风格

- 在典型的软件架构模式中，___(2)___模式是基于资源不对等，为实现共享而提出的。

  (2) A. 管道/过滤器   B. 事件驱动
     C. 分层   D. 客户机/服务器

- 质量功能部署（QFD）是一种将用户要求转化成软件需求的技术，将软件需求分为三类，分别是常规需求、期望需求和___(3)___。

  (3) A. 意外需求   B. 业务需求
     C. 系统需求   D. 管理需求

- ___(4)___反映企业或客户对系统高层次的目标要求，通常来自项目投资人、购买产品的客户等。

  (4) A. 用户需求   B. 业务需求
     C. 系统需求   D. 企业需求

- 使用结构化（SA）方法进行需求分析，其建立的模型的核心是___(5)___，围绕这个核心，有三个层次的模型，分别是数据模型、___(5)___和行为模型。

  （5）A．数据字典 功能模型　　　　　B．数据流图 系统模型
  　　　C．数据流图 功能模型　　　　　D．数据字典 系统模型

- 结构化分析模型包括功能模型、数据模型和行为模型。其中，功能模型用___(6)___来表示，描述信息流和数据从输入移动到输出的过程中所经受的加工/处理变换；数据模型用___(6)___来表示，描述数据对象、数据对象的属性及数据对象间的关系；行为模型用___(6)___来表示，描述系统或系统某个部分的状态以及引起状态转换的事件。

  （6）A．实体联系图　数据流图　状态转换图
  　　　B．数据流图　对象关系图　用例图
  　　　C．数据流图　对象关系图　用例图
  　　　D．数据流图　实体联系图　状态转换图

- 我们在开发电商平台时，使用___(7)___描述系统的购物流程和支付过程。

  （7）A．功能模型　　　　　　　　　　B．系统模型
  　　　C．行为模型　　　　　　　　　　D．数据模型

- 结构化分析方法（SA）的主要思想是___(8)___。

  （8）A．自顶向下、逐步分解　　　　　B．自顶向下、逐步抽象
  　　　C．自底向上、逐步抽象　　　　　D．自底向上、逐步分解

- 在面向对象的概念中，类是现实世界中实体的形式化描述，类将该实体的___(9)___和操作封装在一起。

  （9）A．属性　　　B．需求　　　C．对象　　　D．抽象

- UML由三个部分构成，分别为事物、关系和___(10)___。

  （10）A．图　　　B．类　　　C．用例　　　D．规则

- ___(11)___描述角色和系统交互关系。

  （11）A．类图　　　　　　　　　　　　B．构件图
  　　　C．组织结构图　　　　　　　　　D．用例图

- 结构化设计（SD）遵循一个基本的原则是___(12)___。

  （12）A．低耦合、低内聚　　　　　　　B．高耦合、高内聚
  　　　C．高耦合、低内聚　　　　　　　D．低耦合、高内聚

- 面向对象设计的七大原则，不包括___(13)___。

  （13）A．单职原则　　　　　　　　　　B．迪米特原则
  　　　C．组合编码原则　　　　　　　　D．李氏替换原则

- 设计模式中，___(14)___不属于创建型模式。

  （14）A．工厂方法模式　　　　　　　　B．原型模式
  　　　C．单例模式　　　　　　　　　　D．组合模式

- 关于软件测试，说法错误的是___(15)___。

  (15) A．通过测试发现软件缺陷，为软件产品的质量测量和评价提供依据

  B．通过软件测试能够发现软件中的所有缺陷，保证软件质量

  C．静态测试包括桌前检查、代码走查和代码审查

  D．动态测试一般采用白盒测试和黑盒测试方法

- 下列___(16)___不是静态测试的方法。

  (16) A．黑盒测试　　　　　　　　B．桌前检查

  C．代码走查　　　　　　　　D．代码审查

- 将大量的畸形数据输入到目标程序中，通过监测程序的异常来发现被测程序中可能存在的安全漏洞，这种测试方法属于___(17)___。

  (17) A．黑盒测试　　　　　　　　B．白盒测试

  C．代码审查　　　　　　　　D．动态测试

- ___(18)___按照程序内部的结构测试程序，检验程序中的每条通路是否都能按预定要求正确工作，而不顾它的功能。

  (18) A．黑盒测试　　　　　　　　B．白盒测试

  C．代码审查　　　　　　　　D．动态测试

- 软件需求包括三个不同的层次：业务需求、用户需求和功能需求。其中业务需求___(19)___。

  (19) A．反映了组织机构或客户对系统、产品高层次的目标要求，在项目视图与范围文档中予以说明

  B．描述用户使用产品必须要完成的任务，在使用实例文档或方案脚本说明中予以说明

  C．定义了开发人员必须实现的软件功能

  D．描述了系统展现给用户的行为和执行的操作等

- 软件系统结构中各个模块间联系的紧密度是指___(20)___。

  (20) A．内聚性　　　B．耦合性　　　C．层次性　　　D．关联性

- 软件测试是为评价和改进产品质量，识别产品的缺陷和问题而进行的活动，以下关于软件测试的叙述中，___(21)___是不正确的。

  (21) A．软件测试是软件开发中一个重要的环节

  B．软件测试被认为是一种应该包括在整个开发和维护过程中的活动

  C．软件测试是在有限测试用例集合上，静态验证软件是否达到预期的行为

  D．软件测试是检查预防措施是否有效的主要手段，也是识别由于某种原因预防措施无效而产生错误的主要手段

- ___(22)___是一种将用户要求转化成软件需求的技术，其目的是最大限度地提升软件工程过程中用户的满意度。

  (22) A．系统需求　　　B．业务需求　　　C．软件需求　　　D．QFD

- 用户想当然认为系统应具备的功能或性能，如果___(23)___没有得到实现，会让用户感到不满意。

（23）A．期望需求　　　　B．常规需求　　　　C．软件需求　　　　D．用户需求
- 软件需求规格说明书（SRS）是___（24）___活动的产物，编制该文档的目的是使项目干系人与开发团队对系统的初始规定有一个共同的理解，使之成为整个开发工作的基础。
（24）A．需求设计　　　　B．需求获取　　　　C．需求开发　　　　D．需求分析
- OOD 是 OOA 方法的延续，其基本思想中的___（25）___主要通过继承和多态来实现。
（25）A．抽象　　　　　　B．封装　　　　　　C．可扩展性　　　　D．连续性
- ___（26）___是验证软件的功能、性能和其他特性是否与用户需求一致。
（26）A．验收测试　　　　B．确认测试　　　　C．系统测试　　　　D．回归测试
- ___（27）___是指用户在开发环境下进行测试。
（27）A．Alpha 测试　　　B．Beta 测试　　　　C．用户测试　　　　D．开发测试
- 关于面向对象基本概念的描述，正确的是___（28）___。
（28）A．如果将水果定义为一个类，则猕猴桃是它的一个对象
　　　B．鸡类和鸭类都是从鸟类继承而来
　　　C．类是现实世界中某个实体的抽象
　　　D．类与对象的关系可以理解为类是对象的实例。
- 关于 UML 的描述，不正确的是___（29）___。
（29）A．适用于各种软件开发方法　　　　B．适用于软件生命周期的各个阶段
　　　C．比较适合用于迭代式的开发过程　D．是一种可视化的编程语言
- 关于软件架构设计中的分层模式的描述，不正确的是___（30）___。
（30）A．每一层都为其他各层提供服务　　B．每一层均允许用不同方法实现
　　　C．每一层均通过接口提供服务　　　D．允许一个复杂问题逐步分层实现

答案及解析

（1）**答案：D** 解析　Garlan 和 Shaw 对通用软件架构风格进行了分类，他们将软件架构分为数据流风格、调用/返回风格、独立构件风格、虚拟机风格和仓库风格。

1）数据流风格：包括批处理序列和管道/过滤器两种风格。
2）调用/返回风格：包括主程序/子程序、数据抽象和面向对象，以及层次结构。
3）独立构件风格：包括进程通信和事件驱动的系统。
4）虚拟机风格：包括解释器和基于规则的系统。
5）仓库风格：包括数据库系统、黑板系统和超文本系统。

（2）**答案：D** 解析　管道/过滤器模式：每个组件（过滤器）都有一组输入/输出，体现了各功能模块高内聚、低耦合的"黑盒"特性。

事件驱动模式：其基本原理是组件并不直接调用操作，而是触发一个或多个事件。

分层模式：采用层次化的组织方式，每一层都为上一层提供服务，并使用下一层提供的功能。

客户机/服务器模式：基于资源不对等，为实现共享而提出的模式。

（3）**答案：A** **解析** 质量功能部署（Quality Function Deployment，QFD）是一种将用户要求转化成软件需求的技术，其目的是最大限度地提升软件工程过程中用户的满意度。为了达到这个目标，QFD 将软件需求分为三类，分别是常规需求、期望需求和意外需求。

（4）**答案：B** **解析** ①业务需求。业务需求是指反映企业或客户对系统高层次的目标要求，通常来自项目投资人、购买产品的客户、客户单位的管理人员、市场营销部门或产品策划部门等。通过业务需求可以确定项目视图和范围，项目视图和范围文档把业务需求集中在一个简单、紧凑的文档中，该文档为以后的开发工作奠定了基础。②用户需求。用户需求描述的是用户的具体目标，或用户要求系统必须能完成的任务。也就是说，用户需求描述了用户能使用系统来做些什么。通常采取用户访谈和问卷调查等方式，对用户使用的场景进行整理，从而建立用户需求。③系统需求。系统需求是从系统的角度来说明软件的需求，包括功能需求、非功能需求和设计约束等。功能需求也称为行为需求，它规定了开发人员必须在系统中实现的软件功能，用户利用这些功能来完成任务，满足业务需要。

（5）**答案：A** **解析** 使用 SA 方法进行需求分析，其建立的模型的核心是数据字典，围绕这个核心，有三个层次的模型，分别是数据模型、功能模型和行为模型（也称为状态模型）。

（6）**答案：D** **解析** 结构化分析有三个层次的模型，分别是数据模型、功能模型和行为模型（也称为状态模型）。在实际工作中，一般使用实体联系图（E-R 图）表示数据模型，用数据流图（DFD）表示功能模型，用状态转换图（STD）表示行为模型。

（7）**答案：A** **解析** 数据模型：描述系统中数据的结构和关系，一般包括实体、属性和关系三个要素。数据模型用来帮助开发人员在设计系统时明确数据的概念和关系，进而实现数据的存储、查询、分析和管理。

功能模型：描述系统的功能和用例，一般包括系统的输入、输出和处理过程。功能模型主要用于帮助开发人员在设计系统时明确系统的功能需求，进而实现系统的设计、开发、测试和维护。

行为模型：描述系统中各个组成部分的交互和行为，一般包括系统的活动图、状态图和序列图等。行为模型主要用于帮助开发人员在设计系统时明确各个组成部分之间的交互关系和行为规则，进而实现系统的设计、开发、测试和维护。

（8）**答案：A** **解析** 结构化分析方法（Structured Analysis，SA）是面向数据流进行需求分析的方法，采用自顶向下、逐步分解建立系统的处理流程，以数据流图和数据字典为主要工具，建立系统的逻辑模型。

（9）**答案：A** **解析** 类：现实世界中实体的形式化描述，类将该实体的属性（数据）和操作（函数）封装在一起。例如，Joe 是一名教师，拥有教师的特征，这些特征就是教师这个类所具有的。

类和对象的关系可理解为对象是类的实例，类是对象的模板。如果将对象比作房子，那么类就是房子的设计图纸。

（10）**答案：A** **解析** UML 有三种基本的构造块，分别是事物（Thing）、关系（Relationship）和图（Diagram）。事物是 UML 的重要组成部分，关系把事物紧密联系在一起，图是多个相互关联的事物的集合。

（11）**答案：D** **解析** 用例图（Use Case Diagram）从用户的角度出发描述系统的功能、需求，展示系统外部的各类角色与系统内部的各种用例之间的关系。描述角色和系统交互关系。列出系统中的用例和参与者；显示哪个参与者参与了哪个用例的执行工作。

（12）**答案：D** **解析** 在 SD 中，需要遵循的一个基本原则：高内聚，低耦合。

（13）**答案：C** **解析** 1）单职原则：设计功能单一的类。本原则与结构化方法的高内聚原则是一致的。

2）开闭原则：对扩展开放，对修改封闭。

3）李氏替换原则：子类可以替换父类。

4）依赖倒置原则：要依赖于抽象，而不是具体实现；要针对接口编程，不要针对实现编程。

5）接口隔离原则：使用多个专门的接口比使用单一的总接口要好。

6）组合重用原则：要尽量使用组合，而不是继承关系达到重用目的。

7）迪米特原则（最少知识法则）：一个对象应当对其他对象有尽可能少的了解。本原则与结构化方法的低耦合原则是一致的。

（14）**答案：D** **解析** 设计模式可分为创建型模式、结构型模式和行为型模式三种。

1）创建型模式：主要用于创建对象，包括工厂方法模式、抽象工厂模式、原型模式、单例模式和建造者模式等。

2）结构型模式：主要用于处理类或对象的组合，包括适配器模式、桥接模式、组合模式、装饰模式、外观模式、享元模式和代理模式等。

3）行为型模式：主要用于描述类或对象的交互以及职责的分配，包括职责链模式、命令模式、解释器模式、迭代器模式、中介者模式、备忘录模式、观察者模式、状态模式、策略模式、模板方法模式、访问者模式等。

（15）**答案：B** **解析** 软件测试的重要内容包括：

1）通过测试发现软件缺陷，为软件产品的质量测量和评价提供依据。

2）测试不能保证发现所有的缺陷。

3）静态测试包括桌前检查、代码走查和代码审查。

4）动态测试一般采用白盒测试和黑盒测试方法。

（16）**答案：A** **解析** 静态测试包括桌前检查、代码走查和代码审查。动态测试一般采用白盒测试和黑盒测试方法。

（17）**答案：A** **解析** 把程序看作一个不能打开的黑盒子，在完全不考虑程序内部结构和内部特性的情况下，在程序接口进行测试，它只检查程序功能是否按照需求规格说明书的规定正常使用，程序是否能适当地接收输入数据而产生正确的输出信息。黑盒测试着眼于程序外部结构，不考虑内部逻辑结构，主要针对软件界面和软件功能进行测试。

（18）**答案：B** **解析** 白盒测试也称结构测试或逻辑驱动测试，它是按照程序内部的结构测试程序，通过测试来检测产品内部动作是否按照设计规格说明书的规定正常进行，检验程序中的每条通路是否都能按预定要求正确工作。这一方法是把测试对象看作一个打开的盒子，测试人员依据程序内部逻辑结构相关信息，设计或选择测试用例，对程序所有逻辑路径进行测试，通过在不同点检查程序的状态，确定实际的状态是否与预期的状态一致。

（19）**答案：A** 解析 业务需求（Business Requirement）表示组织或客户高层次的目标。业务需求通常来自项目投资人、购买产品的客户、实际用户的管理者、市场营销部门或产品策划部门。业务需求描述了组织为什么要开发一个系统，即组织希望达到的目标。使用前景和范围文档来记录业务需求，这份文档有时也被称作项目轮廓图或市场需求文档。

用户需求描述的是用户的目标，或用户要求系统必须能完成的任务。

功能需求规定开发人员必须在产品中实现的软件功能，用户利用这些功能来完成任务，满足业务需求。

系统需求用于描述包含多个子系统的产品（即系统）的顶级需求。包括功能需求、非功能需求和设计约束。非功能需求则是指系统必须具备的属性或品质，又可细分为软件属性（易用性、可维护性、效率等）。设计约束也称限制条件或补充规约，通常是对系统的一些约束说明。例如，必须采用国有自主知识产权的数据库系统、必须运行在 UNIX 操作系统之下等。

（20）**答案：B** 解析 各模块间联系的紧密度是指耦合性。

耦合性也叫块间联系。指软件系统结构中各模块间相互联系紧密程度的一种度量。模块之间联系越紧密，其耦合性就越强，模块之间越独立则耦合性越差，模块间耦合度的高低取决于模块间接口的复杂性，调用的方式以及传递的信息。

内聚性又称块内联系，指模块的功能强度的度量，即一个模块内部各个元素彼此结合的紧密程度的度量。

内聚性是对一个模块内部各个组成元素之间相互结合的紧密程度的度量指标。模块中组成元素结合得越紧密，模块的内聚性就越高，模块的独立性也就越高。理想的内聚性要求模块的功能明确、单一，即一个模块只做一件事情。模块的内聚性和耦合性是两个相互对立且又密切相关的概念。

（21）**答案：C** 解析 软件测试是一个系列过程活动，软件测试是针对一个程序的行为，在有限测试用例集合上，动态验证是否达到预期的行为，需要选取适当的测试用例。测试不仅是检测预防措施是否有效的主要手段，而且是识别由于某种原因预防措施无效而产生的错误的主要手段。

（22）**答案：D** 解析 质量功能部署（QFD）是一种将客户要求转化成软件技术需求的技术。QFD 的目的是最大限度地让客户从软件工程过程中感到满意。

（23）**答案：A** 解析 QFD 将软件需求分为三类，分别是常规需求、期望需求和意外需求。也要注意区分这些需求：

1）常规需求。用户认为系统应该做到的功能或性能，实现越多用户会越满意。

2）期望需求。用户想当然地认为系统应具备的功能或性能，但并不能正确描述自己想要得到的这些功能或性能需求。如果期望需求没有得到实现，会让用户感到不满意。

3）意外需求。意外需求也称兴奋需求，是用户要求范围外的功能或性能（但通常是软件开发人员很乐意赋予系统的技术特性，实现这些需求用户会更高兴，但不实现也不影响购买的决策）。意外需求是控制在开发人员手中的，开发人员可以选择实现更多的意外需求，以便得到高满意度、高忠诚度的用户，出于成本或项目周期的考虑，也可以选择不实现任何意外需求。

（24）**答案：C** 解析 软件需求规格说明书（SRS）是需求开发活动的产物，编制该文档的目的是使项目干系人与开发团队对系统的初始规定有一个共同的理解,使之成为整个开发工作的基础。

(25)答案:C 解析 面向对象设计(OOD)是 OOA 方法的延续,其基本思想包括抽象、封装和可扩展性,其中可扩展性主要通过继承和多态来实现。

(26)答案:B 解析 单元测试:单元测试也称为模块测试。

集成测试:集成测试的目的是检查模块之间,以及模块和已集成的软件之间的接口关系。

确认测试:确认测试主要用于验证软件的功能、性能和其他特性是否与用户需求一致。

(27)答案:A 解析 对于通用产品型的软件开发而言,Alpha 测试是指由用户在开发环境下进行测试,通过 Alpha 测试以后的产品通常称为 Alpha 版;Beta 测试是指由用户在实际使用环境下进行测试,通过 Beta 测试的产品通常称为 Beta 版。一般在通过 Beta 测试后,才能把产品发布或交付给用户。

(28)答案:B 解析 类表示一个共性的产物,是一个综合的特征,而对象是一个个性的产物,是一个个体的特征。

继承是从已有的类中派生出新的类,新的类能吸收已有类的数据属性和行为,并能扩展新的能力。

类是一种抽象的数据类型。它们的关系是对象是类的实例,类是对象的模板。

(29)答案:D 解析 UML 是一种可视化的建模语言,而不是编程语言。

(30)答案:A 解析 分层模式采用层次化的组织方式,每一层都是为上一层提供服务,并使用下一层提供的功能。这种模式允许将复杂问题逐步分层实现。层次模式中的每一层最多只影响两层,只要给相邻层提供相同的接口,就允许每层用不同的方法实现,可以充分支持软件复用。分层模式的典型应用是分层通信协议,如 ISO/OSI 的七层网络模型。

5.2 数据工程

- 关于数据模型的说法,错误的是___(1)___。
  - (1) A. 概念模型是按用户的观点来对数据和信息建模
    - B. 关系模型由关系数据结构、关系操作集合和关系完整性约束三部分组成
    - C. 逻辑模型是在关系模型的基础上确定模型的数据结构
    - D. 物理数据模型是进行数据库体系结构设计,真正实现数据在数据库中的存放
- 数据建模的过程不包括___(2)___。
  - (2) A. 关系模型设计   B. 概念模型设计
    - C. 逻辑模型设计   D. 物理模型设计
- ___(3)___的任务就是将概念模型中实体、属性和关联转换为关系模型结构中的关系模式。
  - (3) A. 关系模型设计   B. 信息模型设计
    - C. 逻辑模型设计   D. 物理模型设计
- ___(4)___是关于数据的数据(Data About Data)。其实质是用于描述信息资源或数据的内容、

覆盖范围、质量、管理方式、数据的所有者、数据的提供方式等有关的信息。
  (4) A．数据源　　　　B．元数据　　　　C．数据元　　　　D．源数据
- ___(5)___ 是数据库、文件和数据交换的基本数据单元，在特定的语义环境中被认为是不可再分的最小数据单元。
  (5) A．数据源　　　　B．元数据　　　　C．数据元　　　　D．元组
- 数据模式的描述方式中，___(6)___ 主要用来描述数据集中的实体和实体之间的相互关系；___(6)___ 形式用来描述模型中的数据集、单个实体、属性的摘要信息。
  (6) A．图描述方法　数据字典　　　　B．IDEF 1X 方法　UML 图
     C．UML 图　数据字典　　　　　　D．图描述方法　IDEF 1X 方法
- 数据分类与编码的作用，不包括___(7)___。
  (7) A．信息系统的共享和互操作　　　B．统一数据的表示法
     C．提高信息处理效率　　　　　　D．有利于数据加密存储
- 数据标准化阶段的具体过程为___(8)___。
  ①确定数据需求　②建立数据模型　③制定数据标准　④批准数据标准　⑤实施数据标准
  (8) A．①②③④⑤　　　　　　　　　B．②③④⑤
     C．①③④⑤　　　　　　　　　　D．②③④
- 存储介质是数据存储的载体，类型不包括___(9)___。
  (9) A．磁带　　　　　B．光盘　　　　　C．磁盘　　　　　D．硬盘
- 关于存储管理，下列说法不正确的是___(10)___。
  (10) A．存储资源管理的功能主要是添加或删除存储节点，编辑存储节点的信息，设定某类型存储资源属于某个节点
      B．存储资源管理不仅包括监控存储系统的状况、可用性、性能以及配置情况，还包括容量和配置管理以及事件报警等，从而提供优化策略
      C．负载均衡是为了避免存储资源由于资源类型、服务器访问频率和时间不均衡造成浪费或形成系统瓶颈而平衡负载的技术
      D．存储系统的安全管理主要是防止恶意用户攻击系统或窃取数据
- 关于数据备份，目前常用的备份策略不包括___(11)___。
  (11) A．完全备份　　　B．差异备份　　　C．增量备份　　　D．本地备份
- 在星期天对数据进行一次全面完整的备份，然后在接下来的六天里只对当天新的或被修改过的数据（相较于前一天）进行备份，这属于___(12)___。
  (12) A．完全备份　　　B．不完全备份　　C．差异备份　　　D．增量备份
- 下列关于数据库的安全说明中，不正确的是___(13)___。
  (13) A．未获授权的用户有意或无意得到信息，不会对数据库安全造成威胁
      B．非授权修改不一定会涉及非授权信息泄露，因为即使不读取数据也可以进行破坏
      C．系统软硬件中的错误，可能导致非授权的信息泄露、数据修改或拒绝服务
      D．病毒、特洛伊木马和后门威胁数据库安全

- 数据库安全机制包括用户的身份认证、____(14)____、数据库加密、数据审计、推理控制等。
  (14) A. 存取控制　　　　　　　　　　　B. 权限检查
  　　　C. 强制存取控制　　　　　　　　　D. 权限定义

答案及解析

（1）**答案：C** **解析** 概念模型也称信息模型，它是按用户的观点来对数据和信息建模，把现实世界中的客观对象抽象为某一种平台无关的信息结构。

逻辑模型是在概念模型的基础上确定模型的数据结构，目前主要的数据结构有层次模型、网状模型、关系模型、面向对象模型和对象关系模型。

关系模型由关系数据结构、关系操作集合和关系完整性约束三部分组成。

（2）**答案：A** **解析** 数据建模过程包括数据需求分析、概念模型设计、逻辑模型设计和物理模型设计等过程。

（3）**答案：C** **解析** 概念模型设计：把现实世界的具体需求抽象为信息世界的结构，将需求分析的结构抽象为概念模型的过程就是概念模型设计，其任务是确定实体和数据及其关联。

逻辑模型设计：逻辑模型设计的任务就是将概念模型中实体、属性和关联转换为关系模型结构中的关系模式。

物理模型设计：将数据模型转换为真正的数据库结构，考虑的主要问题包括命名、确定字段类型和编写必要的存储过程与触发器等。

（4）**答案：B** **解析** 元数据是关于数据的数据（Data About Data）。其实质是用于描述信息资源或数据的内容、覆盖范围、质量、管理方式、数据的所有者、数据的提供方式等有关的信息。

（5）**答案：C** **解析** 数据元是数据库、文件和数据交换的基本数据单元。数据库或文件由记录或元组等组成，而记录或元组则由数据元组成。在特定的语义环境中被认为是不可再分的最小数据单元。

（6）**答案：A** **解析** 数据模式的描述方式主要有图描述方法和数据字典方法。图描述方法常用的有 IDEF 1X 方法和 UML 图，主要用来描述数据集中的实体和实体之间的相互关系；数据字典形式用来描述模型中的数据集、单个实体、属性的摘要信息。

（7）**答案：D** **解析** 数据分类与编码的作用主要包括用于信息系统的共享和互操作，统一数据的表示法和提高信息处理效率。

（8）**答案：C** **解析** 数据标准化阶段的具体过程包括确定数据需求、制定数据标准、批准数据标准和实施数据标准四个阶段。

（9）**答案：D** **解析** 存储介质是数据存储的载体，类型主要有磁带、光盘和磁盘三种。

（10）**答案：A** **解析** 资源调度管理：资源调度管理的主要功能是添加或删除存储节点、编辑存储节点的信息、设定某类型存储资源属于某个节点，或者设定这些资源比较均衡地存储到节点上。它包含存储控制、拓扑配置以及各种网络设备如集线器、交换机、路由器和网桥等的故障隔离。

存储资源管理：存储资源管理是一类应用程序，它们管理和监控物理和逻辑层次上的存储资源，从而简化资源管理，提高数据的可用性。被管理的资源包括存储硬件如RAID、磁带以及光盘库。存储资源管理不仅包括监控存储系统的状况、可用性、性能以及配置情况，还包括容量和配置管理以及事件报警等，从而提供优化策略。

负载均衡管理：负载均衡是为了避免存储资源由于资源类型、服务器访问频率和时间不均衡造成浪费或形成系统瓶颈而平衡负载的技术。

安全管理：存储系统的安全主要是防止恶意用户攻击系统或窃取数据。系统攻击大致分为两类：一类以扰乱服务器正常工作为目的，如拒绝服务攻击DoS等；另一类以入侵或破坏服务器为目的，如窃取数据、修改网页等。

（11）答案：D　解析　数据备份常见的备份策略主要有三种：完全备份、差分（差异）备份和增量备份。

（12）答案：C　解析　1）完全备份：每次对数据进行完整的备份。当发生数据丢失的灾难情况时，完全备份无须依赖其他信息即可实现100%数据恢复，其恢复时间最短且操作最方便。

2）增量备份：只有那些在上次完全备份或者增量备份后被修改了的文件才会被备份。优点是备份数据量小，需要的时间短，缺点是恢复的时候需要依赖之前的备份记录，出问题的风险较大。

3）差异备份：备份那些自从上次完全备份之后被修改过的文件。因此从差异备份中恢复数据的时间较短，因为只需要两份数据——最后一次完全备份的数据和最后一次差异备份的数据，缺点是每次备份需要的时间较长。

（13）答案：A　解析　数据库安全分类及说明见下表。

维度	表现方式		说明
安全后果	非授权的信息泄露		未获授权的用户有意或无意得到信息。通过对授权访问的数据进行推导分析获取非授权的信息也属于这一类
	非授权的数据修改		包括所有通过数据处理和修改而违反信息完整性的行为。非授权修改不一定会涉及非授权信息泄露，因为即使不读取数据也可以进行破坏
	拒绝服务		包括会影响用户访问数据或使用资源的行为
威胁方式	无意	自然或意外灾害	如地震、水灾、火灾等。这些事故可能会破坏系统的软硬件，导致完整性破坏和拒绝服务
		系统软硬件中的错误	这会导致应用实施错误的策略，从而导致非授权的信息泄露、数据修改或拒绝服务
		人为错误	导致无意地违反安全策略，导致的后果与软硬件错误类似
	有意	授权用户	他们滥用自己的特权造成威胁
		恶意代理	病毒、特洛伊木马和后门是这类威胁中的典型代表

（14）答案：A　解析　数据库安全机制包括用户的身份认证、存取控制、数据库加密、数据审计、推理控制等内容。

5.3 系统集成

- 系统集成在技术上需要遵循的基本原则不包括___（1）___。
  （1）A．开放性　　　　　　　　　　B．创造性
  　　　C．先进性　　　　　　　　　　D．主流化
- 系统集成的内容不包括___（2）___。
  （2）A．技术环境的集成　　　　　　B．数据环境的集成
  　　　C．网络环境的集成　　　　　　D．应用程序的集成
- 关于系统集成的说法，错误的是___（3）___。
  （3）A．企业中各分散业务子系统中的数据提取到企业数字化统一平台上，体现了数据集成
  　　　B．应用集成是将不同应用程序之间的功能集成到一个单一的应用程序中
  　　　C．网络集成是系统集成的硬件基础，为数字企业系统提供了一个网络运行平台
  　　　D．软件集成指将独立的软件应用连接起来，实现协同工作

答案及解析

（1）**答案：B**　**解析**　系统集成的内容包括技术环境的集成、数据环境的集成和应用程序的集成。在技术上需要遵循的基本原则包括开放性、结构化、先进性和主流化。

（2）**答案：C**　**解析**　系统集成的内容包括技术环境的集成、数据环境的集成和应用程序的集成。

（3）**答案：D**　**解析**　应用集成或组织应用集成（EAI）是指将独立的软件应用连接起来，实现协同工作。

5.4 安全工程

- 信息安全系统三维空间包括安全服务、网络参考模型和___（1）___。
  （1）A．安全设施　　　　　　　　　　B．安全技术
  　　　C．安全机制　　　　　　　　　　D．安全策略
- 信息安全系统的体系架构三位空间图，其中X轴是___（2）___。
  （2）A．安全机制　　　　　　　　　　B．网络参考模型
  　　　C．安全服务　　　　　　　　　　D．安全策略
- 平台的安全操作系统、安全数据库、应用开发运营的安全平台以及网络安全管理监控系统等，体现了信息安全系统三维空间中的___（3）___。
  （3）A．安全机制　　　　　　　　　　B．安全服务
  　　　C．OSI 网络参考模型　　　　　　D．安全技术

- 信息安全系统三维空间的五大属性不包括___（4）___。

  （4）A. 权限　　　　　　　　　　　　B. 加密

  　　C. 不可篡改　　　　　　　　　　D. 不可否认

- 在信息安全系统工程中，___（5）___用以防止数据被篡改、插入、删除以及丢失。

  （5）A. 数据保密服务　　　　　　　　B. 数据完整性服务

  　　C. 数字签名　　　　　　　　　　D. 访问控制

- 数字签名的主要作用不包括___（6）___。

  （6）A. 防篡改　　　　　　　　　　　B. 保密性

  　　C. 可用性　　　　　　　　　　　D. 防伪造

- 信息安全系统工程实施过程分为工程过程、风险过程和___（7）___三个基本部分。

  （7）A. 保证过程　　　　　　　　　　B. 获取过程

  　　C. 实施过程　　　　　　　　　　D. 评估组织

答案及解析

（1）**答案：C**　解析　用一个"宏观"三维空间图来反映信息安全系统的体系架构及其组成，X 轴是"安全机制"，Y 轴是"OSI 网络参考模型"，Z 轴是"安全服务"。

（2）**答案：A**　解析　X 轴是"安全机制"，Y 轴是"OSI 网络参考模型"，Z 轴是"安全服务"。

（3）**答案：A**　解析　X 轴（安全机制）：为提供某些安全服务，利用各种安全技术和技巧所形成的一个较为完善的结构体系。如平台安全机制，主要指安全操作系统、安全数据库、应用开发运营的安全平台以及网络安全管理监控系统等。

Y 轴（OSI 网络参考模型）：信息安全系统的许多技术、技巧都是在网络的各个层面上实施的，离开网络，信息系统的安全也就失去了意义。

Z 轴（安全服务）：就是从网络中的各个层面提供给信息应用系统所需要的安全服务支持。如对等实体认证服务、访问控制服务、数据保密服务等。

（4）**答案：C**　解析　由 X、Y、Z 三个轴形成的信息安全系统三维空间就是信息系统的"安全空间"。随着网络逐层扩展，这个空间不仅范围逐步加大，安全的内涵也更丰富，达到具有认证、权限、完整、加密和不可否认五大要素，也叫作"安全空间"的五大属性。

（5）**答案：B**　解析　数据保密服务：包括多种保密服务，为了防止网络中各系统之间的数据被截获或被非法存取而泄密，提供密码加密保护。提供链接方式和无链接方式两种数据保密，同时也可对用户可选字段的数据进行保护。

数据完整性服务：防止非法实体对交换数据进行修改、插入、删除及在数据交换过程中的丢失。

（6）**答案：C**　解析　数字签名的作用是可以解决伪造、抵赖、冒充和篡改等问题。主要作用体现在以下方面：

1）防伪造。其他人不能伪造对消息的签名，因为私有密钥只有签名者自己知道，所以其他人不可能构造出正确的签名结果数据。

2）防篡改。数字签名与原始文件或摘要一起发送给接收者，一旦信息被篡改，接收者可通过计算摘要和验证签名来判断该文件无效，从而保证了文件的完整性。

3）防抵赖。数字签名既可以作为身份认证的依据，也可以作为签名者签名操作的证据。要防止接收者抵赖，可以在数字签名系统中要求接收者返回一个自己签名的表示收到的报文，给发送者或受信任第三方。如果接收者不返回任何消息，此次通信可终止或重新开始，签名方也没有任何损失，由此双方均不可抵赖。

4）保密性。手写签字的文件一旦丢失，文件信息就极可能泄露，但数字签名可以加密要签名的消息，在网络传输中，可以将报文用接收方的公钥加密，以保证信息的机密性。

5）身份认证。在数字签名中，客户的公钥是其身份的标志，当使用私钥签名时，如果接收方或验证方用其公钥进行验证并获通过，那么可以肯定，签名人就是拥有私钥的那个人，因为私钥只有签名人知道。

（7）**答案：A 解析** ISSE 将信息安全系统工程实施过程分解为：工程过程、风险过程和保证过程三个基本部分。

第6章 项目管理概论

6.1 PMBOK 的发展

- 在最新版___（1）___中，从传统的五大过程组与十大知识领域转向了全新的十二大原则与八大绩效域。

  （1）A．PMBOK5　　　　B．PMBOK6　　　　C．PMBOK7　　　　D．PMBOK8

- 以下___（2）___为最新版 PMBOK 的内容。

  （2）A．非常具有规范性，流程明确，强调怎么做，而不是为什么做

  　　B．使用特定流程，通过 ITTO 将输入转换为输出

  　　C．侧重描述活动领域，更关注结果

  　　D．将"敏捷"内容纳入正文，增加新实践、裁剪和敏捷考虑因素

- 在 PMBOK 最新版中体现了预测法、敏捷方法或混合方法。三者（预测法、敏捷方法和混合方法）又将体现在三大领域：___（3）___内，并非独立地用于任何特定的领域或者任务。

  （3）A．人员、过程、业务环境　　　　B．人员、管理、业务环境

  　　C．项目、过程、管理　　　　　　D．人员、过程、方法

答案及解析

（1）**答案：C　解析**　项目管理知识体系（Project Management Body Of Knowledge，PMBOK）是由美国项目管理协会（Project Management Institute，PMI）开发的一套描述项目管理专业范围的知识体系，包含了对项目管理所需的知识、技能和工具的描述。项目管理的基本内容划分为范围管理、成本管理、时间管理、质量管理、人力资源管理和沟通管理 6 个领域，形成了后期项目管理专业化的基础内容。

PMBOK 第 7 版,从系统视角论述项目管理,《项目管理标准》中加入了"价值交付系统"。"价值交付系统"从系统角度,重关注与业务能力结合在一起的价值链,为组织的战略、价值和商业目标提供支持。"价值交付系统"强调过程的输出是为了实现项目的成果,而实现项目的成果最终目标是为了将价值交付给组织及其干系人;增加了 8 个绩效域,这些绩效域对于有效交付项目成果至关重要。绩效域所代表的项目管理系统,充分体现了组织彼此交互、相互关联且相互依赖的管理能力,这些能力只有协调一致才能实现期望的项目成果;《项目管理标准》中增加了 12 个项目管理原则;体现了各种开发方法:预测型、适应型、混合型等

(2)**答案:C 解析** 选项 A 为旧版的内容,新版加入了指导行为的原则,故 A 不正确,选项 B 为旧版内容,新版内容为侧重描述活动领域,更关注结果而不是输出,因为结果是领导更想要的。旧版将"敏捷"内容纳入正文,增加新实践、裁剪和敏捷考虑因素,故选项 D 不正确。旧版的内容更多的是适应当下的变化,而非适应行业或某个特定市场的变化,新版的内容是整个项目周期的集合,而不只是敏捷生命周期,优秀的领导力、卓越的领导行为适用于所有生命周期。

(3)**答案:A 解析** PMBOK 第 7 版主要核心内容为预测法、敏捷方法和混合方法。三者(预测法、敏捷方法和混合方法)又将体现在人员、过程、业务环境三大领域内,并非独立地用于任何特定的领域或者任务。

6.2 项目基本要素

- 关于项目的描述,不正确的是___(1)___。
  - (1)A.项目需要使用一定的人、财、物等资源
  - B.项目要提供某一个独特产品、独特服务或成果
  - C.项目可以没有结束时间,但一定要有开始时间
  - D.项目具有一次性、临时性和独特性的特点
- 以下关于项目与项目管理的描述不正确的是___(2)___。
  - (2)A.项目临时性是指每一个项目都有一个明确的开始时间和结束时间
  - B.渐进明细是指项目的成果性目标是逐步完成的
  - C.项目的目标不存在优先性,项目目标具有层次性
  - D.项目管理就是将知识、技能、工具与技术应用于项目活动,以满足项目的要求
- 项目集效益管理的主要内容包括___(3)___。
  ①效益识别 ②效益分析和规划 ③效益交付 ④效益移交 ⑤效益维持 ⑥效益改进
  - (3)A.①②③④⑥   B.①②③④⑤
  - C.②③④⑤⑥   D.①②④⑤⑥
- 以下关于项目组合的表述,不正确的是___(4)___。
  - (4)A.项目组合是指为实现战略目标而组合在一起管理的项目、项目集、子项目组合和运营工作
  - B.项目组合管理是指为了实现战略目标而对一个或多个项目组合进行的集中管理

C．项目组合中的项目集或项目不一定存在彼此依赖或直接相关的关联关系

D．项目组合是一组相互关联且被协调管理的项目

- 以下不属于项目组合管理的目的的是___(5)___。

（5）A．选择项目集与项目的最佳组合方式，以达成战略目标

B．提高实现预期投资回报的可能性

C．集中管理所有组成部分的综合风险

D．为了获得分别管理无法获得的利益

- 从组织的角度看，___(6)___注重于开展"正确"的项目集和项目，即"做正确的事"。

（6）A．项目组合管理　　　　　　　　B．项目集管理

C．运营管理　　　　　　　　　　D．项目经理

- 在___(7)___组织结构中，项目经理为兼职，工作角色指定与否不限。

（7）A．职能型　　　　　　　　　　　B．强矩阵型

C．弱矩阵型　　　　　　　　　　D．混合型

- 关于项目管理办公室（PMO）的描述中，不正确的是___(8)___。

（8）A．PMO在组织内部承担起了将组织战略目标通过一个个的项目执行加以实现职能

B．PMO建立组织内项目管理支撑环境

C．PMO负责组织内多项目管理和监控

D．PMO和项目经理追求相同的任务目标，并受相同需求驱动

- ___(9)___项目管理办公室在强矩阵组织结构中容易实现，在这种情形下，项目管理办公室拥有很大的权力，相当于代表公司的管理层，保证项目顺利执行，以实现项目目标和组织目标。

（9）A．战略型　　　B．控制型　　　C．支持型　　　D．指令型

- 把项目生命周期、项目管理生命周期和产品生命周期作比较，下列选项正确的是___(10)___。

（10）A．项目生命周期的变化随项目变化

B．项目管理生命周期对于每个项目都是独特的

C．项目生命周期可以称为项目管理生命周期

D．项目生命周期发生在一个产品生命周期的一个或多个阶段中

答案及解析

（1）**答案：C** 解析　此题考查的是项目的临时性。临时性是指每一个项目都有一个明确的开始时间和结束时间，临时性也指项目是一次性的。当项目目标已经实现，或由于项目成果性目标明显无法实现，或者项目需求已经不复存在而终止项目时，就意味着项目的结束，临时性并不一定意味着项目历时短，项目历时依项目的需要而定，可长可短。不管什么情况，项目的历时总是有限的，项目要执行多个过程以完成独特产品、提供独特的服务或成果。

（2）**答案：C** 解析　项目的目标的特点：多目标性；优先性；层次性。

（3）**答案：B** 解析　项目集效益管理是定义、创建、最大化和交付项目集所提供的效益的

绩效领域。主要内容包括：效益识别、效益分析和规划、效益交付、效益移交、效益维持。

（4）**答案：D** **解析** 项目、项目集、项目组合和运营管理之间的关系：

1）项目集是一组相互关联且被协调管理的项目、子项目集和项目集活动，目的是为了获得分别管理无法获得的利益。项目集不是大项目，不是项目组合，故选项 D 错误。

2）项目集管理就是在项目集中应用知识、技能、工具与技术来满足项目集的要求，获得分别管理各项目集组件所无法实现的收益和控制。

3）项目组合是指为实现战略目标而组合在一起管理的项目、项目集、子项目组合和运营工作。

4）项目组合管理是指为了实现战略目标而对一个或多个项目组合进行的集中管理。

5）项目组合中的项目集或项目不一定存在彼此依赖或直接相关的关联关系。

项目组合、项目集、项目和运营在特定情况下是相互关联的。

（5）**答案：D** **解析** 项目组合管理的目的是：

1）指导组织的投资决策。

2）选择项目集与项目的最佳组合方式，以达成战略目标。

3）提供决策透明度。

4）确定团队资源分配的优先级。

5）提高实现预期投资回报的可能性。

6）集中管理所有组成部分的综合风险。

7）确定项目组合是否符合组织战略。

选项 D 是项目集的目的。

（6）**答案：A** **解析** 从组织的角度看：

1）项目和项目集管理的重点在于以"正确"的方式开展项目集和项目，即"正确地做事"。

2）项目组合管理则注重于开展"正确"的项目集和项目，即"做正确的事"。

（7）**答案：A** **解析** 组织结构对项目的影响见下表。

组织结构类型	项目特征					
	工作安排人	项目经理批准	项目经理的角色	资源可用性	项目预算管理人	项目管理人员
系统型或简单型	灵活；人员并肩工作	极少或无	兼职；工作角色（如协调员）指定与否不限	极少或无	负责人或操作员	极少或无
职能（集中式）	正在进行的工作（例如，设计、制造）	极少或无	兼职；工作角色（如协调员）指定与否不限	极少或无	职能经理	兼职
多部门（职能可复制，各部门几乎不会集中）	其中之一：产品、生产过程、项目组合、项目集、地理区域、客户类型	极少或无	兼职；工作角色（如协调员）指定与否不限	极少或无	职能经理	兼职
矩阵-强	按工作职能，项目经理作为一个职能	中到高	全职指定工作角色	中到高	项目经理	全职

续表

组织结构类型	项目特征					
	工作安排人	项目经理批准	项目经理的角色	资源可用性	项目预算管理人	项目管理人员
矩阵-弱	工作职能	低	兼职：作为另一项工作的组成部分，并非指定工作角色，如协调员	低	项目经理	兼职
矩阵-均衡	工作职能	低到中	兼职：作为一种技能的嵌入职能，不可以是指定工作角色（如协调员）	低到中	混合	兼职
项目导向（复合、混合）	项目	高到几乎全部	全职指定角色	高到几乎全部	职能经理	全职
虚拟	网络架构，带有与他人联系的节点	低到中	全职或兼职	低到中	混合	全职或兼职
混合型	其他类型的混合	混合	混合	混合	混合	混合
PMO	其他类型的混合	高到几乎全部	全职指定工作	高到几乎全部	项目经理	全职

(8) **答案：D 解析** 项目管理办公室（PMO）是在管辖范围内集中、协调地管理项目或多个项目的组织单元，PMO关注于与上级组织或客户的整体业务目标相联系的项目或子项目之间的协调计划、优先级和执行情况。下列是PMO的一些关键特征（但不限于此）：

1) 在所有PMO管理的项目之间共享和协调资源。
2) 明确和制定项目管理方法、最佳实践和标准。
3) 项目方针、规程、模板和其他共享资料的交换场所和管理。
4) 为所有项目进行集中的配置管理。
5) 所有项目的集中的共同风险和独特风险存储库，并对其加以管理。
6) 项目工具（如企业级项目软件）的实施和管理中心办公室。
7) 项目之间的沟通管理协调中心。
8) 对项目经理进行指导的平台。
9) 通常在企业级对所有PMO管理的项目的时间线和预算进行中央监控。
10) 在项目经理和任何内部或外部的质量人员或标准化组织之间协调整体项目质量标准。项目经理和PMO在组织中处于不同的层次，其工作的关注重点不同，工作目标和需求也有所不同。

(9) **答案：B 解析** PMO有如下几种不同类型：① 支持型：PMO担当顾问的角色，向项目提供模板、最佳实践、培训，以及来自其他项目的信息和经验教训。这种类型的PMO其实就是一个项目资源库，对项目的控制程度很低。② 控制型：PMO不仅给项目提供支持，而且通过各种手段要求项目服从，这种类型的PMO对项目的控制程度属于中等。③ 指令型：PMO直接管理和控制项目。项目经理由PMO指定并向其报告。这种类型的PMO对项目的控制程度很高。

(10) **答案：D** **解析** 项目生命周期由阶段组成，因不同的行业而异；项目管理生命周期是指项目管理五大过程组，适用于所有项目；项目生命周期发生在一个产品生命周期的一个或多个阶段中。

6.3 项目经理的角色

- ___(1)___ 执行组织委派，负责领导团队实现项目目标。
  - (1) A．职能经理　　　　　　　　B．运营经理
  　　　C．项目经理　　　　　　　　D．业务经理
- 领导力对组织项目是否成功至关重要，项目经理需要运用领导力技能与所有项目干系人进行合作，以下选项不属于领导力技能的是___(2)___。
  - (2) A．领导者品质　　　　　　　　B．政策和权力
  　　　C．人际交往　　　　　　　　D．成本效益分析
- 领导力是舵手，管理就是桨。无桨的舵手空悲叹，无舵的桨柱自苦，下列团队管理与团队领导力的区别对应关系中描述不正确的是___(3)___。
  - (3) A．管理——关注系统和架构　　领导力——关注人际关系
  　　　B．管理——关注近期目标　　　领导力——关注长期愿景
  　　　C．管理——关注范围　　　　　领导力——关注赢利
  　　　D．管理——正确地做事　　　　领导力——做正确的事
- 为员工创造学习、成长、发展的机会，"把员工放在第一位"，采用的是___(4)___领导风格。
  - (4) A．放任型　　　　　　　　　　B．交易型
  　　　C．服务型　　　　　　　　　　D．变革型
- ___(5)___领导强调赏罚分明、有言在先、论功行赏，规则清晰并严格执行。
  - (5) A．放任型　　　　　　　　　　B．交易型
  　　　C．服务型　　　　　　　　　　D．变革型
- 老赵是高科技研发项目部门领导，在决策时他总是依靠自己的团队，让手下员工自己决定具体的工作程序和方法，员工们对他的评价是——完美的管理者：善于应付艰难的局面，保护自己的团队，争取更多的项目和资金，充分显示团队的价值。老赵采取的是___(6)___领导。
  - (6) A．放任型　　　　　　　　　　B．交易型
  　　　C．服务型　　　　　　　　　　D．魅力型

答案及解析

(1) **答案：C** **解析** 项目经理的定义：
1）职能经理专注于对某个职能领域或业务部门的管理监督。
2）运营经理负责保证业务运营的高效性。

3）项目经理是由执行组织委派，负责领导团队实现项目目标的人。

（2）**答案：D** **解析** A、B、C项都属于领导力，D选项成本效益分析是规划质量管理过程的数据分析技术之一。

（3）**答案：C** **解析** "领导力"不等同于"管理"。"管理"指指挥一个人执行一系列已知的预期行为从一个位置到另一个位置。"领导力"指通过讨论或辩论方式与他人合作，带领他们从一个位置到另一个位置，二者的区别见下表。

管理	领导力
直接利用职位权力	利用关系的力量指导、影响与合作
维护	建设
管理	创新
关注系统和架构	关注人际关系
依赖控制	激发信任
关注近期目标	关注长期愿景
了解方式和时间	了解情况和原因
关注赢利	关注范围
接受现状	挑战现状
正确地做事	做正确的事
关注可操作性的问题和问题的解决	关注愿景、一致性、动力和激励

（4）**答案：C** **解析** 领导力风格包括：
1）放任型（允许团队自主决策和设定目标，又被称为"无为而治型"）。
2）交易型（根据目标、反馈和成就给予奖励）。
3）服务型（服务优先于领导）。
4）变革型（通过理想化特质和行为、鼓舞性激励、促进创新和创造，以及个人关怀提高追随者的能力）。
5）魅力型（能够激励他人）。
6）交互型（结合了交易型、变革型和魅力型领导的特点）等。

服务型领导通过对团队成员无微不至的关怀和周到细致的服务，使其愿意追随。服务型领导也叫"仆人式领导"，领导者愿意做下属的"仆人"，并尽可能地满足下属的合理要求，与员工之间建立关爱、尊重、信任、接纳的关系，进而建立起领导者的影响力及威信，并以此来激励员工发挥最大潜能，为实现企业的共同目标而努力工作。

（5）**答案：B** **解析** 领导力风格包括：
1）放任型（允许团队自主决策和设定目标，又被称为"无为而治型"）。
2）交易型（根据目标、反馈和成就给予奖励）。

3）服务型（服务优先于领导）。

4）变革型（通过理想化特质和行为、鼓舞性激励、促进创新和创造，以及个人关怀提高追随者的能力）。

5）魅力型（能够激励他人）。

6）交互型（结合了交易型、变革型和魅力型领导的特点）等。

交易型领导强调赏罚分明、有言在先、论功行赏，规则清晰并严格执行。

（6）**答案：A　解析**　老赵属于放任型的领导。这种类型的领导者给予员工极大程度的自由，完全让员工自己根据情况做出决策和行动方案并实施。

领导力风格包括：

1）放任型（允许团队自主决策和设定目标，又被称为"无为而治型"）。

2）交易型（根据目标、反馈和成就给予奖励）。

3）服务型（服务优先于领导）。

4）变革型（通过理想化特质和行为、鼓舞性激励、促进创新和创造，以及个人关怀提高追随者的能力）。

5）魅力型（能够激励他人）。

6）交互型（结合了交易型、变革型和魅力型领导的特点）等。

交易型领导强调赏罚分明、有言在先、论功行赏，规则清晰并严格执行。

6.4　价值驱动的项目管理知识体系

- 关于项目生命周期特点的说法，正确的是＿＿（1）＿＿。

  （1）A．项目资源投入强度在项目开始时较低，以后逐渐提高

  　　B．项目资源投入强度在项目开始时较高，以后逐渐降低

  　　C．随着项目推进，项目面临的风险和不确定性逐渐增大

  　　D．随着项目推进，项目面临的风险和不确定性逐渐降低

- 采用＿＿（2）＿＿的项目范围通常在项目生命周期的早期确定，但时间及成本会随着项目团队对产品理解的不断深入而定期修改。适用于复杂、目标和范围不断变化，干系人的需求需要经过与团队的多次互动、修改、补充、完善后才能满足的项目。

  （2）A．预测型生命周期　　　　　　　B．增量型生命周期

  　　C．迭代型生命周期　　　　　　　D．适应型生命周期

- 项目生命周期包括＿＿（3）＿＿。

  （3）A．项目定义、项目开发、项目执行和项目收尾四个阶段

  　　B．项目启动、项目控制、项目执行、项目收尾四个阶段

  　　C．项目启动、项目组织与准备、项目执行、项目收尾四个阶段

  　　D．项目定义、项目启动、项目实施、项目控制、项目收尾五个阶段

- 关于项目阶段、项目生命周期及项目管理过程的描述，不正确的是___(4)___。
  - （4）A．项目生命周期与项目管理过程组的含义相同，即同一事物的两个说法
    - B．做出变更和纠正错误的成本，随着项目越来越接近完成而显著增高
    - C．成本与人力投入在项目开始时较低，在执行期间达到最高，在项目快要结束时快速回落
    - D．在螺旋模型中，每个周期一般划分为制订计划、风险分析、实施工程和客户评估四个阶段
- 项目需求明确、充分了解拟交付的产品、有厚实的行业实践基础或者整批一次性交付产品有利于干系人，优先选择___(5)___。
  - （5）A．增量型生命周期　　　　　　　　B．瀑布型生命周期
    - C．迭代型生命周期　　　　　　　　D．适应型生命周期
- 公司计划开发一个新的信息系统，该系统需求不明确，实现不能定义需求，需要经过多期开发完成，该系统的生命周期模型宜采用___(6)___。
  - （6）A．增量型生命周期　　　　　　　　B．瀑布型生命周期
    - C．迭代型生命周期　　　　　　　　D．适应型生命周期
- 关于迭代型生命周期的描述，不正确的是___(7)___。
  - （7）A．降低了产品无法按照既定进度进入市场的风险。通过在开发早期就确定风险，可以尽早来解决而不至于在开发后期匆匆忙忙
    - B．加快了整个开发工作的进度。因为开发人员清楚问题的焦点所在，他们的工作会更有效率
    - C．降低了在一个增量上的开支风险
    - D．适用于已经充分了解并明确确定需求的项目
- 控制范围属于___(8)___过程组。
  - （8）A．项目启动　　　　　　　　B．项目规划
    - C．项目执行　　　　　　　　D．项目监控
- ___(9)___不属于项目执行的工作内容。
  - （9）A．获取资源　　　　　　　　B．管理质量
    - C．建设团队　　　　　　　　D．排列活动顺序
- 以下对项目绩效域的描述，不正确的是___(10)___。
  - （10）A．项目绩效域是一组对有效地交付项目成果至关重要的活动
    - B．这些绩效域共同构成了一个统一的整体。每个绩效域都与其他绩效域相互依赖，从而促使成功交付项目及其预期成果
    - C．每个项目中各个绩效域之间相互关联的方式都是相同的
    - D．项目绩效域包括干系人、团队、开发方法和生命周期、规划、项目工作、交付、测量、不确定性八个项目绩效域

答案及解析

（1）**答案：D** 解析 通用的生命周期结构具有的特征：

1）成本与人力投入在开始时较低，在工作执行期间达到最高，并在项目快要结束时迅速回落。

2）风险与不确定性在项目开始时最大，并在项目的整个生命周期中随着决策的制定与可交付成果的验收而逐步降低；做出变更和纠正错误的成本，随着项目越来越接近完成而显著增高。

（2）**答案：C** 解析 项目生命周期类型如下。

1）预测型生命周期。又称为瀑布型生命周期（也包括后续的 V 模型）。预测型生命周期在生命周期的早期阶段确定项目范围、时间和成本，每个阶段只进行一次，每个阶段都侧重于某一特定类型的工作。这类项目会受益于前期的周详规划，但变更会导致某些阶段重复进行。适用于已经充分了解并明确确定需求的项目。

2）迭代型生命周期。采用迭代型生命周期的项目范围通常在项目生命周期的早期确定，但时间及成本会随着项目团队对产品理解的不断深入而定期修改。适用于复杂、目标和范围不断变化、干系人的需求需要经过与团队的多次互动、修改、补充、完善后才能满足的项目。

3）增量型生命周期。采用增量型生命周期的项目通过在预定的时间区间内渐进增加产品功能的一系列迭代来产出可交付成果。适用于项目需求和范围难以确定，最终的产品、服务或成果将经历多次较小增量改进最终满足要求。

4）适应型生命周期。采用适应型开发方法的项目又称敏捷型或变更驱动型项目。适应型项目生命周期的特点是先基于初始需求制订一套高层级计划，再逐渐把需求细化到适合特定规划周期所需的详细程度。适合于需求不确定，不断发展变化的项目。

混合型生命周期，是预测型生命周期和适应型生命周期的组合。

（3）**答案：C** 解析 项目的规模和复杂性各不相同，但所有项目都包含项目启动、项目组织与准备、项目执行和项目收尾四个阶段。

（4）**答案：A** 解析 项目生命周期与项目管理过程组的含义是不相同的。

项目生命周期包括：启动项目、组织与准备、执行项目工作、结束项目工作。

项目管理过程包括：

1）启动过程组，定义并批准项目或阶段。

2）规划过程组，明确项目范围、优化目标，并为实现目标制订行动计划。

3）执行过程组，完成项目管理计划中确定的工作，以满足项目要求。

4）监控过程组，跟踪、审查和调整项目进展与绩效，识别变更并启动相应的变更。

5）收尾过程组，正式移交最终产品，完成或结束项目、阶段或合同。

（5）**答案：B** 解析 瀑布模型是一个经典的软件生命周期模型，也叫预测型生命周期、完全计划驱动型生命周期。在这个模型里，在项目生命周期的尽早时间，要确定项目范围及交付此范围所需的时间和成本。在这个模型里，项目启动时，项目团队专注于定义产品和项目的总体范围，然后制订产品（及相关可交付成果）交付计划，接着通过各阶段来执行计划。应该仔细管理项目范围变更。如果有新增范围，则需要重新计划和正式确认。

以下情况优先选择瀑布型生命周期：项目需求明确、充分了解拟交付的产品、有厚实的行业实践基础或者整批一次性交付产品有利于干系人。

（6）**答案：C 解析** 以下情况优先选择迭代和增量型生命周期：组织需要管理不断变化的目标和范围，组织需要降低项目的复杂性，或者产品的部分交付有利于一个或多个干系人，且不会影响最终或整批可交付成果的交付。

大型复杂项目通常采用迭代方式来实施，这使项目团队可以在迭代过程中综合考虑反馈意见和经验教训，从而降低项目风险。

（7）**答案：D 解析** D 选项适用于预测型生命周期，而迭代型生命周期适用于复杂、目标和范围不断变化，干系人的需求需要经过与团队的多次互动、修改、补充、完善后才能满足的项目。

（8）**答案：D 解析** 项目管理的五大过程组和十大知识领域见下表。

项目管理的五大过程组和十大知识领域

知识领域	启动	规划	执行	监控	收尾
整合	制定项目章程	制订项目管理计划	指导与管理项目工作、管理项目知识	监控项目工作、实施整体变更控制	结束项目或阶段
范围		规划范围管理、收集需求、定义范围、创建 WBS		确认范围、控制范围	
进度		规划进度管理、定义活动、排列活动顺序、估算活动持续时间、制订进度计划		控制进度	
成本		规划成本管理、估算成本、制定预算		控制成本	
质量		规划质量管理	管理质量	控制质量	
资源		规划资源管理、估算活动资源	获取资源、建设团队、管理团队	控制资源	
沟通		规划沟通管理	管理沟通	监督沟通	
风险		规划风险管理、风险识别、实施定性风险分析、实施定量风险分析、规划风险应对	实施风险应对	监督风险	
采购		规划采购管理	实施采购	控制采购	
干系人	识别干系人	规划干系人参与	管理干系人参与	监督干系人参与	

(9)**答案：D　解析**　项目管理的五大过程组和十大知识领域内容见下表。

项目管理的五大过程组和十大知识领域

知识领域	启动	规划	执行	监控	收尾
整合	制定项目章程	制订项目管理计划	指导与管理项目工作、管理项目知识	监控项目工作、实施整体变更控制	结束项目或阶段
范围		规划范围管理、收集需求、定义范围、创建WBS		确认范围、控制范围	
进度		规划进度管理、定义活动、排列活动顺序、估算活动持续时间、制订进度计划		控制进度	
成本		规划成本管理、估算成本、制定预算		控制成本	
质量		规划质量管理	管理质量	控制质量	
资源		规划资源管理、估算活动资源	获取资源、建设团队、管理团队	控制资源	
沟通		规划沟通管理	管理沟通	监督沟通	
风险		规划风险管理、风险识别、实施定性风险分析、实施定量风险分析、规划风险应对	实施风险应对	监督风险	
采购		规划采购管理	实施采购	控制采购	
干系人	识别干系人	规划干系人参与	管理干系人参与	监督干系人参与	

（10）**答案：C　解析**　项目绩效域是一组对有效地交付项目成果至关重要的活动。包括干系人、团队、开发方法和生命周期、规划、项目工作、交付、测量、不确定性八个项目绩效域。这些绩效域共同构成了一个统一的整体。每个绩效域都与其他绩效域相互依赖，从而促使成功交付项目及其预期成果。每个项目中各个绩效域之间相互关联的方式各不相同。

第7章 项目立项管理

7.1 项目建议与立项申请

- 下列关于项目建议书的说法，错误的是___(1)___。
  （1）A．项目建议书是项目建设单位向上级主管部门提交的项目申请文件
  　　　B．项目建议书内容可以进行扩充和裁剪
  　　　C．项目建议书是国家或上级主管部门选择项目的依据
  　　　D．项目建议书是必需的，是可行性研究的依据
- 下列___(2)___不属于项目建议书的主要内容。
  （2）A．项目的必要性　　　　　　　B．项目的市场预测
  　　　C．产品方案或服务的市场预测　D．风险因素及对策
- ___(3)___是项目建设单位向上级主管部门提交项目申请时所必需的文件，是该项目建设筹建单位或项目法人根据各种情况提出的某一具体项目的建议文件，是对拟建项目提出的框架性的总体设想。
  （3）A．项目计划　　　　　　　　　B．项目章程
  　　　C．工作说明书　　　　　　　　D．项目建议书
- 项目立项是项目从无到有的过程，项目立项包括六个阶段，分别为提交项目建议书、项目可行性研究、项目论证、项目评估、___(4)___、签订合同。
  （4）A．组建项目团队　　　　　　　B．编写项目管理计划
  　　　C．项目招标与投标　　　　　　D．审批立项
- 下列关于项目建议书的说法，错误的是___(5)___。
  （5）A．是国家或上级主管部门选择项目的依据，是详细可行性研究的依据
  　　　B．涉及利用外资的项目，在项目建议书批准后，方可开展对外工作

C．是项目建设单位向上级主管部门提交项目申请时所必需的文件

D．是该项目建设筹建单位或项目法人提出的建议文件

- 项目建议书是___(6)___向上级主管部门提交项目申请时所必需的文件。

  (6) A．项目承建单位　　　　　　B．项目建设单位
  　　 C．国家发改委　　　　　　　D．第三方单位

答案及解析

(1) **答案：D**　解析　项目建议书是项目建设单位向上级主管部门提交申请时所必需的文件。是对拟建项目提出的框架性的总体设想，是项目发展周期的初始阶段，是国家或上级主管部门选择项目的依据，也是可行性研究的依据。

项目建议书不是必需的，规模较小的系统可以省略，与可行性分析阶段合并。

(2) **答案：D**　解析　项目建议书的核心内容包括项目的必要性、项目的市场预测、产品方案或服务的市场预测、项目建设必需的条件。

(3) **答案：D**　解析　项目建议书（又称立项申请）是项目建设单位向上级主管部门提交项目申请时所必需的文件，是该项目建设单位或项目法人根据各种情况提出的某一具体项目的建议文件，是对拟建项目提出的框架性的总体设想。项目建议书是国家或上级主管部门选择项目的依据，也是可行性研究的依据，涉及利用外资的项目，在项目建议书批准后，方可开展对外工作。

(4) **答案：C**　解析　项目立项一般包括提交项目建议书、项目可行性研究、项目论证、项目评估、项目招标与投标、签订合同几个阶段。

(5) **答案：A**　解析　项目建议书是国家或上级主管部门选择项目的依据，是可行性研究的依据。

(6) **答案：B**　解析　项目建议书（又称立项申请）是项目建设单位向上级主管部门提交项目申请时所必需的文件，是该项目建设单位或项目法人根据各种情况提出的某一具体项目的建议文件，是对拟建项目提出的框架性的总体设想。项目建议书是国家或上级主管部门选择项目的依据，也是可行性研究的依据，涉及利用外资的项目，在项目建议书批准后，方可开展对外工作。

7.2　项目可行性研究

- 可行性研究报告是项目立项和决策的关键依据，下列不属于可行性研究报告内容的是___(1)___。

  (1) A．技术可行性分析　　　　　B．经济可行性分析
  　　 C．项目真实性评价　　　　　D．项目社会效益

- 关于项目可行性分析的说法，不正确的是___(2)___。

  (2) A．技术可行性分析往往决定了项目的方向，一旦开发人员在评估技术可行性分析时估计错误，将会出现严重的后果，造成项目根本上的失败

B．从经济上考虑，包括对项目投入、支出、收益、市场前景、投资回报等进行分析估算，不包括社会效益

C．运行环境可行性分析是信息系统发挥效益的关键，需重点分析其运行环境的可行性

D．可行性研究还包括法律可行性、政策可行性等方面

- 在某公司新出具的项目可行性研究报告中，明确指出该项目需要社会招聘或者专门培训具备某项技能的专业人员，这属于项目可行性研究报告中的___(3)___内容。

  （3）A．技术可行性分析　　　　　　　B．经济可行性分析

  　　　C．社会效益可行性分析　　　　　D．运行环境可行性分析

- 可行性研究报告中，关于开发费、培训费、差旅费、设备购置费、人员工资福利、场地费等费用的分析估算，属于___(4)___。

  （4）A．技术可行性分析　　　　　　　B．经济可行性分析

  　　　C．成本可行性分析　　　　　　　D．运行环境可行性分析

- 某信息系统项目经理在进行项目可行性分析时，应将敏感性分析应用于___(5)___。

  （5）A．技术可行性分析　　　　　　　B．经济可行性分析

  　　　C．运行环境可行性分析　　　　　D．社会可行性分析

- 在进行项目可行性分析时，项目经理对团队成员的心理承受能力、接受新知识和技能的积极性等进行了评估，这属于___(6)___。

  （6）A．技术可行性分析　　　　　　　B．经济可行性分析

  　　　C．运行环境可行性分析　　　　　D．其他方面的可行性分析

- 项目经理在进行___(7)___的过程中，对当前技术发展趋势和本团队成员所掌握的技术进行分析研究。

  （7）A．经济可行性分析　　　　　　　B．技术可行性分析

  　　　C．运行环境可行性分析　　　　　D．其他方面的可行性分析

- 技术可行性研究的范围不包括___(8)___。

  （8）A．资源有效性　　　　　　　　　B．物资可用性

  　　　C．效益分析　　　　　　　　　　D．开发风险

- 下列关于初步可行性研究的说法，不正确的是___(9)___。

  （9）A．初步可行性研究需要说明项目进行投资建设是否具有必要性

  　　　B．如果对项目价值和收益等存在疑问，组织需要进行初步项目可行性研究来确定项目是否可行

  　　　C．初步可行性研究报告比较粗糙，不适合作为项目正式的参考文献

  　　　D．初步可行性研究一般是在对市场或者客户情况进行调查后，对项目进行的初步评估

- 关于项目可行性研究的描述中，不正确的是___(10)___。

  （10）A．初步可行性研究可以形成可行性报告

  　　　B．项目初步可行性研究与详细可行性研究的内容大致相同

  　　　C．小项目一般只做详细可行性研究，初步可行性研究可以省略

D．初步可行性研究的方法有投资估算法、增量效益法等
- 关于信息系统项目可行性研究的说法，错误的是___（11）___。

  （11）A．只有通过初步可行性研究，认为项目可行，才可以进行详细可行性研究

  B．详细可行性研究是一项费时、费力、需要资金支持的工作

  C．初步可行性研究报告可以作为正式的文献供项目决策参考，也可以成为进一步做详细可行性研究的基础

  D．可行性研究从技术、经济、社会和人员等方面评估项目是否可行

- ___（12）___在项目决策前对与项目有关的技术、经济、法律、社会环境等方面的条件和情况，对各种可能的技术方案进行详细的论证、比较，并对项目建设完成后所可能产生的经济、社会效益进行预测和评价。

  （12）A．经济可行性研究　　　　　　B．详细可行性研究

  　　　C．初步可行性研究　　　　　　D．社会可行性研究

- 详细可行性研究的原则不包括___（13）___。

  （13）A．科学性原则　　　　　　　　B．客观性原则

  　　　C．公正性原则　　　　　　　　D．透明性原则

- 关于项目可行性研究，说法错误的是___（14）___。

  （14）A．信息系统项目开发的可行性一般包括可能性、效益性和必要性三个方面，三者相辅相成

  B．详细可行性研究和初步可行性研究，二者缺一不可

  C．可行性研究分为初步可行性研究、详细可行性研究、可行性研究报告三个基本阶段

  D．在初步项目可行性研究之前可进行项目机会研究

- 项目经理在项目投资前，要对项目进行可行性研究，他要进行的第一阶段是___（15）___。

  （15）A．机会研究　　　　　　　　　B．初步可行性研究

  　　　C．详细可行性研究　　　　　　D．评估与决策

- 关于项目可行性研究，不正确的说法是___（16）___。

  （16）A．初步可行性研究是介于项目机会选择与详细可行性研究之间的一个中间阶段

  B．初步可行性研究报告可以作为正式的文献供决策层参考

  C．详细可行性研究的方法主要有经济评价法、市场预测法、投资估算法和增量净效益法

  D．详细可行性研究报告必须详尽、系统、全面

- 信息系统项目开发的可行性一般包括___（17）___三个方面，三者相辅相成，缺一不可。

  （17）A．可能性、效益性和必要性　　B．可能性、经济性和必要性

  　　　C．经济性、技术性和运行环境　D．经济性、技术性和必要性

- 初步可行性研究从以下方面对项目进行初步评估，其中不包括___（18）___。

  （18）A．分析项目的前途，从而决定是否应该继续深入调查研究

  B．初步估计项目的功能和目标是否可以实现

  C．初步确定项目中的关键技术及核心问题，是否需要解决

D．初步估计必须进行的辅助研究，判断是否具备必要的技术、实验、人力条件作为支持等
- ___（19）___ 不是辅助研究的内容。
  （19）A．网络物理布局设计
  　　　B．规模的经济性研究
  　　　C．对要设计开发的产品进行的市场研究
  　　　D．需要的人力资源研究
- ___（20）___ 不是详细可行性研究的方法。
  （20）A．消费水平法　　　　　　　　B．市场预测法
  　　　C．投资估算法　　　　　　　　D．增量净效益法
- 下列___（21）___ 不是详细可行性研究的内容。
  （21）A．市场需求预测　　　　　　　B．投资及成本估算
  　　　C．技术与设备选择　　　　　　D．国家有关经济法规、政策
- 因单位需要建设一个新的比较复杂的信息系统，因此请信息科进行了初步的可行性研究，下列___（22）___ 不是通过项目的初步可行性研究得到的结果。
  （22）A．项目建设大概需要 5 年时间
  　　　B．大概需要投资 2000 万元人民币
  　　　C．需要系统架构师 2 名，系统分析师 2 名，信息系统项目管理师 1 名等人力资源
  　　　D．该项目可以申请项目的立项
- 国家越来越重视环保，因此汽车生产厂家要开发新能源汽车，要求相关部门进行了初步的可行性研究，下列不是其内容的是___（23）___。
  （23）A．新能源汽车出来后每车售价大概是 20 万元人民币
  　　　B．新能源汽车需要实验室和中间工厂的实验
  　　　C．大概投资资金需要 1 亿元，我们自己出一部分，其他部分可以从银行贷款
  　　　D．项目初期需求分析大概要 1 个月，设计开发大概需要 1 年

答案及解析

（1）**答案：C**　**解析**　可行性研究包含的内容：

1）技术可行性分析：技术可行性分析是指在当前的技术、产品条件限制下，能否利用现在拥有的以及可能拥有的技术能力、产品功能、人力资源来实现项目的目标、功能、性能，能否在规定的时间期限内完成整个项目。

2）经济可行性分析：经济可行性分析主要是对整个项目的投资及所产生的经济效益进行分析，具体包括支出分析、收益分析、收益投资比、投资回报分析以及敏感性分析等。

3）社会效益可行性分析：尤其是针对面向公共服务领域的项目，其社会效益往往是可行性分析的关注重点。

4）运行环境可行性分析：运行环境是制约信息系统发挥效益的关键。

5）其他方面的可行性分析：诸如法律可行性、政策可行性等方面的可行性分析。

（2）**答案：B　解析**　经济可行性就是进行开发成本的估算，以及了解取得效益的评估，确定要开发的系统是否值得投资开发。对于大多数系统，一般衡量经济上是否合算，应考虑一个最小利润值。经济可行性研究范围较广，包括成本效益分析、公司经营长期策略、开发所需的成本和资源、潜在的市场前景等。除经济效益外，在可行性分析方面，还应该包括项目实施对社会环境、自然环境的影响，以及可能带来的社会效益分析。

（3）**答案：A　解析**　技术可行性分析是指在当前市场的技术、产品条件限制下，能否利用现在拥有的以及可能拥有的技术能力、产品功能、人力资源来实现项目的目标、功能、性能，能否在规定的时间期限内完成整个项目。

技术可行性分析一般应当考虑以下因素：①进行项目开发的风险。在给定的限制范围和时间期限内，能否设计出预期的系统并实现必需的功能和性能。②人力资源的有效性。可以用于项目开发的技术人员队伍是否可以建立，是否存在人力资源不足、技术能力欠缺等问题，是否可以在市场上或者通过培训获得所需要的熟练技术人员。③技术能力的可能性。相关技术的发展趋势和当前所掌握的技术是否支持该项目的开发，市场上是否存在支持该技术的开发环境、平台和工具。④物资（产品）的可用性。是否存在可以用于建立系统的其他资源，如一些设备以及可行的替代产品等。

技术可行性分析往往决定了项目的方向，一旦开发人员在评估技术可行性分析时估计错误，将会出现严重的后果，造成项目根本上的失败。

（4）**答案：B　解析**　经济可行性分析主要是对整个项目的投资及所产生的经济效益进行分析，具体包括支出分析、收益分析、收益投资比、投资回报分析以及敏感性分析等。

1）支出分析。信息系统项目的支出可以分为一次性支出和非一次性支出两类。
- 一次性支出：包括开发费、培训费、差旅费、初试数据录入、设备购置费等费用。
- 非一次性支出：包括软、硬件租金，人员工资及福利，水电等公用设施使用费，以及其他消耗品支出等。

2）收益分析。信息系统项目收益包括直接收益、间接收益以及其他方面的收益等。
- 直接收益：指通过项目实施获得的直接经济效益，如销售项目产品的收入。
- 间接收益：指通过项目实施，通过间接方式获得的收益，如成本的降低。

3）收益投资比、投资回报分析。对投入产出进行对比分析，以确定项目的收益率和投资回报等经济指标。

4）敏感性分析。当诸如设备和软件配置、处理速度要求、系统的工作负荷类型和负荷量等关键性因素变化时，对支出和收益产生影响的估计。

（5）**答案：B　解析**　敏感性分析是投资项目的经济评估中常用的分析不确定性的方法之一。从多个不确定性因素中逐一找出对投资项目经济效益指标有重要影响的敏感性因素，并分析、测算其对项目经济效益指标的影响程度和敏感性程度，进而判断项目承受风险的能力。

（6）**答案：C　解析**　运行环境可行性分析：运行环境是制约信息系统发挥效益的关键。从用户的管理体制、管理方法、规章制度、工作习惯、人员素质（甚至包括人员的心理承受能力、接受新知识和技能的积极性等)、数据资源积累、基础软硬件平台等多方面进行评估,以确定软件系统在交付以后,是否能够在用户现场顺利运行。

(7)答案:B 解析 技术可行性分析是指在当前市场的技术、产品条件限制下,能否利用现在拥有的以及可能拥有的技术能力、产品功能、人力资源来实现项目的目标、功能、性能,能否在规定的时间期限内完成整个项目。

技术可行性分析一般应当考虑以下因素:①进行项目开发的风险。在给定的限制范围和时间期限内,能否设计出预期的系统并实现必需的功能和性能。②人力资源的有效性。可以用于项目开发的技术人员队伍是否可以建立,是否存在人力资源不足、技术能力欠缺等问题,是否可以在市场上或者通过培训获得所需要的熟练技术人员。③技术能力的可能性。相关技术的发展趋势和当前所掌握的技术是否支持该项目的开发,市场上是否存在支持该技术的开发环境、平台和工具。④物资(产品)的可用性。是否存在可以用于建立系统的其他资源,如一些设备以及可行的替代产品等。

技术可行性分析往往决定了项目的方向,一旦开发人员在评估技术可行性分析时估计错误,将会出现严重的后果,造成项目根本上的失败。

(8)答案:C 解析 技术可行性分析是指在当前的技术、产品条件限制下,能否利用现在拥有的以及可能拥有的技术能力、产品功能、人力资源来实现项目的目标、功能、性能,能否在规定的时间期限内完成整个项目。

技术可行性分析一般应当考虑的因素包括:进行项目开发的风险;人力资源的有效性;技术能力的可能性;物资(产品)的可用性。技术可行性分析往往决定了项目的方向。

(9)答案:C 解析 经过初步可行性研究,可以形成初步可行性研究报告,该报告虽然比详细可行性研究报告粗略,但是对项目已经有了全面的描述、分析和论证,可以作为正式的文献供项目决策参考,也可以成为进一步做详细可行性研究的基础。

(10)答案:D 解析 详细可行性研究常用的方法:经济评价法、市场预测法、投资估算法、增量净效益法。

项目建议与立项申请、初步可行性研究、详细可行性研究、评估与决策是项目投资前的四个阶段。在实际工作中,初步可行性研究和详细可行性研究可以依据项目的规模和繁简程度合二为一,但详细可行性研究是不可缺少的。升级改造项目只做初步和详细研究,小项目一般只进行详细可行性研究。

初步可行性研究的结果及研究的主要内容基本与详细可行性研究相同。

(11)答案:A 解析 在实际工作中,初步可行性研究和详细可行性研究可以依据项目的规模和繁简程度合二为一,但详细可行性研究是不可缺少的,初步可行性研究是可以省去的。升级改造项目只做初步和详细研究,小项目一般只进行详细可行性研究。

(12)答案:B 解析 详细可行性研究是在项目决策前对与项目有关的技术、经济、法律、社会环境等方面的条件和情况,进行详尽的、系统的、全面的调查、研究和分析,对各种可能的技术方案进行详细的论证、比较,并对项目建设完成后所可能产生的经济、社会效益进行预测和评价,最终提交的可行性研究报告将成为进行项目评估和决策的依据。

（13）答案：D　解析　详细可行性研究的原则有科学性原则、客观性原则、公正性原则。

（14）答案：B　解析　机会研究、初步可行性研究、详细可行性研究、评估与决策是投资前的四个阶段。在实际工作中，前三个阶段依项目的规模和繁简程度可把前两个阶段（机会研究和初步可行性研究）省略或合二为一，但详细可行性研究是不可缺少的。升级改造项目制作初步和详细研究，小项目一般只进行详细可行性研究。

（15）答案：A　解析　机会研究、初步可行性研究、详细可行性研究、评估与决策是投资前的四个阶段。

（16）答案：D　解析　详细可行性研究的内容可以有简有繁。

（17）答案：A　解析　信息系统项目开发的可行性一般包括可能性、效益性和必要性三个方面，三者相辅相成，缺一不可。

（18）答案：B　解析　初步可行性研究一般是在对市场或者客户情况进行调查后，对项目进行的初步评估。可以从如下方面进行衡量，以便决定是否开始详细可行性研究：
- 分析项目的前途，从而决定是否应该继续深入调查研究。
- 初步估计和确定项目中的关键技术及核心问题，以确定是否需要解决。
- 初步估计必须进行的辅助研究，以解决项目的核心问题，并判断是否具备必要的技术、实验、人力条件作为支持等。

（19）答案：D　解析　辅助研究主要包括：①对要设计开发的产品进行的市场研究；②配件和投入物资的研究；③试验室和中间工厂的试验；④网络物理布局设计；⑤规模的经济性研究；⑥设备选择研究。

（20）答案：A　解析　详细可行性研究的方法：如经济评价法、市场预测法、投资估算法和增量净效益法等。

（21）答案：D　解析　详细可行性研究的内容可以有简有繁，主要包括：①市场需求预测；②部件和投入的选择供应；③信息系统架构及技术方案的确定；④技术与设备选择；⑤网络物理布局；⑥投资、成本估算与资金筹措；⑦经济评价及综合分析。

（22）答案：D　解析　通过项目的初步可行性研究就应当能够回答下面的一些问题：①项目进行投资建设的必要性；②项目建设的周期；③项目需要的人力、财力资源；④项目的功能和目标是否可以实现；⑤项目的经济效益、社会效益是否可以保证；⑥项目从经济上、技术上是否是合理的；⑦因为是比较复杂的信息系统，投资较大，需进行详细可行性研究。

（23）答案：B　解析　初步可行性研究的主要内容包括：①市场和生产能力；②进行市场需求分析预测，销售价格预测；③依据市场销售量做出初步开发规划；④设备与材料投入分析，包括从需求、设计与材料的投入分析；⑤渠道与推销分析，初步的销售量和开发、安装实施到运营的所有设备；⑥网络规划、物理布局方案的选择；⑦项目设计包括项目总体规划、信息系统设计和设备计划、网络工程规划等；⑧项目进度安排；⑨项目投资与成本估算，包括投资估算、成本估算、筹集资金的渠道及初步筹集方案。实验室和中间工厂的实验是辅助研究的内容。

7.3 项目评估与决策

- 项目评估的依据不包括___（1）___。
  - （1）A．项目建议书及其批准文件　　B．项目可行性研究报告
  　　　C．项目章程　　　　　　　　　　D．协议文件
- 关于项目评估，说法错误的是___（2）___。
  - （2）A．项目评估是由项目经理在项目可行性研究的基础上，对拟建项目建设的必要性、建设条件、经济效益和社会效益等进行评价、分析和论证
  　　　B．项目评估的目的是审查项目可行性研究的可靠性、真实性和客观性
  　　　C．项目评估为银行的贷款决策或行政主管部门的审批决策提供科学依据
  　　　D．项目评估的最终成果是项目评估报告
- 项目评估一般按照如下程序进行：①成立评估小组，进行分工，制订评估工作计划；②开展调查研究，收集数据资料，并对可行性研究报告和相关资料进行审查和分析；③分析与评估；④___（3）___；⑤讨论、修改报告；⑥召开专家论证会；⑦评估报告定稿并发布。
  - （3）A．编写分析报告　　　　　　　B．编写评估报告
  　　　C．编写研究报告　　　　　　　D．编写项目报告
- 项目评估的最终成果是___（4）___。
  - （4）A．立项批准书　　　　　　　　B．项目评估报告
  　　　C．项目章程　　　　　　　　　D．批准的可行性研究报告
- 下列___（5）___不属于项目评估报告内容大纲中的"总结和建议"中的内容。
  - （5）A．提出是否批准或可否贷款的结论性意见
  　　　B．存在或遗留的重大问题
  　　　C．潜在的风险
  　　　D．建议

答案及解析

（1）**答案：C**　**解析**　项目评估的依据包括：①项目建议书及其批准文件；②项目可行性研究报告；③报送单位的申请报告及主管部门的初审意见；④有关资源、配件、燃料、水、电、交通、通信、资金（包括外汇）等方面的协议文件；⑤必需的其他文件和资料。

（2）**答案：A**　**解析**　项目评估指在项目可行性研究的基础上，由第三方（国家、银行或有关机构）根据国家颁布的政策、法规、方法、参数和条例等，从项目（或企业）、国民经济、社会角度出发，对拟建项目建设的必要性、建设条件、生产条件、产品市场需求、工程技术、经济效益和社会效益等进行评价、分析和论证，进而判断其是否可行的一个评估过程。项目评估是项目投资前期进行决策管理的重要环节，其目的是审查项目可行性研究的可靠性、真实性和客观性，为银行

的贷款决策或行政主管部门的审批决策提供科学依据。

（3）**答案：B**　解析　项目评估工作一般可按以下程序进行：①成立评估小组；②开展调查研究；③分析与评估；④编写、讨论、修改评估报告；⑤召开专家论证会；⑥评估报告定稿并发布。

（4）**答案：B**　解析　项目评估的最终成果是项目评估报告。

（5）**答案：A**　解析　项目评估报告大纲所包括的内容有三部分：①项目概况——项目基本情况，综合评估结论——提出是否批准或可否贷款的结论性意见；②详细评估意见；③总结和建议——存在或遗留的重大问题、潜在的风险和建议。

第8章 项目整合管理

8.1 管理基础

- 项目整合管理中由___(1)___负责整合其他知识领域的成果，掌握项目的总体情况，并承担最终责任。这个责任不能被授权或转移。
  (1) A．项目经理　　　　B．干系人　　　　C．职能经理　　　　D．企业负责人
- 项目整合管理中，在三个层面上执行整合，不包括___(2)___。
  (2) A．过程层面　　　　B．认知层面　　　　C．价值层面　　　　D．背景层面
- 项目的复杂性来源于组织的系统行为、人类行为以及组织或环境中的不确定性，其含义包括___(3)___。
  ①包含多个部分　②不同部分之间存在一系列关联　③不同部分之间的动态交互作用
  ④交互作用所产生的行为远远大于各部分简单的相加
  (3) A．①②③　　　　B．②③④　　　　C．①②④　　　　D．以上都是
- 在项目整合管理过程相关的新趋势和新兴实践中，___(4)___采用敏捷或其他迭代的适应型方法，为开展需求管理而采用商业分析技术，为分析项目复杂性而采用相关分析工具，以及为应用项目成果而采用组织变革管理方法等。
  (4) A．信息化工具　　　　　　　　　B．可视化管理工具
  　　 C．混合型方法　　　　　　　　　D．项目知识管理

答案及解析

(1) **答案：A**　**解析**　项目整合管理中由项目经理负责整合其他知识领域的成果，掌握项目的总体情况，并承担最终责任。这个责任不能被授权或转移。执行项目整合时项目经理承担双重角色：
1) 组织层面上，项目经理扮演重要角色，与项目发起人携手合作。

2）项目层面上，项目经理负责指导团队关注真正的事务并协调工作。

（2）**答案：C** **解析** 项目整合管理在三个层面上执行整合：

1）过程层面：有些过程发生一次，有些过程反复发生，项目经理需要协调这些过程的关系。

2）认知层面：熟练运用人际关系技能和个人能力，掌握所有项目管理知识域。

3）背景层面：随着新技术的不断涌现，外部环境的变化，项目经理要认识项目背景和这些新因素并利用好，获得项目成功。

（3）**答案：D** **解析** 项目的复杂性来源于组织的系统行为、人类行为以及组织或环境中的不确定性。

在项目整合之前，项目经理需要考虑项目面临的内、外部环境因素，检查项目的特征或属性。

作为项目的一种特征或属性，复杂性的含义：①包含多个部分；②不同部分之间存在一系列关联；③不同部分之间的动态交互作用；④这些交互作用所产生的行为远远大于各部分简单的相加（例如突发性行为）。

项目经理可以通过检查项目的这些复杂性特征，帮助其在规划、管理和控制项目时识别关键领域，确保完成整合。

（4）**答案：C** **解析** 项目整合管理知识领域要求整合所有其他知识领域的成果。与整合管理过程相关的新趋势和新兴实践包括：

- 使用信息化工具：信息化工具用来收集、分析和使用信息，支持实现项目目标和项目效益。项目经理需要整合大量的数据和信息，因此有必要使用项目管理信息系统等相关的信息化工具。
- 使用可视化管理工具：可视化管理工具可以通过可视化分析表等直观形式获取和监督关键的项目要素。帮助整个团队直观地看到项目的实时状态，促进知识转移，并提高团队成员和其他干系人识别和解决问题的能力。
- 项目知识管理：项目人员的流动性和不稳定性越来越高，项目知识管理可以将项目生命周期中积累的知识传达给目标受众，防止知识流失。
- 项目经理在项目以外的职责：项目处在内外部环境中，项目经理需要参与管理层和PMO负责的立项前、结项后的可行性研究与评估和效益管理，以便更好地实现项目目标以及交付项目价值。项目经理也需要更全面地识别干系人，并引导他们参与项目，包括管理项目经理与各职能部门、运营部门和高级管理人员之间的接口。
- 混合型方法：经实践检验的新方法会不断地融入项目管理中，例如采用敏捷或其他迭代的适应型方法，为开展需求管理而采用商业分析技术，为分析项目复杂性而采用相关分析工具，以及为应用项目成果而采用组织变革管理方法等。

8.2 项目整合管理过程

- _____（1）_____ 不属于制定项目章程的输入。

  （1）A．立项管理文件　　B．组织过程资产　C．协议　　　　D．项目章程

项目整合管理　　第 8 章

- 在项目整合管理过程中，___（2）___生成一份综合文件，用于确定所有项目工作的基础及其执行方式。
  - （2）A．制定项目章程　　　　　　　B．制订项目管理计划
  　　　　C．监控项目工作　　　　　　　D．指导与管理项目工作
- ___（3）___不属于指导与管理项目工作的输入。
  - （3）A．项目管理计划　　　　　　　B．批准的变更请求
  　　　　C．事业环境因素　　　　　　　D．工作绩效信息
- 以下不属于监控项目工作输出的是___（4）___。
  - （4）A．工作绩效报告　　　　　　　B．变更请求
  　　　　C．项目管理计划（更新）　　　D．组织过程资产
- ___（5）___属于项目整合管理的工具与技术。
  ①专家判断　②会议　③数据收集　④组织过程资产　⑤数据分析　⑥项目文件
  - （5）A．①②③⑥　　B．②③④⑤　　C．②④⑤⑥　　D．①②③⑤
- ___（6）___不属于实施整体变更控制的工具与技术。
  - （6）A．会议　　　　B．专家判断　　C．资源日历　　D．数据分析

答案及解析

（1）**答案：D**　**解析**　制定项目章程的输入：①立项管理文件；②协议；③事业环境因素；④组织过程资产。项目章程属于制定项目管理计划的输入。

（2）**答案：B**　**解析**　项目整合管理过程包括：

1) 制定项目章程：编写一份正式批准项目并授权项目经理在项目活动中使用组织资源的文件。本过程的主要作用：明确项目与组织战略目标之间的直接联系；确定项目的正式地位；展示组织对项目的承诺。本过程仅开展一次或仅在项目的预定义时开展。

2) 制订项目管理计划：定义、准备和协调项目计划的所有组成部分，并把它们整合为一份综合项目管理计划。本过程的主要作用：生成一份综合文件，用于确定所有项目工作的基础及其执行方式。

3) 指导与管理项目工作：为实现项目目标而领导和执行项目管理计划中所确定的工作，并实施已批准变更。本过程的主要作用：是对项目工作和可交付成果开展综合管理，以提高项目成功的可能性。本过程需要在整个项目期间开展。

4) 管理项目知识：使用现有知识并生成新知识，以实现项目目标，帮助组织学习。本过程的主要作用：利用已有的组织知识来创造或改进项目成果；使当前项目创造的知识可用于支持组织运营和未来的项目或阶段。本过程需要在整个项目期间开展。

5) 监控项目工作：跟踪、审查和报告整体项目进展，以实现项目管理计划中确定的绩效目标。本过程的主要作用：①让干系人了解项目的当前状态并认可为处理绩效问题而采取的行动；②通过成本和进度预测，让干系人了解项目的未来状态。本过程需要在整个项目期间开展。

63

6）实施整体变更控制：审查所有变更请求，批准变更，管理可交付成果、组织过程资产、项目文件和项目管理计划的变更，并对变更处理结果进行沟通。本过程的主要作用：确保对项目中已记录在案的变更做出综合评审。本过程需要在整个项目期间开展。

7）结束项目或阶段：结束项目、阶段或合同的所有活动。本过程的主要作用：①存档项目或阶段信息，完成计划的工作；②释放组织团队资源以展开新的工作。它仅开展一次或仅在项目或阶段的结束点开展。

（3）**答案：D** 解析　指导与管理项目工作的输入：①项目管理计划；②批准的变更请求；③项目文件（需求跟踪矩阵、风险登记册、风险报告、里程碑清单、项目进度计划、项目沟通记录、经验教训登记册、变更日志）；④事业环境因素；⑤组织过程资产。工作绩效信息属于监控项目工作输入的内容。

（4）**答案：D** 解析　监控项目工作的输出：①工作绩效报告；②变更请求；③项目管理计划（更新）；④项目文件（更新）（成本预测、进度预测、问题日志、经验教训登记册、风险登记册）。组织过程资产不属于监控项目工作输出的内容。

（5）**答案：D** 解析　项目整合管理的工具与技术包括专家判断、会议、数据收集、数据分析。组织过程资产与项目文件属于项目整合管理的输入和输出的内容。

（6）**答案：C** 解析　实施整体变更控制的工具与技术包括会议和变更控制工具。资源日历不属于工具与技术，是一种输入或输出。

8.3　制定项目章程

- 关于制定项目章程的说法，错误的是＿＿（1）＿＿。
  （1）A．应在规划开始之前任命项目经理，项目经理越早确认并任命越好
  　　　B．项目章程必须由项目经理与发起机构合作编制
  　　　C．项目由项目以外的机构来启动
  　　　D．PMO、项目组织治理委员会主席或授权代表等具有一定的职权，能为项目获取资金并提供资源的即可作为项目启动者或发起人
- 某科技公司要推出一种新型的勘察设备，通过＿＿（2）＿＿进行开放式的讨论和调查问卷等方式来收集意见和反馈，以了解市场需求和风险，并制定相应的营销策略和风险管理计划。
  （2）A．头脑风暴　　　B．焦点小组　　　C．专家判断　　　D．访谈
- 项目章程的主要内容包括＿＿（3）＿＿。
  ①项目目的，可测量的项目目标和相关的成功标准
  ②高层级需求、高层级项目描述、边界定义以及主要可交付成果
  ③整体项目风险
  ④总体里程碑进度计划
  ⑤项目范围说明书
  ⑥项目成本基准

(3) A. ①②③④　　　B. ①②③⑥　　　C. ③④⑤⑥　　　D. ②③⑤⑥
- 关于假设日志的说法，错误的是___(4)___。
    (4) A. 假设日志用于记录整个项目生命周期中的所有假设条件和制约因素
        B. 项目启动后识别的高层级的假设条件与制约因素记录在项目章程里面
        C. 较低层级的活动和任务假设条件记录到假设日志中
        D. 假设日志越多，项目风险越大
- 制定项目章程需要的人际关系与团队技能中，___(5)___有助于干系人就目标、成功标准、高层级需求、项目描述、总体里程碑和其他内容达成一致意见。
    (5) A. 会议管理　　　B. 访谈　　　C. 冲突管理　　　D. 头脑风暴
- 在制定项目章程过程的工具与技术中，___(6)___的目的是识别项目目标、成功标准、主要可交付成果、高层级需求、总体里程碑和其他概述信息。
    (6) A. 数据收集　　　　　　　　　B. 专家判断
        C. 会议　　　　　　　　　　　D. 人际关系与团队技能

答案及解析

(1) **答案：B**　解析　制定项目章程的重要知识点：
1）应在规划开始之前任命项目经理，项目经理越早确认并任命越好，最好在制定项目章程时就任命。
2）项目章程可以由发起人编制，也可由项目经理与发起机构合作编制。
3）项目由项目以外的机构来启动，例如发起人、PMO、项目组织治理委员会主席或授权代表。项目启动者或发起人应该具有一定的职权，能为项目获取资金并提供资源。

(2) **答案：B**　解析　可用于制定项目章程过程的数据收集技术主要包括：
- 头脑风暴：用于在短时间内获得大量创意，适用于团队环境，需要引导者进行引导。头脑风暴由创意产生和创意分析两个部分构成。制定项目章程时可通过头脑风暴向干系人、主题专家和团队成员收集数据、解决方案或创意。
- 焦点小组：召集干系人和主题专家讨论项目风险、成功标准和其他议题，比一对一访谈更有利于互动交流。
- 访谈：通过与干系人直接交谈，了解高层级需求、假设条件、制约因素、审批标准以及其他信息。

(3) **答案：A**　解析　项目章程的主要内容包括：①项目目的；②可测量的项目目标和相关的成功标准；③高层级需求、高层级项目描述、边界定义以及主要可交付成果；④整体项目风险；⑤总体里程碑进度计划；⑥预先批准的财务资源；⑦关键干系人名单；⑧项目审批要求（例如，评价项目成功的标准，由谁对项目成功下结论，由谁签署项目结束）；⑨项目退出标准（例如，在何种条件下才能关闭或取消项目或阶段）；⑩委派的项目经理及其职责和职权。发起人或其他批准项目章程的人员的姓名和职权等。

(4) **答案：B 解析** 假设日志：用于记录整个项目生命周期中的所有假设条件和制约因素。在项目启动之前进行可行性研究和论证时，即开始识别高层级的战略和运营假设条件与制约因素。这些假设条件与制约因素应纳入项目章程。

(5) **答案：C 解析** 冲突管理有助于干系人就目标、成功标准、高层级需求、项目描述、总体里程碑和其他内容达成一致意见。

(6) **答案：C 解析** 会议：在制定项目章程过程中，与关键干系人举行会议的目的是识别项目目标、成功标准、主要可交付成果、高层级需求、总体里程碑和其他概述信息。

专家判断是指基于某应用领域、知识领域、学科和行业等的专业知识而做出的、关于当前活动的合理判断，这些专业知识可来自具有专业学历、知识、技能、经验或培训经历的任何小组或个人。在制定项目章程过程中，应征求具备如下领域相关专业知识或接受过相关培训的个人或小组的意见，涉及领域包括：组织战略；效益管理；项目所在的行业以及项目关注的领域的技术知识；持续时间和预算的估算；风险识别等领域。

可用于制定项目章程过程的数据收集技术主要包括：

- 头脑风暴：用于在短时间内获得大量创意，适用于团队环境，需要引导者进行引导。头脑风暴由创意产生和创意分析两个部分构成。制定项目章程时可通过头脑风暴向干系人、主题专家和团队成员收集数据、解决方案或创意。
- 焦点小组：召集干系人和主题专家讨论项目风险、成功标准和其他议题，比一对一访谈更有利于互动交流。
- 访谈：通过与干系人直接交谈，了解高层级需求、假设条件、制约因素、审批标准以及其他信息。

制定项目章程需要的人际关系与团队技能主要包括：

- 冲突管理：有助于干系人就目标、成功标准、高层级需求、项目描述、总体里程碑和其他内容达成一致意见。
- 引导：有效引导团队活动成功达成决定、解决方案或结论。引导者确保参与者有效参与、互相理解并考虑所有意见，按既定决策流程全力支持得出的结论或结果，以及所达成的行动计划和协议随后得到合理执行。
- 会议管理：包括准备议程，确保邀请每个关键干系人代表，以及准备和发送后续的会议纪要和行动计划。

8.4 制订项目管理计划

- 关于制订项目管理计划的描述，不正确的是＿＿(1)＿＿。
    (1) A．项目经理应基于实施细节制订项目管理计划
        B．项目管理计划确定了执行、监控和结束项目的方式和方法
        C．创建项目管理计划需要整合诸多过程的输出
        D．可以是概括或详细的，逐渐明细的，项目管理计划应基准化

- 开工会议召开时，___(2)___通常由同一个团队开展项目规划和执行。这种情况下，由于执行团队参与了规划，项目在启动之后就会开工。
  - (2) A．小型项目　　　　　　　　　　B．大型项目
  　　C．多阶段项目　　　　　　　　　D．中型项目
- 下列属于项目管理计划组件的是___(3)___。
  ①范围管理计划　②风险报告　③范围基准　④管理审查　⑤需求文件
  - (3) A．①②③　　　　　　　　　　　B．①③④
  　　C．②③④　　　　　　　　　　　D．②④⑤
- 数据焦点小组、访谈收集是制订项目管理计划的关键环节之一。在此过程中，头脑风暴、核对单、焦点小组、访谈等方法可以用来收集项目相关的信息和数据，以支持项目管理计划的制订和执行。其中，___(4)___可以帮助项目经理收集不同干系人的意见和建议。
  - (4) A．头脑风暴、核对单　　　　　　B．核对单、焦点小组
  　　C．焦点小组、访谈　　　　　　　D．头脑风暴、焦点小组

答案及解析

（1）**答案：A**　**解析**　A项的实施细节不太正确，在初次制订项目管理计划时应该还比较粗略，不可能都有具体的实施细节才制订管理计划。

（2）**答案：A**　**解析**　项目开工会议：明确项目规划阶段工作的完成并宣布开始项目执行阶段，目的是传达项目目标、获得团队对项目的承诺，以及阐明每个干系人的角色和职责。开工会议召开时机取决于项目特征：

1）对于小型项目：通常由同一个团队开展项目规划和执行。这种情况下，由于执行团队参与了规划，项目在启动之后就会开工。

2）对于大型项目：通常由项目管理团队开展大部分规划工作。在初始规划工作完成、执行（开发）阶段开始时，项目团队其他成员才参与进来。这种情况下，开工会议将在项目执行阶段开始时召开。

3）对于多阶段项目：通常在每个阶段开始时都要召开一次开工会议。

（3）**答案：B**　**解析**　项目管理计划组件主要包括：

- 子管理计划：范围管理计划、需求管理计划、进度管理计划、成本管理计划、质量管理计划、资源管理计划、沟通管理计划、风险管理计划、采购管理计划、干系人参与计划。
- 基准：范围基准、进度基准和成本基准。
- 其他组件：项目管理计划过程生成的组件会因项目而异，但是通常包括：变更管理计划、配置管理计划、绩效测量基准、项目生命周期、开发方法、管理审查。

（4）**答案：B**　**解析**　数据收集是制订项目管理计划的关键环节之一。在此过程中，头脑风暴、核对单、焦点小组、访谈等方法可以用来收集项目相关的信息和数据，以支持项目管理计划的制订和执行。其中，核对单和焦点小组可以帮助项目经理收集不同干系人的意见和建议。

8.5 指导与管理项目工作

- 指导与管理项目工作的输出不包括___（1）___。
  （1）A．可交付成果　　　　　　　　B．工作绩效数据
  　　　C．项目管理计划（更新）　　　　D．工作绩效报告
- 关于批准的变更请求（CCB）的说法，不正确的是___（2）___。
  （2）A．是项目的所有者权益代表，负责对变更进行决策
  　　　B．由项目所涉及的主要干系人共同组成，通常包括用户和项目所在组织管理层的决策人员
  　　　C．是作业机构，不是决策机构
  　　　D．通常 CCB 的工作是通过评审手段来决定项目基准是否需要变更，但不提出变更方案
- 项目管理信息系统给项目提供了 IT 软件工具，___（3）___不属于项目管理信息系统的子系统。
  （3）A．工作授权系统　　　　　　　　B．信息收集与发布系统
  　　　C．配置管理系统　　　　　　　　D．IT 基础设施监控系统
- 属于工作绩效数据的是___（4）___。
  ①关键绩效指标　②进度活动的实际开始日期和完成日期　③可交付成果状态　④合同绩效信息　⑤变更请求的数量　⑥挣值分析
  （4）A．①②③④　　B．②③④⑤　　C．②③④⑥　　D．①②③⑤
- ___（5）___是一种记录和跟进所有问题的项目文件，可以帮助项目经理有效跟进和管理问题，确保它们得到调查和解决。
  （5）A．问题日志　　B．工作绩效数据　　C．纠正措施　　D．风险登记册

答案及解析

（1）**答案：D**　**解析**　指导与管理项目工作的输出包括：①可交付成果；②工作绩效数据；③问题日志；④变更请求；⑤项目管理计划（更新）；⑥项目文件（更新）（活动清单、假设日志、经验教训登记册、需求文件、风险登记册、干系人登记册）；⑦组织过程资产（更新）。

（2）**答案：C**　**解析**　批准的变更请求是实施整体变更控制过程的输出，包括经项目经理审查和批准的变更请求，必要时需要经变更控制委员会（Change Control Board，CCB）审查和批准。
- CCB 是项目的所有者权益代表，负责对变更进行决策。
- CCB 由项目所涉及的主要干系人共同组成，通常包括用户和项目所在组织管理层的决策人员。
- CCB 是决策机构，不是作业机构。
- 通常 CCB 的工作是通过评审手段来决定项目基准是否需要变更，但不提出变更方案。

（3）**答案：D**　**解析**　项目管理信息系统给项目提供了 IT 软件工具，例如进度计划软件工

具、工作授权系统、配置管理系统、信息收集与发布系统，或其他基于 IT 技术的工具，以及进入其他在线信息系统（如知识库）的登录界面，支持自动收集和报告关键绩效指标（KPI）。

（4）**答案：D 解析** 工作绩效数据是在执行项目工作的过程中，从每个正在执行的活动中收集到的原始观察结果和测量值。数据通常是最低层次的细节，将交由其他过程从中提炼并形成信息。在工作执行过程中收集数据，再交由十大知识领域的相应的控制过程做进一步分析。

例如，工作绩效数据包括已完成的工作、关键绩效指标（KPI）、技术绩效测量结果、进度活动的实际开始日期和完成日期、已完成的故事点、可交付成果状态、进度进展情况、变更请求的数量、缺陷的数量、实际发生的成本、实际持续时间等。

（5）**答案：A 解析** 工作绩效数据是在执行项目工作的过程中，从每个正在执行的活动中收集到的原始观察结果和测量值。

问题日志：是一种记录和跟进所有问题的项目文件，所需记录和跟进的内容主要包括：①问题类型；②问题提出者和提出时间；③问题描述；④问题优先级；⑤解决问题的负责人；⑥目标解决日期；⑦问题状态；⑧最终解决情况等。可以帮助项目经理有效跟进和管理问题，确保它们得到调查和解决。

风险登记册：在本过程中可以识别新的风险，也可以更新现有风险。风险登记册用于在风险管理过程中记录风险。

纠正措施：为使项目工作绩效重新与项目管理计划一致而进行的有目的的活动。

8.6 管理项目知识

- 管理项目知识是使用现有知识并生成新知识，其输入包括____（1）____。
  ①项目管理计划　②项目文件　③可交付成果　④事业环境因素　⑤知识管理
  （1）A. ①②③④　　　　　　　　　　B. ①②⑤⑥
  　　C. ②③④⑤　　　　　　　　　　D. ②④⑤⑥

- 在管理项目知识的工具与技术中，____（2）____主要包括人际交往，包括非正式的社交和在线社交；可以进行开放式提问的在线论坛有助于与专家进行知识分享对话；实践社区和特别兴趣小组；讨论论坛等。
  （2）A. 专家判断　　　　　　　　　　B. 信息管理
  　　C. 知识管理　　　　　　　　　　D. 人际关系与团队技能

- ____（3）____可以包含执行情况的类别和详细的描述，还可包括与执行情况相关的影响、建议和行动方案。
  （3）A. 经验教训登记册　　　　　　　B. 项目管理计划更新
  　　C. 组织过程资产更新　　　　　　D. 风险登记册

- 知识和信息管理工具与技术应与____（4）____和过程____（4）____相对应。
  （4）A. 项目　项目责任人　　　　　　B. 项目过程　干系人
  　　C. 项目过程　过程责任人　　　　D. 项目　项目发起人

答案及解析

（1）**答案：A** 解析 管理项目知识的输入：①项目管理计划；②项目文件（资源分解结构、项目团队派工单、供方选择标准、干系人登记册）；③可交付成果；④事业环境因素；⑤组织过程资产。知识管理属于管理项目知识的工具与技术。

（2）**答案：D** 解析 知识管理指的是确保项目团队和其他干系人的技能、经验和专业知识在项目开始之前、开展期间和结束之后都能够得到运用。知识管理最重要的环节就是营造一种相互信任的氛围，激励人们分享知识或关注他人的知识。

知识管理工具与技术将员工联系起来，使他们能够合作生成新知识，分享隐性知识，以及集成不同团队成员所拥有的知识。主要包括：①人际交往；②实践社区和特别兴趣小组；③会议；④工作跟随和跟随指导；⑤讨论论坛；⑥知识分享活动；⑦研讨会；⑧讲故事；⑨创造力和创意管理技术；⑩知识展会和茶座；⑪交互式培训等。

信息管理工具与技术用于创建人们与知识之间的联系，可以有效促进简单、明确的显性知识的分享，主要包括：①编撰显性知识的方法；②经验教训登记册；③图书馆服务；④信息收集；⑤项目管理信息系统等。

知识和信息管理工具与技术应与项目过程和过程责任人相对应。

（3）**答案：A** 解析 经验教训登记册可以包含执行情况的类别和详细的描述，还可包括与执行情况相关的影响、建议和行动方案。

（4）**答案：C** 解析 知识和信息管理工具与技术应与项目过程和过程责任人相对应。

8.7 监控项目工作

- 可用于监控项目工作过程输入的项目文件不包括___（1）___。
  - （1）A．成本预测 B．里程碑清单
  - C．问题日志 D．干系人登记册
- ___（2）___可用于识别出现偏差的原因，以及项目经理为达成项目目标应重点关注的领域。
  - （2）A．偏差分析 B．趋势分析
  - C．备选方案分析 D．根本原因分析
- 常用于监控项目工作过程的决策技术是___（3）___。
  - （3）A．投票 B．独裁
  - C．多标准决策 D．权威决策

答案及解析

（1）**答案：D** 解析 可用于监控项目工作过程输入的项目文件主要包括：

- 假设日志：包含会影响项目的假设条件和制约因素的信息。
- 风险登记册：记录并提供了在项目执行过程中发生的各种威胁和机会的相关信息。
- 风险报告：记录并提供了关于整体项目风险和单个风险的信息。
- 里程碑清单：列出特定里程碑实现日期，检查是否达到计划的里程碑。
- 估算依据：说明不同估算是如何得出的，用于决定如何应对偏差。
- 问题日志：用于记录和监督由谁负责在目标日期内解决特定问题。
- 经验教训登记册：可能包含应对偏差的有效方式以及纠正措施和预防措施。
- 成本预测：基于项目以往的绩效，用于确定项目是否仍处于预算的公差区间内，并识别任何必要的变更。
- 进度预测：基于项目以往的绩效，用于确定项目是否仍处于进度的公差区间内，并识别任何必要的变更。
- 质量报告：包含质量管理问题，针对过程、项目和产品的改善建议，纠正措施建议（包括返工、缺陷（漏洞）补救、100%检查等），以及在控制质量过程中发现的情况的概述。干系人登记册属于管理项目知识输入的项目文件。

（2）**答案：D** **解析** 可用于监控项目工作过程的数据分析技术主要包括：

- 备选方案分析：用于在出现偏差时选择要执行的纠正措施或纠正措施和预防措施的组合。
- 成本效益分析：有助于出现偏差时确定最节约成本的纠正措施。
- 挣值分析：对范围、进度和成本绩效进行了综合分析。
- 根本原因分析：关注识别问题的主要原因，它可用于识别出现偏差的原因，以及项目经理为达成项目目标应重点关注的领域。
- 趋势分析：根据以往结果预测未来绩效，它可以预测项目的进度延误，提前让项目经理意识到，按照既定趋势发展，后期进度可能出现的问题。应该在足够早的项目时间进行趋势分析，使项目团队有时间分析和纠正任何异常。可以根据趋势分析的结果，提出必要的预防措施和建议。
- 偏差分析：成本估算、资源使用、资源费率、技术绩效和其他测量指标。偏差分析审查目标绩效与实际绩效之间的差异（或偏差），可涉及持续时间估算，可以在每个知识领域，针对特定变量开展偏差分析。在监控项目工作过程中，通过偏差分析对成本、时间、技术和资源偏差进行综合分析，以了解项目的总体偏差情况。这样就便于采取合适的预防或纠正措施。

（3）**答案：A** **解析** 常用于监控项目工作过程的决策技术是投票，包括用下列方法进行决策：

- 一致同意。每个人都同意某个行动方案。
- 大多数原则。获得群体中超过 50%人员的支持，就能做出决策。把参与决策的小组人数定为奇数，防止因平局而无法达成决策。
- 相对多数原则。根据群体中相对多数的意见做出决策，即便未能获得大多数人的支持。通常在候选项超过两个时使用。

8.8 实施整体变更控制

- ___(1)___ 不属于实施整体变更控制的工具与技术。
  （1）A．专家判断　　　B．数据分析　　　C．会议　　　D．变更请求
- 关于实施整体变更控制的说法，错误的是___(2)___。
  （2）A．实施整体变更控制过程贯穿项目始终，项目经理对此承担最终责任
  　　 B．变更可以口头提出
  　　 C．每项记录在案的变更请求都必须由一位责任人批准、推迟或否决
  　　 D．项目经理不可以加入变更控制委员会（CCB）
- 关于整体变更控制的描述，不正确的是___(3)___。
  （3）A．项目的任何干系人都可以提出变更请求
  　　 B．变更控制重点关注可交付成果及各个过程的技术规范之间的匹配问题
  　　 C．批准的变更请求是经变更控制委员会（CCB）审查和批准的变更请求
  　　 D．整体变更控制的主要作用是降低因未考虑变更对整个项目计划的影响而产生的风险

答案及解析

（1）答案：D　解析　实施整体变更控制的工具与技术：①专家判断；②变更控制工具；③数据分析（备选方案分析、成本效益分析）；④决策（投票、独裁型决策制定、多标准决策分析）；⑤会议。

（2）答案：D　解析　变更控制委员会是由主要项目干系人的代表所组成的一个小组，项目经理可以是其中的成员之一，但通常不是组长。

（3）答案：B　解析　配置控制重点关注可交付成果及各个过程的技术规范，配置控制和变更控制的关注点不同：

- 配置控制重点关注可交付成果及各个过程的技术规范。
- 变更控制则重点关注识别、记录、批准或否决对项目文件、可交付成果或基准的变更。

8.9 结束项目或阶段

- 在结束项目时，项目经理需要回顾项目管理计划，确保所有项目工作都已完成、项目目标均已实现。对于结束项目或阶段过程所需执行的活动的说法，不正确的是___(1)___。
  （1）A．为达到阶段或项目的完工或退出标准所必需的行动和活动
  　　 B．为完成收集项目或阶段记录、审计项目成败、管理知识分享和传递、总结经验教训、存档项目信息以供组织未来使用等工作所必须开展的活动
  　　 C．如果项目在完工前提前终止，结束项目或阶段过程不需要调查和记录提前终止的原因

D. 如果项目在完工前提前终止，结束项目或阶段过程还需要制定程序，调查和记录提前终止的原因

- 总结项目绩效中的____（2）____，包括成果是否实现项目预期效益；如果在项目结束时未能实现效益，则指出效益实现程度并预计未来实现情况。

（2）A. 质量目标　　　　　　　　　　　B. 进度计划目标
　　　C. 范围目标　　　　　　　　　　　D. 成本目标

答案及解析

（1）**答案：C　解析**　结束项目或阶段过程所需执行的活动包括：
- 为达到阶段或项目的完工或退出标准所必需的行动和活动。
- 为关闭项目合同协议或项目阶段合同协议所必须开展的活动。
- 为完成收集项目或阶段记录、审计项目成败、管理知识分享和传递、总结经验教训、存档项目信息以供组织未来使用等工作所必须开展的活动。
- 为向下一个阶段，或者向生产和（或）运营部门移交项目的产品、服务或成果所必须开展的行动和活动。
- 收集关于改进或更新组织政策和程序的建议，并将它们发送给相应的组织部门。
- 测量干系人的满意程度等。

如果项目在完工前提前终止，结束项目或阶段过程还需要制定程序，调查和记录提前终止的原因。

（2）**答案：B　解析**　总结项目绩效包含：①项目或阶段的概述；②范围目标、范围的评估标准，证明达到完工标准的证据；③质量目标、项目和产品质量的评估标准、相关核实信息和实际里程碑交付日期以及偏差原因；④成本目标，包括可接受的成本区间、实际成本，产生任何偏差的原因等；⑤最终产品、服务或成果的确认信息的总结；⑥进度计划目标，包括成果是否实现项目预期效益；如果在项目结束时未能实现效益，则指出效益实现程度并预计未来实现情况；⑦关于最终产品、服务或成果如何满足业务需求的概述；如果项目结束时未能满足业务需求，则指出需求满足程度并预计业务需求何时能得到满足；⑧关于项目过程中发生的风险或问题及其解决情况的概述等。

第9章 项目范围管理

9.1 管理基础

- 下列关于范围管理的说法，不正确的是___(1)___。
  - (1) A．范围管理就是定义和控制哪些工作应该包含在项目内，哪些不应该包含在项目内
    - B．监控项目执行工作，确保该做的都做，但又不多做，杜绝额外的工作
    - C．防止项目范围发生蔓延，即未对时间、成本和质量做相应调整，导致项目不受控，范围扩大
    - D．项目范围是项目目标更具体的表达

- 项目范围管理的新趋势是更加注重与商业分析师一起合作，商业分析师承担的职责，不包括___(2)___。
  - (2) A．确定问题并识别商业需要
    - B．识别并推荐能够满足需要的可行解决方案
    - C．编制项目管理计划，并在预算内按时完成
    - D．收集、记录并管理干系人需求满足商业和项目目标

- 项目中存在两个相互关联的范围：产品范围和项目范围。关于二者的说法，不正确的是___(3)___。
  - (3) A．产品范围是产品或服务应该包含的功能和特性
    - B．项目范围是为了交付产品而必须做的工作
    - C．产品范围是项目范围的基础，项目范围的完成情况取决于产品范围
    - D．产品范围的完成情况是根据产品需求来衡量的

- 项目范围和产品范围是否完成，分别以___(4)___作为衡量标准。
  - (4) A．项目管理计划和产品需求　　B．项目范围说明书和WBS
    - C．范围基线和范围定义　　　　D．合同和工作说明书

答案及解析

（1）**答案：C**　**解析**　项目范围管理就是要明确哪些工作是项目应该做的，哪些不应该包括在项目中。项目范围是项目目标更具体的表述。

项目范围管理（Scope Management）就是要做且只做范围内的事，既不少做也不多做，具体为：①明确项目边界，即明确哪些工作是包含在项目范围之内的，哪些工作不是；②监控项目执行工作，确保该做的都做，但又不多做，杜绝额外的工作；③防止项目范围发生蔓延，即未对时间、成本和资源做相应调整，导致产品或项目不受控，范围扩大。

（2）**答案：C**　**解析**　随着全球项目环境变得日益复杂，项目范围管理的新趋势和新兴实践更加注重与商业分析师一起合作，以便：确定问题并识别商业需要；识别并推荐能够满足需要的可行解决方案；收集、记录并管理干系人需求满足商业和项目目标；推动项目集或项目产品、服务或最终成果成功应用。

如果项目已配备商业分析师，该角色的职责还应包括需求管理相关的活动，项目经理则负责确保这些活动列入项目管理计划，并且在预算内按时完成，同时能够创造价值。

（3）**答案：C**　**解析**　产品范围：指某项产品、服务或成果所具有的特征和功能；产品范围的完成情况是根据产品需求来衡量的，"需求"是指根据特定协议或其他强制性规范，产品、服务或成果必须具备的条件或能力。

项目范围：包括产品范围，是为交付具有规定特性与功能的产品、服务或成果而必须完成的工作，项目范围的完成情况是根据项目管理计划来衡量的。

（4）**答案：A**　**解析**　项目范围的完成情况是根据项目管理计划来衡量的。产品范围的完成情况是根据产品需求来衡量的。

9.2 项目范围管理过程

- 项目范围管理过程包括规划范围管理、收集需求、___（1）___、创建 WBS、确认范围、控制范围六个主要过程。
  - （1）A．需求管理　　　　　　　　B．定义范围
  　　　C．范围变更　　　　　　　　D．编制范围说明书
- 正确的项目范围管理步骤是___（2）___。
  ①定义范围　②收集需求　③规划范围管理　④创建 WBS　⑤确认范围　⑥控制范围
  - （2）A．①②③④⑤⑥　　　　　　B．②①③⑤④⑥
  　　　C．②①⑤③④⑥　　　　　　D．③②①④⑤⑥
- 关于范围管理的过程，下列说法错误的是___（3）___。
  - （3）A．规范范围管理是为了记录如何定义、确认和控制项目范围及产品范围
  　　　B．规划范围管理的输出是范围管理计划

C. 收集需求为了实现项目目标，确定、记录并管理干系人的需要和需求
D. 定义范围是概要性描述项目产品、服务或成果
- 关于范围管理的过程，下列说法正确的是___（4）___。
（4）A. 定义范围是制定项目和产品的详细描述，仅开展一次
B. 确认范围过程只需要在项目收尾阶段开展
C. 控制范围是监督项目和产品的范围状态，管理范围基准的变更
D. 收集需求为规划范围管理和创建范围管理计划奠定了基础
- 下面的叙述，___（5）___是不正确的。
（5）A. 项目经理小赵指出哪些是必须要做的工作，哪些是不必做的工作，他是在进行范围管理
B. 苹果手机，内存256G，星空色，这是产品范围说明书的内容
C. 产品范围是项目范围的基础，若产品范围发生改变，项目范围就要跟着变化
D. 软件产品是否完成，需要根据软件需求规格说明书的要求来判断
- 下列关于 WBS 的说法，不恰当的是___（6）___。
（6）A. WBS 将项目可交付成果和项目工作分解为较小的、更易于管理的组件
B. WBS 一旦创建，不允许改变
C. 创建 WBS 的工具与技术有分解和专家判断
D. 项目范围说明书、项目管理计划均为创建 WBS 的输入
- 确认范围的工具与技术是___（7）___。
（7）A. 检查 　　　　　　　　　　B. 会议
C. 群体创新技术 　　　　　　D. 专家判断
- ___（8）___不是创建 WBS 的输入。
（8）A. 项目管理计划 　　　　　　B. 项目范围说明书
C. 需求文件 　　　　　　　　D. 事业环境因素
- 收集需求的工具与技术不包括___（9）___。
（9）A. 专家判断 　　　　　　　　B. 焦点小组
C. 原型法 　　　　　　　　　D. 系统交互图
- 以下关于产品范围和项目范围的说法，___（10）___是正确的。
（10）A. 项目范围服务于产品范围
B. 项目范围的变化必然引起产品范围的变化
C. 产品范围的变化必然引起项目范围的变化
D. 产品范围服务于项目范围

答案及解析

（1）**答案：B　解析**　项目范围管理的过程包括规划范围管理、收集需求、定义范围、创建

WBS、确认范围、控制范围。

（2）**答案：D**　**解析**　项目范围管理的过程包括规划范围管理、收集需求、定义范围、创建 WBS、确认范围、控制范围。

（3）**答案：D**　**解析**　定义范围是制定项目和产品详细描述。本过程的主要作用是描述产品、服务或成果的边界和验收标准。不是概要性描述，是详细描述。

（4）**答案：C**　**解析**　项目范围管理过程包括：

1）规划范围管理：为了记录如何定义、确认和控制项目范围及产品范围，创建范围管理计划。本过程的主要作用是在整个项目期间对如何管理范围提供指南和方向。本过程仅开展一次或仅在项目的预定义点开展。

2）收集需求：为了实现项目目标，确定、记录并管理干系人的需要和需求。过程的主要作用是为定义产品范围和项目范围奠定基础。本过程仅开展一次或仅在项目的预定义点开展。

3）定义范围：制定项目和产品详细描述。本过程的主要作用是描述产品、服务或成果的边界和验收标准。本过程需要在整个项目期间多次反复开展。

4）创建 WBS：将项目可交付成果和项目工作分解为较小的、更易于管理的组件。本过程的主要作用是为所要交付的内容提供架构。它仅开展一次或仅在项目的预定义点开展。

5）确认范围：正式验收已完成的项目可交付成果。本过程的主要作用：①使验收过程具有客观性；②通过确认每个可交付成果来提高最终产品、服务或成果获得验收的可能性。确认范围过程应根据需要在整个项目期间定期开展。

6）控制范围：监督项目和产品的范围状态，管理范围基准的变更。在项目实际进展中，以上各过程会相互交叠和相互作用。本过程的主要作用：在整个项目期间保持对范围基准的维护。本过程需要在整个项目期间开展。

（5）**答案：C**　**解析**　产品范围变更后，首先受到影响的是项目的范围。在项目的范围调整之后，才能调整项目的进度表和质量基准等。但要注意的是，产品范围发生变化，并不意味着项目范围就会跟着变化。

（6）**答案：B**　**解析**　创建 WBS 是将项目可交付成果和项目工作分解为较小的、更易于管理的组件。本过程的主要作用是为所要交付的内容提供架构。它仅开展一次或仅在项目的预定义点开展。

采用敏捷或适应型生命周期，旨在应对大量变更，需要干系人持续参与项目。

通过多次迭代来开发可交付成果，并在每次迭代开始时定义和批准详细的范围。在一个迭代开始时，团队将努力确定产品未完成项中，哪些优先级高的未完成项需要在下一次迭代中交付。

在每次迭代中，都会重复开展三个过程：①收集需求；②定义范围；③创建 WBS。

（7）**答案：A**　**解析**　确认范围的工具与技术是检查和群体决策技术。

（8）**答案：A**　**解析**　创建 WBS 的输入有范围管理计划、项目范围说明书、需求文件、事业环境因素和组织过程资产。

（9）**答案：A**　**解析**　专家判断不是收集需求的工具与技术。

（10）**答案：A**　**解析**　明确了产品范围后，就能确定为提交产品而必须要做的工作，以便确保提交符合要求的产品。B 项不是必然会引起变化，例如，增加某项辅助性的项目工作，可能对产品的功能没有任何影响。C 项不是必然会引起变化，尽管很可能引起变化。D 项这个说法不符合逻辑。

9.3 规划范围管理

- 关于规划范围管理的说法，不准确的是___（1）___。
  - （1）A．根据不同的项目，范围管理计划可以是详细的或者概括的，可以是正式的或者非正式的
    - B．项目范围管理计划可能在项目管理计划之中，也可能作为单独的一项
    - C．范围管理计划由项目经理一人完成
    - D．项目范围管理计划在整个项目中对如何管理范围提供指南和方向
- 下列选项中，属于规划范围管理的输出的是___（2）___。
  - （2）A．范围管理计划、需求管理计划　　B．范围管理计划、范围说明书
    - C．需求管理计划、项目文件的更新　　D．范围管理计划、组织过程资产的更新
- 范围管理计划是项目管理计划的组成部分，描述将如何定义、制定、监督、控制和确认项目范围。范围管理计划不包括___（3）___。
  - （3）A．制定项目范围说明书　　　　　　B．根据详细的需求说明书创建 WBS
    - C．确定如何审批和维护范围基准　　D．正式验收已完成的项目可交付成果
- 需求管理计划是项目管理计划的组成部分，描述如何分析、记录和管理需求。需求管理计划的内容不包括___（4）___。
  - （4）A．如何规划、跟踪和报告各种需求活动
    - B．需求优先级排序
    - C．反映哪些需求属性将被列入跟踪矩阵等
    - D．根据详细项目范围说明书创建 WBS
- 某科技公司承接了某公司的 CRM 系统研发项目，项目比较复杂，需求会持续变更，小赵作为项目经理，应该通过___（5）___确保项目顺利完成。
  - （5）A．招聘专业资深的技术人员，采用最先进的开发方法
    - B．尽早开始项目验收，以便及时处理验收时发现的问题
    - C．在开发中采用迭代开发的方式，及时调整功能
    - D．制订需求管理计划，规划如何分析、记录和管理需求
- 需求是软件项目成功的核心之所在，它为其他许多技术和管理活动奠定了基础。在信息系统集成项目中，项目经理在需求管理中正确的做法是___（6）___。
  - （6）A．在项目之初进行一次详细的需求管理就行
    - B．在项目进行中，偶尔进行需求管理，明确一下需求
    - C．在整个项目不停进行需求管理，并使项目团队和用户达成共识，建立需求基线，并做好需求跟踪矩阵

D．在整个项目中无须进行需求管理
- 关于项目范围管理计划的描述，不正确的是___(7)___。
  (7) A．范围管理计划不一定非常详细，可以是高度概括的
      B．编制项目管理计划能够降低范围蔓延的风险
      C．范围管理计划可以是正式的，也可以是非正式的
      D．范围管理计划是需求管理计划的组成部分
- 下列___(8)___不属于规划范围管理使用的工具与技术。
  (8) A．专家判断　　　B．数据分析　　　C．会议　　　D．检查
- 关于范围管理相关的描述，不正确的是___(9)___。
  (9) A．范围管理计划描述了如何定义、制定、监督、控制和确认项目范围
      B．范围管理计划可以是正式的，或者非正式的，可以是非常详细或高度概括的
      C．需求管理计划描述如何分析、记录和管理需求
      D．需求管理计划是编制范围管理计划的重要参考依据

答案及解析

(1) 答案：C　解析　编制范围管理计划，书面描述将如何定义、确认和控制项目范围的过程，在整个项目中对如何管理范围提供指南和方向。范围管理计划需要项目管理团队全员参与。

范围管理计划描述如何管理项目范围，项目范围怎样变化才能与项目要求相一致等问题，所以它也应该对怎样变化、变化频率如何，以及变化了多少等项目范围预期的稳定性进行评估。范围管理计划也应该包括对变化范围怎样确定，变化应归为哪一类等问题的清楚描述。项目范围管理计划可能在项目管理计划之中，也可能作为单独的一项。根据不同的项目，可以是详细的或者概括的，可以是正式的或者非正式的。

(2) 答案：A　解析　规划范围管理的输出是范围管理计划、需求管理计划。

(3) 答案：B　解析　范围管理计划是项目管理计划的组成部分，描述将如何定义、制定、监督、控制和确认项目范围。可以是正式或非正式的，非常详细的或高度概括的。用于指导如下过程和相关工作：①制定项目范围说明书；②根据详细项目范围说明书创建 WBS；③确定如何审批和维护范围基准；④正式验收已完成的项目可交付成果。

(4) 答案：D　解析　需求管理计划是项目管理计划的组成部分，描述如何分析、记录和管理需求。主要内容包括：①如何规划、跟踪和报告各种需求活动；②配置管理活动；③需求优先级排序过程；④测量指标及使用这些指标的理由；⑤反映哪些需求属性将被列入跟踪矩阵等。

(5) 答案：D　解析　需求管理计划是对项目的需求进行定义、确定、记载、核实管理和控制的行动指南。制订需求管理计划，规划如何分析、记录和管理需求，才是较为稳妥的方法。

(6) 答案：C　解析　在信息系统集成项目中，需求管理贯穿于整个过程，它的最基本的任务就是明确需求，并使项目团队和用户达成共识，即建立需求基线。

(7) 答案：D　解析　需求管理计划是项目管理计划的组成部分，描述如何分析、记录和管

理需求。

（8）**答案：D** **解析** 规划范围管理的工具与技术：

1）专家判断。规划范围管理过程中，应征求具备如下领域相关专业知识或接受过相关培训的个人或小组的意见，涉及的领域包括：以往类似项目；特定行业、学科和应用领域的信息等。

2）数据分析。适用于本过程的数据分析技术是备选方案分析。备选方案分析技术用于评估、收集需求，详述项目和产品范围，创造产品，确认范围和控制范围的各种方法。

3）会议。项目团队可参加项目会议来制订范围管理计划。参会者包括项目经理、项目发起人、选定的项目团队成员、选定的干系人、范围管理各过程的负责人以及其他必要人员。

（9）**答案：D** **解析** 需求管理计划是编制范围管理计划（即规划范围管理）的输出。

9.4 收集需求

- ＿＿（1）＿＿的主要作用是为定义产品范围和项目范围奠定基础。
  （1）A．需求分析　　　B．收集需求　　　C．需求说明书　　　D．需求跟踪矩阵
- 下列关于收集需求的说法，不正确的是＿＿（2）＿＿。
  （2）A．收集需求是为实现目标而确定，记录并管理干系人的需要和需求的过程
  　　B．需求将作为后续工作分解结构（WBS）的基础
  　　C．收集需求的过程只需要项目经理的参与
  　　D．需求挖掘和记录得越深入、详细，越有利于项目开展
- 数据收集被应用于收集需求，下列＿＿（3）＿＿属于数据收集技术。
  ①头脑风暴　②访谈　③问卷调研　④标杆对照　⑤焦点小组　⑥专家判断
  ⑦会议　⑧分析技术　⑨群体决策技术
  （3）A．①②③⑤　　　B．①②⑦⑧　　　C．②③⑤⑥⑦　　　D．①②⑤⑧⑨
- 收集需求过程中，需要通过项目商业计划/营销文献和协议等文件来挖掘需求，此过程宜采用的技术是＿＿（4）＿＿。
  （4）A．头脑风暴　　　B．原型法　　　C．文件分析　　　D．问卷调查
- 某公司开发了一款新型的健康监测智能 App，为了评估该 App 的市场前景和市场需求，项目经理小赵主持召开小组讨论，并邀请医疗保健行业的资深专家薛博士、生物工程专家王博士等参与，小赵采用的方法是＿＿（5）＿＿。
  （5）A．焦点小组　　　B．访谈　　　C．名义小组　　　D．专家判断
- 某培训公司已经在软考教育服务领域持续发展多年，有了丰富的教育培训经验，近日该公司新开展的教育培训业务需要收集需求，最适合采用＿＿（6）＿＿的方法。
  （6）A．实验设计　　　B．标杆对照　　　C．数据分析　　　D．专家判断
- ＿＿（7）＿＿将实际或者计划的做法与其他组织的做法进行比较，以便识别最佳实践，形成改进意见，并为绩效考核提供依据。
  （7）A．引导式研讨会　　B．问卷调查　　　C．专家判断　　　D．标杆对照

- ___（8）___是用于促进头脑风暴的一种技术，通过投票排列最有用的创意，以便进一步开展头脑风暴或优先排序。

  （8）A．焦点小组　　　　B．头脑风暴　　　C．名义小组　　　D．亲和图
- 项目经理在收集需求时，将技术负责人、产品负责人、业务负责人等主要干系人召集在一起研讨，这采用的是___（9）___技术。

  （9）A．焦点小组　　　　B．引导　　　　　C．名义小组　　　D．头脑风暴
- 在项目需求难以明确的情况下，本着开发人员对用户需求的初步理解，先快速开发出该产品的模型，然后通过反复修改来实现用户的最终系统需求。这种收集需求的方法属于___（10）___。

  （10）A．系统交互图　　　B．敏捷开发　　　C．原型法　　　　D．亲和图
- 关于需求文件的描述，不正确的是___（11）___。

  （11）A．需求文件描述的是各单一需求如何满足项目的业务需求

  　　　B．作为基准的需求应该是明确的、可量化的、完整的和相互独立的

  　　　C．需求跟踪矩阵是一种表格，可以把每个需求与业务目标联系起来

  　　　D．测试策略和测试场景也是需求跟踪的内容
- 项目需要满足的行动、过程或其他条件，例如里程碑日期、合同责任、制约因素等，属于___（12）___。

  （12）A．质量需求　　　　　　　　　B．项目需求

  　　　C．业务需求　　　　　　　　　D．解决方案需求
- 需求跟踪矩阵的作用是___（13）___。

  （13）A．可以体现需求与后续工作成果之间的对应关系

  　　　B．固化需求，防止变更

  　　　C．明确项目干系人对于需求的责任

  　　　D．对于需求复杂的项目，可以用来明确需求
- 关于需求跟踪矩阵的说法，不正确的是___（14）___。

  （14）A．需求跟踪矩阵是一种表格，可以把每个需求与业务目标联系起来

  　　　B．只在规划和执行过程中对需求进行跟踪

  　　　C．需求跟踪矩阵中记录每个需求的相关属性，这些属性有助于明确每个需求的关键信息

  　　　D．需求跟踪矩阵为管理产品范围变更提供了框架
- 薛博士任命小赵作为新产品研发项目的项目经理，在项目执行之前，小赵需要和项目相关方沟通并弄清楚他们的需求，他应该在___（15）___中记录相关方的需求。

  （15）A．项目管理计划　　　　　　　B．需求跟踪矩阵

  　　　C．项目章程　　　　　　　　　D．需求文件
- 收集需求的输出是___（16）___。

  （16）A．项目管理计划　　　　　　　B．需求跟踪矩阵

  　　　C．项目章程　　　　　　　　　D．项目范围说明书

答案及解析

（1）**答案：B** 解析 收集需求是为实现目标而确定，记录并管理干系人的需要和需求的过程。本过程的主要作用是为定义产品范围和项目范围奠定基础。

（2）**答案：C** 解析 让干系人积极参与需求的探索和分解工作（分解成项目和产品需求），并仔细确定、记录和管理对产品、服务或成果的需求，能直接促进项目成功。需求是指根据特定协议或其他强制性规范，产品、服务或成果必须具备的条件或能力。它包括发起人、客户和其他干系人的已量化且书面记录的需要和期望。应该足够详细地挖掘、分析和记录这些需求，并将其包含在范围基准中，在项目执行开始后对其进行测量。需求将作为后续工作分解结构（WBS）的基础，也将作为成本、进度、质量和采购规划的基础。

（3）**答案：A** 解析 可用于收集需求过程的数据收集技术主要包括：①头脑风暴；②访谈；③问卷调研；④标杆对照；⑤焦点小组。

（4）**答案：C** 解析 可用于收集需求过程的数据分析技术是文件分析。文件分析指审核和评估任何相关的文件信息。在此过程中，文件分析用于通过分析现有文件，识别与需求相关的信息来获取需求，可供分析并有助于获取需求的文件包括：协议；商业计划；业务流程或接口文档；业务规则库；现行流程；市场文献；问题日志；政策和程序、法规文件，如法律、准则、法令等；建议邀请书；用例等。

（5）**答案：A** 解析 焦点小组：是召集预定的干系人和主题专家，了解他们对所讨论的产品、服务或成果的期望和态度。由一位受过训练的主持人引导大家进行互动式讨论。焦点小组往往比"一对一"的访谈更热烈。

访谈：是通过与干系人直接交谈，来获取信息的正式的或非正式的方法。访谈的典型做法是向受访者提出预设和即兴的问题，并记录他们的回答。

名义小组：这是群体创新技术中的一种方法，是用来筛选头脑风暴会议结果的。通过对头脑风暴结果的投票（或权威决策）进行取舍，然后开展下一轮头脑风暴或开展其他活动。着重于结果的筛选。

专家判断：寻求有关领域专家的建议和意见，以便更好地理解需求。

（6）**答案：B** 解析 将实际或计划的产品、过程和实践，与其他可比组织的实践进行比较，以便识别最佳实践，形成改进意见，并为绩效考核提供依据。

（7）**答案：D** 解析 将实际或计划的产品、过程和实践，与其他可比组织的实践进行比较，以便识别最佳实践，形成改进意见，并为绩效考核提供依据。

（8）**答案：C** 解析 名义小组技术是用于促进头脑风暴的一种技术，通过投票排列最有用的创意，以便进一步开展头脑风暴或优先排序。名义小组技术是一种结构化的头脑风暴形式，由四个步骤组成：①向集体提出一个问题或难题，每个人在沉思后写出自己的想法；②主持人在活动挂图上记录所有人的想法；③集体讨论各个想法，直到全体成员达成一个明确的共识；④个人私下投票决出各种想法的优先排序，通常采用 5 分制，1 分最低，5 分最高。为减少想法数量、集中关注想法，可进行数轮投票。每轮投票后，都将清点选票，得分最高者被选出。

（9）答案：B 解析 引导与主题研讨会结合使用，把主要干系人召集在一起定义产品需求。研讨会可用于快速定义跨职能需求并协调干系人的需求差异。有助于参与者之间建立信任、改进关系、改善沟通，从而有利于干系人达成一致意见并能够更早发现并解决问题。

（10）答案：C 解析 原型法是指在实际制造预期产品之前，先造出该产品的模型，并据此征求对需求的早期反馈。原型包括微缩产品、计算机生成的二维和三维模型、实体模型或模拟。因为原型是有形的实物，它使得干系人可以体验最终产品的模型，而不是仅限于讨论抽象的需求描述。原型法支持渐进明细的理念，需要经历从模型创建、用户体验、反馈收集到原型修改的反复循环过程。在经过足够的反馈循环之后，就可以通过原型获得足够的需求信息，从而进入设计或制造阶段。

原型法的特点在于对用户的需求是动态响应、逐步纳入的，系统分析、设计与实现都是随着对一个工作模型的不断修改而同时完成的，相互之间并无明显界限，也没有明确分工。

（11）答案：B 解析 需求文件描述各种单一需求将如何满足项目相关的业务需求。一开始可能只有高层级的需求，然后随着有关需求信息的增加而逐步细化。只有明确的（可测量和可测试的）、可跟踪的、完整的、相互协调的，且主要干系人愿意认可的需求，才能作为基准。

（12）答案：B 解析 项目需求：项目需要满足的行动、过程或其他条件，例如里程碑日期、合同责任、制约因素等。

（13）答案：A 解析 通过需求跟踪矩阵可以跟踪一个需求使用期限的全过程，即从需求源到实现的前后生存期。它跟踪的是已明确的需求的实现过程，不涉及需求开发人员的职责，也无法用于防止变更。

（14）答案：B 解析 需求跟踪矩阵是把产品需求从其来源连接到能满足需求的可交付成果的一种表格。使用需求跟踪矩阵，把每个需求与业务目标或项目目标联系起来，有助于确保每个需求都具有业务价值。需求跟踪矩阵提供了在整个项目生命周期中跟踪需求的一种方法，有助于确保需求文件中被批准的每项需求在项目结束的时候都能实现并交付。最后，需求跟踪矩阵还为管理产品范围变更提供了框架。跟踪需求的内容包括：①业务需要、机会、目的和目标；②项目目标；③项目范围和 WBS 可交付成果；④产品设计；⑤产品开发；⑥测试策略和测试场景；⑦高层级需求到详细需求等。

（15）答案：D 解析 对于相关方的需求应该记录到需求文件中。

项目管理计划是描述如何执行、监督和控制项目的一份文件。

需求跟踪矩阵是把产品需求从其来源连接到能满足需求的可交付成果的一种表格，也不能起到记录相关方需求的作用。

项目章程是由项目启动者或发起人发布的，正式批准项目成立，并授权项目经理使用组织资源开展项目活动的文件。

（16）答案：B 解析 收集需求的输出是需求文件、需求跟踪矩阵。

9.5 定义范围

- ___（1）___是制定项目和产品详细描述的过程，描述产品、服务或成果的边界和验收标准。
  （1）A．项目工作说明书　　　　　　　B．范围说明书
  　　　C．定义范围　　　　　　　　　　D．确认范围
- 关于定义范围的描述，正确的是___（2）___。
  （2）A．定义范围明确所收集的需求哪些将包含在项目范围内，哪些将排除在项目范围外
  　　　B．为了在预算内按时完成任务，定义范围只需要开展一次
  　　　C．在项目启动阶段就要完成定义范围
  　　　D．定义范围的输出是范围基准
- ___（3）___是对项目范围、主要可交付成果、假设条件和制约因素的描述。明确指出哪些工作不属于本项目范围。
  （3）A．项目工作说明书　　　　　　　B．范围基准
  　　　C．需求说明书　　　　　　　　　D．项目范围说明书
- 详细的项目范围说明书包括___（4）___。
  ①产品范围描述　②可交付成果　③验收标准　④项目的除外责任
  ⑤项目范围管理计划　⑥范围基准　⑦项目工作说明书
  （4）A．①②③④⑤⑥⑦　　　　　　　B．①②③④⑤⑥
  　　　C．①②③④　　　　　　　　　　D．①③④⑤⑥
- 小赵担任某软件研发项目的项目经理，项目工作已全部完成，客户质疑软件中没有包含某项特定功能。项目经理拿出___（5）___，解释说该功能不在项目范围之内。
  （5）A．项目工作说明书　　　　　　　B．范围基准
  　　　C．需求说明书　　　　　　　　　D．项目范围说明书
- ___（6）___不是定义范围的输入。
  （6）A．项目章程　　　　　　　　　　B．项目管理计划
  　　　C．项目文件　　　　　　　　　　D．WBS 和 WBS 字典
- 定义项目范围需要高效的沟通和协作，小王作为项目经理召集了项目相关的关键干系人进行研讨和座谈，使各部门的干系人对项目范围达成共识。这属于___（7）___。
  （7）A．群体决策　　　　　　　　　　B．领导力
  　　　C．人际关系与团队技能　　　　　D．会议
- ___（8）___不是定义范围的工具与技术。
  （8）A．专家判断　　　　　　　　　　B．备选方案分析
  　　　C．产品分析　　　　　　　　　　D．群体决策技术
- 关于项目范围说明书，下列说法不正确的是___（9）___。

（9）A．项目范围说明书描述要做的和不要做的工作的详细程度，决定着项目管理团队控制整个项目范围的有效程度

B．项目范围说明书的主要内容有产品范围描述、验收标准、验证的可交付成果、项目的除外责任、制约因素、假设条件等

C．范围说明书的主要作用是确定范围，是与干系人沟通的基础，是规划和控制的依据，是变更和规划的基础

D．项目章程包括高层级的信息，而项目范围说明书则是对项目范围的详细描述，因此它们都是保持不变的

答案及解析

（1）**答案：C** **解析** 定义范围是制定项目和产品详细描述的过程。本过程的主要作用是描述产品、服务或成果的边界和验收标准。本过程需要在整个项目期间多次反复开展。

（2）**答案：A** **解析** 定义范围是制定项目和产品详细描述的过程。本过程的主要作用是描述产品、服务或成果的边界和验收标准。本过程需要在整个项目期间多次反复开展。

规划过程组中有：规划范围管理、收集需求、定义范围、创建 WBS。

定义范围的输出是：项目范围说明书、项目文件（更新）。

（3）**答案：D** **解析** 项目范围说明书是对项目范围、主要可交付成果、假设条件和制约因素的描述。明确指出哪些工作不属于本项目范围。

（4）**答案：C** **解析** 详细的项目范围说明书包括：①产品范围描述；②可交付成果；③验收标准；④项目的除外责任。

（5）**答案：D** **解析** 项目范围说明书是对项目范围、主要可交付成果、假设条件和制约因素的描述。明确指出哪些工作不属于本项目范围。

（6）**答案：D** **解析** 定义范围的输入包括项目章程、项目管理计划、项目文件、事业环境因素、组织过程资产。

（7）**答案：C** **解析** 人际关系与团队技能的一个典型示例是引导。在研讨会和座谈会中使用引导技能来协调具有不同期望或不同专业知识的关键干系人，使他们就项目可交付成果以及项目和产品边界达成跨职能的共识。

（8）**答案：D** **解析** 定义范围的工具与技术有专家判断、数据分析（备选方案分析）、多标准决策分析、人际关系与技能（引导）、产品分析。

（9）**答案：D** **解析** 项目范围需要在项目过程中渐进明细，而项目章程一般保持不变。

9.6 创建 WBS

- 关于创建工作分解结构的说法，错误的是___（1）___。

  （1）A．创建工作分解结构能够对所要交付的内容提供一个结构化的视图

B．创建工作分解结构将项目的总体目标细化为一个个具体的小目标，便于管理者把握项目的全局安排和进度

C．创建 WBS 的输出是范围说明书

D．创建工作分解结构有助于责任追踪和识别风险

- 创建工作分解结构（WBS）的正确顺序为___（2）___。

①识别和分析可交付成果及相关工作　②确定 WBS 的结构和编排方法

③自上而下逐层细化分解　④核实可交付成果分解的程度是否恰当

⑤为 WBS 组成部分制定和分配标识编码

(2) A．①②③④⑤　　B．①②③⑤④　　C．①③②⑤④　　D．①②⑤③④

- 某项目经理在生成 WBS 时，按照___（3）___方法将项目分解为"需求分析、方案设计、实施准备、测试和验收"等几个过程。

(3) A．子项目　　　B．工作任务　　　C．生命周期　　　D．可交付物

- 关于 WBS 的叙述，正确的是___（4）___。

(4) A．WBS 中的元素必须有人负责，可以是一个人负责，也可以是多人负责

B．WBS 应包括项目管理工作，但是不包括分包出去的工作

C．WBS 的编制只需项目经理一人即可

D．WBS 并非是一成不变的

- 关于 WBS 的描述，不正确的是___（5）___。

(5) A．WBS 要 100% 的包含所有交付物

B．项目拆解出来的工作包并非越细越好

C．WBS 的内容一般会超出完成可交付成果的活动范围

D．WBS 应控制在 4~6 层。一个工作单元只能从属于某个上层单元，避免交叉从属

- 以下关于工作分解结构（WBS）的叙述中，不正确的是___（6）___。

(6) A．WBS 是制订进度计划、成本计划的基础

B．项目的全部工作都必须包含在 WBS 中

C．WBS 的编制需要主要项目干系人参与

D．WBS 应采用自下而上的方式，逐层确定

- WBS 的最小最低层的单元是___（7）___。

(7) A．控制账户　　B．WBS 词典　　C．工作包　　D．规划包

- 关于 WBS 的说法，错误的是___（8）___。

(8) A．工作包是 WBS 的最低层元素，一般的工作包是最小的"可交付成果"

B．一个控制账户可能包括一个或多个工作包，一个工作包可以属于多个控制账户

C．一个控制账户可以包含一个或多个规划包

D．WBS 词典用来对工作分解结构中的控制账户和工作包做详细解释

- 范围基准包括___（9）___。

(9) A．项目管理计划、WBS、工作说明书

B．范围说明书、风险管理计划、WBS
C．WBS 词典、项目管理计划、范围说明书
D．范围说明书、WBS、WBS 词典

- 关于 WBS 的描述，正确的是___（10）___。
①分包出去的工作不属于 WBS 的范围
②在 WBS 中，一个工作单元只能从属于一个上层单元
③WBS 的每个工作包和控制账户是一对一的关系
④所有项目成员都可以通过 WBS 把握项目范围，了解项目全貌
⑤范围说明书和 WBS 决定了项目的范围基准
⑥任何项目的 WBS 层次都不宜超过 6 层
（10）A．①②⑥　　　　B．③④⑤　　　　C．①④⑤　　　　D．②④⑥

答案及解析

（1）**答案：C**　解析　创建工作分解结构的输出是范围基准。
（2）**答案：B**　解析　创建 WBS 的过程：①识别和分析可交付成果及相关工作；②确定 WBS 的结构和编排方法；③自上而下逐层细化分解；④为 WBS 组成部分制定和分配标识编码；⑤核实可交付成果分解的程度是否恰当。
（3）**答案：C**　解析　分解就是把项目可交付成果分成较小的、便于管理的组成部分，直到工作和可交付成果定义到工作细目水平。使用项目生命周期的阶段作为分解的第一层，而把项目可交付物安排在第二层，题干中的信息说明了一个典型的信息系统的生命周期。
（4）**答案：D**　解析　在分解 WBS 的过程中，应该注意以下八个方面：①WBS 必须是面向可交付成果的；②WBS 必须符合项目的范围；③WBS 的底层应该支持计划和控制；④WBS 中的元素必须有人负责，而且只有一个人负责；⑤WBS 应控制在 4~6 层，一个工作单元只能从属于某个上层单元，避免交叉从属；⑥WBS 应包括项目管理工作，也要包括分包出去的工作；⑦WBS 的编制需要所有（主要）项目干系人的参与；⑧WBS 并非是一成不变的。
（5）**答案：C**　解析　WBS 是面向可交付成果的，必须符合项目的范围。分解工作时要采用 100%原则，完全穷尽。项目拆解出来的工作包并非越细越好，而是得满足可交付、可分配、可责任到人的要求。WBS 应控制在 4~6 层。一个工作单元只能从属于某个上层单元，避免交叉从属。
（6）**答案：D**　解析　WBS 应采用自上而下的方式，逐层确定。
（7）**答案：C**　解析　工作包：是 WBS 的最低层，是带有独特标识号的工作包。这些标识号为成本、进度和资源信息的逐层汇总提供了层级结构，即账户编码。
　　控制账户：是一个管理控制点。在该控制点上，把范围、预算和进度加以整合，并与挣值相比较来测量绩效。每个控制账户可能包括一个或多个工作包，但是一个工作包只能属于一个控制账户。
　　规划包：是一种低于控制账户而高于工作包的工作分解结构组件，工作内容已知，但详细的进度活动未知，一个控制账户可以包含一个或多个规划包。

(8) **答案：B**　**解析**　工作包：是 WBS 的最低层，是带有独特标识号的工作包。这些标识号为成本、进度和资源信息的逐层汇总提供了层级结构，即账户编码。

控制账户：是一个管理控制点。在该控制点上，把范围、预算和进度加以整合，并与挣值相比较来测量绩效。每个控制账户可能包括一个或多个工作包，但是一个工作包只能属于一个控制账户。

规划包：是一种低于控制账户而高于工作包的工作分解结构组件，工作内容已知，但详细的进度活动未知，一个控制账户可以包含一个或多个规划包。

WBS 词典：是描述和定义 WBS 元素中的工作的文档。包括编码、工作包描述（内容）、成本预算、时间安排、质量标准或要求、责任人或部门或外部单位（委托项目）、资源配置情况、其他属性等。

(9) **答案：D**　**解析**　范围基准的组成是经过批准的范围说明书、工作分解结构（WBS）和相应的 WBS 词典。

(10) **答案：D**　**解析**　在分解 WBS 的过程中，应该注意以下八个方面：①WBS 必须是面向可交付成果的；②WBS 必须符合项目的范围；③WBS 的底层应该支持计划和控制；④WBS 中的元素必须有人负责，而且只有一个人负责；⑤WBS 应控制在 4~6 层，一个工作单元只能从属于某个上层单元，避免交叉从属；⑥WBS 应包括项目管理工作，也要包括分包出去的工作；⑦WBS 的编制需要所有（主要）项目干系人的参与；⑧WBS 并非是一成不变的。

9.7　确认范围

- 关于确认范围的说法，正确的是＿＿(1)＿＿。
  (1) A．确认范围在项目收尾阶段开展
  　　B．项目经理对交付成果进行签字验收，就是确认范围
  　　C．确认范围一般在质量控制之前，也可以并行进行
  　　D．确认范围通过确认可交付成果来提高最终验收通过的可能性
- 确认范围的一般步骤是＿＿(2)＿＿。
  ①确定进行确认范围的时间　②识别确认范围需要哪些投入
  ③确定范围正式被接受的标准和要素　④确定范围确认会议的组织步骤
  ⑤组织确认范围会议
  　(2) A．①②③④⑤　　B．②①③④⑤　　C．③①②④⑤　　D．③①④②⑤
- 下列对控制范围与控制质量的描述，不正确的是＿＿(3)＿＿。
  (3) A．在确认范围前，项目团队一般需要先进行质量控制工作
  　　B．质量控制是验收的可交付成果，确认范围是核实的可交付成果
  　　C．确认范围主要强调可交付成果获得客户或发起人的接受，质量控制强调可交付成果的正确性
  　　D．质量控制属于内部检查，由自行组织的质量部门实施；确认范围由客户或发起人对项目可交付成果进行验收

- 某项目到了验收阶段，项目经理小王要组织客户进行范围确认，他要做的第一步是___(4)___。

　　（4）A．组织确认范围会议　　　　　　B．确定需要进行确认范围的时间

　　　　 C．进行质量控制工作　　　　　　D．识别确认范围需要哪些投入

- 不同的项目干系人对项目进行范围确认时，关注的点不一样，下列说法正确的是___(5)___。

　　（5）A．客户主要关注的是范围对项目的进度、资金和资源的影响，这些因素是否超过了组织承受范围，是否在投入产出上具有合理性

　　　　 B．管理层主要关注的是项目的可交付成果是否足够完成产品或服务

　　　　 C．项目经理主要关注的是项目可交付成果是否足够和必须完成，时间、资金和资源是否足够，主要的潜在风险和预备解决的方法

　　　　 D．项目团队成员主要关注项目范围中自己参与的元素和负责的元素

- 关于确认范围的描述，不正确的是___(6)___。

　　（6）A．确认范围过程应贯穿项目始终

　　　　 B．确认范围过程关注可交付成果的正确性及是否满足质量要求

　　　　 C．确认范围过程应该以书面文件的形式记录下来

　　　　 D．确认范围过程的目标是提高最终产品、服务或成果获得验收的可能性

- 关于确认范围的描述，正确的是___(7)___。

　　（7）A．确认范围是在正式验收阶段才执行的过程

　　　　 B．分解技术是确认范围的主要工具与技术

　　　　 C．客户主要关心产品范围和可交付成果

　　　　 D．确认范围强调的是结束项目所要做的流程性工作

- 在确认范围过程中，___(8)___主要关心项目可交付成果是否足够和必须完成，时间、资金和资源是否足够，主要的潜在风险和预备解决的方法。

　　（8）A．客户　　　　　　　　　　　　 B．管理层

　　　　 C．项目经理　　　　　　　　　　 D．项目团队成员

- 项目范围确认的依据不包括___(9)___。

　　（9）A．需求文件　　　　　　　　　　 B．需求跟踪矩阵

　　　　 C．工作绩效数据　　　　　　　　 D．验收的可交付成果

- 验收的可交付成果，属于项目范围管理中___(10)___过程的输出。

　　（10）A．定义范围　　　　　　　　　　B．控制范围

　　　　　C．质量控制　　　　　　　　　　D．确认范围

- 关于验收的可交付成果的描述，不正确的是___(11)___。

　　（11）A．符合验收标准的可交付成果应以书面的形式正式签字批准

　　　　　B．中间交付物由项目内部验收，最终交付物由客户统一确认

　　　　　C．未通过验收的可交付成果要记录不符合原因

　　　　　D．未通过验收的可交付成果可能需要提出变更请求以进行缺陷补救

答案及解析

（1）**答案：D** **解析** 确认范围应该贯穿项目的始终。确认范围主要是项目干系人（例如，客户、发起人等）对项目的范围进行确认和接受的工作。

确认范围是有关工作结果的接受问题，而质量控制是有关工作结果正确与否，质量控制一般在确认范围之前完成，当然也可并行进行。质量控制是核实的可交付成果，确认范围是验收的可交付成果。

确认范围是正式验收已完成的项目可交付成果的过程。本过程的主要作用：①使验收过程具有客观性；②通过确认每个可交付成果来提高最终产品、服务或成果获得验收的可能性。确认范围过程应根据需要在整个项目期间定期开展。

（2）**答案：A** **解析** 确认范围应该贯穿项目的始终。如果是在项目的各个阶段对项目的范围进行确认工作，则还要考虑如何通过项目协调来降低项目范围改变的频率，以保证项目范围的改变是有效率和适时的。确认范围的一般步骤为：①确定需要进行范围确认的时间；②识别范围确认需要哪些投入；③确定范围正式被接受的标准和要素；④确定范围确认会议的组织步骤；⑤组织范围确认会议。

（3）**答案：B** **解析** 确认范围是正式验收项目已完成的可交付成果的过程，其主要作用是使验收过程具有客观性，同时，通过验收每个可交付成果，提高最终产品、服务或成果获得验收的可能性。

质量控制是监督并记录质量活动执行结果，以便评估绩效，并推荐必要的变更过程。

质量控制是核实的可交付成果，范围确认是验收的可交付成果。

确认范围主要强调可交付成果获得客户或发起人的接受；质量控制强调可交付成果的正确性，并符合为其指定的具体质量要求（质量标准）。

质量控制属于内部检查，由自行组织的相应质量部门实施；确认范围则是由外部干系人（客户或发起人）对项目可交付成果进行验收。

（4）**答案：B** **解析** 确认范围的一般步骤：①确定需要进行确认范围的时间；②识别确认范围需要哪些投入；③确定范围正式被接受的标准和要素；④确定确认范围会议的组织步骤；⑤组织确认范围会议。

（5）**答案：D** **解析** 确认范围主要是项目干系人（例如，客户、发起人等）对项目范围进行确认和接受的工作，每个人对项目范围所关注的方面是不同的：

- 管理层主要关注项目范围：是指范围对项目的进度、资金和资源的影响，这些因素是否超过了组织承受范围，是否在投入产出上具有合理性。
- 客户主要关注产品范围：关心项目的可交付成果是否足够完成产品或服务。
- 项目管理人员主要关注项目制约因素：关心项目可交付成果是否足够和必须完成，时间、资金和资源是否足够，主要的潜在风险和预备解决的方法。

- 项目团队成员主要关注项目范围中自己参与的元素和负责的元素：通过定义范围中的时间检查自己的工作时间是否足够，自己在项目范围中是否有多项工作，而这些工作是否有冲突的地方。

（6）答案：B 解析 确认范围过程与控制质量过程的不同之处在于，前者关注可交付成果的验收，而后者关注可交付成果的正确性及是否满足质量要求。控制质量过程通常先于确认范围过程，但二者也可同时进行。

（7）答案：C 解析 确认范围是正式验收项目已完成的可交付成果的过程，其主要作用是使验收过程具有客观性，同时，通过验收每个可交付成果，提高最终产品、服务或成果获得验收的可能性。确认范围包括与客户或发起人一起审查可交付成果，确保可交付成果已圆满完成，并获得客户或发起人的正式验收。确认范围应该贯穿项目的始终。

检查和决策是确认范围用到的工具与技术。

（8）答案：C 解析 确认范围主要是项目干系人（例如，客户、发起人等）对项目的范围进行确认和接受的工作，每个人对项目范围所关注的方面是不同的：①管理层主要关注项目范围：是指范围对项目的进度、资金和资源的影响，这些因素是否超过了组织承受范围，是否在投入产出上具有合理性。②客户主要关注产品范围：关心项目的可交付成果是否足够完成产品或服务。③项目管理人员主要关注项目制约因素：关心项目可交付成果是否足够和必须完成，时间、资金和资源是否足够，主要的潜在风险和预备解决的方法。④项目团队成员主要关注项目范围中自己参与的元素和负责的元素：通过定义范围中的时间检查自己的工作时间是否足够，自己在项目范围中是否有多项工作，而这些工作是否有冲突的地方。

（9）答案：D 解析 项目确认范围的输入：①项目管理计划；②需求文件；③需求跟踪矩阵；④核实的可交付成果；⑤工作绩效数据。

（10）答案：D 解析 项目确认范围的输出：①验收的可交付成果；②变更请求；③工作绩效信息；④项目文件更新。

（11）答案：B 解析 验收的可交付成果：符合验收标准的可交付成果应该由客户或发起人正式签字批准。应该从客户或发起人那里获得正式文件，证明干系人对项目可交付成果的正式验收。这些文件将提交给结束项目或阶段过程。

验收的可交付成果可包括批准的产品规范、交货收据和工作绩效文件。对于分阶段实施的项目或提前取消的项目，还可能包括部分完成或中间的可交付成果。

对已经完成但未通过正式验收的可交付成果及其未通过验收的原因，应该记录在案。可能需要针对这些可交付成果提出变更请求，开展相应的缺陷补救工作。变更请求应该由实施整体变更控制过程进行审查与处理。

9.8 控制范围

- ＿＿（1）＿＿是监督项目和产品的范围状态，管理范围基准变更的过程。
（1）A．定义范围　　　　B．确认范围　　　　C．控制范围　　　D．创建WBS

- 下列___(2)___不是控制范围的输入。
  (2) A．需求管理计划　　B．范围基准　　C．需求跟踪矩阵　　D．工作绩效信息
- ___(3)___用于将基准与实际结果进行比较，以确定偏差是否处于临界值区间内或是否有必要采取纠正或预防措施。
  (3) A．偏差分析　　B．趋势分析　　C．数据分析　　D．结果分析
- 关于控制范围的说法，不正确的是___(4)___。
  (4) A．控制范围的作用是确定偏离范围基准的原因和程度，并决定是否需要采取纠正或预防措施
  B．变更实际发生时，也需要采用控制范围过程来管理这些变更
  C．项目的范围变更控制和管理是对项目中存在的或潜在的变化采用正确的策略和方法来降低项目的风险
  D．控制范围需要项目经理与客户开展审查或检查活动，判断工作和交付成果是否符合设定的标准
- 关于控制范围的描述，正确的是___(5)___。
  (5) A．控制进度是控制范围的一种有效的方式
  B．项目执行组织本身发生变化不会引起范围变更
  C．范围变更控制必须和其他控制过程综合在一起
  D．政府政策的变化不可以成为范围变更的理由

答案及解析

(1) **答案：C** 解析　控制范围是监督项目和产品的范围状态，管理范围基准变更的过程。本过程的主要作用是在整个项目期间保持对范围基准的维护。本过程需要在整个项目期间开展。

(2) **答案：D** 解析　工作绩效信息是控制范围的输出；工作绩效数据是控制范围的输入。

(3) **答案：A** 解析　偏差分析用于将基准与实际结果进行比较，以确定偏差是否处于临界值区间内或是否有必要采取纠正或预防措施。

趋势分析旨在审查项目绩效随时间的变化情况，以判断绩效是正在改善还是正在恶化。

(4) **答案：D** 解析　D项属于质量控制。控制项目范围确保所有变更请求、推荐的纠正措施或预防措施都通过实施整体变更控制过程进行处理。在变更实际发生时，也需要采用控制范围过程来管理这些变更。控制范围过程应该与其他项目管理知识领域的控制过程协调开展。

(5) **答案：C** 解析　控制项目范围确保所有变更请求、推荐的纠正措施或预防措施都通过实施整体变更控制过程进行处理。控制范围过程应该与其他项目管理知识领域的控制过程协调开展。

第10章 项目进度管理

10.1 管理基础

- 关于进度管理的说法,错误的是___(1)___。
  - (1) A. 项目进度计划说明了项目如何以及何时交付项目范围中定义的产品、服务和成果项目
    - B. 进度计划能有效管理干系人的期望,为绩效报告提供依据
    - C. 项目进度管理的过程包括规划进度、定义活动、估算活动持续时间、排列活动顺序、制订项目进度计划和控制进度
    - D. 项目进度计划可以由一个人在较短时间内完成
- 编制项目进度计划的一般步骤,不包括___(2)___。
  - (2) A. 创建工作分解结构(WBS)
    - B. 选择进度计划方法
    - C. 将项目特定数据,输入进度计划编制工具,创建项目进度模型
    - D. 根据进度模型形成项目进度计划
- 有关项目进度计划方法的描述,不正确的是___(3)___。
  - (3) A. 适应型生命周期允许在整个开发生命周期期间进行变更
    - B. 在运营或持续环境中以增量方式研发产品的项目,适合迭代型进度计划
    - C. 工作任务的规模或范围相对类似的项目,适合按需进行的进度计划
    - D. 按需进行的进度计划方法不依赖于预先定义好的进度计划,而是在资源可用时立即从未完成项和工作序列中提取工作任务

答案及解析

(1) **答案:C** 解析 项目进度管理是为了保证项目按时完成,对项目所需的各个过程进行

管理，包括规划进度、定义活动、排列活动顺序、估算活动持续时间、制订项目进度计划和控制进度。小型项目中，定义活动、排列活动顺序、估算活动持续时间及制定进度模型形成进度计划等过程的联系非常密切，可以视为一个过程，可以由一个人在较短时间内完成。

项目进度计划提供了项目的详尽计划，说明项目如何以及何时交付项目范围中定义的产品、服务和成果，是一种用于沟通和管理干系人期望的工具，为绩效报告提供依据。

（2）答案：A 解析 项目管理团队编制进度计划的一般步骤为：首先选择进度计划方法，例如关键路径法；然后将项目特定数据，如活动、计划日期、持续时间、资源、依赖关系和制约因素等输入进度计划编制工具，创建项目进度模型；最后根据进度模型形成项目进度计划。

（3）答案：B 解析 有关项目进度计划方法的新趋势和新兴实践主要包括：

具有未完成项的迭代型进度计划：适应型生命周期在产品开发中的应用越来越普遍，它允许在整个开发生命周期期间进行变更。这一方法通常用于向客户交付增量价值，或多个团队并行开发大量的、内部关联的、较小的功能。

按需进行的进度计划：按需进行的进度计划方法不依赖于预先定义好的进度计划，而是在资源可用时立即从未完成项和工作序列中提取工作任务，该方法适用：一是在运营或持续环境中以增量方式研发产品的项目；二是工作任务的规模或范围相对类似的项目；三是可以按照规模或范围对任务务进行组合的项目。

10.2 项目进度管理过程

- 项目进度管理过程的正确顺序为＿＿（1）＿＿。
  ①规划进度管理 ②估算活动资源 ③形成活动清单 ④定义活动 ⑤排列活动顺序
  ⑥估算活动持续时间 ⑦制订进度计划 ⑧控制进度
  （1）A．①④③⑤⑥⑦⑧　　　　　　　B．②①③⑤⑥⑦⑧
  　　 C．①④⑤⑥⑦⑧　　　　　　　　D．④②①⑤⑦⑧

- 关于项目进度管理的描述，不正确的是＿＿（2）＿＿。
  （2）A．定义活动是识别和记录为完成项目可交付成果而需采取的具体活动
  　　 B．排列活动顺序是定义工作间的逻辑顺序，以便在既定的项目制约因素下获得最高效率
  　　 C．制订项目进度计划是一次性完成的，中间不需要更改，否则影响项目工期
  　　 D．控制进度是监督项目状态，以更新项目进度和管理进度基准的变更

- 项目经理裁剪项目进度管理过程时，＿＿（3）＿＿不是项目经理主要考虑的因素。
  （3）A．生命周期方法　　B．资源可用性　　C．技术支持　　D．项目前景

答案及解析

（1）答案：C 解析 项目进度管理过程包括：
- 规划进度管理：为了规划、编制、管理、执行和控制项目进度，制定政策、程序和文档。

- 定义活动：识别和记录为完成项目可交付成果而需采取的具体活动。
- 排列活动顺序：识别和记录项目活动之间的关系。
- 估算活动持续时间：根据资源估算的结果，估算完成单项活动所需工作时段数。
- 制订进度计划：分析活动顺序、持续时间、资源需求和进度制约因素，创建项目进度模型，落实项目执行和监控情况。
- 控制进度：监督项目状态，以更新项目进度和管理进度基准的变更。

（2）**答案：C 解析** 制订进度计划是分析活动顺序、持续时间、资源需求和进度制约因素，创建项目进度模型的过程。制订项目进度计划是一个反复多次的过程，这里同时也体现了项目的渐进明细的特点，这一过程确定项目活动计划的开始与完成。

（3）**答案：D 解析** 项目经理裁剪项目进度管理过程时，考虑的因素包括：

- 生命周期方法：哪种生命周期方法最适合制订详细的进度计划。
- 资源可用性：影响资源可持续时间的因素是什么（如可用资源与其生产效率之间的相关性）。
- 项目维度：项目复杂性、技术不确定性、产品新颖度、速度或进度跟踪（如挣值、完成百分比）如何影响预期的控制水平。
- 技术支持：是否采用技术来制定、记录、传递、接收和存储项目进度模型的信息以及是否易于获取。

10.3 规划进度管理

- 下列关于规划进度管理的说法，不正确的是___（1）___。
  （1）A．制订可行的项目进度计划，往往是一个反复进行的过程
  　　B．进度管理计划可以是正式的或非正式的，非常详细的或高度概括的
  　　C．工作分解结构（WBS）、项目进度模型、范围管理计划、项目章程、开发方法都是规划进度管理的重要依据
  　　D．规划进度管理为如何在整个项目期间管理项目进度提供指南和方向
- 进度管理计划是项目管理计划的组成部分，为编制、监督和控制项目进度建立准则和明确活动要求。进度管理计划通常包含的内容有___（2）___。
  ①项目进度模型制定　②准确度　③计量单位　④组织程序链接　⑤工作分解结构（WBS）
  ⑥控制临界值　⑦资源日历　⑧活动清单
  （2）A．①②③④⑤⑥⑦⑧　　　　　　B．①②③⑤⑥
  　　C．①④⑤⑥⑦　　　　　　　　　D．①②③④⑥
- 进度管理计划是一份关键文件，它是___（3）___。
  （3）A．制订进度计划过程的输出
  　　B．制订进度计划过程中使用的一种工具与技术

C．进度模型的输出，展示活动之间的相互关联，以及计划日期、持续时间、里程碑和所需资源

D．连同时间管理过程一起完成的单独的规划工作

- 规划进度管理时，使用到的数据分析技术是___（4）___。

（4）A．备选方案分析　　　　　　　　B．概率和影响矩阵

C．挣值分析　　　　　　　　　　D．因果图

- 关于项目进度管理计划的描述，正确的是___（5）___。

（5）A．项目进度管理计划一旦确定，不能被修改

B．在制订项目进度管理计划时，应该考虑项目章程

C．项目进度管理计划一定要形成正式的文件

D．项目进度管理计划是详细的，不能是高度概括的

- ___（6）___不属于规划进度管理的输入。

（6）A．范围基准　　　　　　　　　B．范围管理计划

C．项目章程　　　　　　　　　D．开发方法

- 项目经理正在和团队一起制订项目进度计划，其中不需要使用的工具与技术是___（7）___。

（7）A．专家判断　　　　　　　　　B．备选方案分析

C．会议　　　　　　　　　　　D．项目管理信息系统

- 关于项目进度管理计划的描述，正确的是___（8）___。

（8）A．必须是详细的、正式的

B．必须是项目管理计划的组成部分，不能独立成册

C．需要为编制、监督和控制项目进度建立准则和明确活动要求

D．需要包括活动清单和活动属性

- ___（9）___是项目管理计划的组成部分，为编制、监督和控制项目进度建立准则和明确活动要求。

（9）A．范围基准　　　　　　　　　B．进度管理计划

C．活动清单　　　　　　　　　D．网络图

答案及解析

（1）**答案：C** 解析　工作分解结构（WBS）、项目进度模型都是规划进度管理的输出，而不是输入，不是依据。

（2）**答案：B** 解析　进度管理计划可以是正式的或非正式的，非常详细的或高度概括的。内容一般包括：①项目进度模型制定；②进度计划的发布和迭代长度；③准确度；④计量单位；⑤工作分解结构（WBS）；⑥项目进度模型维护；⑦控制临界值；⑧绩效测量规则；⑨报告格式。

（3）**答案：C** 解析　项目进度计划是进度模型的输出，展示活动之间的相互关联，以及计划日期、持续时间、里程碑和所需资源。

（4）**答案：A 解析** 适用于规划进度管理过程的数据分析技术是备选方案分析。备选方案分析可包括确定采用哪些进度计划方法，以及如何将不同方法整合到项目中。此外，它还可以包括确定进度计划的详细程度、滚动式规划的持续时间以及审查和更新频率。

（5）**答案：B 解析** 项目进度管理计划是可以修改的，根据项目需求，可以是正式的或者非正式的，可以是非常详细的或者高度概括的。

（6）**答案：A 解析** 规划进度管理的输入有：

1）项目章程。

2）项目管理计划。

规划进度管理中使用的项目管理计划组件主要包括：

- 开发方法：有助于定义进度计划方法、估算技术、进度计划编制工具以及用来控制进度的技术。
- 范围管理计划：描述如何定义和制定范围，并提供有关如何制订进度计划的信息。

3）事业环境因素。

4）组织过程资产。

（7）**答案：D 解析** 规划进度管理的工具包括：

1）专家判断。规划进度管理过程中，应征求具备如下领域相关专业知识或接受过相关培训的个人或小组的意见涉及的领域包括：进度计划的编制、管理和控制；进度计划方法（如预测型或适应型生命周期）；进度计划软件；项目所在的特定行业等。

2）数据分析。适用于规划进度管理过程的数据分析技术是备选方案分析。备选方案分析可包括确定采用哪些进度计划方法，以及如何将不同方法整合到项目中；此外，它还可以包括确定进度计划的详细程度、滚动式规划的持续时间以及审查和更新频率。

3）会议。项目团队可能举行规划会议来制订进度管理计划。参会人员可包括项目经理、项目发起人、项目团队成员、选定的干系人、进度计划或执行负责人以及其他必要人员等。

（8）**答案：C 解析** 进度管理计划是项目管理计划的组成部分，为编制、监督和控制项目进度建立准则和明确活动要求，包括合适的控制临界值。进度管理计划规定了：项目进度模型制定；进度计划的发布和迭代长度；准确度；计量单位；组织程序连接；项目进度模型维护；控制临界值；绩效测量规则；报告格式。

项目进度管理计划是可以修改的，根据项目需求，可以是正式的或者非正式的，可以是非常详细的或者高度概括的。

（9）**答案：B 解析** 进度管理计划是项目管理计划的组成部分，为编制、监督和控制项目进度建立准则和明确活动要求，包括合适的控制临界值。

10.4 定义活动

- 关于进度管理的描述，不正确的是＿＿（1）＿＿。

（1）A．活动是项目工作的最基本的工作单元

B．活动与工作包是一对一或一对多的关系

C．活动具有持续时间，里程碑的持续时间为零

D．活动会占用一定的资源和成本

- 定义活动的输出，不包括___（2）___。

    （2）A．活动清单　　　　　　　　　　B．范围基准

    C．里程碑清单　　　　　　　　　　D．活动属性

- 关于定义活动的说法，不正确的是___（3）___。

    （3）A．定义活动是将WBS分解为具体的活动（任务）的过程

    B．定义活动的输出是可交付成果

    C．根据定义好的活动，形成项目的进度基准和成本基准

    D．定义活动可以采用滚动式规划的方式

- 下列___（4）___不是定义活动的输入。

    （4）A．进度管理计划　　　　　　　　B．范围基准

    C．WBS　　　　　　　　　　　　　D．组织过程资产

- 关于定义活动的输出，说法正确的是___（5）___。

    （5）A．活动属性：每个活动的标识及工作范围详述，使项目团队成员知道要完成什么工作

    B．活动清单：识别开展工作的地点，编制开展活动的项目日历，以及相关的活动类型

    C．里程碑清单：里程碑是项目中的重要时点或事件，里程碑清单列出了项目所有的里程碑

    D．成本基准：在针对成本基准的变更获得批准后，需要对进度活动做出相应的变更

- 分解不仅是创建WBS过程的工具与技术，同时也适用于___（6）___过程。

    （6）A．活动资源估算　　　　　　　　B．风险识别

    C．活动定义　　　　　　　　　　　D．制定资源分解结构

- 项目经理在定义活动过程中，常使用的工具与技术不包括___（7）___。

    （7）A．分解　　　　　　　　　　　　B．滚动式规划

    C．会议　　　　　　　　　　　　　D．活动资源估算

- 分解技术在定义活动过程中发挥的作用是___（8）___。

    （8）A．以工作分解结构（WBS）中工作包的形式描述最终输出

    B．将最终输出描述为可交付成果或具体的工作项

    C．将最终输出描述为活动步骤

    D．分解在范围定义与活动定义中的使用方法相同

- 在定义活动过程中，利用___（9）___技术将WBS中的每个工作包都分解成活动。

    （9）A．分解　　　　　　　　　　　　B．滚动式规划

    C．制定资源分解结构　　　　　　　D．专家判断

- 以下关于滚动式规划的说法，不正确的是___（10）___。

    （10）A．是一种渐进明细的规划方式，适用于工作包、规划包

B．规划一次完成，滚动实施

C．规划是重复多次的连续过程

D．在早期规划阶段，工作包只能分解到已知的详细水平

- ___（11）___ 可能包括活动描述、紧前活动、紧后活动、逻辑关系、提前量和滞后量、资源需求、强制日期、制约因素和假设条件。

  （11）A．活动清单　　　　　　　　　B．活动属性

  　　　C．里程碑清单　　　　　　　　D．进度管理计划

- 活动清单和活动属性经常容易混淆，下列关于二者的说法，不正确的是___（12）___。

  （12）A．活动清单包括每个活动的标识及工作范围详述，使项目团队成员知道需要完成什么工作

  　　　B．活动清单可用于识别开展工作的地点、编制开展活动的项目日历以及相关的活动类型

  　　　C．活动属性是指每项活动所具有的多重属性，用来扩充对活动的描述

  　　　D．在项目初始阶段，活动属性包括唯一活动标识（ID）、WBS 标识和活动标签或名称

- 项目经理在制订项目进度计划时，希望按照符合逻辑的方式排列任务顺序，并使用至少有两年经验的承包商。项目经理应该参考___（13）___。

  （13）A．里程碑清单　　　　　　　　B．项目管理计划

  　　　C．活动清单　　　　　　　　　D．活动属性

- 关于进度管理的描述，不正确的是___（14）___。

  （14）A．里程碑的持续时间可以为零，也可以不为零

  　　　B．活动需要消耗资源和花费成本，里程碑不需要资源和成本

  　　　C．活动属性可能随着项目的推进而变化

  　　　D．一个项目中可能有几个达到里程碑程度的关键事件

答案及解析

（1）**答案：B**　**解析**　定义活动：为了更好地规划项目，工作包通常还应该进一步细分为更小的组成部分——"活动"。

- 活动是实施项目时安排工作的最基本的工作单元。
- 活动与工作包是一对一或多对一的关系，即有可能多个活动完成一个工作包。
- 定义活动过程就是识别和记录为完成项目可交付成果而需采取的所有活动。

定义活动的输入：进度管理计划、范围基准、组织过程资产、事业环境因素。

定义活动的输出：活动清单、活动属性、里程碑清单。

定义活动的工具与技术：分解、滚动式规划、专家判断。

（2）**答案：B**　**解析**　定义活动的输出：活动清单、活动属性、里程碑清单。

（3）**答案：B**　**解析**　分解是一种把项目范围和项目可交付成果逐步划分为更小、更便于管

理的组成部分的技术。WBS 中的每个工作包都需分解成活动，以便通过这些活动来完成相应的可交付成果。让团队成员参与分解过程，有助于得到更好、更准确的结果。WBS、WBS 字典和活动清单可依次或同时编制，其中 WBS 和 WBS 字典是制定最终活动清单的基础。活动表示完成工作包所需的投入。定义活动过程的最终输出是活动而不是可交付成果，可交付成果是创建 WBS 过程的输出。

（4）**答案：C** **解析** 定义活动的输入包括进度管理计划、范围基准、事业环境因素、组织过程资产。

（5）**答案：C** **解析** 定义活动的输出包括活动清单、活动属性、里程碑清单。

1）活动清单：包含项目所需的全部进度活动的综合清单。活动清单还包括每个活动的标识及工作范围详述，使项目团队成员知道需要完成什么工作。活动有唯一标识，表示在进度计划中的位置。

2）活动属性：活动属性是指每项活动所具有的多重属性，用来扩充对活动的描述，活动属性随着项目进展情况演进并更新。在项目初始阶段，活动属性包括唯一活动标识（ID）、WBS 标识和活动标签或名称；在活动属性编制完成时，活动属性可能包括活动描述、紧前活动、紧后活动、逻辑关系、提前量和滞后量、资源需求、强制日期、制约因素和假设条件。活动属性可用于识别开展工作的地点、编制开展活动的项目日历以及相关的活动类型。活动属性还可用于编制进度计划。根据活动属性，可在报告中以各种方式对计划进度活动进行选择、排序和分类。

3）里程碑清单：里程碑是项目中的重要时点或事件。里程碑清单列出所有里程碑，并指明每个里程碑是强制性的还是选择性的。里程碑持续时间为零，其仅代表一个时间点。

项目管理计划更新包括：

- 进度基准：在整个项目期间，工作包逐渐细化为活动。在这个过程中可能会发现原本不属于项目基准的工作需要增加，因此需要修改交付日期或其他重要的进度里程碑。
- 成本基准：在针对进度活动的变更获得批准后，需要对成本基准做出相应的变更。

（6）**答案：C** **解析** 定义活动的工具与技术包括专家判断、分解、滚动式规划、会议。

（7）**答案：D** **解析** 定义活动的工具与技术包括专家判断、分解、滚动式规划、会议。

（8）**答案：C** **解析** 分解是一种把项目范围和项目可交付成果逐步划分为更小、更便于管理的组成部分的技术。WBS 中的每个工作包都需分解成活动，以便通过这些活动来完成相应的可交付成果。让团队成员参与分解过程，有助于得到更好、更准确的结果。WBS、WBS 字典和活动清单可依次或同时编制，其中 WBS 和 WBS 字典是制定最终活动清单的基础。活动表示完成工作包所需的投入。

定义活动过程的最终输出是活动而不是可交付成果，可交付成果是创建 WBS 过程的输出。因此，分解在定义活动过程中的输出不是工作包、不是可交付成果，而是活动。

（9）**答案：A** **解析** 分解是一种把项目范围和项目可交付成果逐步划分为更小、更便于管理的组成部分的技术。WBS 中的每个工作包都需分解成活动，以便通过这些活动来完成相应的可交付成果。

（10）**答案：B** **解析** 滚动式规划是一种迭代式的规划技术，即详细规划近期要完成的工作，同时在较高层级上粗略规划远期工作。它是一种渐进明细的规划方式，适用于工作包、规划包。因此，在项目生命周期的不同阶段，工作的详细程度会有所不同。在早期的战略规划阶段，信息尚不够明确，工作包只能分解到已知的详细水平；而后，随着了解到更多的信息，近期即将实施的工作包就可以分解到具体的活动。

（11）**答案：B　解析**　活动属性是指每项活动所具有的多重属性，用来扩充对活动的描述，活动属性随着项目进展情况演进并更新。在项目初始阶段，活动属性包括唯一活动标识（ID）、WBS标识和活动标签或名称；在活动属性编制完成时，活动属性可能包括活动描述、紧前活动、紧后活动、逻辑关系、提前量和滞后量、资源需求、强制日期、制约因素和假设条件。活动属性可用于识别开展工作的地点、编制开展活动的项目日历以及相关的活动类型。活动属性还可用于编制进度计划。根据活动属性，可在报告中以各种方式对计划进度活动进行选择、排序和分类。

（12）**答案：B　解析**　活动清单包含项目所需的进展活动。对于使用滚动式规划或敏捷技术的项目，活动清单会在项目进展过程中得到定期更新。活动清单包括每个活动的标识及工作范围详述，使项目团队成员知道需要完成什么工作。

活动属性是指每项活动所具有的多重属性，用来扩充对活动的描述，活动属性随着项目进展情况演进并更新。在项目初始阶段，活动属性包括唯一活动标识（ID）、WBS标识和活动标签或名称；在活动属性编制完成时，活动属性可能包括活动描述、紧前活动、紧后活动、逻辑关系、提前量和滞后量、资源需求、强制日期、制约因素和假设条件。活动属性可用于识别开展工作的地点、编制开展活动的项目日历以及相关的活动类型。活动属性还可用于编制进度计划。根据活动属性，可在报告中以各种方式对计划进度活动进行选择、排序和分类。

（13）**答案：D　解析**　活动属性可能包括活动描述、紧前活动、紧后活动、逻辑关系、提前量和滞后量、资源需求、强制日期、制约因素和假设条件。

（14）**答案：A　解析**　里程碑是项目中的重要时点或事件。里程碑清单列出所有里程碑，并指明每个里程碑是强制性的还是选择性的。里程碑持续时间为零，其仅代表一个时间点。

10.5　排列活动顺序

- 　　（1）　不属于排列活动顺序的输入。
  - （1）A．范围基准　　　　　　　　　　B．里程碑清单
  　　　C．活动属性　　　　　　　　　　D．项目进度网络图
- 项目进度网络图是　　（2）　过程得到的。
  - （2）A．规划进度管理　　　　　　　　B．定义活动
  　　　C．排列活动顺序　　　　　　　　D．制订进度计划
- 一个新智能产品研发项目的项目经理获得一份活动清单。若项目经理想要估算活动持续时间，以此来预估项目截止时间。请问在此之前，项目经理必须先完成　　（3）　。
  - （3）A．制订进度计划　　　　　　　　B．定义活动
  　　　C．排列活动顺序　　　　　　　　D．控制进度

- 排列活动顺序时，常使用的工具与技术不包括___(4)___。
  - （4）A．紧前关系绘图法　　　　　　B．项目管理信息系统
  　　　C．提前量和滞后量　　　　　　D．系统交互图
- 关于活动排序的描述，不正确的是___(5)___。
  - （5）A．除了首尾两项活动之外，每项活动和每个里程碑都至少有一项紧前活动和一项紧后活动
  　　　B．在前导图法中，每项活动有唯一的活动号，每项活动都注明了活动的持续时间
  　　　C．在箭线图法中，虚活动可以弥补箭线图在表达活动依赖关系方面的不足
  　　　D．内部依赖关系通常是基于具体应用领域的最佳实践或者是基于项目的某些特殊性质而设定
- 在活动排序时经常使用单代号网络图，下列说法不正确的是___(6)___。
  - （6）A．用节点及其编号表示工作，用箭线表示工作间的逻辑关系
  　　　B．每项活动有唯一的活动号，每项活动都注明了预计工期
  　　　C．用虚活动弥补在表达活动依赖关系方面的不足
  　　　D．包含 FS、FF、SS、SF 四种依赖关系
- 以下项目活动中，存在 SS 关系的活动组合是___(7)___。
  ①功能验收　②单元测试　③功能开发　④需求确认　⑤系统集成
  （7）A．④③　　　　B．③②　　　　C．③⑤　　　　D．①⑤
- 在网站搭建项目中，活动 A 和活动 B 的依赖关系表示为 SS-8，则表明___(8)___。
  - （8）A．活动 A 开始 8 天后活动 B 开始　　B．活动 A 开始 8 天前活动 B 开始
  　　　C．活动 A 结束 8 天后活动 B 开始　　D．活动 A 结束 8 天前活动 B 开始
- 只有启动新应付账款系统，才能关闭旧的应付账款系统，这两项活动的依赖关系可以表示为___(9)___。
  - （9）A．SS　　　　B．SF　　　　C．FF　　　　D．FS
- 同事 A 和同事 B 交班的过程，可以用依赖关系___(10)___来表示。
  - （10）A．SS　　　　B．SF　　　　C．FF　　　　D．FS
- 前导图法有四种依赖关系，下列图示中代表 SF 的是___(11)___。
  - （11）A．A→B　　　　　　　　　　B．A　B（B 末端连回 A 末端）
  　　　 C．A→B（A 末端连到 B 首端下方）　D．A　B（B 首端连回 A 首端）
- 只有需求确认完成后才能进行软件产品研发，需求确认和软件产品研发的依赖关系用___(12)___表示。
  - （12）A．A→B　　　　　　　　　　B．A　B
  　　　 C．A→B　　　　　　　　　　D．A　B

- 下图中（单位：天）关于活动 H 和活动 I 之间的关系的描述，正确的是___（13）___。

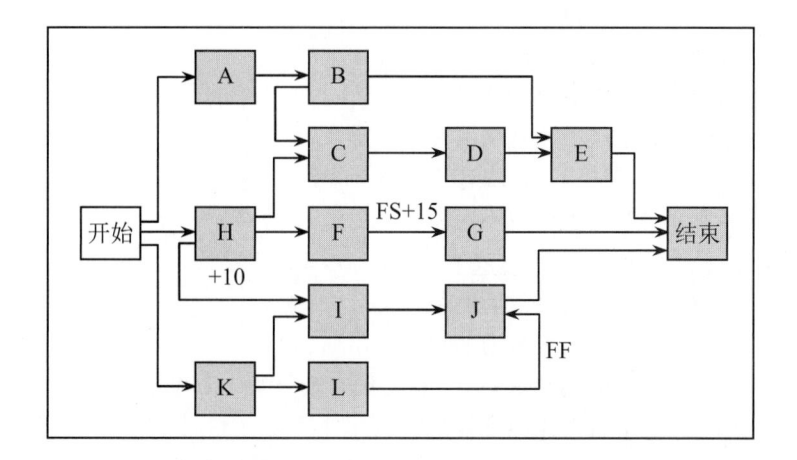

```
           ┌──→ A ──→ B ──────────────┐
           │                          │
           │    ┌─→ C ──→ D ──→ E ───┤
           │    │                     │
   开始 ──→├──→ H ──→ F ──FS+15──→ G ─┤──→ 结束
           │   +10                    │
           │    └─→ I ──→ J ──────────┤
           │            ↑FF           │
           └──→ K ──→ L ──────────────┘
```

(13) A．活动 H 开始时，开始活动 I
     B．活动 H 完成 10 天后，开始活动 I
     C．活动 H 结束时，开始活动 I
     D．活动 H 开始 10 天后，开始活动 I

- 某工程项目中，只有先把线路铺完，才能完成线路检查的工作，二者的依赖关系可以用___（14）___表示。

(14) A．SS   B．SF   C．FF   D．FS

- 以下关于项目进度网络图的描述中，正确的是___（15）___。

(15) A．它应该包含项目的全部细节活动
     B．它是活动排序的输入和制订进度计划的输出
     C．前导图法和箭线图法都是绘制项目进度网络图的具体方法
     D．它仅以图形方式展示项目的计划活动及逻辑依赖关系，简单直观

- 关于活动排序的描述，不正确的是___（16）___。

(16) A．在单代号网络图中，每项活动有唯一的活动号，每项活动都标明了活动的持续时间
     B．双代号网络图中流入同一节点的活动，均有共同点紧后活动
     C．双代号网络图中，任两项活动的紧前事件和紧后事件代号至少有一个不相同
     D．滞后量是紧后活动相对于紧前活动需要推迟的时间量，一般用负值表示

- 使用 PDM 绘制某项目的进度网络图，其中活动 A 表示如下图，则活动 A 的工期为___（17）___天，最迟开始时间为第___（18）___天。

3		8
	活动 A	
		9

103

(17) A. 11　　　　　　B. 5　　　　　　C. 6　　　　　　D. 1
(18) A. 3　　　　　　B. 4　　　　　　C. 5　　　　　　D. 6

- 关于双代号网络图，说法错误的是＿＿（19）＿＿。
  (19) A. 网络图中不会有相同的代号
      B. 节点代号沿箭线方向越来越大
      C. 流入同一节点的活动，均有共同的紧前活动
      D. 虚活动不消耗时间，也不消耗资源

- 关于箭线图的说法，正确的是＿＿（20）＿＿。
  (20) A. 箭线仅表示各项工作之间的逻辑关系
      B. 节点必须编号，此编号为工作的代号
      C. 网络图中每一活动和每一事件都必须有唯一的一个代号
      D. 同一节点不允许出现多个紧前事件

- 在箭线图示法（ADM）网络中，可能要求项目经理标明不消耗资源或时间的逻辑关系。表示这种关系可借助于＿＿（21）＿＿。
  (21) A. 关键路线活动　　　　　　B. 非关键路线活动
      C. 紧前活动　　　　　　　　D. 虚活动

- 某软件项目已经到了测试阶段，但是由于用户订购的硬件设备没有到货而不能实施测试。这种测试活动与硬件之间的依赖关系属于＿＿（22）＿＿。
  (22) A. 强制性依赖关系　　　　　B. 直接依赖关系
      C. 内部依赖关系　　　　　　D. 外部依赖关系

- 在系统集成项目中，只有各个组件设备组装完成，团队才能对其进行测试，设备组装和测试活动之间属于＿＿（23）＿＿关系。
  (23) A. 外部强制性依赖关系　　　B. 外部选择性依赖关系
      C. 内部强制性依赖关系　　　D. 内部选择性依赖关系

- 关于项目活动之间依赖关系的描述，错误的是＿＿（24）＿＿。
  (24) A. 强制性依赖关系是法律或合同要求的或工作的内在性质决定的依赖关系
      B. 外部依赖关系是基于具体应用领域的最佳实践或者基于项目的某种特殊性质而设定
      C. 内部依赖关系是项目活动之间的紧前关系
      D. 如果打算进行快速跟进，则应当审查相应的选择性依赖关系，并考虑是否需要调整或去除

- 在做项目进度计划时，项目经理小赵将雨水、风暴等自然因素纳入项目活动依赖关系之中，小赵采用的是＿＿（25）＿＿技术。
  (25) A. 强制性依赖关系　　　　　B. 直接依赖关系
      C. 外部依赖关系　　　　　　D. 选择性依赖关系

答案及解析

（1）**答案：D**　**解析**　排列活动顺序的输入有：项目管理计划（进度管理计划、范围基准）、项目文件（活动属性、活动清单、假设日志、里程碑清单）、事业环境因素、组织过程资产。

（2）**答案：C**　**解析**　排列活动顺序的输出有：项目进度网络图、项目文件更新（活动属性、活动清单、假设日志、里程碑清单）。

（3）**答案：C**　**解析**　获得活动清单，表明定义活动已经完成。所以接下来需要先排列活动顺序，然后估算活动持续时间，来最终获得项目的持续时间的估算。

（4）**答案：D**　**解析**　排列活动顺序用到的工具与技术有：①紧前关系绘图法，也叫前导图法（PDM）；②箭线图法（ADM）；③确定和整合依赖关系；④提前量与滞后量；⑤项目管理信息系统。

（5）**答案：D**　**解析**　选择性依赖关系有时又称软逻辑关系。选择性依赖关系应基于具体应用领域的最佳实践或项目的特殊性质对活动顺序的要求来创建。

（6）**答案：C**　**解析**　单代号网络图用箭线表示活动的逻辑顺序，没有虚活动。

（7）**答案：B**　**解析**　开始到开始（SS）指的是只有紧前活动开始，紧后活动才能开始的逻辑关系。开始进行软件研发就要开始测试。

（8）**答案：B**　**解析**　PDM 包括四种依赖关系或逻辑关系。紧前活动是在进度计划的逻辑路径中，排在某个活动前面的活动。紧后活动是在进度计划的逻辑路径中，排在某个活动后面的活动。这些关系的定义为：

- 完成到开始（FS）：只有紧前活动完成，紧后活动才能开始的逻辑关系。例如，只有完成装配 PC 硬件（紧前活动），才能开始在 PC 上安装操作系统（紧后活动）。
- 完成到完成（FF）：只有紧前活动完成，紧后活动才能完成的逻辑关系。例如，只有完成文件的编写（紧前活动），才能完成文件的编辑（紧后活动）。
- 开始到开始（SS）：只有紧前活动开始，紧后活动才能开始的逻辑关系。例如，开始地基浇灌（紧前活动），才能开始混凝土的找平（紧后活动）。
- 开始到完成（SF）：只有紧前活动开始，紧后活动才能完成的逻辑关系。例如只有启动新应付账款系统（紧前活动），才能关闭旧的应付账款系统（紧后活动）。

提前量是相对于紧前活动，紧后活动可提前的时间量，提前量一般用负值表示。滞后量是相对于紧前活动，紧后活动需要推迟的时间量，滞后量一般用正值表示。

SS-8，则表明活动 B 在活动 A 开始前 8 天就开始了。

（9）**答案：B**　**解析**　开始到完成（SF）：只有紧前活动开始，紧后活动才能完成的逻辑关系。例如只有启动新应付账款系统（紧前活动），才能关闭旧的应付账款系统（紧后活动）。

（10）**答案：B**　**解析**　开始到完成（SF）：只有紧前活动开始，紧后活动才能完成的逻辑关系。例如只有启动新应付账款系统（紧前活动），才能关闭旧的应付账款系统（紧后活动）。

只有 B 到岗开始工作了，A 才能离开，不能出现空岗。

（11）**答案：D**　**解析**　开始到完成（SF）：只有紧前活动开始，紧后活动才能完成的逻辑关系。

（12）**答案：A**　**解析**　完成到开始（FS）：只有紧前活动完成，紧后活动才能开始的逻辑关系。

（13）**答案：D**　**解析**　开始到开始（SS）：只有紧前活动开始，紧后活动才能开始的逻辑关系。

提前量是相对于紧前活动，紧后活动可提前的时间量，提前量一般用负值表示。滞后量是相对于紧前活动，紧后活动需要推迟的时间量，滞后量一般用正值表示。

活动 H 和活动 I 是开始-开始的关系，即活动 H 开始 10 天后，开始活动 I。

（14）**答案：C**　**解析**　完成到完成（FF）：只有紧前活动完成，紧后活动才能完成的逻辑关系。例如，只有完成文件的编写（紧前活动），才能完成文件的编辑（紧前活动）。

（15）**答案：C**　**解析**　项目进度网络图是表示项目进度活动之间的逻辑关系（也叫依赖关系）的图形。项目进度网络图可手工或借助项目管理软件来绘制，可包括项目的全部细节，也可只列出一项或多项概括性活动。项目进度网络图应附有简要文字描述，说明活动排序所使用的基本方法。在文字描述中，还应该对任何异常的活动序列做详细说明。

（16）**答案：D**　**解析**　提前量是相对于紧前活动，紧后活动可提前的时间量，提前量一般用负值表示。滞后量是相对于紧前活动，紧后活动需要推迟的时间量，滞后量一般用正值表示。

（17）（18）**答案：B　B**　**解析**

最早开始时间（Earliest Start time，ES）：某项活动能够开始的最早时间。

最早完成时间（Earliest Finish time，EF）：某项活动能够完成的最早时间。

最迟开始时间（Latest Start time，LS）：为了使项目按时完成，某项活动必须开始的最迟时间。

最迟完成时间（Latest Finish time，LF）：为了使项目按时完成，某项活动必须完成的最迟时间。

$$EF=ES+工期$$
$$LS=LF-工期$$

最早开始时间	工期	最早完成时间
活动名称		
最迟开始时间	总浮动时间	最迟完成时间

最早开始时间 ES=3，最早完成时间 EF=8，由此推出工期为：EF-ES=8-3=5。

最迟完成时间 LF=9，工期为 5，由此推出最迟开始时间为：LS=9-5=4。

（19）**答案：C**　**解析**　箭线图法（ADM）是用箭线表示活动，节点表示事件的一种网络图绘制方法，这种网络图也被称作双代号网络图。

在箭线图法中，有如下三个原则：

1）网络图中每一活动和每一事件都必须有唯一的一个代号，即网络图中不会有相同的代号。

2）任意两项活动的紧前事件和紧后事件代号至少有一个不相同，节点代号沿着箭线方向越来越大。

3）流入（流出）同一节点的活动，均有共同的紧后活动（或紧前活动）。

用虚箭线代表虚工序（两个节点之间水平投影长度为 0），虚箭线，表示虚活动，虚活动没有持续时间，只表示活动之间的逻辑关系。

(20) **答案：C** **解析** 单代号网络图的箭线的含义是表示顺序关系，节点表示一项工作；而双代号网络图的箭线表示的是一项工作，节点表示联系。在双代号网络图中出现较多的虚工作，而单代号网络图没有虚工作。

在箭线图法中，有如下三个原则：

1）网络图中每一活动和每一事件都必须有唯一的一个代号，即网络图中不会有相同的代号。

2）任意两项活动的紧前事件和紧后事件代号至少有一个不相同，节点代号沿着箭线方向越来越大。

3）流入（流出）同一节点的活动，均有共同的紧后活动（或紧前活动）。

(21) **答案：D** **解析** 在箭线图中，用虚箭线代表虚工序（两个节点之间水平投影长度为0），虚箭线表示虚活动，虚活动没有持续时间，只表示活动之间的逻辑关系。

(22) **答案：D** **解析** 外部依赖关系是项目活动与非项目活动之间的依赖关系，这些依赖关系往往不在项目团队的控制范围内。例如，软件项目的测试活动取决于外部硬件的到货；建筑项目的现场准备可能要在政府的环境听证会之后才能开始；在排列活动顺序过程中，项目管理团队应明确哪些依赖关系属于外部依赖关系。

(23) **答案：C** **解析** 内部依赖关系是项目活动之间的紧前关系，通常在项目团队的控制之中。例如，只有机器组装完毕，团队才能对其测试，这是一个内部的强制性依赖关系。在排列活动顺序过程中，项目管理团队应明确哪些依赖关系属于内部依赖关系。

(24) **答案：B** **解析** 选择性依赖关系有时又称软逻辑关系。选择性依赖关系应基于具体应用领域的最佳实践或项目的特殊性质对活动顺序的要求来创建。例如，根据普遍公认的最佳实践，在建造期间，应先完成卫生管道工程，才能开始电气工程。这个顺序并不是强制性要求，两个工程可以同时（并行）开展工作，但如按先后顺序进行可以降低整体项目风险。在排列活动顺序过程中，项目团队应明确哪些依赖关系属于选择性依赖关系，并对选择性依赖关系进行全面记录，因为它们会影响总浮动时间，并限制后续的进度安排。如果打算进行快速跟进，则应当审查相应的选择性依赖关系，并考虑是否需要调整或去除。

(25) **答案：C** **解析** 外部依赖关系是项目活动与非项目活动之间的依赖关系，这些依赖关系往往不在项目团队的控制范围内。例如，软件项目的测试活动取决于外部硬件的到货；建筑项目的现场准备可能要在政府的环境听证会之后才能开始；在排列活动顺序过程中，项目管理团队应明确哪些依赖关系属于外部依赖关系。

10.6 估算活动持续时间

- 估算活动持续时间是根据资源估算的结果，估算完成单项活动所需工作时段数的过程。关于该过程的说法，不正确的是___(1)___。

    (1) A. 项目经理作为项目负责人，主要负责估算活动持续时间

    　　B. 估算活动持续时间依据的信息包括工作范围、所需资源类型与技能水平、估算的资源数量和资源日历

C. 对持续时间的估算应该渐进明细，取决于输入数据的数量和质量

D. 估算活动持续时间主要是确定完成每个活动所需花费的时间量，为制订进度计划过程提供主要输入

- 估算活动持续时间受到很多因素影响，下列描述不正确的是___(2)___。

（2）A. 收益递减规律：在保持其他因素不变的情况下，增加一个用于确定单位产出所需投入的因素（如资源）会最终达到一个临界点，在该点之后的产出或输出会随着增加这个因素而递减

B. 对工作时间有特殊要求的资源，通常会提出备选的资源日历，列出可供选择的工作时段

C. 人力资源的技能熟练程度不会影响活动的持续时间，关键在于员工的积极性

D. 可能影响持续时间估算的其他因素包括预计可用的资源数量、技术进步、员工激励

- 关于估算活动持续使用的工具与技术的描述，正确的是___(3)___。

（3）A. 类比估算以过去类似项目的参数值为依据，来估算未来项目的同类参数或指标，因此准确性较高

B. 参数估算的准确性取决于参数模型的成熟度和基础数据的可靠性，准确性低，不能用于估算整个项目

C. 可以对单个活动或整个项目预留应急储备，也可以同时对单个活动和整个项目都预留应急储备

D. 管理储备用来应对已经接受的已识别风险，以及已经制定应急或减轻措施的已识别风险

- 在进行项目活动历时估算时，___(4)___属于参数估算。

（4）A. 从以前类似计划活动的持续时间为依据来估算

B. 用需要完成工作的数量乘以完成单位工作所需时间作为估算活动时间的依据

C. 利用最有可能的历时估算，最乐观的历时估算和最悲观的历时估算来计算

D. 利用以历时信息为依据的专家判断来估算

- 项目经理小赵带队研究智能机器人项目，现到了估算活动持续时间阶段，对几种估算活动持续时间方法的描述，正确的是___(5)___。

（5）A. 类比估算使用相似活动或项目的历史数据来估算当前活动，成本低、耗时少、准确性高

B. 用三点估算法公式得出的期望值就是确保能够完成该项工作的时间

C. 适用于估算活动持续时间过程的决策技术是投票

D. 自上而下估算通过逐层汇总WBS组成部分的估算而得到项目估算

- 某APP研发项目，活动A乐观估计需要8天完成，悲观估计需要38天完成，最可能的估计需要20天完成，按照三天估算法，项目工期为___(6)___，在26天以后完成的概率为___(7)___。

（6）A. 20　　　　　　B. 21　　　　　　C. 22　　　　　　D. 23

（7）A. 8.9%　　　　　B. 15.9%　　　　C. 22.2%　　　　D. 28.6%

项目进度管理 第10章

- 健康监测系统的完成，预计最快需要 15 天，最可能需要 18 天，最慢要 39 天。公司下达的计划是 20 天完成，要使计划完成的概率达到 50%，则需要在计划中增加___(8)___天应急时间。

  (8) A．1   B．4   C．5   D．21

- 某公司刚刚承接一个新项目，按照以往经验，经验丰富的员工预计 20 天完成，新手预计需要 38 天完成，按照平均速度，一般 26 天可以完成，那么该项目的工期可以估算为___(9)___天。

  (9) A．26   B．27   C．28   D．29

- 项目经理小赵承接网站建设的新项目，在估算活动历时时，考虑了最不利的情况是 90 天完成，最有可能是 55 天完成，使用三点估算法计算出的期望值是 60 天完成，那么最有利情况下是___(10)___天完成。

  (10) A．35   B．40   C．50   D．68

- 某项目利用三点估算法估算活动持续时间，最悲观时间为 120 天，基于贝塔分布计算出的期望值为 85 天，标准差为 10 天，那么最乐观时间为___(11)___天，最有可能时间为___(12)___天。

  (11) A．50   B．60   C．70   D．80

  (12) A．82.5   B．85   C．80   D．75

- 下列___(13)___不是估算活动持续时间的输入。

  (13) A．范围基准   B．资源分解结构
       C．资源日历   D．项目进度计划

- 在项目执行阶段为特定任务分配资源时，项目经理应该参照___(14)___。

  (14) A．工作分解结构   B．资源日历
       C．资源分解结构   D．任务分解结构

答案及解析

（1）**答案：A**　**解析**　估算活动持续时间是根据资源估算的结果，估算完成单项活动所需工作时段数的过程。本过程的主要作用是确定完成每个活动所需花费的时间量，为制订进度计划过程提供主要输入。

估算活动持续时间依据的信息包括：活动工作范围、所需资源类型、估算的资源数量和资源日历。应该由项目团队中最熟悉具体活动的个人或小组来提供活动持续时间估算所需的各种输入。对持续时间的估算应该渐进明细，取决于输入数据的数量和质量。例如，在工程与设计项目中，随着数据越来越详细，越来越准确，持续时间估算的准确性也会越来越高。所以，可以认为，持续时间估算的准确性和质量会逐步提高。

（2）**答案：C**　**解析**　在许多情况下，预计可用的资源数量以及这些资源尤其是人力资源的技能熟练程度可能会决定活动的持续时间，更改分配到活动的主导性资源通常会影响持续时间，但这不是简单的"直线"或线性关系。有时候，因为工作的特性（即受到持续时间的约束、相关人力投入或资源数量），无论资源分配如何，都需要花预定的时间才能完成工作。估算持续时间时需要考虑的其他因素包括：

- 收益递减规律：在保持其他因素不变的情况下，增加一个用于确定单位产出所需投入的因素（如资源）会最终达到一个临界点，在该点之后的产出或输出会随着增加这个因素而递减。
- 资源数量：增加资源数量，比如两倍投入资源，但完成工作的时间不一定能缩短一半，因为投入资源可能会增加额外的风险，比如如果增加太多活动资源，可能会因知识传递学习曲线、额外合作等其他相关因素而造成持续时间增加。
- 技术进步：在确定持续时间估算时，技术进步因素可能发挥重要作用。例如，通过采购最新技术，制造工厂可以提高产量，而这可能会影响持续时间和资源需求。
- 员工激励：项目经理还需要了解拖延症和帕金森定律。前者指出，人们只有在最后一刻，即快到期限时才会全力以赴；后者指出，只要还有时间，工作就会不断扩展，直到用完所有的时间。应该把活动持续时间估算所依据的全部数据与假设都记录在案。

（3）**答案：C 解析** 类比估算是一种使用相似活动或项目的历史数据来估算当前活动或项目的持续时间或成本的技术；类比估算通常成本较低、耗时较少，但准确性也较低。

参数估算是一种基于历史数据和项目参数，使用某种算法来计算成本或持续时间的估算技术。参数估算的准确性取决于参数模型的成熟度和基础数据的可靠性。参数估算可以针对整个项目或项目中的某个部分，并可以与其他估算方法联合使用。

储备分析用于确定项目所需的应急储备量和管理储备：①应急储备。在进行持续时间估算时，须考虑应急储备应对进度方面的不确定性。应急储备是包含在进度基准中的一段持续时间，应急储备与"已知-未知"风险相关，用来应对已经接受的已识别风险，应急储备可取活动持续时间估算值的某一百分比或某一固定的时间段，亦可把应急储备从各个活动中剥离出来后汇总。应该在项目进度文件中清楚地列出应急储备，并随着项目信息越来越明确，可以动用、减少或取消应急储备。②管理储备。管理储备是为管理控制的目的而特别留出的项目预算，用来应对项目范围中不可预见的工作。管理储备用来应对会影响项目的"未知-未知"风险，它不包括在进度基准中，但属于项目总持续时间的一部分。依据合同条款，使用管理储备可能需要变更进度基准。

（4）**答案：B 解析** 参数估算是一种基于历史数据和项目参数，使用某种算法来计算成本或持续时间的估算技术。它是指利用历史数据之间的统计关系和其他变量，来估算诸如成本、预算和持续时间等活动参数。把需要实施的工作量乘以完成单位工作量所需的工时，即可计算出持续时间。参数估算的准确性取决于参数模型的成熟度和基础数据的可靠性。参数估算可以针对整个项目或项目中的某个部分，并可以与其他估算方法联合使用。

（5）**答案：C 解析** 类比估算是一种使用相似活动或项目的历史数据来估算当前活动或项目的持续时间或成本的技术；类比估算通常成本较低、耗时较少，但准确性也较低。

使用三点估算有助于界定活动持续时间的近似区间。

自下而上估算是一种估算项目持续时间或成本的方法，通过从下到上逐层汇总WBS组成部分的估算而得到项目估算。

适用于估算活动持续时间过程的决策技术是投票。举手表决是从投票方法衍生出来的一种形式，经常用于敏捷项目中。

（6）（7）答案：B B 解析 三点估算：通过考虑估算中的不确定性和风险，可以提高活动持续时间估算的准确性。

PERT 假定持续时间在三种估算值区间内遵循贝塔分布。

期望时间（或估计值）=(乐观时间+4×最可能时间+悲观时间)/6；PERT 认为整个项目的完成时间是各个活动完成时间之和，且服从正态分布。

标准差(σ)=(悲观时间-乐观时间)/6；项目工期=(8+20×4+38)/6=21；标准差=(38-8)/6=5；16～26 天完工概率为 68.3%；0～21 天完工概率为 50%；26 天后完工概率=100%-(0～21 天完工概率50%)-(21～26 天完工概率=68.3%/2)=15.85%（约等于 15.9%）。

（8）答案：A 解析 按照三点估算法，项目工期=(15+4×18+39)/6=21 天。

则项目在 21 天完成的概率为 50%，目前计划为 20 天，还需要增加 21-20=1 天的应急时间。

（9）答案：B 解析 期望时间（或估计值）=(乐观时间+4×最可能时间+悲观时间)/6；估算工期=(20+26×4+38)/6 =27。

（10）答案：C 解析 期望时间（或估计值）=(乐观时间+4×最可能时间+悲观时间)/6。假设最有利情况，即乐观时间为 X，那么(X+55×4+90)/6=60，推算出来 X=50。

（11）（12）答案：B A 解析 设乐观时间为 X，最有可能时间为 Y，标准差（σ）=(悲观时间-乐观时间)/6，即 10=(120-X)/6，推算出 X=60。

期望时间（或估计值）=(乐观时间+4×最可能时间+悲观时间)/6，即 85=(60+4×Y+120)/6，推算出 Y=82.5。

（13）答案：D 解析 估算活动持续时间的输入包括：项目管理计划、假设日志、风险登记册、活动属性、活动清单、里程碑清单、经验教训登记册、资源需求、资源分解结构、资源日历、项目团队派工单、事业环境因素、组织过程资产。

（14）答案：B 解析 资源日历规定了在项目期间特定的项目资源何时可用及可用多久。

资源日历识别了每种具体资源可用时的工作日、班次、正常营业的上下班时间、周末和公共假期。在规划活动期间，潜在的可用资源信息（如团队资源、设备和材料）用于估算资源可用性。

资源日历规定了在项目期间确定的团队和实物资源何时可用、可用多久。这些信息可以在活动或项目层面建立，这考虑了诸如资源经验和/或技能水平以及不同地理位置等属性。

10.7 制订进度计划

- 关于制订进度计划的说法，不正确的是___（1）___。
    （1）A．定义活动、排列活动顺序以及资源和历时估算的结果构成了制订项目进度计划的基础
    　　 B．制订进度计划是一个多次反复的过程，贯穿于项目始终
    　　 C．影响进度计划制订的因素有计划日期、持续时间、资源、依赖关系和制约因素等
    　　 D．进度基准包含项目的开始时间和结束时间，是制订进度计划的重要输入

- 制订进度计划的输入不包括___(2)___。
  - (2) A．项目进度网络图　　　　　　　B．持续时间估算
  - C．团队派工单　　　　　　　　　　D．项目日历
- 在项目管理中，编制项目进度计划的方法不包括___(3)___。
  - (3) A．关键路径法　　　　　　　　　B．进度网络分析
  - C．风险评审技术　　　　　　　　　D．计划评审技术
- 关键路径法是编制进度计划常用的一种工具技术，关于关键路径的说法，正确的是___(4)___。
  - (4) A．网络图中只有一条关键路径
  - B．关键路径上各活动的时间之和最小
  - C．非关键路径上某活动发生延误后项目总工期必然会发生延误
  - D．活动是关键路径上的最小单位，改变其中某个活动的耗时，可能会让关键路径发生变化
- 关于项目网络图中关键路径的说法，错误的是___(5)___。
  - (5) A．关键路径越多，项目的可选择性就越大，项目延期的风险就越小
  - B．关键路径是可以变化的，关键路径有可能变为非关键路径，而非关键路径也有可能变为关键路径
  - C．关键路径是项目中时间最长的活动顺序，决定着可能的项目最短工期
  - D．关键路径上的活动出现了进度延迟，必然会对总工期造成影响
- 某公司软件开发项目中各项工作的先后顺序和持续时间如下表所示，该项目的总工期为___(6)___天。

序号	活动名称	紧前活动	活动持续时间/天
1	A	—	5
2	B	A	7
3	C	A	5
4	D	A	6
5	E	B	9
6	F	C、D	13
7	G	E、F	6
8	H	F	5
9	I	G、H	2

(6) A．31　　　　　B．32　　　　　C．33　　　　　D．34

- 某项目的进度网络图如下，根据图中所示，可以看出项目总时长为___(7)___周。在实际项目实施过程中，活动 d-i 比计划延误了 2 周，活动 a-c 实际工期是 6 周，活动 f-h 比计划提前了 1 周，此时该项目的历时总时长为___(8)___周。

112

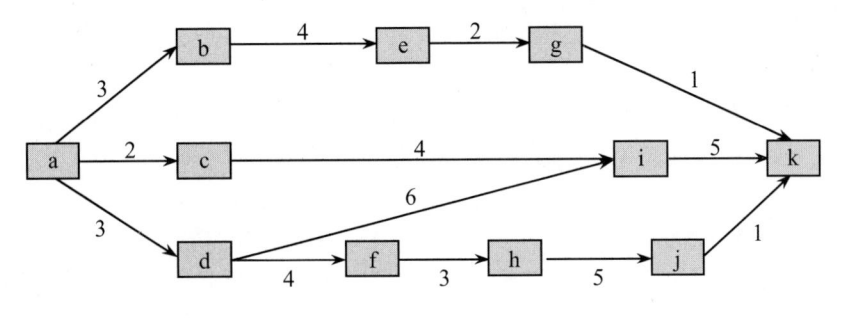

```
         4        2
    b ──────→ e ──────→ g
   ↗                      ↘ 1
  3                         ↘
  a ──2──→ c ──────4──────→ i ──5──→ k
   ↘            6        ↗         ↗
    3                   ↗        ↗ 1
     ↘                 ↗       ↗
      d ──→ f ──→ h ──→ j
         4    3    5
```

（7）A. 14　　　　　B. 18　　　　　C. 16　　　　　D. 13
（8）A. 14　　　　　B. 18　　　　　C. 16　　　　　D. 17

● 某软件开发项目由 A 到 I 总计 9 个活动组成，项目的活动历时、活动所需人数、活动逻辑关系如下表所示。该项目的关键路径为___（9）___，最快___（10）___天完成。

活动	历时/天	资源/人	紧前活动
A	10	2	—
B	20	8	A
C	10	4	A
D	10	5	B
E	10	4	C
F	20	4	D
G	10	3	D
H	20	7	E、F
I	15	8	G、H

（9）A. ABDFHI　　　B. ABDGHI　　　C. ACEHI　　　D. ACEFI
（10）A. 95　　　　　B. 85　　　　　C. 75　　　　　D. 65

● 下图为某信息工程项目的进度网络图，起点为 A，终点为 K，那么关键路径为___（11）___，总工期为___（12）___。

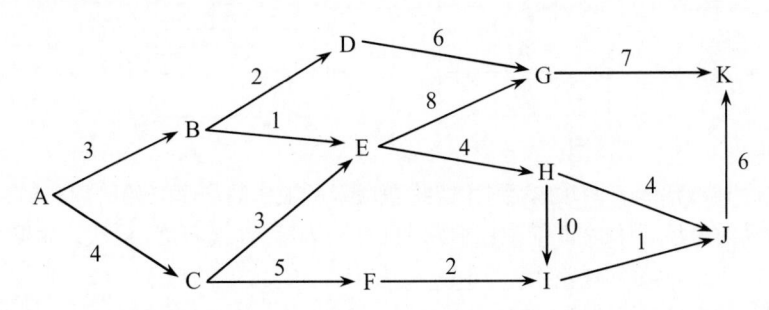

```
                    D ──6──→ G ──7──→ K
                 ↗2        ↗         ↑
              B          ↗8          │
            ↗  ↘1      ↗             │6
         3    ↘      ↗               │
        ↗       E ──4──→ H ──4──→ J
       A       ↗         │10      ↗
        ↘    ↗3          ↓      ↗1
         4 ↗             I ←──2── F
          C ──5──→ F ──2──→ I
```

（11）A．ACEHIJK　　　B．ABDGK　　　C．ACEGK　　　D．ABEHJK
（12）A．18　　　　　B．28　　　　　C．22　　　　　D．20

- 活动 A 最早开始时间为第 5 天，最迟开始时间为第 8 天，最早完成时间为第 10 天，最迟完成时间为第 13 天，则该任务___（13）___。

（13）A．在关键路径上　　　　　　　　B．进度落后
　　　C．进展情况良好　　　　　　　　D．不在关键路径上

- 某项目的进度网络图如下（活动的时间单位：周），活动 G 最多延迟___（14）___周不会影响项目的完工日期。

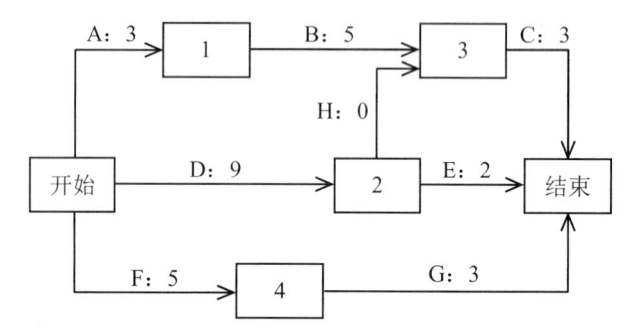

（14）A．1　　　　B．2　　　　C．3　　　　D．4

- 某项目的进度网络图如下，活动 F 的自由浮动时间为___（15）___天。

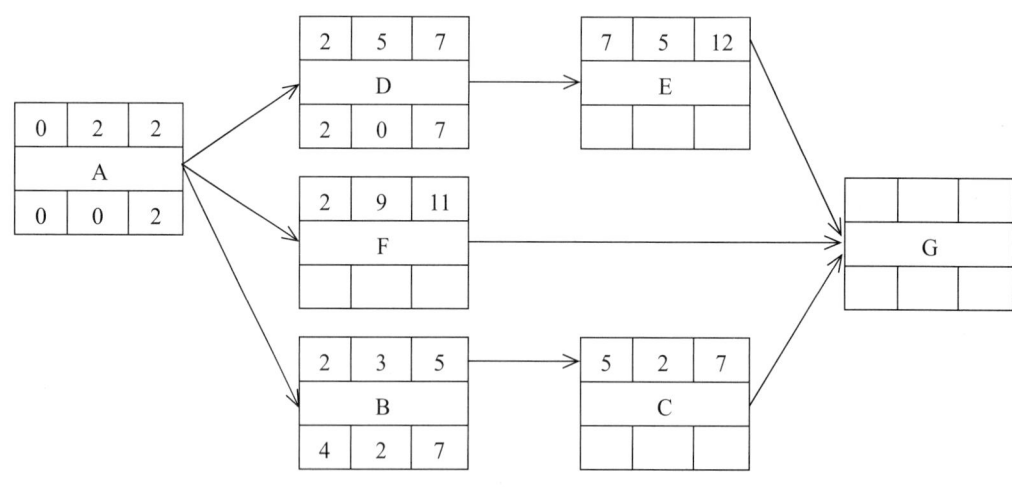

（15）A．1　　　　B．2　　　　C．3　　　　D．4

- 软件开发项目中 A 活动有两项紧后工作，这两项紧后工作的最早开始时间分别为第 22 天和第 25 天，A 活动的最早开始时间和最迟开始时间分别为第 16 天和第 18 天，如果 A 活动的持续时间为 7 天，则 A 活动总时差为___（16）___天。

（16）A．2　　　　B．3　　　　C．6　　　　D．7

- 某项目的双代号网络计划中,活动 A 的最早开始时间为第 15 天,持续时间为 7 天。该活动有两项紧后活动 B 和 C,它们的最早开始时间分别为第 27 天和第 30 天,最迟开始时间分别为第 28 天和第 33 天,则活动 A 的总时差为__(17)__天,活动 A 的自由时差为__(18)__天。
  （17）A. 5　　　　　　B. 6　　　　　　C. 7　　　　　　D. 11
  （18）A. 5　　　　　　B. 6　　　　　　C. 7　　　　　　D. 11
- 某项目分为需求确认、研发、测试、验收上线。为了确保验收上线尽早开始,研发工作可以推迟__(19)__个工作日。

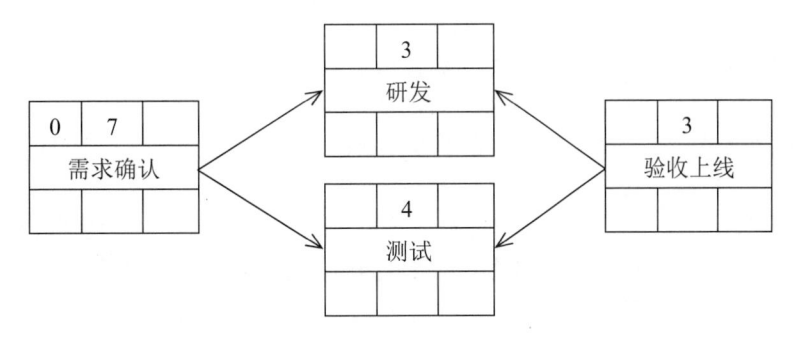

```
          ┌─────┐
          │  3  │
          │ 研发 │
      ↗   └─────┘   ↘
┌─────┐              ┌─────┐
│ 0│7 │              │  3  │
│需求确认│            │验收上线│
└─────┘              └─────┘
      ↘   ┌─────┐   ↗
          │  4  │
          │ 测试 │
          └─────┘
```

（19）A. 0　　　　　　B. 1　　　　　　C. 2　　　　　　D. 4
- 关于资源优化技术,说法错误的是__(20)__。
  （20）A. 一个资源在同一时段内被分配至两个或多个活动,就需要进行资源平滑
  　　　 B. 资源平衡往往导致关键路径改变,通常是延长
  　　　 C. 资源平衡可以实现所有资源的优化,而资源平滑不会实现所有资源的优化
  　　　 D. 资源平衡不管活动是否有浮动时间都可能调整开始、结束日期,而资源平滑只调整有浮动时间的活动的日期
- 项目骨干赵师傅目前一人兼多职,正处于工作负荷极端波动状态,项目经理应采取__(21)__的措施来处理这个问题。
  （21）A. 快速跟进　　　B. 进度赶工　　　C. 资源平衡　　　D. 类比估算
- 关于资源平衡和资源平滑,说法正确的是__(22)__。
  （22）A. 资源平滑技术可能导致关键路径发生变化
  　　　 B. 资源平衡技术可能导致关键路径发生变化
  　　　 C. 资源平滑属于资源优化技术,而资源平衡属于关键路径技术
  　　　 D. 资源平衡和资源平滑不适用于进度控制
- 一家服装制造商正在为本季度的订单加紧赶货。但是项目经理考虑到,因年关将至,如果出现物流停运的情况,相应的布料供应商不会提供布料了。这将会直接影响到订单的生产。请问项目经理采用的是__(23)__分析方法。
  （23）A. 根本原因分析　　　　　　B. 假设情景分析
  　　　 C. 模拟　　　　　　　　　　D. 进度网络分析

- 关于制订进度计划的工具与技术的描述，不正确的是___(24)___。
  - （24）A．总浮动的时间等于本活动的最迟完成时间减去本活动的最早完成时间
    - B．自由浮动时间等于紧后活动的最早开始时间的最小值减去本活动的最早完成时间
    - C．资源平滑技术通过缩短项目的关键路径来缩短完工时间
    - D．关键路径上活动的总浮动时间与自由浮动时间都为0
- ___(25)___不是常用的缩短项目工期的方法。
  - （25）A．使用高素质的资源或经验更丰富的人员
    - B．改进方法和技术以提高工作效率
    - C．采用资源平滑技术，使项目资源需求不超过预定的资源限制
    - D．采用快速跟进技术，将顺序进行的活动改为部分并行
- 项目启动时间已经延期，公司决定要在不改变项目成本的前提下将进度赶上，项目经理应该采取___(26)___措施。
  - （26）A．赶工　　　　B．资源平衡　　　　C．快速跟进　　　　D．使用关键变更方法
- 一名项目经理得知项目发起人将一项重要里程碑的期限提前两个月，项目经理应使用___(27)___技术来尝试满足这个新期限。
  - （27）A．关键路径法　　B．资源平滑　　　　C．资源平衡　　　　D．快速跟进
- 在项目执行阶段，新项目经理接管项目，且所有项目文件均已交接。新项目经理已经使用了50%的预算，CPI为1.05，SPI为0.75。新项目经理下一步应该___(28)___来保证项目进度。
  - （28）A．签发变更请求　　　　　　　　B．更新变更管理计划
    - C．赶工或快速跟进　　　　　　　　D．审查范围管理计划
- 为了迎合节假日购物季，营销部门决定比原计划提前发布一个产品。基于这个目的，项目经理为关键任务聘用两个额外的资源。项目经理使用的是___(29)___技术。
  - （29）A．资源平滑　　　B．快速跟进　　　　C．赶工　　　　D．资源平衡

答案及解析

（1）**答案：D** 解析　进度基准是制订进度计划的输出。制订进度计划是分析活动顺序、持续时间、资源需求和进度制约因素，创建进度模型，从而落实项目执行和监控的过程。制订可行的项目进度计划是一个反复进行的过程。

（2）**答案：D** 解析　项目日历是制订进度计划的输出。制订进度计划的输入有：进度管理计划、范围基准、假设日志、风险登记册、活动属性、活动清单、里程碑清单、项目进度网络图、估算依据、持续时间估算、经验教训、资源需求、团队派工单、资源日历、协议、事业环境因素、组织过程资产。

（3）**答案：C** 解析　制订进度计划的工具与技术：进度网络分析、关键路径法、资源优化技术、数据分析、提前量与滞后量、进度压缩、计划评审技术、项目管理信息系统、敏捷或适应型发布规划。

(4) 答案：D 解析 项目网络图中关键路径的特点：①在整个网络图中最长的路径就叫关键路径，决定着可能的项目最短工期。关键路径上的活动持续时间决定了项目的工期，关键路径上所有活动的持续时间总和就是项目的工期。②关键路径上的任何一个活动都是关键活动，其中任何一个活动的延迟都会导致整个项目完工时间的延迟。③关键路径上的耗时是可以完工的最短时间量，若缩短关键路径的总耗时，会缩短项目工期；反之，则会延长整个项目的总工期。但是如果缩短非关键路径上的各个活动所需要的时间，也不至于影响工程的完工时间。④关键路径上的活动是总时差最小的活动，改变其中某个活动的耗时，可能使关键路径发生变化。⑤可以存在多条关键路径，它们各自的时间总量肯定相等，即可完工的总工期。⑥关键路径是相对的，也可以是变化的。在采取一定的技术组织措施之后，关键路径有可能变为非关键路径，而非关键路径也有可能变为关键路径。⑦关键路径可能存在多条，关键路径越多，项目的风险越大，就越难管理。

(5) 答案：A 解析 关键路径可能存在多条，关键路径越多，项目的风险越大，就越难管理。

(6) 答案：B 解析 绘制网络图，找出关键路径为：ADFGI，工期为 32 天。

(7)(8) 答案：C C 解析 关键路径为 adfhjk，工期为 3+4+3+5+1=16，d-i 比计划延期 2 周，也就是长度变为 8 周，a-c 工期为 6 周，f-h 比计划提前 1 周，也就是长度为 2 周，这个时候关键路径变为 ADIK，长度为 3+8+5=16 周。

(9)(10) 答案：A A 解析 根据图表信息绘制网络图，如下图。最长的路径和持续时间最长的就是关键路径，关键路径为 ABDFHI。关键路径上所有活动的持续时间总和就是项目的工期，即 10+20+10+20+20+15=95。

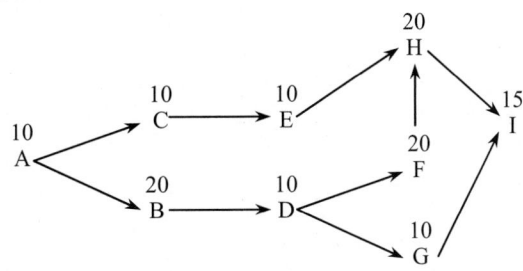

(11)(12) 答案：A B 解析 最长的路径和持续时间最长的就是关键路径，关键路径为 ACEHIJK。关键路径上所有活动的持续时间总和就是项目的工期，即 4+3+4+10+1+6=28。

(13) 答案：A 解析 关键活动（关键路径上的活动）的总时差是 0。
总时差 TF=最迟开始时间-最早开始时间，也等于最迟完成时间-最早完成时间。
TF=LS-ES=LF-EF=8-5=13-10=3。
因为总时差不等于 0，所以可以判断其不在关键路径上，但无法判断活动进展情况。

(14) 答案：D 解析 延迟多少周不会影响项目总工期，即计算 G 的总时差。
总时差=项目总工期-活动所有路径工期；找出关键路径为 DHC，总工期为 12 周。活动 G 所在路径为 FG，工期为 8 周。所以，活动 G 的总时差=12-8=4 周。

(15) 答案：A 解析 自由时差=紧后活动的最早开始时间-本活动的最早完成时间。
活动 F 的紧后活动为 G，G 的最早开始时间为 12，所以 G 的自由时差=12-11=1。

（16）答案：A　解析　总时差=最迟开始时间-最早开始时间或者最迟完成时间-最早完成时间。A活动的最迟开始时间为18，最晚开始时间为16，总时差=18-16=2。

（17）（18）答案：B　A　解析　总时差=最迟开始时间-最早开始时间或者最迟完成时间-最早完成时间。

自由时差=紧后活动的最早开始时间-本活动的最早完成时间。

经过逆推法，可以画出活动网络图如下图，A的总时差=21-15=6或者28-22=6，自由时差=27-22=5。

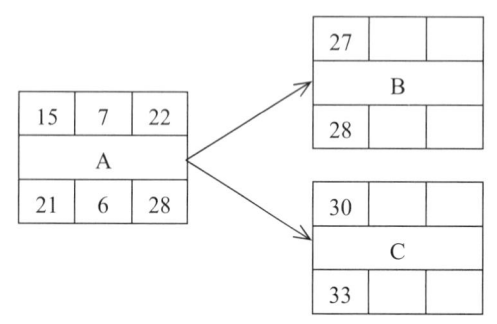

15	7	22
A		
21	6	28

27		
B		
28		

30		
C		
33		

（19）答案：B　解析　通过正推法和逆推法，将进度网络图补充完整如下图，研发工作可以推迟的时间就是计算研发工作的总时差，总时差=最迟开始时间-最早开始时间，即8-7=1。

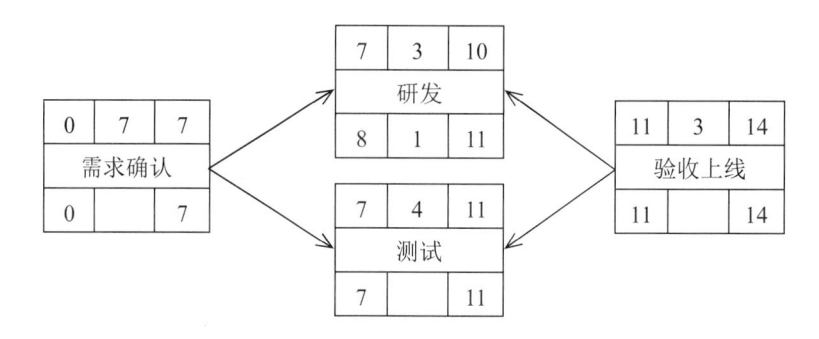

0	7	7
需求确认		
0		7

7	3	10
研发		
8	1	11

7	4	11
测试		
7		11

11	3	14
验收上线		
11		14

（20）答案：A　解析　资源平衡：为了在资源需求与资源供给之间取得平衡，根据资源制约对开始日期和结束日期进行调整的一种技术。如果共享资源或关键资源只在特定时间可用，数量有限，或被过度分配，如一个资源在同一时段内被分配至两个或多个活动，就需要进行资源平衡。也可以为保持资源使用量处于均衡水平而进行资源平衡。资源平衡往往导致关键路径改变，通常是延长。

资源平滑：对进度模型中的活动进行调整，从而使项目资源需求不超过预定的资源限制的一种技术。相对于资源平衡而言，资源平滑不会改变项目关键路径，完工日期也不会延迟。也就是说，活动只在其自由时间和总浮动时间内延迟。因此，资源平滑技术可能无法实现所有资源的优化。

（21）答案：C　解析　如果共享资源或关键资源只在特定时间可用，数量有限，或被过度分配，如一个资源在同一时段内被分配至两个或多个活动，就需要进行资源平衡。

（22）**答案：B** **解析** 资源平衡往往导致关键路径改变，通常是延长。

（23）**答案：B** **解析** 假设情景分析是对各种情景进行评估，预测它们对项目目标的影响（积极的或消极的）。假设情景分析就是对"如果情景 X 出现，情况会怎样？"这样的问题进行分析，即基于已有的进度计划，考虑各种各样的情景。

（24）**答案：C** **解析** 资源平衡：为了在资源需求与资源供给之间取得平衡，根据资源制约对开始日期和结束日期进行调整的一种技术。如果共享资源或关键资源只在特定时间可用，数量有限，或被过度分配，如一个资源在同一时段内被分配至两个或多个活动，就需要进行资源平衡。也可以为保持资源使用量处于均衡水平而进行资源平衡。资源平衡往往导致关键路径改变，通常是延长。

（25）**答案：C** **解析** 资源平滑：对进度模型中的活动进行调整，从而使项目资源需求不超过预定的资源限制的一种技术。相对于资源平衡而言，资源平滑不会改变项目关键路径，完工日期也不会延迟。也就是说，活动只在其自由时间和总浮动时间内延迟。因此，资源平滑技术可能无法实现所有资源的优化。资源平滑不会缩短工期。

（26）**答案：C** **解析** 资源平衡和资源平滑都不会缩短项目工期。缩短项目工期常用的方法：赶工和快速跟进，见下表。

赶工	快速跟进
用于进度压缩的一种方法	用于进度压缩的一种方法
在确保工作范围不变的前提下，通过增加资源来缩短活动工期	把关键路径上原来先后顺序进行的活动调整为至少是部分并行开展，以便缩短项目工期
会增加直接成本但不会增加项目工作的复杂性	快速跟进会增加项目工作的复杂性和返工风险
一次赶工通常针对单个活动（赶工单位成本最低者）	一次快速跟进则涉及 2 个活动
若增加资源所导致的成本增加在可接受范围内，就赶工	若项目风险较低，且活动之间是软逻辑，则快速跟进

（27）**答案：D** **解析** 资源平衡和资源平滑都不会缩短项目工期。缩短项目工期常用的方法：赶工和快速跟进。

赶工：是通过增加资源，以最小的成本代价来压缩进度工期的一种技术。赶工的例子包括：批准加班、增加额外资源或支付加急费用来加快关键路径上的活动。赶工只适用于那些通过增加资源就能缩短持续时间的且位于关键路径上的活动。但赶工并非总是切实可行的，因它可能导致风险和/或成本的增加。

快速跟进：是一种进度压缩技术，将正常情况下按顺序进行的活动或阶段改为至少是部分并行开展。例如，在大楼的建筑图纸尚未全部完成前就开始建地基。快速跟进可能造成返工和风险增加，所以它只适用于能够通过并行活动来缩短关键路径上的项目工期的情况。若进度加快而使用提前量，通常会增加相关活动之间的协调工作，并增加质量风险。快速跟进还有可能增加项目成本。

（28）**答案：C** 　**解析**　CPI 大于 1，成本节约；SPI<1，进度落后。可以通过赶工或快速跟进赶上进度。

（29）**答案：C** 　**解析**　赶工是在确保工作范围不变的前提下，通过增加资源来缩短活动工期。

10.8　控制进度

- 项目进度控制需要关注的内容，不包括___（1）___。
  - （1）A．确定项目进度的当前状态
  　　　 B．对引起进度变更的因素施加影响，以保证这种变化朝着有利的方向发展
  　　　 C．采用赶工和快速跟进加快进度
  　　　 D．当变更发生时管理实际的变更
- ___（2）___不能作为控制进度过程的输入。
  - （2）A．开发工作日报　　　　　　　　　B．项目预算分析表
  　　　 C．人力资源需求表　　　　　　　　D．项目进度预测
- 控制进度过程的依据，不包括___（3）___。
  - （3）A．范围基准　　　　　　　　　　　B．进度基准
  　　　 C．资源日历　　　　　　　　　　　D．变更请求
- ___（4）___不属于控制进度的主要工具与技术。
  - （4）A．挣值分析　　　　　　　　　　　B．绩效审查
  　　　 C．假设情景分析　　　　　　　　　D．统计抽样
- 在控制进度过程的数据分析技术中，___（5）___可以通过检查项目绩效随时间的变化情况，确定绩效是在改善还是在恶化。
  - （5）A．储备分析　　　　　　　　　　　B．蒙特卡洛分析
  　　　 C．趋势分析　　　　　　　　　　　D．绩效审查
- 控制进度过程中，项目经理想要知道项目实际开始和完成日期与计划的偏离，确定偏离进度基准的原因与程度，评估这些偏差对未来工作的影响，以及确定是否需要采取纠正或预防措施，应该采用___（6）___技术。
  - （6）A．绩效审查　　　　　　　　　　　B．趋势分析
  　　　 C．偏差分析　　　　　　　　　　　D．挣值分析

答案及解析

（1）**答案：C**　**解析**　控制进度作为实施整体变更控制过程的一部分，关注内容包括：①判断项目进度的当前状态；②对引起进度变更的因素施加影响；③重新考虑必要的进度储备；④判断项目进度是否已经发生变更；⑤在变更实际发生时对其进行管理。

（2）**答案：B**　**解析**　控制进度的输入有：进度管理计划、进度基准、范围基准、绩效测量

基准、资源日历、项目进度计划、项目日历、进度数据、经验教训登记册、工作绩效数据、组织过程资产。

（3）**答案**：D　**解析**　控制进度的输入有：进度管理计划、进度基准、范围基准、绩效测量基准、资源日历、项目进度计划、项目日历、进度数据、经验教训登记册、工作绩效数据、组织过程资产。

（4）**答案**：D　**解析**　控制进度的工具与技术有：挣值分析、迭代燃尽图、绩效审查、趋势分析、偏差分析、假设情景分析、关键路径法、项目管理信息系统、资源优化、提前量和滞后量、进度压缩。

（5）**答案**：C　**解析**　趋势分析：检查项目绩效随时间的变化情况，以确定绩效是在改善还是在恶化。图形分析技术有助于理解截至目前的绩效，并与未来的绩效目标（表示为完工日期）进行对比。

（6）**答案**：C　**解析**　偏差分析：关注实际开始日期和完成日期与计划的偏离，实际持续时间与计划的差异，以及浮动时间的偏差。它包括确定偏离进度基准的原因与程度，评估这些偏差对未来工作的影响，以及确定是否需要采取纠正或预防措施。

第11章 项目成本管理

11.1 管理基础

- 项目成本失控，通常是由下列___(1)___原因造成的。
  ①对工程项目所需工期、人力、技术等方面的认识和评估不足
  ②项目参与人员缺乏成本意识，缺乏责任感，随意开支，铺张浪费
  ③组织制度不健全，权责分工不明确
  ④缺乏系统的成本控制程序和明确要求
  ⑤缺乏对计算机辅助投资控制程序的利用
  ⑥设计者未对设计方案进行优化，导致项目设计方案突破项目成本目标
  ⑦与风险估计不足，导致实施成本大量增加
  （1）A．①②③④⑤⑥⑦　　　　　　B．①③④⑥⑦
  　　 C．①②③④⑤　　　　　　　　D．①③④⑤⑦
- 发生项目成本失控的原因，不包括___(2)___。
  （2）A．对工程项目认识不足　　　　B．组织制度不健全
  　　 C．自然灾害　　　　　　　　　D．技术的制约
- 在项目中，___(3)___是指项目活动或其组成部分的货币价值或价格，包括为实施、完成或创造该活动或其组成部分所需资源的货币价值。
  （3）A．成本　　　　B．总预算　　　　C．费用　　　　D．成本基准
- 下列关于成本类型的描述，不正确的是___(4)___。
  （4）A．项目团队差旅费、工资、税金及设备使用费为直接成本
  　　 B．不随生产量、工作量或时间的变化而变化的非重复成本为固定成本
  　　 C．在做出某一选择后同时失去其他选择，其他选择中最大的损失就是机会成本
  　　 D．沉没成本是一种历史版本，对现有决策而言是不可控成本

- 在炎热的南方，一般企业都会给员工发放高温降暑费。对于项目管理来说，企业支付的这部分成本属于___（5）___。

  （5）A．固定成本　　　　B．隐性成本　　　　C．间接成本　　　　D．沉没成本

- 某公司某项目组在2023年度超额完成任务，公司额外奖励业绩排名靠前的员工每人5万元，这部分成本属于___（6）___。

  （6）A．直接成本　　　　B．间接成本　　　　C．可变成本　　　　D．机会成本

- 行政部、财务部、保安部这些部门产生的费用，属于成本类型中的___（7）___。

  （7）A．直接成本　　　　B．间接成本　　　　C．可变成本　　　　D．固定成本

- 关于成本的描述，不正确的是___（8）___。

  （8）A．办公场地的物业费、保安费是多个项目共同担负的成本，属于间接成本

  B．沉没成本是一种历史成本，在投资决策时应充分考虑沉没成本

  C．应急储备可取成本估算值的某一百分比、某个固定值来确定

  D．管理储备用于不可预见的工作时，需要把所用的管理储备增加到成本基准中

- 某教育培训公司为了开展软考线上课程培训，采购了2台电子显示屏和线上录课系统，这部分成本属于___（9）___。

  （9）A．直接成本　　　　B．间接成本　　　　C．固定成本　　　　D．机会成本

- 某公司去参加投标，购买标书，请客户吃饭聚餐，向招标方交纳的押金，这些都属于___（10）___。

  （10）A．固定成本　　　　B．直接成本　　　　C．机会成本　　　　D．间接成本

- 小王报名了本期软考考试，并且缴纳了报考费用，但是因为特殊原因，小王没有按时参考，错过了一次机会，这属于___（11）___。

  （11）A．沉没成本　　　　B．机会成本　　　　C．时间成本　　　　D．无形成本

- 某公司邀请薛博士为公司各项目组的骨干做软考培训，培训费用为3万元，其中5000元计入A项目组，这部分成本属于A项目的___（12）___。

  （12）A．可变成本　　　　B．直接成本　　　　C．实际成本　　　　D．间接成本

- 小王将年终奖用来理财，可以选择银行定期存款和基金两种，小王选择了购买基金，结果一年亏损2万元，如果他当时选择储蓄存款，一年将有5000元收益。小王购买基金的机会成本为___（13）___。

  （13）A．2万元　　　　　B．5000元　　　　　C．2.5万元　　　　D．1.5万元

- 某公司实际开展项目中，需要开展10天的驻场研究，其产生的成本如下：①公司管理费用的项目分摊成本；②驻场研究员的差旅费用；③研究场地的租赁。按照成本分类，以上成本分别为___（14）___。

  （14）A．①管理成本　②间接成本　③固定成本

  B．①间接成本　②固定成本　③固定成本

  C．①管理成本　②直接成本　③间接成本

  D．①间接成本　②直接成本　③固定成本

- 企业管理费属于信息工程项目投资的___（15）___。

  （15）A．工程前期费　　B．直接费用　　C．间接费用　　D．措施费

- 项目经理孙工在进行项目生命周期的成本核算的时候，其成本有可行性研究费用 10 万元，项目投标费用 10 万元，监理费用 30 万元，需求开发费用 40 万元，设计费用 40 万元，实施费用 40 万元，验收费用 10 万元，该项目的直接成本是___（16）___。

  （16）A．170 万元　　B．160 万元　　C．140 万元　　D．130 万元

- 公司正在进行 A 项目的成本核算，其中销售费用是 100 万元，项目成员的工资是 20 万元，办公室电费是 2 万元，项目成员的差旅费是 10 万元，项目所需材料费是 10 万元，公司为员工缴纳的商业保险费是 10 万元，该 A 项目的直接费用是___（17）___。间接费用 A、B 两个均分，该 A 项目的间接费用是___（18）___。

  （17）A．156 万元　　B．71 万元　　C．40 万元　　D．41 万元

  （18）A．78 万元　　B．56 万元　　C．46 万元　　D．25 万元

- A 公司把因其他项目影响而暂时不能完成的一个项目转给 B 公司，项目前期总预算是 100 万元，因只完成了 10 万元的项目工作（合格），管理储备是 20 万元，应急储备是 10 万元。因此 B 公司安排林工重新制定项目的总预算，制定后该项目的总预算是___（19）___，成本预算是___（20）___。

  （19）A．100 万元　　B．90 万元　　C．80 万元　　D．70 万元

  （20）A．100 万元　　B．90 万元　　C．80 万元　　D．70 万元

- 对于那些未知但又无法主动管理的风险，需要进行___（21）___。

  （21）A．应急储备　　B．管理储备　　C．定性分析　　D．精准定量分析

- 关于管理储备的说法，正确的是___（22）___。

  （22）A．管理储备用来应对项目范围内已经预见但无法主动管理的风险

  　　　B．项目经理应对突如其来的风险可直接使用管理储备

  　　　C．管理储备包括在成本基准中，属于总预算和资金需求的一部分

  　　　D．动用管理储备，会导致成本基准的变更

- 项目组正在对一个全新领域的项目进行成本预算，前期通过类比得出了项目的总体估算，以下做法不正确的是___（23）___。

  （23）A．自顶向下，根据占用资源数量的多少将总成本加权分配给各工作包

  　　　B．结合成本估算为各个工作包计算相应的应急储备和管理储备，汇总得到项目预算

  　　　C．根据资源投入的时间段确定各项成本的预算支出时间计划，并形成项目成本预算计划

  　　　D．邀请相关领域技术专家和项目客户，参与成本预算的讨论

- 以下属于成本基准的是___（24）___。

  ①应急储备　②管理储备　③设备采购费　④技术服务费

  （24）A．①③④　　B．①②③　　C．①②④　　D．②③④

- 关于成本基准的描述，不正确的是___（25）___。

  （25）A．成本基准是不同进度活动经批准的预算的总和

B．成本基准中既包括预计的支出，也包括预计的债务

C．项目预算是成本基准与应急储备之和

D．成本基准的变更需要通过变更控制程序

● 电子商务项目正处于启动阶段，项目经理需要制定预算。该预算需要包含___(26)___。

(26) A．成本基准和应急储备　　　　　　B．成本基准和管理储备

C．工作包成本估算和应急储备　　D．活动成本估算和管理储备

答案及解析

(1) **答案：A**　解析　发生成本失控的原因主要包括：

1) 对工程项目认识不足。①对信息系统工程成本控制的特点认识不足，对难度估计不足；②工程项目的规模不合理，一个大而全的项目往往工期很长，工程实施的技术难度高，技术人员的投入跟不上工程建设需要，而且建设单位各部门对信息系统工程的接受能力和观念的转变跟不上信息系统建设的需要；③工程项目设计及实施人员缺乏成本意识，导致项目设计不满足成本控制要求；④对项目成本的使用缺乏责任感，随意开支，铺张浪费等。

2) 组织制度不健全。①制度不完善；②责任不落实，缺乏成本控制的责任感，在项目各个阶段和工作包没有落实具体的成本控制人员；③承建单位项目经理中没有明确的投资分工，导致对投资控制领导、督查不力等。

3) 方法问题。①缺乏用于项目投资控制所需要的有关报表及数据处理的方法；②缺乏系统的成本控制程序和明确的具体要求，在项目进展不同阶段对成本控制任务的要求不明确，在项目进展的整个过程中缺乏连贯性的控制；③缺乏科学、严格、明确且完整的成本控制方法和工作制度；④缺乏对计算机辅助投资控制程序的利用；⑤缺乏对计划值与实际值进行动态的比较分析，并及时提供各种需要的状态报告及经验总结等。

4) 技术的制约。①由于进行项目成本估算发生在工程项目建设的早期阶段，对项目相关信息了解不深，项目规划设计不够完善，不能满足成本估算的需求；②采用的项目成本估算方法不恰当，与项目的实际情况不符或与所得到的项目数据资料不符；③项目成本计算的数据不准确或有漏项，从而导致计算成本偏低；④设计者未对设计方案进行优化，导致项目设计方案突破项目成本目标；⑤物资或设备价格的上涨，大大超过预期的浮动范围；⑥项目规划和设计方面的变更引起相关成本的增加；⑦对工程实施中可能遇见的风险估计不足，导致实施成本大量增加等。

5) 需求管理不当。项目需求分析出现失误，项目范围变更频繁。

(2) **答案：C**　解析　项目成本失控的原因：对工程项目认识不足；组织制度不健全；方法问题；技术的制约；需求管理不当。

(3) **答案：A**　解析　在项目中，成本是指项目活动或其组成部分的货币价值或价格，包括为实施、完成或创造该活动或其组成部分所需资源的货币价值。

(4) **答案：A**　解析　可变成本：随着生产量、工作量或时间而变的成本为可变成本。可变成本又称变动成本。

固定成本：不随生产量、工作量或时间的变化而变化的非重复成本为固定成本。

直接成本：直接可以归属于项目工作的成本为直接成本，如项目团队差旅费、工资、项目使用的物料及设备使用费等。

间接成本：来自一般管理费用科目或几个项目共同担负的项目成本所分摊给本项目的费用，形成了项目的间接成本，如税金、额外福利和保卫费用等。

机会成本：利用一定的时间或资源生产或交付一种产品或服务，而失去利用这些资源生产或交付其他最佳替代品的机会就是机会成本，泛指一切在做出某一选择后同时失去其他选择，其他选择中最大的损失。

沉没成本：指由于过去的决策已经发生的，而不能由现在的或将来的任何决策改变的成本。沉没成本是一种历史成本，对现有决策而言是不可控成本，会很大程度上影响人们的行为方式与决策，在投资决策时应该尽量排除沉没成本的干扰。

（5）**答案：A** **解析** 固定成本：不随生产量、工作量或时间的变化而变化的非重复成本为固定成本。发放给员工的高温降署费一般是固定的费用。

（6）**答案：B** **解析** 间接成本：来自一般管理费用科目或几个项目共同担负的项目成本所分摊给本项目的费用，形成了项目的间接成本，如税金、额外福利和保卫费用等。

（7）**答案：B** **解析** 间接成本：来自一般管理费用科目或几个项目共同担负的项目成本所分摊给本项目的费用，形成了项目的间接成本，如税金、额外福利和保卫费用等。

（8）**答案：B** **解析** 沉没成本：已发生或承诺、无法回收的成本支出。
- 是一种历史成本，对现有决策而言是不可控成本，不会影响当前行为或未来决策。
- 在投资决策时应排除沉没成本的干扰。

（9）**答案：A** **解析** 直接成本：直接可以归属项目工作的成本为直接成本。如项目团队差旅费、工资、项目使用的物料及设备使用费等。

（10）**答案：D** **解析** 间接成本：来自一般管理费用科目或几个项目共同担负的项目成本所分摊给本项目的费用，形成了项目的间接成本，如税金、额外福利和保卫费用等。此题目采用排除法。

（11）**答案：A** **解析** 沉没成本是指已发生或承诺、无法回收的成本支出。是一种历史成本，对现有决策而言是不可控成本，不会影响当前行为或未来决策。

机会成本是指为了得到某种东西而所要放弃另一些东西的最大价值；也可以理解为在面临多方案择一决策时，被舍弃的选项中的最高价值者是本次决策的机会成本；还指厂商把相同的生产要素投入到其他行业当中去可以获得的最高收益。

（12）**答案：D** **解析** 间接成本：来自一般管理费用科目或几个项目共同担负的项目成本所分摊给本项目的费用，形成了项目的间接成本，如税金、额外福利和保卫费用等。

（13）**答案：B** **解析** 利用一定的时间或资源生产或交付一种产品或服务，而失去利用这些资源生产或交付其他最佳替代品的机会就是机会成本。

如果选择另一个项目而放弃这一项目收益所引发的成本，为了选择A放弃B，B的收益就是A的机会成本。

（14）**答案：D** **解析** 可变成本：随生产量或工作量而变的成本，如人员工资、消耗的原材料等。

固定成本：不随生产规模变化的非重复成本，如设备费用、场地租赁费用等。

直接成本：能够直接归属于项目工作的成本，如项目组差旅费用、项目组人员工资和奖金、项目使用的物资等。

间接成本：一般管理费用科目或几个项目共同分担的成本，如税金、员工福利、保安费用、行政部门和财务部门费用等。

沉没成本：已发生或承诺、无法回收的成本支出。是一种历史成本，对现有决策而言是不可控成本，不会影响当前行为或未来决策。在投资决策时应排除沉没成本的干扰。

机会成本：如果选择另一个项目而放弃这一项目收益所引发的成本，为了选择 A 放弃 B，B 的收益就是 A 的机会成本。

（15）**答案：C** **解析** 间接成本：来自一般管理费用科目或几个项目共同担负的项目成本所分摊给本项目的费用，就形成了项目的间接成本，如税金、额外福利和保卫费用等。

管理费用属于所有项目共同分担的费用，也就是间接费用。

（16）**答案：D** **解析** 注意此题有两个限定条件，一是"直接成本"，二是"项目生命周期内的"，项目生命周期包括启动、计划、执行、收尾四个阶段。在这四个阶段中发生的直接成本包括需求开发费用 40 万元、设计费用 40 万元、实施费用 40 万元、验收费用 10 万元，经计算直接成本是 130 万元。

（17）（18）**答案：C B** **解析** A 项目的直接成本包括工资 20 万元、差旅费 10 万元、材料费 10 万元，因此直接成本是 20+10+10=40 万元；A、B 项目的间接成本包括销售费用 100 万元、办公室电费 2 万元、商业保险费 10 万元，因为 A、B 均摊间接成本，因此 A 项目的间接成本是 (100+10+2)/2=56 万元。

（19）（20）**答案：A D** **解析** 因项目 B 公司接手，其中完成了 10 万元项目工作，属于沉没成本，也应付给 A 公司，所以制定后的项目总预算还是 100 万元，而项目的成本预算 BAC=项目总预算 100 万元-沉没成本 10 万元-管理储备 20 万元=70 万元。

（21）**答案：B** **解析** 管理储备是用来应对"未知-未知"风险的应急时间或应急资金。对于已知但无法主动管理的风险，要分配一定的应急储备；未知且无法主动管理的风险，分配一定的管理储备。

（22）**答案：D** **解析** 管理储备是为了管理控制的目的而特别留出的项目预算，用来应对项目范围中不可预见的工作。管理储备用来应对会影响项目的"未知-未知"风险。管理储备不包括在成本基准中，但属于项目总预算和资金需求的一部分，使用前需要得到高层管理者审批。当动用管理储备资助不可预见的工作时，就要把动用的管理储备增加到成本基准中，此时会导致成本基准的变更。

（23）**答案：B** **解析** 项目总资金需求等于成本基准加上管理储备，即：项目总预算（资金总需求）=BAC+管理储备。项目预算的组成部分见下图。

项目预算	管理储备		
成本基准	控制账户	应急储备	
		工作包成本估算	活动应急储备
			活动成本估算

（24）**答案：A　解析**　管理储备不包括在成本基准中。

（25）**答案：C　解析**　成本基准是经过批准的、按时间段分配的项目预算，不包括任何管理储备，只有通过正式的变更控制程序才能变更，用作与实际结果进行比较的依据。

在成本基准之上增加管理储备，得到项目预算。

成本基准中既包括预计的支出，也包括预计的债务。

（26）**答案：B　解析**　项目总预算包含成本基准和管理储备。

11.2　项目成本管理过程

- 项目成本管理包含为使项目在批准的预算内完成而对成本进行规划、估算、预算、融资、筹资、管理和控制的各个过程，确保项目在批准的预算内完工。____（1）____是汇总所有单个活动或工作包的估算成本，建立一个经批准的成本基准的过程。

    （1）A．规划成本管理　　　B．估算成本　　　C．制定预算　　　D．控制成本

- 成本管理过程要做的工作不包括____（2）____。

    （2）A．成本估算　　　B．成本预算　　　C．成本控制　　　D．合同评审

- 关于成本管理过程的描述，不正确的是____（3）____。

    （3）A．规划成本在整个项目中为如何管理项目成本提供指南和方向

    　　　B．估算成本是在启动阶段对完成项目活动所需货币资源进行近似估算

    　　　C．制定预算是汇总所有单个活动或工作包的估算成本，建立一个经批准的成本基准

    　　　D．控制成本是在整个项目期间监督项目状态，保持对成本基准的维护

- 估算成本常采用的工具与技术有类比估算、参数估算、自下而上估算等，其中不包括____（4）____。

    （4）A．三点估算　　　B．数据分析　　　C．会议　　　D．决策（投票）

- 制定预算的输出，不包括____（5）____。

    （5）A．成本基准　　　　　　　　　B．项目资金需求

    　　　C．成本管理计划　　　　　　　D．项目文件

- 下列____（6）____不是规划成本管理过程的输入。

    （6）A．项目管理计划　　　　　　　B．项目章程

    　　　C．组织过程资产　　　　　　　D．项目资金需求

- 控制成本的输出不包括____（7）____。

    （7）A．工作绩效报告　　　　　　　B．成本预测

    　　　C．变更请求　　　　　　　　　D．项目文件（更新）

答案及解析

（1）**答案：C** 解析 制定预算是汇总所有单个活动或工作包的估算成本，建立一个经批准的成本基准的过程。

（2）**答案：D** 解析 项目成本管理过程包括：规划成本管理、估算成本、制定预算、控制成本。

（3）**答案：B** 解析 项目成本管理过程包括：①规划成本管理：确定如何估算、预算、管理、监督和控制项目成本。本过程的主要作用是在整个项目期间为如何管理项目成本提供指南和方向。②估算成本：对完成项目活动所需货币资源进行近似估算。本过程的主要作用是确定项目所需的资金。本过程应根据需要在整个项目期间定期开展。③制定预算：汇总所有单个活动或工作包的估算成本，建立一个经批准的成本基准。本过程的主要作用是确定可以依据其来进行监督和控制项目绩效的成本基准。④控制成本：监督项目状态，以更新项目成本和管理成本基准的变更。本过程的主要作用是在整个项目期间保持对成本基准的维护。本过程需要在整个项目期间开展。

（4）**答案：C** 解析 估算成本的工具与技术包含：专家判断、类比估算、参数估算、自下而上估算、三点估算、数据分析、项目管理信息系统、决策。

（5）**答案：C** 解析 制定预算的输出包括：成本基准、项目资金需求、项目文件（更新）。

（6）**答案：D** 解析 规划成本管理的输入包含：项目管理计划、项目章程、事业环境因素、组织过程资产。

（7）**答案：A** 解析 控制成本的输出包括：工作绩效信息、成本预测、变更请求、项目文件（更新）（假设日志、估算依据、成本估算、经验教训登记册、风险登记册）、项目管理计划（更新）。

11.3 规划成本管理

- 关于成本管理计划的说法，不正确的是___（1）___。
  - （1）A. 范围基准、进度基准和成本基准是制订成本管理计划的重要信息
    - B. 成本管理计划描述将如何规划、安排和控制项目成本
    - C. 项目团队可以举行规划会议来制订成本管理计划
    - D. 成本管理计划中主要包含的内容有计量单位、精确度、准确度、绩效测量规则、报告格式、过程描述等

- 规划成本管理的工具与技术，不包含___（2）___。
  - （2）A. 专家判断 B. 数据分析
    - C. 会议 D. 储备分析

- 下列对规划成本管理过程的描述，错误的是___（3）___。
  - （3）A. 项目团队计划举行会议来制订成本管理计划，参会人只能限定项目经理、项目发起人、公司管理层

B．制订成本管理计划的过程中可能需要选择项目筹资的战略方法，如自筹资金、股权投资、借贷投资等

C．项目章程、进度管理计划、风险管理计划是规划成本管理的重要依据

D．规划成本管理的过程就是为规划、管理、花费和控制项目成本而制定政策、程序和文档的过程

答案及解析

（1）**答案：A** **解析** 项目成本管理过程包括规划成本管理、估算成本、制定预算、控制成本。其中规划成本管理的输出是成本管理计划，制定预算的输出是成本基准。按照顺序，成本基准不可能包含在成本管理计划内。

（2）**答案：D** **解析** 规划成本管理的工具与技术有专家判断、数据分析、会议。储备分析指在项目的任何时点将剩余的储备与剩余风险量进行比较，以确定剩余的储备是否仍旧充足。

（3）**答案：A** **解析** 项目团队可以举行规划会议来制订成本管理计划，参会者可以包括项目经理、项目发起人选定的项目团队成员、选定的干系人、项目成本负责人以及其他必要人员。

11.4 估算成本

- 下列关于项目成本估算的描述，不正确的是＿＿（1）＿＿。
  （1）A．估算成本是对完成项目工作所需资源成本进行近似估算的过程
  　　B．成本估算不需要考虑风险，因为这些风险不是威胁就是机会，它们产生的影响趋于相互抵消
  　　C．完成一项活动所需资源具有一定的成本，成本估算就是对这些成本进行定量的大体估算
  　　D．成本估算依据应清晰、完整地说明估算是如何编制的

- 项目经理小王在对某APP研发项目进行成本估算时，不需要考虑的因素是＿＿（2）＿＿。
  （2）A．通货膨胀　　　　　　　　　B．工期长短
  　　C．风险因素　　　　　　　　　D．项目赢利

- 关于成本估算的描述，不正确的是＿＿（3）＿＿。
  （3）A．成本估算应识别和考虑各种成本计算方案
  　　B．成本估算应考虑项目工期要求和质量要求对成本的影响
  　　C．成本估算时应同时考虑应急储备和管理储备
  　　D．成本估算体现在活动层面上，或者以概括的方式

- 在进行成本估算时，将计划工作量乘以历史单位成本得出成本估算值，这种方法称为＿＿（4）＿＿。
  （4）A．自下而上估算法　　　　　　B．类比估算法
  　　C．参数估算法　　　　　　　　D．质量成本估算法

- 项目的初期阶段，对项目的详细情况了解甚少时，采用__(5)__的方法更适合估算项目的成本。

  （5）A．类比估算法　　　　　　　　　B．计算机软件法

  　　　C．自上而下估算法　　　　　　　D．自下而上估算法

- 关于成本估算的描述，正确的是__(6)__。

  （6）A．只能用货币单位进行成本估算，不能用人天数或人时数作为计量单位

  　　　B．成本估算应该把通货膨胀补贴、融资成本或应急成本排除在外

  　　　C．成本估算主要作用是确定项目所需的资金，在项目启动阶段进行

  　　　D．在估算成本时，应充分比较自制与外购、购买与租赁等多种方案成本

- __(7)__不是估算成本的输入。

  （7）A．项目范围说明书　　　　　　　B．WBS 和 WBS 词典

  　　　C．项目进度计划　　　　　　　　D．估算依据

- 估算成本的工具与技术不包括__(8)__。

  （8）A．类比估算　　　　　　　　　　B．参数估算

  　　　C．备选方案分析　　　　　　　　D．亲和图

- 关于估算成本的技术，说法正确的是__(9)__。

  （9）A．类比估算以过去类似项目的参数值为依据，来估算未来项目的同类参数或指标，因此准确性较高

  　　　B．参数估算的准确性取决于参数模型的成熟度和基础数据的可靠性，准确性低，不能用于估算整个项目

  　　　C．为提高估算的准确性，可以邀请团队成员对多个未来行动方案进行投票，从而选出最佳方案

  　　　D．自上而下估算的准确性及其本身所需的成本，通常取决于单个活动或工作包的规模或其他属性

- 在进行项目成本估算时，__(10)__属于类比估算。

  （10）A．使用以往类似项目的参数值或属性来估算

  　　　B．利用历史数据之间的统计关系和其他变量来估算

  　　　C．利用最有可能的历时估算，最乐观的历时估算和最悲观的历时估算来计算

  　　　D．利用以历时信息为依据的专家判断来估算

- 项目经理小王今年新接一个 APP 研发项目，他参考去年类似项目的范围、成本、预算和工期，来估算新项目的成本，此方法属于__(11)__。

  （11）A．类比估算　　　　　　　　　　B．参数估算

  　　　C．自下而上估算　　　　　　　　D．数据分析

- 通过对最低层的工作包进行成本估算，再把所有工作包的成本向上逐渐加总，从而计算出整个项目的总成本，这种方法是__(12)__。

  （12）A．总分预算估算法　　　　　　　B．自下而上估算法

  　　　C．参数模型估算法　　　　　　　D．自上而下估算法

- 在进行成本估算时，自下而上估算的准确性及其本身所需的成本，通常取决于___（13）___。
  - （13）A．项目经理对项目工作细节的把握
  - B．单个活动或工作包的规模和复杂程度
  - C．参数模型的可靠性
  - D．WBS 分解的颗粒度
- 项目经理小赵根据项目的工作分解结构图对项目成本进行估算，如下表。根据自下而上成本估算法，能够得出 A 的估算值为___（14）___万元。

项目	子项目	工作包	估算成本/万元
A	A1	A1.1	20
		A1.2	6
	A2	A2.1	15
		A2.2	19

（14）A．60　　　　B．26　　　　C．34　　　　D．120

- 项目经理小王在对信息系统开发项目做成本估算时，先考虑了最不利的情况，估算出成本为 120 万元，又考虑了最有利的情况，成本为 60 万元，最后考虑一般情况下的项目成本可能为 75 万元，则该项目的预期成本为___（15）___万元。
  - （15）A．100　　　　B．90　　　　C．80　　　　D．75
- 项目经理小赵估算电子商务平台开发成本，预期的项目成本是 18 万元，最有可能情况下成本为 15 万元，最好情况下成本为 10 万元，那么最坏情况下成本为___（16）___万元。
  - （16）A．29　　　　B．38　　　　C．47　　　　D．83

答案及解析

（1）**答案：B** 解析 成本估算包括对完成项目工作可能需要的成本、应对已识别风险的应急储备。

成本估算可以是汇总的或详细分列的。成本估算应覆盖项目所使用的全部资源，包括直接人工、材料、设备、服务、设施、信息技术以及一些特殊的成本种类，如融资成本（包括利息）、通货膨胀补贴、汇率或成本应急储备。如果间接成本也包含在项目估算中，则可在活动层次或更高层次上计列间接成本。

（2）**答案：D** 解析 成本估算是指对完成项目各项活动所必需的各种资源的成本做出近似的估算，应该考虑针对项目收费的全部资源，一般包括人工、材料、设备、服务、设施，以及一些特殊的成本种类，如通货膨胀补贴、融资成本或应急成本。成本估算可在活动层级呈现，也可以通过汇总形式呈现。

（3）**答案：C** 解析 成本估算包括对完成项目工作可能需要的成本、应对已识别风险的应

急储备，不包含管理储备。

（4）**答案：C 解析** 参数估算是一种基于历史数据和项目参数，使用某种算法来计算成本或工期的估算技术。利用历史数据之间的统计关系和其他变量，来估算诸如成本、预算和持续时间等活动参数。例如，进行成本参数估算，就可把计划工作量乘以历史单位成本，得出成本估算值。参数估算的准确性取决于参数模型的成熟度和基础数据的可靠性。

（5）**答案：A 解析** 成本类比估算指利用过去类似项目的实际成本作为当前项目成本估算的基础。当对项目的详细情况了解甚少时（如在项目的初期阶段），往往采用这种方法估算项目的成本。相对于其他估算技术，类比估算通常成本较低、耗时较少，但准确性也较低。

（6）**答案：D 解析** 成本估算是对完成活动所需资源的可能成本进行的量化评估，是在某特定时点根据已知信息所做出的成本预测。在估算成本时，需要识别和分析可用于启动与完成项目的备选成本方案；需要权衡备选成本方案并考虑风险，如比较自制成本与外购成本、购买成本与租赁成本及多种资源共享方案，以优化项目成本。

通常用某种货币单位进行成本估算，但有时也可采用其他计量单位，如人时数或人天数，以消除通货膨胀的影响，便于成本比较。进行成本估算，应该考虑针对项目收费的全部资源，一般包括人工、材料、设备、服务、设施，以及一些特殊的成本种类，如通货膨胀补贴、融资成本或应急成本。成本估算可在活动层级呈现，也可以通过汇总形式呈现。成本估算发生在规划过程组阶段。

（7）**答案：D 解析** 估算依据是估算成本的输出。

（8）**答案：D 解析** 成本估算的工具与技术有：专家判断、类比估算、参数估算、自下而上估算、三点估算、项目管理信息系统、决策、数据分析。适用于估算成本过程的数据分析技术主要包括备选方案分析、储备分析和质量成本。

（9）**答案：C 解析** 适用于估算成本过程的决策技术是投票。投票是为达成某种期望结果而对多个未来行动方案进行评估的过程。这些技术可以调动团队成员的参与，提高估算的准确性，并提高对估算结果的责任感。

（10）**答案：A 解析** 成本类比估算使用以往类似项目的参数值或属性来估算，项目的参数值和属性包括范围、成本、预算、持续时间和规模指标（如尺寸、重量），类比估算以这些项目参数值或属性为基础来估算当前项目的同类参数或指标。

（11）**答案：A 解析** 成本类比估算使用以往类似项目的参数值或属性来估算，项目的参数值和属性包括范围、成本、预算、持续时间和规模指标（如尺寸、重量），类比估算以这些项目参数值或属性为基础来估算当前项目的同类参数或指标。

（12）**答案：B 解析** 自下而上估算是对工作组成部分进行估算的一种方法，首先对单个工作包或活动的成本进行最具体、细致的估算，然后把这些细节性成本向上汇总或"滚动"到更高层次，用于后续报告和跟踪。自下而上估算的准确性及其本身所需的成本，通常取决于单个活动或工作包的规模或其他属性。

（13）**答案：B 解析** 自下而上估算是对工作组成部分进行估算的一种方法，首先对单个工作包或活动的成本进行最具体、细致的估算，然后把这些细节性成本向上汇总或"滚动"到更高层次，用于后续报告和跟踪。自下而上估算的准确性及其本身所需的成本，通常取决于单个活动或工作包的规模或其他属性。

（14）**答案：A** 解析 自下而上估算是对工作组成部分进行估算的一种方法，首先对单个工作包或活动的成本进行最具体、细致的估算，然后把这些细节性成本向上汇总或"滚动"到更高层次。

A 的估算值=20+6+15+19=60 万元。

（15）**答案：C** 解析 三点估算法通过考虑估算中的不确定性与风险，使用三种估算值来界定活动成本的近似区间，可以提高活动成本估算的准确性：最可能成本、最乐观成本、最悲观成本。

三点估算公式：项目的成本 =（乐观+4×可能+悲观）/6,(120+75×4+60)/6=80。

（16）**答案：B** 解析 三点估算公式：项目的成本 =（乐观+4×可能+悲观）/6。

设 X 为最悲观成本，$(10+15×4+X)/6 =18$，根据公式，推算出 $X=38$。

11.5 制定预算

- 下列关于项目预算的说法，不正确的是＿＿（1）＿＿。
  （1）A．成本基准是经过批准且按时间段分配的项目预算
  　　B．管理储备不包括在成本基准中，但属于项目总预算和资金需求的一部分
  　　C．项目总资金需求是根据资金投入计算出的成本预算
  　　D．先把成本估算汇总到 WBS 中的工作包，由低到高逐层相加，最终得出整个项目总成本
- 关于制定项目预算的描述，不正确的是＿＿（2）＿＿。
  （2）A．范围基准、资源日历和活动成本估算是制定预算的输入
  　　B．大项目可能有多个成本基准，既包括预计的支出，也包括预计的债务
  　　C．被批准的成本基准和应对风险的应急储备共同构成了项目总预算
  　　D．人力资源、项目活动、里程碑、风险、采购成本，这些都是估算整个项目预算时必须考虑的因素
- 关于制定项目预算的描述，不正确的是＿＿（3）＿＿。
  （3）A．项目资金通常以增量的方式投入，呈现直线上升状
  　　B．成本预算要与项目目标相联系，必须同时考虑项目进度目标和质量目标
  　　C．成本基准是经过批准的、按时间段分配的项目预算，只有通过正式的变更控制程序才能变更
  　　D．项目中的成本基准包括已分配预算和应急储备，项目总预算则在成本基准上增加管理储备
- 制定项目预算的输出，不包括＿＿（4）＿＿。
  （4）A．成本基准　　　B．项目资金需求　C．项目文件　　　D．成本管理计划
- 常见的制定项目预算的工具与技术有＿＿（5）＿＿。
  ①成本汇总　②储备分析　③资金限制平衡　④融资　⑤历史信息审核
  ⑥挣值管理　⑦群体决策技术

(5) A. ①②③④⑤⑥⑦　　　　　　B. ①②③⑥⑦
　　C. ①②③④⑤　　　　　　　　D. ①②③⑤⑦

- 制定项目预算的正确步骤是___(6)___。
  ①计算出各活动所需的成本，包括应急储备
  ②计算出各个工作包的成本，包括应急储备
  ③计算出各个控制账户的成本
  ④汇总各个控制账户，得到项目的成本
  ⑤对成本汇总的结果进行验证和调整，经批准后形成项目成本基准
  ⑥增加一定的管理储备，得出项目预算
  (6) A. ①②③④⑤⑥　　　　　　B. ②①③④⑤⑥
  　　C. ②③④⑤⑥　　　　　　　D. ①②③④⑤

- ___(7)___过程合计各个活动或工作包的估算成本，以建立成本基线。
  (7) A. 制定成本管理计划　　　　B. 成本估算
  　　C. 成本预算　　　　　　　　D. 成本控制

- 关于成本估算和成本预算的描述，不正确的是___(8)___。
  (8) A. 成本预算更精确地估算项目成本，包括对单个工作包的估算
  　　B. 成本预算分配的结果不一定能满足所有管理人员的利益要求
  　　C. 成本估算和成本预算可以由同一个人完成
  　　D. 成本预算必须精确地将估算成本分摊到WBS的每一个组成部分

- 在制定预算过程中，通过在项目计划中添加强制日期解决资金计划和支出之间的差异，属于___(9)___。
  (9) A. 资金储备分析　　B. 专家判断　　C. 成本汇总　　D. 资金限制平衡

答案及解析

(1) **答案：C**　解析　项目总资金需求是根据成本基准来确定的，它通常以增量的方式投入，并且可能是非均衡的。

(2) **答案：C**　解析　项目预算的组成见下图。

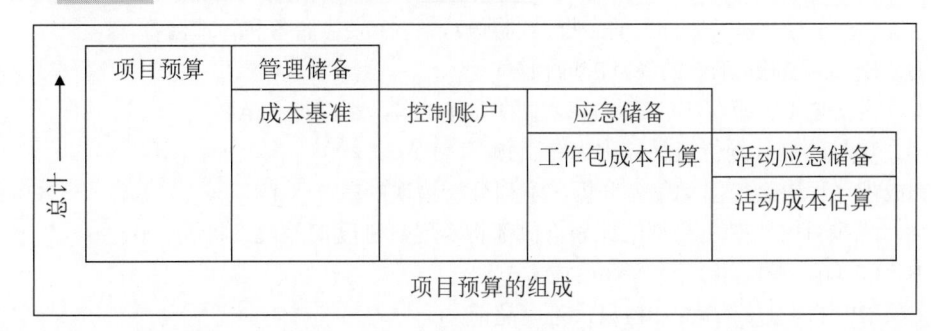

项目预算	管理储备			
	成本基准	控制账户	应急储备	
			工作包成本估算	活动应急储备
				活动成本估算

项目预算的组成

（3）答案：A　解析　项目资金通常以增量的方式投入，并且可能是非均衡的，呈现阶梯状。

（4）答案：D　解析　制定项目预算的输出包括成本基准、项目资金需求、项目文件。成本管理计划是制定项目预算的输入。

（5）答案：C　解析　制定预算用到的工具与技术有：①专家判断；②成本汇总；③数据分析（储备分析）；④历史信息审核；⑤资金限制平衡；⑥融资。

（6）答案：A　解析　制定项目预算的正确步骤：①计算出各活动所需的成本，包括应急储备；②计算出各个工作包的成本，包括应急储备；③计算出各个控制账户的成本；④汇总各个控制账户，得到项目的成本；⑤对成本汇总的结果进行验证和调整，经批准后形成项目成本基准；⑥增加一定的管理储备，得出项目预算。

（7）答案：C　解析　制定预算是汇总所有单个活动或工作包的估算成本，建立一个经批准的成本基准的过程。

（8）答案：D　解析　成本预算只能尽量地将估算成本分摊到WBS的每一个组成部分。

（9）答案：D　解析　应该根据对项目资金的限制来平衡资金支出，如果发现资金限制与计划支出之间存在差异，则可能需要调整工作的进度计划，以平衡资金的支出水平，例如可以通过在项目进度计划中添加强制日期来实现。

11.6　控制成本

- 关于控制成本采用的工具与技术，描述不正确的是＿＿（1）＿＿。
  - （1）A．挣值分析是将实际进度和成本绩效与绩效测量基准进行比较
    - B．偏差分析用以解释成本偏差、进度偏差和完工偏差的原因、影响和纠正措施
    - C．自下而上的EAC估算，以已完成工作的计划成本为基础，根据已积累的经验为剩余项目工作编制一个新估算。
    - D．完工尚需绩效指数（TCPI）是完成剩余工作所需的成本与剩余预算之比
- 下列＿＿（2）＿＿不属于控制成本的输入。
  - （2）A．成本基准　　　　　　　　　B．工作绩效信息
    - C．项目资金总需求　　　　　　D．绩效测量基准
- 关于挣值分析EVA的说法，不正确的是＿＿（3）＿＿。
  - （3）A．PV是为计划工作分配的经批准的预算，包括应急储备和管理储备
    - B．EV是已完成工作的经批准的预算
    - C．为实现EV相对应的工作而发生的所有成本，都应计入AC
    - D．项目的总计划价值又被称为完工预算（BAC）
- 在控制成本过程中会使用到偏差分析，下列分析错误的是＿＿（4）＿＿。
  - （4）A．当项目完工时，全部的计划价值都将实现，进度偏差最终将等于0
    - B．CV>0，成本超支；CV<0，成本节约
    - C．SPI<1，进度滞后；SPI>1，进度超前

D. CPI<1，成本超支；CPI>1，成本节约
- 项目经理小赵将当前项目的挣值、计划价值和实际成本绘制成了如下所示的一张图，从当前时间看，该项目进度___(5)___，成本___(6)___。

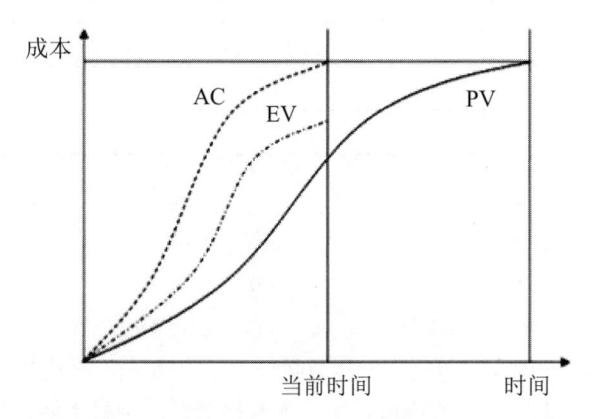

(5) A. 正常　　　　　B. 落后　　　　　C. 超前　　　　　D. 无法判断
(6) A. 正常　　　　　B. 超支　　　　　C. 节约　　　　　D. 无法判断

- 某公司同时进行了四个项目，各项目当前的挣值分析如下表，其中预计最先完工的项目是___(7)___。

项目	总预算	EV	PV	AC
①	2000	1500	1200	900
②	2000	1800	1300	1100
③	2000	1400	1200	1000
④	2000	1250	1100	850

(7) A. ①　　　　　B. ②　　　　　C. ③　　　　　D. ④

- 下列关于控制成本使用到的数据分析技术，描述不正确的是___(8)___。

(8) A. BAC 为将要执行的工作所建立的全部预算总和，包含应急储备和管理储备
　　B. EAC 为完成所有工作所需的预期总成本，包括实际已支出的成本和要完成项目剩余工作所需的预期成本
　　C. ETC 为完成所有剩余项目工作的预计成本。不含前期已支出的成本
　　D. TCPI 为完成剩余工作所需的成本与剩余预算之比

- 某公司年初搭建门户网站，根据瀑布模型可以将工作分为需求调研、系统实施、系统测试、上线试运行、验收五个阶段，各阶段任务的预算和工期如下表。到第 6 周周末时，对项目进行检查，发现需求调研已经结束，总计花费 2 万元。系统实施进行到了一半，已经花费 16 万元，当前项目进度___(9)___，项目成本___(10)___。

阶段任务	预算/万元	工期/周
需求调研	2	2
系统实施	33	8
系统测试	2.4	3
上线试运行	1.7	2
验收	2.7	1

（9）A. 正常　　　　　　　　　　B. 落后
　　　C. 超前　　　　　　　　　　D. 无法判断
（10）A. 正常　　　　　　　　　　B. 超支
　　　C. 节约　　　　　　　　　　D. 无法判断

● 某品牌工厂计划生产一批高端电脑，一共 100 台，工厂每天生产 10 台，10 天内完工，项目预算为 100 万元。项目进行到第 6 天时，负责人来检查发现项目实际执行情况为：前 6 天一共生产了 40 台，实际花费 50 万元。那么截至当前项目的进度绩效和进度情况分别为___（11）___，成本绩效和成本情况分别为___（12）___。剩余电脑还按照原计划进行，不会再发生这种偏差了，项目还需要的预算是___（13）___万元。

（11）A. 0.67，进度滞后　　　　　B. -20，进度滞后
　　　C. 1，进度正常　　　　　　D. 1.2，进度超前
（12）A. -10，成本超支　　　　　B. 0.8，成本超支
　　　C. 1.25，进度超前　　　　　D. 1.2，进度超前
（13）A. 50　　　　　　　　　　　B. 60
　　　C. 100　　　　　　　　　　 D. 110

● 公司项目组承接 APP 研发任务，项目经理小赵向公司领导汇报目前项目进度，从下表可看出，当前项目的进度___（14）___。

活动	计划值/元	完成百分比/%	实际成本/元
基础设计	20000	90	10000
详细设计	50000	90	60000
测试	30000	100	40000

（14）A. 提前计划 7%　　　　　　B. 滞后计划 15%
　　　C. 滞后计划 7%　　　　　　D. 提前计划 15%

● 下表给出了某信息化建设项目到 2019 年 8 月 1 日为止的成本执行（绩效）数据，如果当前的成本偏差是非典型的，则完工估算（EAC）为___（15）___元；如果当前的成本偏差是典型的，则完工估算（EAC）为___（16）___元。

项目成本管理 第 11 章

活动编号	活动	预计完成百分比/%	实际完成百分比/%	活动计划值（PV）/元	实际成本（AC）/元
1	A	100	100	2000	2000
2	B	100	100	1600	1800
3	C	100	100	2500	2800
4	D	100	80	1500	1600
5	E	100	75	2000	1800
6	F	100	60	2500	2200
合计：				12100	12200

项目总预算（BAC）：50000 元

报告日期：2019 年 8 月 1 日

(15) A. 59238　　　　B. 51900　　　　C. 50100　　　　D. 48100
(16) A. 42761　　　　B. 51900　　　　C. 59461　　　　D. 48100

● 某信息系统集成项目计划 6 周完成，项目经理就前 4 周的项目进展情况进行分析，具体如下表所示，项目的成本执行指数（CPI）为___(17)___。

周	计划投入成本值/元	实际投入成本值/元	完成百分比/%
1	1000	1000	100
2	3000	2500	100
3	8000	10000	100
4	13000	15000	90
5	17000		
6	19000		

(17) A. 0.83　　　　B. 0.87　　　　C. 0.88　　　　D. 0.95

● 某系统集成项目包含了三个软件模块，现在估算项目成本时，项目经理考虑到其中的模块 A 技术成熟，已在以前类似项目中多次使用并成功支付，所以项目经理忽略了 A 的开发成本，只给 A 预留了 5 万元，以防意外发生。然后估算了 B 的成本为 50 万元，C 的成本为 30 万元，应急储备为 10 万元，三者集成成本为 5 万元，并预留了项目的 10 万元管理储备。如果你是项目组成员，该项目的成本基准是___(18)___万元，项目预算是___(19)___万元。项目开始执行后，当项目的进度绩效指数（SPI）为 0.6 时，项目实际花费为 70 万元，超出预算 10 万元，如果不加以纠偏，请根据当前项目进展，估算该项目的完工估算值（EAC）为___(20)___万元。

(18) A. 90　　　　B. 95　　　　C. 100　　　　D. 110

(19) A．90　　　　　B．95　　　　　C．100　　　　　D．110
(20) A．64　　　　　B．134　　　　　C．194.4　　　　D．124.4

● 某项目的估算成本为 90 万元，在此基础上，公司为项目设置 10 万元的应急储备和 10 万元的管理储备，项目工期为五个月。项目进行到第三个月的时候，项目 SPI 为 0.6，实际花费 70 万元，EV 为 60 万元。以下描述正确的是 ___(21)___ 。

(21) A．项目的预算为 110 万元
　　　B．项目的成本控制到位，进度上略有滞后
　　　C．基于典型偏差计算，到项目完成时，实际花费的成本为 100 万元
　　　D．基于非典型偏差计算，到项目完成时，实际花费的成本为 117 万元

● 某项目进行到 40 天的时候，实际进度为计划的 90%，实际成本为 110 万元，计划成本为 130 万元，则该项目的绩效为 ___(22)___ 。

(22) A．成本节约，进度超前　　　　　B．成本超支，进度滞后
　　　C．成本节约，进度滞后　　　　　D．成本超支，进度超前

答案及解析

（1）**答案：C** 解析　在计算 EAC 时，通常用已完成工作的实际成本，加上剩余工作的完工尚需估算（ETC）。项目团队要根据已有的经验，考虑实施 ETC 工作可能遇到的各种情况。把挣值分析与手工预测 EAC 方法联合起来使用，效果会更佳。由项目经理和项目团队手工进行的自下而上汇总方法，就是一种最普通的 EAC 预测方法。项目经理所进行的自下而上的 EAC 估算，就是以已完成工作的实际成本为基础，并根据已积累的经验来为剩余项目工作编制一个新估算。公式：EAC=AC+自下而上的 ETC。

（2）**答案：B** 解析　工作绩效信息属于控制成本的输出，工作绩效数据属于控制成本的输入。工作绩效数据是在项目管理过程中，一边执行一边收集起来的，未经任何加工整理的原始资料。它用于真实、完整地记录工作的执行情况。它是指导与管理项目工作过程的输出，是项目监控时用来与计划要求做比较的实际数据。

工作绩效信息是对工作绩效数据进行加工整理后得到的，是各基层局部监控过程的输出。

（3）**答案：A** 解析　①PV 是为计划工作分配的经批准的预算（不包括管理储备）。其总和有时被称为绩效测量基准，项目的总计划价值又被称为完工预算（BAC）。②EV 是对已完成工作的测量值，用分配给该工作的预算来表示。它是已完成工作的经批准的预算。③AC 是在给定时段内，执行某工作而实际发生的成本，是为完成与 EV 相对应的工作而发生的总成本。

（4）**答案：B** 解析　偏差分析：①进度偏差（SV）：是测量进度绩效的一种指标，表示为挣值与计划价值之差。它是指在某个给定的时点，项目提前或落后的进度。公式：SV=EV-PV。SV>0，进度超前；SV<0，进度滞后。当项目完工时，全部的计划价值都将实现（即成为挣值），进度偏差最终将等于 0。②成本偏差（CV）：是在某个给定时点的预算亏空或盈余量，表示为挣值与实际成本之差。公式：CV=EV-AC。CV>0，成本节约；CV<0，成本超支。CV 为负值一般都是不可挽回

的。③进度绩效指数（SPI）：是测量进度效率的一种指标，表示为挣值与计划价值之比。它反映了项目团队利用时间的效率。公式：SPI=EV/PV。SPI>1，进度超前；SPI<1，进度滞后。④成本绩效指数（CPI）：是测量预算资源的成本效率的一种指标，表示为挣值与实际成本之比。公式：CPI=EV/AC。CPI>1，成本节约；CPI<1，成本超支。

（5）（6）**答案：C　B**　**解析**　SV=EV-PV。SV>0，进度超前；SV<0，进度滞后。CV=EV-AC。CV>0，成本节约；CV<0，成本超支。

从图中可以看出，当前时间 EV 大于 PV，EV-PV 大于 0，即 SV 大于 0，进度超前。

从图中可以看出，当前时间 EV 小于 AC，EV-AC 小于 0，即 CV 小于 0，成本超支。

（7）**答案：B**　**解析**　进度偏差（SV）：是测量进度绩效的一种指标，表示为挣值与计划价值之差。它是指在某个给定的时点，项目提前或落后的进度。公式：SV=EV-PV。SV>0，进度超前；SV<0，进度滞后。当项目完工时，全部的计划价值都将实现（即成为挣值），进度偏差最终将等于 0。

项目①的 SV=EV-PV=1500-1200=300；

项目②的 SV=EV-PV=1800-1300=500；

项目③的 SV=EV-PV=1400-1200=200；

项目④的 SV=EV-PV=1250-1100=150。

500>300>200>150，经过比较，项目②的提前量最多，最有可能最早完工。

（8）**答案：A**　**解析**　完工预算（Budget At Completion，BAC），为将要执行的工作所建立的全部预算总和，包含应急储备，不包括管理储备。

完工估算（Estimate At Completion，EAC），完成所有工作所需的预期总成本，包括实际已支出的成本和要完成项目剩余工作所需的预期成本。

完工尚需估算（Estimate To Complete，ETC），完成所有剩余项目工作的预计成本。不含前期已支出的成本。

完工尚需绩效指数（To-Complete Performance Index，TCPI），为了实现特定的管理目标，剩余资源的使用必须达到的成本绩效指数，是完成剩余工作所需的成本与剩余预算之比。需要注意的是公式中完成剩余工作所需的成本是分子，剩余预算是分母。

（9）（10）**答案：A　C**　**解析**　首先计算出 PV、EV、AC。到 6 周周末时，计划为完成需求调研 2 周，系统实施 4 周，那么：

PV=2+33×(4/8)=18.5。

实际为需求调研结束，系统实施完成一半，那么：

EV=2+33×50%=18.5。

AC=2+16=18；

SV=EV-PV=18.5-18.5=0，SV=0，进度正常；

CV=EV-AC=18.5-18=0.5，CV>0，成本节约。

（11）（12）（13）**答案：A　B　B**　**解析**　根据题目，得到下表：

141

指标	概念	计算值
BAC	完工预算（不包含管理储备）	项目完工预算 100 万元
PV	应完成工作计划价值	计划完成 60 台，计划预算 60 万元
EV	已完成工作的计划价值	实际完成 40 台，计划预算 40 万元
AC	已完成工作的实际成本	实际完成 40 台，实际花费 50 万元

进度绩效指数：SPI=EV/PV。SPI>1，进度超前；SPI<1，进度滞后。

成本绩效指数：CPI=EV/AC。CPI>1，成本节约；CPI<1，成本超支。

SPI=EV/PV=40/60=0.67，SPI<1，进度滞后；

CPI=EV/AC=40/50=0.8，CPI<1，成本超支。

非典型偏差：ETC=BAC-EV（知错即改为非典型，接下来的工作按计划进行，即纠偏），ETC=BAC-EV=100-40=60。

（14）答案：C 解析 PV=20000+30000+50000=100000；

EV=20000×90%+50000×90%+30000×100%=93000；

SPI=EV/PV=93000/100000=0.93；

SPI<1，所以进度滞后，(1-0.93)×100%=7%。

（15）（16）答案：B C 解析 EAC=ETC+AC，分别找出 ETC 和 AC 即可。区分典型偏差与非典型偏差。

非典型偏差：ETC=BAC-EV（知错即改为非典型，接下来的工作按计划进行，即纠偏）

典型偏差：ETC=(BAC-EV)/CPI（知错不改为典型，继续按原绩效执行，即不纠偏）

EV=2000×100%+1600×100%+2500×100%+1500×80%+2000×75%+2500×60%=10300

非典型偏差情况下的 ETC，即：

ETC=BAC-EV=50000-10300=39700；

EAC=ETC+AC=39700+12200=51900。

典型偏差情况下的 ETC，即：

ETC=(BAC-EV)/CPI=(BAC-EV)/(EV/AC)=(50000-10300)/(10300/12200)=39700/0.84=47261；

EAC=ETC+AC=47261+12200=59461。

（17）答案：A 解析 PV=1000+3000+8000+13000=25000；

AC=1000+2500+10000+15000=28500；

EV=1000×100%+3000×100%+8000×100%+13000×90%=23700；

CPI=EV/AC=23700/28500=0.83。

（18）（19）（20）答案：C D C 解析 成本基准就是BAC，项目总预算=BAC+管理储备，成本基准=5+50+30+5+10=100 万元（成本基准不算管理储备）。

SPI=0.6，AC=70，PV=70-10=60，BAC=100（管理储备不计入挣值计算），所以 EV=SPI×PV=0.6×60=36。不进行纠偏按典型公式计算，EAC=BAC/CPI=100/(36/70)=194.4。

（21）**答案：A**　**解析**　项目总预算=110万元，BAC=90+10=100万元。AC=70万元，EV=60万元，SPI=0.6，CPI= EV/AC=0.86，由此可知，项目进度滞后，成本超支。

非典型偏差：EAC=BAC+AC−EV=100+70−60=110；

典型偏差：EAC= BAC/CPI=100/0.86=116.27。

（22）**答案：C**　**解析**　SV=EV−PV。SV>0，进度超前；SV <0，进度滞后。

CV=EV−AC。CV>0，成本节约；CV<0，成本超支。

AC=110；

EV=130×90%=117；

PV=130；

SV=EV−PV=117−130=−13，SV<0，进度滞后；

CV=EV−AC=117−110=7，CV>0，成本节约。

第12章 项目质量管理

12.1 管理基础

- ___（1）___是产品质量的保证，它反映了与产品质量直接有关的工作对产品质量的保证程度。
  （1）A．工作质量　　　　B．管理质量　　　　C．控制质量　　　　D．规划质量
- 项目管理团队应了解的与统计相关的术语不包括___（2）___。
  （2）A．预防　　　　　　B．检查　　　　　　C．控制界限　　　　D．变量
- ___（3）___是由组织的最高管理者正式发布的该组织总的质量宗旨和方向。
  （3）A．质量目标　　　　B．质量方针　　　　C．质量规划　　　　D．质量控制
- ___（4）___规定质量管理体系要求，用于组织证实其具有提供满足顾客要求和适用的法规要求的产品的能力，目的在于增进顾客满意。
  （4）A．GB/T 19001　　B．GB/T 19002　　C．GB/T 19004　　D．GB/T 19011
- 全面质量管理的核心特征包括___（5）___。
  ①全员参加的质量管理　②全过程的质量管理
  ③全面方法的质量管理　④全面结果的质量管理
  （5）A．①②③　　　　　B．②③④　　　　　C．①②④　　　　　D．以上全是
- 你正在和质量保证部门人员一起协作，增强相关方对项目将会达到质量要求的信心。这一管理过程将会得到以下哪项输出？___（6）___。
  （6）A．问题日志　　　　B．质量测量指标　　C．质量报告　　　　D．质量审计
- 实施质量保证的主要作用是___（7）___。
  （7）A．明确项目的质量意识和质量追求
  　　　B．把质量目标分解落实到各部门及项目全体成员
  　　　C．促进质量过程改进
  　　　D．识别过程低效或产品质量低劣的原因

答案及解析

（1）**答案：A** 解析 产品质量是指产品的使用价值及其属性。工作质量则是产品质量的保证，它反映了与产品质量直接有关的工作对产品质量的保证程度。

（2）**答案：D** 解析 项目管理团队应了解的与统计相关的术语包括：

- "预防"——保证过程中不出现错误。
- "检查"——保证错误不落到客户手中。
- "公差"——结果的可接受范围。
- "控制界限"——在统计意义上稳定的过程或过程绩效的普通偏差的边界。

（3）**答案：B** 解析 质量管理是指确定质量方针、目标和职责，并通过质量体系中的质量规划、质量保证、质量控制以及质量改进来使其实现所有管理职能的全部活动。质量管理是指为了实现质量目标而进行的所有质量性质的活动。

质量方针与质量目标见下表。

质量方针	质量目标
由组织的最高管理者正式发布的该组织总的质量宗旨和方向	在质量方面所追求的目的
体现了该组织（项目）的质量意识和质量追求，是组织内部的行为准则，也体现了顾客的期望和对顾客做出的承诺	是落实质量方针的具体要求，它从属于质量方针，应与利润目标、成本目标、进度目标等相协调。质量目标必须明确、具体

（4）**答案：A** 解析 GB/T 19000 系列标准：可帮助各种类型和规模的组织实施并运行有效的质量管理体系，该系列质量管理体系能够帮助组织增进顾客满意。这些标准包括：

- GB/T 19000：表述质量管理体系基础知识并规定质量管理体系术语。
- GB/T 19001：规定质量管理体系要求，用于组织证实其具有提供满足顾客要求和适用的法规要求的产品的能力，目的在于增进顾客满意。
- GB/T 19002：质量管理体系 GB/T 19001 应用指南。
- GB/T 19004：质量管理组织的质量实现持续成功指南，该标准的目的是组织业绩改进和顾客及其他干系人满意。
- GB/T 19011：提供审核质量和环境管理体系指南。

（5）**答案：D** 解析 全面质量管理是一种全员、全过程、全组织的品质管理。四个核心的特征包括：①全员参加的质量管理；②全过程的质量管理；③全面方法的质量管理；④全面结果的质量管理。

（6）**答案：C** 解析 问题日志是控制质量过程的输出。质量测量指标是规划质量过程的输出。让相关方相信项目可以达到质量要求，是管理质量过程的活动。质量报告是管理质量过程的输出文件。审计是管理质量过程的工具，而非输出。

（7）**答案：C 解析** 实施质量保证是审计质量要求和质量控制测量结果，确保采用合理的质量标准和操作性定义的过程。本过程的主要作用是促进质量过程改进。

12.2 项目质量管理过程

- 项目质量管理过程不包括＿＿（1）＿＿。
  （1）A．规划质量管理　　B．管理质量　　C．控制质量　　D．产品质量
- 根据项目进度基准和成本基准制定质量测量指标，属于＿＿（2）＿＿阶段的工作内容。
  （2）A．质量评价　　B．质量控制　　C．实施质量保证　D．规划质量管理
- ＿＿（3）＿＿把组织的质量政策用于项目，并将质量管理计划转化为可执行的质量活动。
  （3）A．规划质量管理　　B．管理质量　　C．控制质量　　D．产品质量
- 在项目执行期间，团队成员通知项目经理，一个工作包未达到质量标准。为了分析这种情况，项目经理希望与项目各方开会。项目经理是在哪个质量管理过程？＿＿（4）＿＿。
  （4）A．质量审计　　B．规划质量管理　C．管理质量　　D．控制质量
- 在项目执行过程中，一名团队成员找到项目经理，告诉项目经理根据他的见解，项目将无法满足为之制定的质量标准。项目经理与所有相关各方开会，进行相关分析。项目经理处于质量管理过程的哪个步骤？＿＿（5）＿＿。
  （5）A．规划质量　　B．实施质量保证　C．分析质量　　D．实施质量控制

答案及解析

（1）**答案：D 解析** 项目质量管理过程包括：

1）规划质量管理：识别项目及其可交付成果的质量要求、标准，并书面描述项目符合质量要求、标准的证明。本过程的主要作用是为在整个项目期间如何管理和核实质量提供指南和方向。质量规划应与其他知识领域规划过程并行开展。

2）管理质量：把组织的质量政策用于项目，并将质量管理计划转化为可执行的质量活动。本过程的主要作用：①提高实现质量目标的可能性；②识别无效过程和导致质量低劣的原因。使用控制质量过程的数据和结果向干系人展示项目的总体质量状态。管理质量过程需要在整个项目期间开展。

3）控制质量：为了评估绩效，监督和记录质量管理活动的执行结果，确保项目输出完整、正确，且满足客户期望。本过程的主要作用：①核实项目可交付成果和工作已经达到主要干系人的质量要求，可供最终验收；②确定项目输出是否达到预期目的，这些输出需要满足所有适用标准、要求、法规和规范。控制质量过程需要在整个项目期间开展。

（2）**答案：D 解析** 规划质量管理的输出有质量管理计划、质量测量指标、项目管理计划（更新）、项目文件（更新）。

（3）**答案：B 解析** 管理质量把组织的质量政策用于项目，并将质量管理计划转化为可执行的质量活动。本过程的主要作用：①提高实现质量目标的可能性；②识别无效过程和导致质量低劣的原因。使用控制质量过程的数据和结果向干系人展示项目的总体质量状态。管理质量过程需要在整个项目期间开展。

（4）**答案：D 解析** 控制质量：为了评估绩效，监督和记录质量管理活动的执行结果，确保项目输出完整、正确，且满足客户期望。本过程的主要作用：①核实项目可交付成果和工作已经达到主要干系人的质量要求，可供最终验收；②确定项目输出是否达到预期目的，这些输出需要满足所有适用标准、要求、法规和规范。控制质量过程需要在整个项目期间开展。

（5）**答案：B 解析** 质量保证是指为使人们确信产品或服务能满足质量要求而在质量管理体系中实施并根据需要进行证实的全部有计划和有系统的活动。质量保证一般适用于有合同的场合，其主要目的是使用户确信产品或服务能满足规定的质量要求。质量保证的内容绝不是单纯的保证质量，保证质量是质量控制的任务，质量保证是以保证质量为其基础，进一步引申到提供"信任"这一基本目的。

12.3 规划质量管理

- 规划质量管理的目的是___（1）___。
  - （1）A．准备对策，确保符合质量要求
  - B．建立对未来输出在完工时满足特定需求和期望的信心
  - C．评估绩效
  - D．确保项目满足承诺的需求
- 规划质量管理的输入不包含___（2）___。
  - （2）A．质量测量指标　B．项目管理计划　C．需求文件　D．风险登记册
- 某车企在能满足相关法规要求的实验室进行汽车碰撞测试，此项目产生的成本属于___（3）___。
  - （3）A．内部失败成本　B．外部失败成本　C．评估成本　D．预防成本
- ___（4）___用来显示将一个或多个输入转化成一个或多个输出的过程中，所需步骤顺序和可能分支。
  - （4）A．流程图　　　B．逻辑数据模型　C．矩阵图　　D．思维导图
- 质量管理过程用到的工具与技术中，___（5）___用于规划质量管理过程。
  - （5）A．质量审计　　B．统计抽样　　　C．核查表　　D．质量成本
- 不属于项目质量测量指标的是___（6）___。
  - （6）A．市场占有率　B．准时性　　　　C．可用性　　D．缺陷率
- 某集团在业界一直有良好的口碑，"次品可以出现在车间，但绝对不能出现在柜台"是集团的宣言。以下哪个是对这个宣言的最好诠释？___（7）___。
  - （7）A．外部失败成本必须为 0
  - B．内部失败成本必须为 0

C．一次把质量做合格，以便质量检查成本为 0

D．必须使用统计抽样的方法来检查质量

● 质量规划管理过程的事业环境因素不包括___（8）___。

（8）A．可能影响项目质量的工作条件或运行条件

B．特定应用领域的相关规则、标准和指南

C．可能影响质量期望的文化观念

D．以往阶段或项目的经验教训

答案及解析

（1）**答案：A　解析**　规划质量管理是识别项目及其可交付成果的质量要求和标准，并准备对策确保符合质量要求的过程。本过程的主要作用是为整个项目中如何管理和确认质量提供了指南和方向。

（2）**答案：A　解析**　规划质量管理的输入有：①项目章程；②项目管理计划；③项目文件（假设日志、需求文件、需求跟踪矩阵、风险登记册、干系人登记册）；④事业环境因素；⑤组织过程资产。

（3）**答案：C　解析**　质量成本包含以下一种或多种成本：

1）预防成本：预防特定项目的产品、可交付成果或服务质量低劣所带来的成本。

2）评估成本：评估、测量、审计和测试特定项目的产品、可交付成果或服务所带来的成本。

3）失败成本（内部/外部）：因产品、可交付成果或服务与干系人需求或期望不一致而导致的成本。

一致性成本	不一致性成本
预防成本 （打造某种高质量产品） ・培训 ・文件过程 ・设备 ・完成时间 **评估成本** （评估质量） ・测试 ・破坏性试验损失 ・检查	**内部失败成本** （项目中发现的失败） ・返工 ・报废 **外部失败成本** （客户发现的失败） ・债务 ・保修工作 ・失去业务
项目花费资金**规避失败**	项目前后花费的资金（**由于失败**）

（4）**答案：A　解析**　流程图：也称过程图，用来显示将一个或多个输入转化成一个或多个

输出的过程中,所需步骤顺序和可能分支。它通过映射水平价值链的过程细节来显示活动、决策点、分支循环、并行路径及整体处理顺序。它有助于了解和估算一个过程的质量成本。帮助改进过程并识别可能出现质量缺陷或可以纳入质量检查的地方。

逻辑数据模型:把组织数据可视化,用业务语言加以描述,不依赖任何特定技术。逻辑数据模型可用于识别会出现数据完整性或其他问题的地方。

矩阵图:在行列交叉的位置展示因素、原因和目标之间的强弱关系。根据可用来比较因素的数量,项目经理可使用不同形状的矩阵如L形、T形、Y形、X形、C形和屋顶形矩阵。有助于识别对项目成功至关重要的质量测量指标。

思维导图:是一种用于可视化组织信息的绘图法。质量思维导图通常是基于单个质量概念创建的,是绘制在空白页面中央的图像,之后再增加以图像、词汇或词条形式表现的想法。有助于快速收集项目质量要求、制约因素、依赖关系和联系。

测试与检查的规划:在规划阶段,项目经理和项目团队决定如何测试或检查产品、可交付成果或服务,以满足干系人的需求和期望,以及如何满足产品的绩效和可靠性目标。不同行业有不同的测试与检查,可能包括软件项目的 α 测试和 β 测试、建筑项目的强度测试、制造和实地测试的检查,以及工程的无损伤测试。

(5)答案:D 解析 规划质量管理的工具与技术:①专家判断;②数据收集(标杆对照、头脑风暴、访谈);③数据分析(成本效益分析、质量成本);④决策技术(多标准决策分析);⑤数据表现(流程图、逻辑数据模型、矩阵图、思维导图);⑥测试与检查的规划;⑦会议。

(6)答案:A 解析 质量测量指标包括准时性、成本控制、缺陷率、故障率、可用性、可靠性和测试覆盖度等。

(7)答案:A 解析 缺陷不落入客户手中,就是外部失败成本为0。车间里发现质量不合格,就发生了内部失败成本。质量检查成本不可能为0。D项与题干无关。

(8)答案:D 解析 以往阶段或项目的经验教训属于组织过程资产。

12.4 管理质量

- 某项目经理在项目上受到问题的打击。他想识别问题的根本原因,来确定该把注意力放在哪里。下列哪个工具是项目经理最好的选择? ___(1)___ 。
  - (1)A. 亲和图　　　　　　　　　B. 鱼骨图
  　　C. 流程图　　　　　　　　　D. 矩阵图
- 在项目过程中,项目经理想对潜在缺陷成因进行分类,展示最应关注的领域,项目经理应该使用下列哪一项? ___(2)___ 。
  - (2)A. 亲和图　　　　　　　　　B. 鱼骨图
  　　C. 流程图　　　　　　　　　D. 矩阵图
- ___(3)___ 是一种统计方法,用于识别哪些因素会对正在生产的产品或正在开发的流程的特定变量产生影响。

(3) A．过程分析　　　　　　　　　　B．实验设计
　　C．标杆对照　　　　　　　　　　D．质量审计

● 关于项目质量审计的叙述中，___(4)___是不正确的。
(4) A．质量审计是对其他质量管理活动的结构化和独立的评审方法
　　B．质量审计可以内部完成，也可以委托第三方完成
　　C．质量审计应该是预先计划的，不应该是随机的
　　D．质量审计用于判断项目活动是否遵从于项目定义的过程

● 质量管理实施阶段的工具与技术不包括___(5)___。
(5) A．储备分析　　　　　　　　　　B．统计抽样
　　C．过程决策程序图　　　　　　　D．质量审计

● ___(6)___不能用于进行根本原因分析。
(6) A．力场分析　　　　　　　　　　B．因果图
　　C．头脑风暴法　　　　　　　　　D．鱼骨图

● 六西格玛意为"六倍标准差"，在质量上表示DPMO（100万个机会中出现缺陷的机会）少于___(7)___。
(7) A．3　　　　B．4　　　　C．5　　　　D．6

答案及解析

（1）**答案：B**　**解析**　适用于管理质量过程的数据表现技术主要包括：
1）亲和图：可以对潜在缺陷成因进行分类，展示最应关注的领域。
2）因果图：又称"鱼骨图""why-why分析图"和"石川图"，将问题陈述的原因分解为离散的分支，有助于识别问题的主要原因或根本原因。
3）流程图：展示了引发缺陷的一系列步骤。
4）直方图：是一种展示数字数据的条形图，可展示每个可交付成果的缺陷数量、缺陷成因排列、各个过程的不合规次数，或项目或产品缺陷的其他表现形式。
5）矩阵图：在行列交叉的位置展示因素、原因和目标之间的关系强弱。
6）散点图：是一种展示两个变量之间关系的图形，它能够展示两支轴的关系，一支轴表示过程、环境或活动的任何要素，另一支轴表示质量缺陷。

（2）**答案：A**　**解析**　适用于管理质量过程的数据表现技术主要包括：
1）亲和图：可以对潜在缺陷成因进行分类，展示最应关注的领域。
2）因果图：又称"鱼骨图""why-why分析图"和"石川图"，将问题陈述的原因分解为离散的分支，有助于识别问题的主要原因或根本原因。
3）流程图：展示了引发缺陷的一系列步骤。
4）直方图：是一种展示数字数据的条形图，可展示每个可交付成果的缺陷数量、缺陷成因排列、各个过程的不合规次数，或项目或产品缺陷的其他表现形式。

5）矩阵图：在行列交叉的位置展示因素、原因和目标之间的关系强弱。

6）散点图：是一种展示两个变量之间关系的图形，它能够展示两支轴的关系，一支轴表示过程、环境或活动的任何要素，另一支轴表示质量缺陷。

（3）**答案：B** 解析 实验设计是一种统计方法，考查实验设计定义。

过程分析：该分析可以识别过程改进机会，同时检查在过程期间遇到的问题、制约因素以及非增值活动。

（4）**答案：C** 解析 审计是用于确定项目活动是否遵循了组织和项目的政策、过程与程序的一种结构化且独立的过程。

1）质量审计通常由项目外部的团队开展。

2）质量审计目标一般包括：①识别全部正在实施的良好及最佳实践；②识别所有违规做法、差距及不足；③分享所在组织和/或行业中类似项目的良好实践；④积极、主动地提供协助，以改进过程的执行，从而帮助团队提高生产效率；⑤强调每次审计都应对组织经验教训知识库的积累做出贡献等。

3）质量审计还可确认已批准的变更请求（包括更新、纠正措施、缺陷补救和预防措施）的实施情况。

4）质量审计可事先安排，也可随机进行；可由内部或外部审计师进行。

（5）**答案：A** 解析 储备分析是估算成本的工具与技术。

（6）**答案：A** 解析 所谓根本原因，就是导致我们所关注的问题发生的最基本的原因。因为引起问题的原因通常有很多，物理条件、人为因素、系统行为或者流程因素等，通过科学分析，有可能发现不止一个根源性原因。根本原因分析法的目的就是要努力找出问题的作用因素，并对所有的原因进行分析。常用根本原因分析的工具有：因果图、头脑风暴法、因果分析（鱼骨图）等。

（7）**答案：A** 解析 西格玛原文为希腊字母 sigma，其含义为"标准偏差"，六西格玛意为"六倍标准差"，在质量上表示每百万坏品率少于 3。

12.5 控制质量

- 关于控制质量的描述，不正确的是＿＿（1）＿＿。
  （1）A．控制质量的目的是在用户验收和最终交付之前，测量产品或服务的完整性、合规性和适用性
  　　B．控制质量时，控制图可用于确定一个过程是否稳定
  　　C．在瀑布或预测型项目中，控制质量活动通常由特定团队成员在整个项目生命周期中持续执行
  　　D．质量检查既可以针对单个活动的成果，也可以针对项目的最终产品
- 项目 QA 列出各项检查内容，核实所要求的一系列步骤是否已经得到执行，该 QA 采取的质量管理工具为＿＿（2）＿＿。
  （2）A．质量控制图　　　B．乌龟图　　　C．鱼骨图　　　D．质量核对单

- ___（3）___是指从目标总体中选取部分样本用于检查。样本用于测量控制和确认质量。抽样的频率和规模应在规划质量管理过程中确定。

  （3）A．核对单　　　　　　　　　　B．核查表
  　　　C．统计抽样　　　　　　　　　D．问卷调查

- 以下___（4）___不属于控制质量的输入。

  （4）A．工作绩效数据　　　　　　　B．批准的变更请求
  　　　C．事业环境因素　　　　　　　D．项目章程

- 某项目组的测试团队对项目的功能及性能进行全面测试，来保证项目的可交付成果及工作满足主要干系人的既定需求。项目组所采用的质量管理方式是___（5）___。

  （5）A．规划质量　　　　　　　　　B．质量控制
  　　　C．实施质量保证　　　　　　　D．质量改进

- 以下关于软件质量控制的叙述中，正确的是___（6）___。

  （6）A．质量控制是监督并记录开发活动结果，以便评估绩效
  　　　B．确认项目的可交付成果及工作满足主要干系人的既定要求是软件质量控制的主要作用之一
  　　　C．质量管理计划是质量控制的输出，项目管理计划中不包括质量管理计划
  　　　D．核实的可交付成果是质量控制的输出，同时也是确认范围过程的一项输出

答案及解析

（1）**答案：C** 解析　控制质量过程的目的是在用户验收和最终交付之前测量产品或服务的完整性、合规性和适用性。在瀑布或预测型项目中，控制质量活动由特定团队成员在特定时间点或者项目或阶段快结束时执行。质量检查可以检查单个活动的成果，也可以检查项目的最终产品。控制图用于确定一个过程是否稳定，或者是否具有可预测的绩效。

（2）**答案：D** 解析　质量核对单是一种结构化工具，通常具体列出各项内容，用来核实所要求的一系列步骤是否已得到执行。基于项目需求和实践，核对单可简可繁。许多组织都有标准化的核对单，用来规范地执行经常性任务。在某些应用领域，核对单也可从专业协会或商业性服务机构获取。质量核对单应该涵盖在范围基准中定义的验收标准。

（3）**答案：C** 解析　适用于控制质量过程的数据收集技术包括：

1）核对单：有助于以结构化的方式管理控制质量活动。

2）核查表：又称计数表，用于合理排列各种事项，以便有效地收集关于潜在质量问题的有用数据。在开展检查以识别缺陷时，用核查表收集属性数据就特别方便。

3）统计抽样：是指从目标总体中选取部分样本用于检查。样本用于测量控制和确认质量。抽样的频率和规模应在规划质量管理过程中确定。

4）问卷调查：可用于在部署产品或服务之后收集关于客户满意度的数据。在问卷调查中识别的缺陷相关成本可被视为 COQ 模型中的外部失败成本，给组织带来的影响会超出成本本身。

（4）**答案：D** **解析** 控制质量的输入：

1）项目管理计划；

2）项目文件（测试与评估文件、质量测量指标、经验教训登记册）；

3）可交付成果；

4）工作绩效数据；

5）批准的变更请求；

6）事业环境因素；

7）组织过程资产。

（5）**答案：B** **解析** 控制质量过程的目的是在用户验收和最终交付之前测量产品或服务的完整性、合规性和适用性。本过程通过测量所有步骤、属性和变量，来核实与规划阶段所描述规范的一致性和合规性。

在整个项目期间应执行质量控制，用可靠的数据来证明项目已经达到发起人和/或客户的验收标准。

（6）**答案：B** **解析** 实施质量控制是监督并记录执行质量活动的结果，从而评估绩效并建议必要的变更的过程。项目管理计划包括质量管理计划。核实的可交付成果是确认范围的输出，但不是质量控制的输出。范围确认是有关工作结果的可接受问题，质量控制是有关工作结果是否满足质量需求的问题。

质量控制的主要作用：

1）识别过程低效或产品质量低劣的原因，建议并采取相应措施消除这些原因。

2）确认项目的可交付成果及工作满足主要干系人的既定需求，足以进行最终验收。

第13章 项目资源管理

13.1 管理基础

- 关于项目资源管理的描述,正确的是___(1)___。
  - (1) A. 项目资源是项目发展需要的客观存在的资源,包括实物资源、团队资源、人力资源
      B. 实物资源包括设备、材料、设施和基础设施等;团队资源指规划和组建团队;人力资源指团队成员需要的技能和能力要求
      C. 项目资源管理包括识别、获取和管理所需资源以成功完成项目的各个过程,这些过程有助于确保项目经理和项目团队在正确的时间和地点使用正确的资源
      D. 项目资源管理可根据实际情况与范围管理、成本管理和质量管理不一致,以确保项目的资源利用符合项目的需求和要求
- 关于项目团队的说法,不正确的是___(2)___。
  - (2) A. 项目团队由为了完成项目而承担不同角色与职责的人员组成
      B. 为了保证项目的进度和质量,项目团队成员必须是全职
      C. 项目管理团队是直接参与项目管理活动的项目团队成员,负责项目管理和领导活动
      D. 对于小型项目,项目管理职责可由项目经理独自承担
- 项目经理既是项目团队的领导者又是项目团队的管理者。下列___(3)___不是项目经理领导力的体现。
  - (3) A. 为团队设定目标,描绘愿景   B. 激励和鼓舞大家克服困难
      C. 统一思想,协调人员   D. 为干系人创造利益
- 项目经理的权力有五种来源,其中不包括___(4)___。
  - (4) A. 决策权力   B. 惩罚权力
      C. 专家权力   D. 参照权力

- 关于项目经理权力的描述，不正确的是___(5)___。
  (5) A. 职位权力是由于领导者在组织中身处某一职位而获得的权力
      B. 奖励权力是一种可以带来积极效应或奖赏的权力
      C. 降职、扣薪、惩罚、批评、威胁等属于惩罚权力
      D. 职位权力、惩罚权力、奖励权力来自于管理者自身
- 如果项目经理让员工感到他是某些领域的专业权威，那么员工就会在这些领域内遵从项目经理的意见，这体现了___(6)___。
  (6) A. 职位权力   B. 奖励权力
      C. 专家权力   D. 参照权力
- 项目经理的权力有多种来源，其中___(7)___是由于他人对你的认可和敬佩从而愿意模仿和服从你，以及希望自己成为你那样的人而产生的，这是一种人格魅力。
  (7) A. 职位权力   B. 奖励权力
      C. 专家权力   D. 参照权力
- 小赵刚刚被任命为新项目的项目经理，小赵若想第一时间获得其他团队成员的合作，使用___(8)___形式更合适。
  (8) A. 职位权力   B. 潜示权力
      C. 惩罚权力   D. 专家权力
- 项目经理小赵批准了你的请假申请，他使用的是___(9)___。
  (9) A. 职位权力   B. 参照权力
      C. 奖励权力   D. 强制性权力
- 优秀的管理者擅长使用___(10)___刺激员工高水平完成工作，比如认可和表扬自己团队的员工。
  (10) A. 职位权力   B. 参照权力
       C. 奖励权力   D. 感召权力
- 项目组成员A某因为擅离岗位，造成项目延期，项目经理老王对他做出了降职、扣薪的处理，老王行使的是___(11)___。
  (11) A. 职位权力   B. 专家权力
       C. 惩罚权力   D. 强制性权力
- 优秀的团队建设不是一蹴而就的，一般要依次经历以下五个阶段___(12)___。
  (12) A. 形成—震荡—规范—发挥—解散   B. 形成—震荡—规范—发挥—解散
       C. 震荡—形成—规范—发挥—解散   D. 震荡—形成—发挥—规范—解散
- 小王带领的团队，成员都是从别的部门借调来的，成员彼此不熟悉，相互独立，工作职责与标准不明确，缺乏顺畅的工作流程，小王的团队当前处于___(13)___。
  (13) A. 形成阶段   B. 震荡阶段   C. 发挥阶段   D. 规范阶段
- 团队成员在执行任务时，出现激励与碰撞、人际冲突与分化，互相指责，并且怀疑项目经理的能力。该项目团队正处于___(14)___。

(14) A. 发挥阶段 B. 规范阶段
    C. 震荡阶段 D. 形成阶段
- 经过一定时间磨合，团队成员开始协同工作，他们开始关心彼此的合作和团队工作的进展，并逐渐适应环境、技术和各种规范的要求，这说明团队进入了___(15)___阶段。
  (15) A. 形成阶段 B. 规范阶段
      C. 震荡阶段 D. 发挥阶段
- 项目经理小王提到他团队的每个人对外都称呼"我们组""我们部门"等，团队成员的集体荣誉感非常强，这说明小王带领的团队目前处于___(16)___。
  (16) A. 发挥阶段 B. 规范阶段
      C. 震荡阶段 D. 形成阶段
- 马斯洛需求层次理论，将人类需求像阶梯一样从低到高按层次分为五种，依次为生理—安全—___(17)___—尊重—自我实现。
  (17) A. 认知 B. 审美 C. 社交 D. 激励
- 某公司为员工提供员工宿舍、工作餐、工作服和班车，根据马斯洛需求层次理论，这满足了员工的___(18)___需求。
  (18) A. 生理 B. 安全 C. 社交 D. 尊重
- 某公司为新入职的员工统一缴纳五险一金，并签订了长期劳动合同，根据马斯洛需求层次理论，这满足了员工的___(19)___需求。
  (19) A. 生理 B. 安全 C. 社交 D. 尊重
- 某公司为单身男女组织联谊活动，为爱好运动的员工组织篮球赛、足球赛，根据马斯洛需求层次理论，这些活动满足了员工的___(20)___需求。
  (20) A. 生理 B. 安全 C. 社交 D. 尊重
- 小王由于出色表现，被公司授予"年度最佳项目经理"的称号，并将其加入了公司专家库成为内部讲师，根据马斯洛需求层次理论，这一操作满足了小王的___(21)___需求。
  (21) A. 自我实现 B. 安全 C. 社交 D. 尊重
- 老赵在公司多年，为公司做出了卓越贡献，领导层一致决定任命老赵为华北区的总负责人，并授予其充分的自主决策权，希望老赵能充分发挥自己的聪明才智和潜能，带领华北区业绩翻倍。根据马斯洛需求层次理论，这一操作满足了老赵的___(22)___需求。
  (22) A. 自我实现 B. 安全 C. 社交 D. 尊重
- 小王带领的团队，经过一段时间的磨合，团队成员开始协同工作，并调整各自的工作习惯和行为来支持团队。为了进一步追赶项目进度，小王又申请3名新成员加入，此时项目团队处于___(23)___。
  (23) A. 震荡阶段 B. 发挥阶段 C. 形成阶段 D. 规范阶段
- 赫茨伯格认为有2种完全不同的因素影响着人们的工作行为。其中___(24)___属于保健因素。
  (24) A. 工资薪水 B. 发展机会 C. 领导表扬 D. 荣誉激励

- 为了给员工创造良好的工作环境，更好地激励员工，公司完善了公司政策与行政管理，这体现了赫茨伯格双因素理论中的___（25）___。

  （25）A．保健　　　　　　B．激励　　　　　　C．X 理论　　　　　　D．Y 理论

- 如果遵循赫茨伯格双因素理论中的___（26）___，就要减少对员工管理上的控制，增加他们的自主性；鼓励他们从事新颖的、有挑战性的工作等，使他们能在工作中充分发挥自己的潜能。

  （26）A．保健　　　　　　B．激励　　　　　　C．X 理论　　　　　　D．Y 理论

- 关于 X 理论和 Y 理论的描述，不正确的是___（27）___。

  （27）A．X 理论认为对员工采取强制惩罚和解雇等手段，强迫员工努力工作
  　　　B．Y 理论认为应将员工目标和组织目标结合，发挥员工的智慧和能力
  　　　C．用 X 理论可以加强管理，用 Y 理论可以激发员工主动性
  　　　D．项目初始阶段建议运用 Y 理论，执行阶段建议运用 X 理论

- 小赵作为部门领导，在领导行为上应当实行高度控制和集中管理，要求员工按部就班完成任务，不能使用创造性的方法来计划并实施工作，小赵这种领导风格具有___（28）___理论的特点；与小赵不同，小王作为部门领导，充分尊重员工的想法和意见，给员工一定的自主权，激励员工充分发挥想象力和创造力去完成目标；小王这种领导风格具有___（29）___理论的特点。

  （28）A．OuChi 理论　　　　　　　　　　B．麦格雷戈的 X 理论
  　　　C．马斯洛的自尊理论　　　　　　　D．弗鲁姆的期望理论
  （29）A．OuChi 理论　　　　　　　　　　B．麦格雷戈的 Y 理论
  　　　C．马斯洛的自尊理论　　　　　　　D．弗鲁姆的期望理论

- 关于团队管理的描述，不正确的是___（30）___。

  （30）A．滥用惩罚权力可能会导致项目失败，应谨慎使用
  　　　B．在赫茨伯格双因素理论中，保健因素的满足可以消除不满，激励因素的满足可以产生满意感
  　　　C．奖励权力来自于组织的授权，参照权力来自于管理者自身
  　　　D．X 理论可以激发员工主动性，Y 理论注重加强管理与惩罚

- 赫茨伯格的双因素激励理论中的激励因素类似于马斯洛的需求层次理论中的___（31）___。

  （31）A．安全和自我实现　　　　　　　　B．尊重和自我实现
  　　　C．安全和社会认可　　　　　　　　D．社会认可和尊重

- ___（32）___是通过考查人们的努力行为与其所获得的最终奖酬之间的因果关系来说明激励过程，并以选择合适的行为达到最终的奖酬目标的理论。

  （32）A．马斯洛需求层次理论　　　　　　B．赫茨伯格双因素理论
  　　　C．X 理论与 Y 理论　　　　　　　　D．期望理论

- 一个人对目标的把握越大，估计达到目标的概率越高，激发起的动力越强烈，积极性也就越大，这体现了___（33）___。

  （33）A．马斯洛需求层次理论　　　　　　B．赫茨伯格双因素理论
  　　　C．X 理论与 Y 理论　　　　　　　　D．期望理论

答案及解析

（1）**答案：C** **解析** 项目资源管理包括识别、获取和管理所需资源以成功完成项目的各个过程，这些过程有助于确保项目经理和项目团队在正确的时间和地点使用正确的资源。

项目资源是指对于项目来说，一切具有使用价值，可为项目接受和利用，且属于项目发展过程所需要的客观存在的资源，包括实物资源和团队资源。项目资源管理是为了降低项目成本，而对项目所需的人力、材料、机械、技术、资金等资源所进行的计划、组织、指挥、协调和控制等的活动。

实物资源管理着眼于以有效和高效的方式，分配和使用完成项目所需的实物资源，包括设备、材料、设施和基础设施；团队资源指的是人力资源，团队资源管理相对于实物资源管理，包含了技能和能力要求。项目团队成员可能具备不同的技能，可能是全职的或兼职的，也可能随项目进展而增加或减少，项目人力资源管理的目的是根据项目需要规划并组建项目团队，对团队进行有效的指导和管理，以保证他们可以完成项目任务，实现项目目标。

（2）**答案：B** **解析** 项目团队成员可能具备不同的技能，可能是全职的或兼职的，也可能随项目进展而增加或减少。

（3）**答案：D** **解析** 领导者（Leader）的工作主要涉及三个方面：①确定方向。为团队设定目标，描绘愿景，制定战略。②统一思想。协调人员，团结尽可能多的力量来实现愿景和项目目标。③激励和鼓舞。在向项目目标努力的过程中不可避免地要遇到艰难险阻，领导者要激励和鼓舞大家克服困难奋勇前进。

（4）**答案：A** **解析** 项目经理的权力有五种来源：职位权力、惩罚权力、奖励权力、专家权力、参照权力。

（5）**答案：D** **解析** 职位权力、惩罚权力、奖励权力来自于组织的授权，专家权力和参照权力来自于管理者自身。

职位权力：来源于管理者在组织中的职位和职权。在高级管理层对项目经理正式授权的基础上，项目经理让员工进行工作的权力。

惩罚权力：使用降职、扣薪、惩罚、批评、威胁等负面手段的权力。惩罚权力很有力，但会对团队气氛造成破坏。滥用惩罚权力会导致项目失败，应谨慎使用。

奖励权力：给予下属奖励的权力。奖励包括加薪、升职、福利、休假、礼物、口头表扬、认可度、特殊的任务以及其他的奖励员工满意行为的手段。优秀的管理者擅长使用奖励权力激励员工高水平完成工作。

（6）**答案：C** **解析** 专家权力：来源于个人的专业技能。如果项目经理让员工感到他是某些领域的专业权威，那么员工就会在这些领域内遵从项目经理的意见。来自一线的中层管理者经常具有很大的专家权力。

（7）**答案：D** **解析** 参照权力：由于成为别人学习和参照榜样所拥有的力量。参照权力是由于他人对榜样者的认可和敬佩从而愿意模仿和服从榜样者以及希望自己成为榜样者那样的人而产生的力量，这是一种个人魅力。具有优秀品质的领导者的参照权力会很大。这些优秀品质包括诚实、正直、自信、自律、坚毅、刚强、宽容和专注等。领导者要想拥有参照权力，就要加强这些品质的修炼。

（8）**答案：A** 解析 一般来说，奖励或专家权是最佳的形式。这个项目经理还没有时间成为公司内公认的专家，并且惩罚不是正确的选项。这样只剩下职位权力作为合理的答案选项。

（9）**答案：A** 解析 职位权力：来源于管理者在组织中的职位和职权。在高级管理层对项目经理正式授权的基础上，项目经理让员工进行工作的权力。

（10）**答案：C** 解析 奖励权力：给予下属奖励的权力。奖励包括加薪、升职、福利、休假、礼物、口头表扬、认可度、特殊的任务以及其他奖励员工满意行为的手段。优秀的管理者擅长使用奖励权力激励员工高水平完成工作。

（11）**答案：C** 解析 惩罚权力：使用降职、扣薪、惩罚、批评、威胁等负面手段的权力。惩罚权力很有力，但会对团队气氛造成破坏。滥用惩罚权力会导致项目失败，应谨慎使用。

（12）**答案：A** 解析 团队建设的五个阶段：形成—震荡—规范—发挥—解散。

形成阶段：一个个的个体转变为团队成员，逐渐相互认识并了解项目情况及他们在项目中的角色与职责，开始形成共同目标。团队成员倾向于相互独立，不怎么开诚布公。在本阶段，团队往往对未来有美好的期待。

震荡阶段：团队成员开始执行分配的任务，一般会遇到超出预想的困难，希望被现实打破。个体之间开始争执，互相指责，并且开始怀疑项目经理的能力。

规范阶段：经过一定时间磨合，团队成员开始协同工作，并调整各自的工作习惯和行为来支持团队，团队成员开始相互信任，项目经理能得到团队的认可。

发挥阶段：随着相互之间的配合默契和对项目经理的信任加强，团队就像一个组织有序的单位那样工作。团队成员之间相互依靠，平稳高效地解决问题。这时团队成员的集体荣誉感会非常强，常以第一称谓称呼团队，如"我们组""我们部门"等，并会努力捍卫团队声誉。

解散阶段：所有工作完成后，项目结束，团队解散。

（13）**答案：A** 解析 形成阶段：一个个的个体转变为团队成员，逐渐相互认识并了解项目情况及他们在项目中的角色与职责，开始形成共同目标。团队成员倾向于相互独立，不怎么开诚布公。在本阶段，团队往往对未来有美好的期待。

（14）**答案：C** 解析 震荡阶段：团队成员开始执行分配的任务，一般会遇到超出预想的困难，希望被现实打破。个体之间开始争执，互相指责，并且开始怀疑项目经理的能力。

规范阶段：经过一定时间的磨合，团队成员之间相互熟悉和了解，矛盾基本解决，项目经理能够得到团队的认可。

（15）**答案：B** 解析 规范阶段：经过一定时间磨合，团队成员开始协同工作，并调整各自的工作习惯和行为来支持团队，团队成员开始相互信任，项目经理能得到团队的认可。

（16）**答案：A** 解析 发挥阶段：随着相互之间的配合默契和对项目经理的信任加强，团队就像一个组织有序的单位那样工作。团队成员之间相互依靠，平稳高效地解决问题。这时团队成员的集体荣誉感会非常强，常以第一称谓称呼团队，如"我们组""我们部门"等，并会努力捍卫团队声誉。

（17）**答案：C**　**解析**　马斯洛的需求层次理论如下图所示。

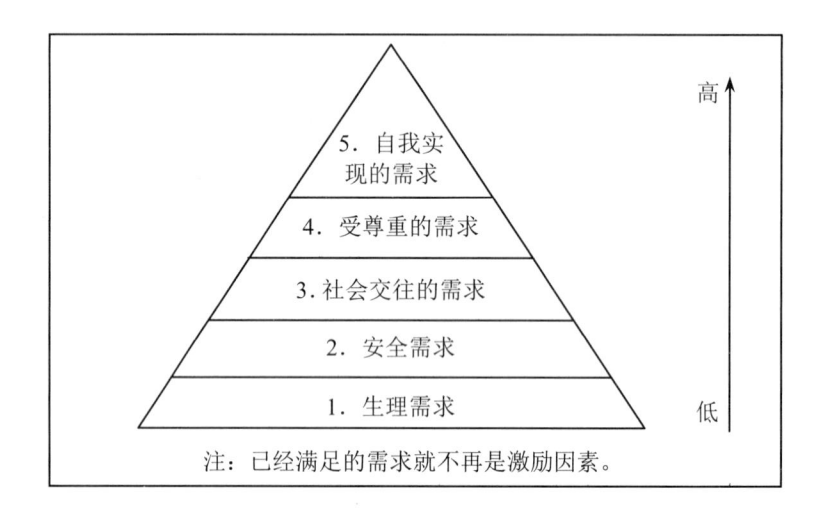

```
        /\
       /5.\         高 ↑
      /自我实\
     /现的需求\
    /----------\
   / 4.受尊重的 \
  /    需求      \
 /----------------\
/ 3.社会交往的需求  \
/--------------------\
/    2.安全需求        \
/------------------------\
/     1.生理需求           \    低
/----------------------------\
     注：已经满足的需求就不再是激励因素。
```

（18）**答案：A**　**解析**　生理需求：对衣食住行等的需求都是生理需求，这类需求的级别最低，人们在转向较高层次的需求之前，总是尽力满足这类需求。常见的激励措施：员工宿舍、工作餐、工作服、班车、工资、补贴、奖金等。

（19）**答案：B**　**解析**　安全需求：包括对人身安全、生活稳定、不致失业以及免遭痛苦、威胁或疾病等的需求。和生理需求一样，在安全需求没有得到满足之前，人们一般不追求更高层次的需求。常见的激励措施：养老保险、医疗保障、长期劳动合同、意外保险、失业保险等。

（20）**答案：C**　**解析**　社会交往的需求：包括对友谊、爱情以及隶属关系的需求。当生理需求和安全需求得到满足后，社交需求就会凸显，进而产生激励作用。这些需求如果得不到满足，就会影响员工的精神，导致高缺勤率、低生产率、对工作不满及情绪低落。常见的激励措施：定期员工活动、聚会、比赛、俱乐部等。

（21）**答案：D**　**解析**　受尊重的需求：包括自尊心和荣誉感。荣誉来自别人，自尊来自自己。常见的激励措施：荣誉性的奖励、形象、地位提升、颁发奖章、作为导师培训别人等。

（22）**答案：A**　**解析**　自我实现的需求：实现自己的潜力，发挥个人能力到最大程度，使自己越来越成为自己所期望的人物。达到自我实现境界的人，必须干与其能力相称的工作，这样才会使他们感到最大的快乐。常见的激励措施：给他更多的空间让他负责、让他成为智囊团、参与决策、参与组织的管理会议等。

（23）**答案：C**　**解析**　一个新成员加入了该团队，这个新成员和原有成员之间不熟悉，对项目目标了解不清晰，因此团队建设将从形成阶段重新开始。

（24）**答案：A**　**解析**　赫茨伯格双因素理论认为有两种完全不同的因素影响着人们的工作行为：①保健因素。与工作环境或条件有关的，能防止人们产生不满意感的一类因素，包括工作环境、工资薪水、组织政策、个人生活、管理监督、人际关系等。当保健因素不健全时，人们就会对工作产生不满意感。但即使保健因素很好时，也仅仅可以消除工作中的不满意，却无法增加人们对工作的满意感，所以这些因素是无法起到激励作用的。②激励因素。与员工的工作本身或工作内容有关的，能促使人们产生工作满意感的一类因素，是高层次的需要，包括成就、承认、工作本身、责任、发展机会等。当激励因素缺乏时，人们就会缺乏进取心，对工作无所谓，但一旦具备了激励因素，员工则会感觉到强大的激励力量从而产生对工作的满意感，所以只有这类因素才能真正激励员工。

（25）**答案：A 解析** 保健因素：与工作环境或条件有关的，能防止人们产生不满意感的一类因素，包括工作环境、工资薪水、组织政策、个人生活、管理监督、人际关系等。

（26）**答案：B 解析** 激励因素：与员工的工作本身或工作内容有关的，能促使人们产生工作满意感的一类因素，是高层次的需要，包括成就、承认、工作本身、责任、发展机会等。

（27）**答案：D 解析** 我们在应用的时候应该因人、因项目团队发展的阶段而异。例如，在项目团队的开始阶段，大家互相还不是很熟悉，对项目不是很了解或者还有某种抵触等，这时候需要项目经理运用 X 理论去指导和管理；当项目团队进入执行阶段，成员对项目的目标已经了解，都愿意努力完成项目，这时候可以运用 Y 理论授权团队完成所负责的工作，并提供支持和相应的环境。

（28）（29）**答案：B B 解析** 本题考查麦格雷戈 X 理论和 Y 理论。X 理论对人性有如下假设：①人天性好逸恶劳，只要有可能就会逃避工作；②人生来就以自我为中心，漠视组织的要求；③人缺乏进取心，逃避责任，甘愿听从指挥，安于现状，没有创造性；④人们通常容易受骗，易受人煽动；⑤人们天生反对改革；⑥人的工作动机就是为了获得经济报酬。

X 理论注重满足员工的生理需求和安全需求，激励仅在生理和安全层次起作用，同时很注重惩罚，认为惩罚是有效的管理工具。

崇尚 X 理论的领导者认为，在领导工作中必须对员工采取强制、惩罚和解雇等手段，强迫员工努力工作，对员工应当严格监督、控制和管理；在领导行为上应当实行高度控制和集中管理。

Y 理论对人性的假设与 X 理论完全相反，其主要观点如下：①人天生并不是好逸恶劳的，他们热爱工作，从工作得到满足感和成就感；②外来的控制和处罚对人们实现组织的目标不是一个有效的办法，下属能够自我确定目标、自我指挥和自我控制；③在适当的条件下，人们愿意主动承担责任；④大多数人具有一定的想象力和创造力；⑤在现代社会中，人们的智慧和潜能只是部分地得到了发挥，如果给予机会，人们喜欢工作，并渴望发挥其才能。

Y 理论认为激励在需求的各个层次上都起作用，常用的激励办法是：将员工个人目标与组织目标融合，扩大员工的工作范围，尽可能把员工的工作安排得富有意义并具有挑战性，使其工作之后感到自豪，满足其自尊和自我实现的需要，使员工达到自我激励。

（30）**答案：D 解析** X 理论注重满足员工的生理需求和安全需求，激励仅在生理和安全层次起作用，同时很注重惩罚，认为惩罚是有效的管理工具。

Y 理论认为激励在需求的各个层次上都起作用，常用的激励办法是：将员工个人目标与组织目标融合，扩大员工的工作范围，尽可能把员工的工作安排得富有意义并具有挑战性，使其工作之后感到自豪，满足其自尊和自我实现的需要，使员工达到自我激励。

（31）**答案：B 解析** 激励因素包括工作成就感、认可和赞赏、成长和发展等，类似于尊重和自我实现。

（32）**答案：D　解析**　期望理论是一种通过考查人们的努力行为与其所获得的最终奖酬之间的因果关系来说明激励过程，并以选择合适的行为达到最终的奖酬目标的理论。

（33）**答案：D　解析**　期望理论是一种通过考查人们的努力行为与其所获得的最终奖酬之间的因果关系来说明激励过程，以选择合适的行为达到最终的奖酬目标。

激发力量=目标效价（实现该目标对个人有多大价值的主观判断）×期望值（个人对实现该目标可能性大小的主观估计）。

13.2　项目资源管理过程

- 项目资源管理包括识别、获取和管理所需资源以成功完成项目的各个过程，包括规划资源管理、估算活动资源、___（1）___、___（2）___、管理团队、控制资源。
  - （1）A．资源分解　　　　B．获取资源　　　　C．资源管理计划　D．资源需求清单
  - （2）A．监督绩效　　　　B．资源分配　　　　C．建设团队　　　D．管理变更
- 下列关于资源管理过程的描述，正确的是___（3）___。
  - （3）A．建设团队——跟踪团队成员工作表现，提供反馈，解决问题并管理团队变更，以优化项目绩效的过程
    - B．管理团队——跟踪团队成员工作表现，提供反馈，解决问题并管理团队变更，以优化项目绩效的过程
    - C．估算活动资源——获取项目所需的团队成员、设施、设备、材料、用品和其他资源的过程
    - D．控制资源——确保按计划为项目分配实物资源，监督资源实际使用情况，并采取必要纠正措施的过程
- 下列不属于资源管理过程的是___（4）___。
  - （4）A．规划资源管理　　　　　　　　B．组建项目团队
    - C．管理项目团队　　　　　　　　D．监控团队绩效
- 跟踪团队成员工作表现，提供反馈，解决问题并管理团队变更，以优化项目绩效。这属于资源管理过程中的___（5）___。
  - （5）A．建设团队　　　B．管理团队　　　C．监督绩效　　　D．团队考核

答案及解析

（1）（2）**答案：B　C　解析**　项目资源管理过程包括：
- 规划资源管理：定义如何估算、获取、管理和利用实物以及团队项目资源。
- 估算活动资源：估算执行项目所需的团队资源、材料、设备和用品的类型和数量。
- 获取资源：获取项目所需的团队成员、设施、设备、材料、用品和其他资源。
- 建设团队：提高工作能力，促进团队成员互动，改善团队整体氛围，提高绩效。

- 管理团队：跟踪团队成员工作表现，提供反馈，解决问题并管理团队变更，以优化项目绩效。
- 控制资源：确保按计划为项目分配实物资源，以及根据资源使用计划监督资源实际使用情况，并采取必要纠正措施。

（3）**答案：D** **解析** 控制资源：确保按计划为项目分配实物资源，以及根据资源使用计划监督资源实际使用情况，并采取必要纠正措施。

（4）**答案：D** **解析** 项目资源管理过程包括规划资源管理、估算活动资源、获取资源、建设团队、管理团队、控制资源。

（5）**答案：B** **解析** 管理团队：跟踪团队成员工作表现，提供反馈，解决问题并管理团队变更，以优化项目绩效。

13.3 规划资源管理

- 下列____（1）____不是规划资源管理的依据。
  （1）A．质量管理计划　　　　　　　　B．范围基准
  　　　C．需求文件　　　　　　　　　　D．资源需求
- 规划资源管理的工具与技术，不包括____（2）____。
  （2）A．工作分解结构（WBS）　　　　B．组织分解结构（OBS）
  　　　C．责任分配矩阵（RAM）　　　　D．风险分解结构（RBS）
- 在编制资源管理计划时，按资源类别和类型，对团队和实物资源的层级列表，用于规划、管理和控制项目工作，这采用的是____（3）____方法。
  （3）A．工作分解结构（WBS）　　　　B．组织分解结构（OBS）
  　　　C．资源分解结构（RBS）　　　　D．责任分配矩阵（RAM）
- 在编制资源管理计划时，照组织现有的部门、单元或团队排列，并在每个部门下列出项目活动或工作包，这采用的是____（4）____方法。
  （4）A．工作分解结构（WBS）　　　　B．组织分解结构（OBS）
  　　　C．资源分解结构（RBS）　　　　D．责任分配矩阵（RAM）
- 资源分解结构是对团队和实物资源进行分解分层，通常依据____（5）____来分解。
  （5）A．资源类别和数量　　　　　　　　B．资源类别和类型
  　　　C．资源类别和使用时间　　　　　　D．资源类别和成本
- 在编制资源管理计划时经常会使用到组织结构图，下列说法错误的是____（6）____。
  （6）A．工作分解结构用来显示如何把项目可交付成果分解为工作包
  　　　B．组织分解结构根据项目的交付物进行分解，把项目活动和工作包列在负责的部门或个人下面
  　　　C．资源分解结构用于分解项目中各类型的资源，例如人力、材料、设备等
  　　　D．如果需要详细描述团队成员的职责，就可以采用文本型

- 责任分配矩阵是一种常用的描述项目角色和职责的方式,关于责任分配矩阵,以下说法错误的是___(7)___。
  - (7) A. 在反映团队成员个人与其承担的工作时,责任分配矩阵不够直观
  - B. 责任分配矩阵可以分成多个层级
  - C. 高层级的责任分配矩阵可以界定团队中的哪个小组负责工作分解中的哪一部分工作
  - D. 底层级的责任分配矩阵用来在小组内为具体活动分配角色、职责、层次
- 责任分配矩阵(RAM)是一种将项目组织分解结构(OBS)和工作分解结构(WBS)联系起来的结构,有助于确保项目工作范围的每个组成部分都分配给某个人或某个团队。下列关于RAM 的说法,不正确的是___(8)___。
  - (8) A. 责任分配矩阵展示项目资源在各个工作包中的任务分配
  - B. 责任分配矩阵可确保任何一项任务都只有一个人负责,从而避免职权不清,做到"事事有人管"
  - C. 通过责任分配矩阵可以明确项目团队成员在项目中"人人有事做"
  - D. RAM 只适合内部团队和小型项目使用,不适用于内外合作项目及大型项目
- 关于责任分配矩阵(RAM)的描述,不正确的是___(9)___。
  - (9) A. 大型项目中,RAM 可分为多个层
  - B. 针对具体的一项活动可分配多个成员,每个成员承担不同职责
  - C. RAM 中用不同的字母表示不同的职责
  - D. RAM 中每项活动中可以有一个以上成员对任务负责
- 项目经理小赵在规划资源管理、编制资源管理计划时,绘制了如下表格,小赵采取的是___(10)___方法。

RACI 矩阵	人员				
活动	张美丽	李致远	王智慧	赵先修	刘工
创建章程	A	R	I	I	I
收集需求	I	A	R	C	C
提交变更请求	I	A	R	R	C
制订测试计划	A	C	I	I	R

  - (10) A. 工作分解结构(WBS)　　B. 组织分解结构(OBS)
  - C. 资源分解结构(RBS)　　D. 责任分配矩阵(RAM)
- 编制资源管理计划时,想要详细描述团队成员职责,提供诸如职责、职权、能力和资格等方面的信息,最适合采用___(11)___方法。
  - (11) A. 文本型文件　　B. 资源需求文件
  - C. 项目管理系统　　D. 资料统计法

- 下列___(12)___不属于资源管理计划的范畴。
  - (12) A．人员获取和能力匹配　　　B．企业员工入职培训
  - 　　　C．建设项目团队　　　　　　D．建立项目组织计划
- 人工智能项目超预期完成，领导决定对表现优秀的团队成员给予表彰和奖励，他应该参考___(13)___获悉将给予团队成员哪些认可和奖励，以及何时给予。
  - (13) A．责任分配矩阵（RAM）　　　B．项目管理计划
  - 　　　C．工作分解结构（WBS）　　　D．资源管理计划

答案及解析

（1）**答案：D**　解析　规划资源管理的输入有项目章程、质量管理计划、范围基准、需求文件、项目进度计划、风险登记册、干系人登记册、事业环境因素、组织过程资产。
资源需求是估算活动资源的输出。

（2）**答案：D**　解析　规划资源管理的工具与技术有专家判断、数据表现［工作分解结构（WBS）、组织分解结构（OBS）、资源分解结构、责任分配矩阵（RAM）］、文本型文件、组织理论、会议。

（3）**答案：C**　解析　资源分解结构：按资源类别和类型，对团队和实物资源的层级列表，用于规划、管理和控制项目工作，每向下一个层级代表对资源的更详细描述，直到信息细到可以与工作分解结构（WBS）相结合。

（4）**答案：B**　解析　组织分解结构（OBS）：按照组织现有的部门、单元或团队排列，并在每个部门下列出项目活动或工作包。例如，运营部门只需找到其所在的OBS位置，就能看到自己的全部项目职责。

（5）**答案：B**　解析　资源分解结构：按资源类别和类型，对团队和实物资源的层级列表，用于规划、管理和控制项目工作，每向下一个层级代表对资源的更详细描述，直到信息细到可以与工作分解结构（WBS）相结合。

（6）**答案：B**　解析　组织分解结构（OBS）不是根据项目的交付物进行分解，而是按照组织现有的部门、单元或团队排列，并在每个部门下列出项目活动或工作包。

（7）**答案：A**　解析　反映团队成员个人与其承担的工作之间联系的方法有多种，而责任分配矩阵（RAM）是最直观的方法。责任分配矩阵就是一个表格，上面有活动（一般纵向）、人员（一般横向），在人员和活动之间确定责任分配关系。

（8）**答案：D**　解析　矩阵型图表的一个例子是责任分配矩阵（RAM），它显示了分配给每个工作包的项目资源，用于说明工作包或活动与项目团队成员之间的关系。在大型项目中，可以制定多个层次的RAM，例如，高层次的RAM可定义项目团队、小组或部门负责WBS中的哪部分工作，而低层次的RAM则可在各小组内为具体活动分配角色、职责和职权。矩阵型图表能反映与每个人相关的所有活动，以及与每项活动相关的所有人员，它也可确保任何一项任务都只有一个人负责，从而避免职权不清。如果团队由内部和外部人员组成，则RACI矩阵对明确划分角色和职责特别有用。

（9）**答案：D** **解析** 矩阵型图表能反映与每个人相关的所有活动，以及与每项活动相关的所有人员，它也可确保任何一项任务都只有一个人负责。

在一些分计划（如风险、质量和沟通计划）中也可以列出某些项目的工作分配。无论采用何种形式，都要确保每一个工作包只有一个明确的责任人，而且每一个项目团队成员都非常清楚自己的角色和职责。

（10）**答案：D** **解析** RAM的一个例子是RACI（执行、负责、咨询和知情）矩阵，如下表所示。其中最左边的一列表示有待完成的工作（活动）；分配给每项工作的资源可以是个人或小组，项目经理也可根据项目需要，选择"领导"或"资源"等适用词汇，来分配项目责任。

RACI 矩阵	人员				
活动	张美丽	李致远	王智慧	赵先修	刘工
创建章程	A	R	I	I	I
收集需求	I	A	R	C	C
提交变更请求	I	A	R	R	C
制订测试计划	A	C	I	I	R

注：R 执行；A 负责；C 咨询；I 知情。

（11）**答案：A** **解析** 文本型：如果需要详细描述团队成员的职责，就可以采用文本型。文本型文件通常以概述的形式，提供诸如职责、职权、能力和资格等方面的信息。这种文件有多种名称，如职位描述、角色—职责—职权表。这类文件可作为未来项目的模板，特别是在根据当前项目的经验教训对其内容进行更新之后。

（12）**答案：D** **解析** 资源管理计划的内容主要包括：

- 识别资源：用于识别和量化项目所需的团队和实物资源的方法。
- 获取资源：关于如何获取项目所需的团队和实物资源的指南。
- 角色与职责：①角色是指在项目中某人承担的职务或分配给某人的职务，如土木工程师、商业分析师和测试协调员。②职权是指使用项目资源、做出决策、签字批准、验收可交付成果并影响他人开展项目工作的权力。例如，下列事项都需要由具有明确职权的人来做决策：选择活动的实施方法、质量验收标准，以及如何应对项目偏差等。当个人的职权水平与职责相匹配时，团队成员就能最佳地开展工作。③职责是指为完成项目活动，项目团队成员必须履行的职责和工作。④能力是指为完成项目活动，项目团队成员须具备的技能和才干。如果项目团队成员不具备所需的能力，就不能有效地履行职责。一旦发现成员能力与职责不匹配，就应主动采取措施，如安排培训、招募新成员、调整进度计划或工作范围。
- 项目组织图：以图形方式展示项目团队成员及其报告关系。基于项目需要，项目组织图可以是正式的或非正式的，非常详细的或高度概括的。例如，一个3000人的灾害应急团队项目组织图，比仅有20人的内部项目组织图要详尽得多。

- 项目团队资源管理：关于如何定义、配备、管理和最终遣散项目团队资源的指南。
- 培训：针对项目成员的培训策略。
- 团队建设：建设项目团队的方法。
- 资源控制：依据需要确保实物资源充足可用，并为项目需求优化实物资源采购而采用的方法。包括有关整个项目生命周期期间的库存、设备和用品管理的信息。
- 认可计划：将给予团队成员哪些认可和奖励，以及何时给予。

（13）答案：D　解析　资源管理计划的内容包括认可计划：将给予团队成员哪些认可和奖励，以及何时给予。

13.4　估算活动资源

- 估算活动资源的工具与技术不包括___（1）___。
  （1）A．类比估算　　　　　　　　　B．参数估算
  　　　C．备选方案分析　　　　　　　D．自上而下估算
- 估算活动资源的输出有___（2）___。
  （2）A．资源需求、估算依据、资源分解结构、资源管理计划
  　　　B．资源需求、估算依据、资源分解结构、项目文件
  　　　C．资源日历、资源需求、资源分配单、团队派工单
  　　　D．资源日历、资源需求、资源分配单、项目文件
- 估算活动资源的输入，不包括___（3）___。
  （3）A．范围基准　　　　　　　　　B．资源管理计划
  　　　C．活动属性　　　　　　　　　D．估算依据
- 不属于活动资源估算输出的是___（4）___。
  （4）A．活动资源需求　　　　　　　B．资源分解结构
  　　　C．项目文件更新　　　　　　　D．活动清单
- 下图所示层级结构图属于___（5）___。

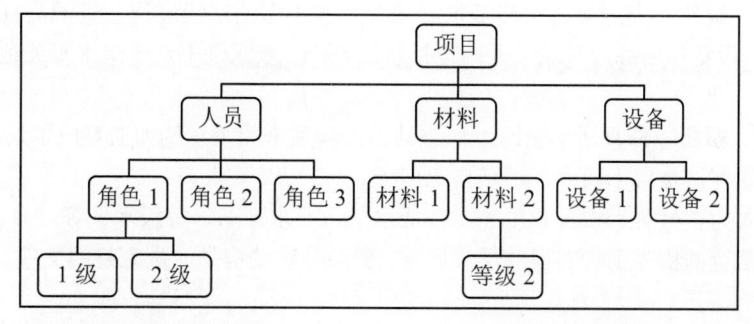

（5）A．工作分解结构（WBS）　　　B．组织分解结构（OBS）
　　　C．资源分解结构（RBS）　　　D．责任分配矩阵（RAM）

- ___(6)___ 可以反映软件项目中各个不同组件涉及的所有成员和软硬件设备。

    （6）A．工作分解结构（WBS） B．资源分解结构（RBS）

    　　　C．组织分解结构（OBS） D．责任分解矩阵（RAM）

- 关于估算活动资源的说法，正确的是___(7)___。

    （7）A．资源估算过程与成本估算无关

    　　　B．常用的估算方式：类比估算、自上而下估算、参数估算

    　　　C．按资源类别和类型的层级展现输出资源分解结构，以便更有效地管理资源

    　　　D．资源估算主要是人力、材料、设备和用品，技能、证书、等级水平等不在资源估算范围内

- 项目经理想要确定团队目前的设备和人力资源何时可用、可用多久，他可以通过___(8)___查询到。

    （8）A．活动清单　　　B．资源需求单　　　C．资源日历　　　D．资源管理计划

答案及解析

（1）**答案：D** 解析　估算活动资源的工具与技术包括：专家判断、自下而上估算、类比估算、参数估算、备选方案分析、项目管理信息系统、会议。

（2）**答案：B** 解析　估算活动资源的输出包括：资源需求、估算依据、资源分解结构、项目文件（更新）。

（3）**答案：D** 解析　估算依据是估算活动资源的输出。估算活动资源的输入包括：范围基准、资源管理计划、活动属性、活动清单、成本估算、资源日历、风险登记册、假设日志、事业环境因素、组织过程资产。

（4）**答案：D** 解析　活动清单是估算活动资源的输入。

（5）**答案：C** 解析　资源分解结构是资源依类别和类型的层级展现，资源类别包括（但不限于）人力、材料、设备和用品，资源类型则包括技能水平、要求证书、等级水平或适用于项目的其他类型。资源分解结构是一份完整的文件，用于获取和监督资源。

（6）**答案：B** 解析　资源分解结构是资源依类别和类型的层级展现。资源类别包括（但不限于）人力、材料、设备和用品，资源类型则包括技能水平、要求证书、等级水平或适用于项目的其他类型。

（7）**答案：C** 解析　估算活动资源过程与其他过程紧密相关，例如估算成本过程。

估算活动资源的方法是自下而上，不是自上而下。

活动资源包括人力、材料、设备和用品，技能水平、要求证书、等级水平等。

资源分解结构是资源依类别和类型的层级展现，资源分解结构是一份完整的文件，用于获取和监督资源。

（8）**答案：C** 解析　资源日历：识别了每种具体资源可用时的工作日、班次、正常营业的上下班时间、周末和公共假期。在规划活动期间，潜在的可用资源信息（如团队资源、设备和材料）

用于估算资源可用性。资源日历还规定了在项目期间确定的团队和实物资源何时可用、可用多久。这些信息可以在活动或项目层面建立，这考虑了诸如资源经验和（或）技能水平以及不同地理位置等属性。

13.5 获取资源

- 关于项目资源获取的说法，不正确的是___（1）___。
    - （1）A．根据项目管理计划和项目文件，获取人力资源和实物资源，进行分配
    - B．得出实物资源分配单，项目团队派工单，同时根据资源的可用日期，形成资源日历
    - C．内部资源从职能经理或资源经理那里获得，外部资源通过采购/租赁等途径获得
    - D．不能获得项目所需的资源时，可能会影响项目进度和质量，资源或人员能力不足不会降低项目成功的概率
- 以下情况，项目经理对资源没有直接控制权，除了___（2）___。
    - （2）A．集体劳资协议　　　　　　B．分包商人员使用
    - C．内部报告关系　　　　　　D．矩阵型项目环境
- 关于获取项目资源的过程，描述错误的是___（3）___。
    - （3）A．项目经理通过谈判，获得项目所需的团队和实物资源
    - B．在无法获得所需资源时，可以使用替代资源
    - C．资源的可用性、能力水平、以往经验、市场条件、组织结构等都会影响资源获取
    - D．获取资源的过程依据资源需求、资源日历、输出资源分配单和团队派工单
- 获取资源需要采用各种方法技巧，其中对潜在资源进行评级或打分，使用的是___（4）___。
    - （4）A．多标准决策分析　　　　　B．专家判断
    - C．敏感性分析　　　　　　　D．决策网分析
- 在获取资源时需要的人际关系与团队技能中，___（5）___有助于项目经理获得最佳资源。
    - （5）A．访谈　　　B．谈判　　　C．会议　　　D．情商
- 项目经理有时为了给项目争取最佳资源，需要和不同角色的人谈判，下列描述错误的是___（6）___。
    - （6）A．项目发起人：确保项目在要求的时限内获得最佳资源，直到完成职责
    - B．执行组织中的其他项目管理团队：合理分配稀缺或特殊资源
    - C．外部组织和供应商：提供合适的、稀缺的、特殊的、合格的、经认证的或其他特殊的团队或实物资源
    - D．特别需要注意与外部谈判有关的政策、惯例、流程、指南、法律及其他标准
- 人员的预分派不适用于___（7）___。
    - （7）A．在投标文件中所指定的人员
    - B．具有特定的知识和技能的人员，项目因他们才存在
    - C．项目章程中指定的项目经理
    - D．根据雇佣合同就位的优秀专业人员

- 项目若想顺利完成需要具备特殊技能的专家，但专家都地处不同城市，很难聚到一起办公，这时项目经理可以采用___(8)___的方法解决。

  (8) A．预分派　　　　　B．谈判　　　　　C．招募　　　　　D．虚拟团队

- 现代沟通技术（如电子邮件电话会议、社交媒体、网络会议和视频会议等）使虚拟团队成为可行。下列关于虚拟团队的优点，描述不正确的是___(9)___。

  (9) A．使用更多技术熟练的资源　　　　　B．减少出差及搬迁费用，降低成本

  　　C．提高沟通效率和知识分享　　　　　D．打破地域限制

- 关于虚拟团队的说法，错误的是___(10)___。

  (10) A．虚拟团队是由真实的个人组成的工作团队

  　　B．虚拟团队必须由同一领域的专家组成

  　　C．团队人员凭借电话、微信等沟通手段组成虚拟的工作环境

  　　D．团队人员合作完成事先拟定好的工作目标

- 下列关于虚拟团队的描述，不正确的是___(11)___。

  (11) A．由于持续的变动和重组，角色、目标、责任不明确

  　　B．成员核心能力和资源的互补

  　　C．团队成员有共同目标，易于管理

  　　D．可以使用更多技术熟练的资源，降低成本、拉近相关方之间的距离

- 获取资源的工具与技术，不包括___(12)___。

  (12) A．人际关系与团队技能　　　　　B．预分派

  　　C．虚拟团队　　　　　　　　　　D．招募

- 获取资源的输出不包括___(13)___。

  (13) A．资源日历　　　　　　　　　　B．团队派工单

  　　C．变更请求　　　　　　　　　　D．责任分配矩阵

答案及解析

（1）**答案：D**　**解析**　不能获得项目所需的资源时，可能会影响项目进度、预算、客户满意度、质量和风险，资源或人员能力不足会降低项目成功的概率，最坏情况下可能导致项目被取消。

（2）**答案：C**　**解析**　项目经理对资源没有直接控制权的情况：集体劳资协议、分包商人员使用、矩阵型项目环境、内外部报告关系。

（3）**答案：D**　**解析**　资源日历是获取资源的输出，不是依据（输入）。

（4）**答案：A**　**解析**　适用于获取资源过程的决策技术是多标准决策分析。选择标准常用于选择项目的实物资源或项目团队。使用多标准决策分析工具制定出标准，用于对潜在资源进行评级或打分（例如，在内部和外部团队资源之间进行选择）。根据标准的相对重要性对标准进行加权，加权值可能因资源类型的不同而发生变化。

（5）**答案：B**　**解析**　适用于获取资源过程的人际关系与团队技能是谈判。

（6）**答案：A**　**解析**　适用于获取资源过程的人际关系与团队技能是谈判。很多项目需要针对所需资源进行谈判。

项目管理团队需要与下列各方谈判：
- 职能经理：确保项目在要求的时限内获得最佳资源，直到完成职责。
- 执行组织中的其他项目管理团队：合理分配稀缺或特殊资源。
- 外部组织和供应商：提供合适的、稀缺的、特殊的、合格的、经认证的或其他特殊的团队或实物资源。特别需要注意与外部谈判有关的政策、惯例、流程、指南、法律及其他标准。

（7）**答案：D**　**解析**　预分派是指在项目正式启动前就指定或预约某些重要人员。提交投标文件时，投标人并未正式启动可能的承包项目。所以，其在投标文件向招标人承诺的人选，是预分派的。必须先把具有特定的知识和技能的人员预约好，才能正式启动项目。编写项目章程时，项目尚未正式启动。所以，在其中指定的人选是预分派的。D 项与预分派没有关系。

（8）**答案：D**　**解析**　虚拟团队模式使人们有可能：①在组织内部地处不同地理位置的员工之间组建团队；②为项目团队增加特殊技能，即使相应的专家不在同一地理区域；③将在家办公的员工纳入团队；④在工作班次、工作小时或工作日不同的员工之间组建团队；⑤将行动不便者或残疾人纳入团队；⑥执行那些原本会因差旅费用过高而被搁置或取消的项目；⑦节省员工所需的办公室和所有实物设备的开支等。

（9）**答案：C**　**解析**　虚拟团队模式使人们有可能：①在组织内部地处不同地理位置的员工之间组建团队；②为项目团队增加特殊技能，即使相应的专家不在同一地理区域；③将在家办公的员工纳入团队；④在工作班次、工作小时或工作日不同的员工之间组建团队；⑤将行动不便者或残疾人纳入团队；⑥执行那些原本会因差旅费用过高而被搁置或取消的项目；⑦节省员工所需的办公室和所有实物设备的开支等。

（10）**答案：B**　**解析**　虚拟团队可以由不同领域的专家组成。

（11）**答案：C**　**解析**　虚拟团队中团队成员分散，不利于管理。

（12）**答案：D**　**解析**　获取资源的工具与技术包括：决策、人际关系与团队技能（谈判）、预分派、虚拟团队。

（13）**答案：D**　**解析**　获取资源的输出包括：物质资源分配单、项目团队派工单、资源日历、变更请求、项目管理计划（更新）、项目文件（更新）。

13.6　建设团队

- 建设团队的主要作用不包括＿＿（1）＿＿。

（1）A．促进团队成员互动，改善团队整体氛围

　　　B．激励员工、减少摩擦，提升整体项目绩效

　　　C．减少团队成员间的文化差异，创建富有凝聚力的团队文化

　　　D．提高团队成员的知识和技能，提高相互间的认同感

- 成功有效的团队建设可以达到的效果，不包括___(2)___。
  - （2）A．建设成一个高效、运行良好的项目团队，提高了项目绩效
    - B．提高团队参与决策的能力，使他们承担起对解决方案的责任
    - C．使项目小组成员认识到对项目的绩效负责的是项目经理
    - D．提高了项目干系人和小组成员为项目贡献力量的能力
- 团队建设过程中用到的工具与技巧，不包括___(3)___。
  - （3）A．沟通技术　　　　　　　　　B．冲突管理
    - C．个人和团队评估　　　　　　D．项目人员分派
- 下列不属于团队建设内容的是___(4)___。
  - （4）A．集中办公　　　　　　　　　B．优秀成员表彰会
    - C．非正式培训　　　　　　　　D．编写人力资源计划
- 关于集中办公的说法，错误的是___(5)___。
  - （5）A．集中办公可以是临时的，也可以贯穿整个项目
    - B．集中办公可以培养项目团队的集体感
    - C．集中办公地点也称为作战室
    - D．集中办公与虚拟团队只能二选一
- ___(6)___方式可以帮助项目团队成员增进沟通，快速形成凝聚力。
  - （6）A．集中办公　　B．虚拟团队　　C．在线培训　　D．共享员工
- 在团队建设中使用___(7)___技术有助于为集中办公团队营造一个融洽的环境，促进虚拟团队更好地相互理解。
  - （7）A．沟通　　　　　　　　　　　B．人际关系技能
    - C．认可与奖励　　　　　　　　D．积极倾听
- 下列团队建设中使用的人际关系与技能，说法错误的是___(8)___。
  - （8）A．冲突管理：项目经理应及时地以建设性方式解决冲突，从而创建高绩效团队
    - B．谈判：项目经理通过与职能经理谈判为项目团队争取最佳资源
    - C．团队建设：通过举办各种活动，强化团队的社交关系，打造积极合作的工作环境
    - D．影响力：收集相关的关键信息，在维护相互信任的关系时，用来解决重要问题并达成一致意见
- 项目经理在进行团队建设时，可以通过___(9)___来了解团队成员的偏好和愿望，洞察成员的优势和劣势。
  - （9）A．个人和团队评估　　　　　　B．沟通技术
    - C．认可与奖励　　　　　　　　D．团队发展会议
- 评价团队有效性的指标，不包括___(10)___。
  - （10）A．个人与团队技能提升　　　　B．团队离职率降低
    - C．团队凝聚力加强　　　　　　D．团队消除文化差异

答案及解析

(1) **答案：C** 解析 项目管理团队应该利用文化差异，在整个项目生命周期中致力于发展和维护项目团队，并促进在相互信任的氛围中充分协作；通过建设项目团队，可以改进人际技巧、技术能力、团队环境及项目绩效。在整个项目生命周期中，团队成员之间都要保持明确、及时、有效（包括效果和效率两个方面）的沟通。

建设项目团队的目标包括：①提高团队成员的知识和技能：以提高他们完成项目可交付成果的能力，并降低成本、缩短工期和提高质量；②提高团队成员之间的信任和认同感：以提高士气、减少冲突和增进团队协作；③创建富有生气、凝聚力和协作性的团队文化：一是可帮助提高个人和团队生产率，振奋团队精神，促进团队合作；二是促进团队成员之间的交叉培训和辅导，以分享知识和经验；④提高团队参与决策的能力：使他们承担起对解决方案的责任，从而提高团队的生产效率，获得更有效和高效的成果等。

(2) **答案：C** 解析 全体团队成员都要对项目的绩效负责。

(3) **答案：D** 解析 建设团队的工具与技术包括：集中办公、虚拟团队、沟通技术、人际关系与技能（冲突管理、影响力、激励、谈判、团队建设）、认可与奖励、培训（正式与非正式）、个人和团队评估、会议。

(4) **答案：D** 解析 解析：建设团队的工具与技术，也是团队建设的内容，包括：集中办公、虚拟团队、沟通技术、人际关系与技能（冲突管理、影响力、激励、谈判、团队建设）、认可与奖励、培训（正式与非正式）、个人和团队评估、会议。

(5) **答案：D** 解析 建设团队不要求必须在集中办公和虚拟团队中二选一。

集中办公是指把许多或全部最活跃的项目团队成员安排在同一个地点工作，以增强团队工作能力。集中办公既可以是临时的（如仅在项目特别重要的时期），也可以贯穿整个项目。实施集中办公策略时，可借助团队会议室、张贴进度计划的场所，以及其他能增进沟通和集体感的设施。

(6) **答案：A** 解析 集中办公是把许多或全部最活跃的项目团队成员安排在同一个地点工作，以增加他们作为一个团队工作的能力，强调了团队的凝聚力。虚拟团队强调的是使用更多熟练资源、降低成本、减少出差以及拉近项目团队成员与供应商、客户或其他重要干系人的距离。而培训旨在增进团队成员和团队整体的能力。

(7) **答案：A** 解析 在解决集中办公或虚拟团队的团队建设问题方面，沟通技术至关重要。它有助于为集中办公团队营造一个融洽的环境，促进虚拟团队（尤其是团队成员分散在不同时区的团队）更好地相互理解。

(8) **答案：B** 解析 适用于建设团队过程的人际关系与团队技能主要包括：

- 冲突管理：项目经理应及时地以建设性方式解决冲突，从而创建高绩效团队。
- 影响力：本过程的影响力技能是指收集相关的关键信息，在维护相互信任的关系时，用来解决重要问题并达成一致意见。
- 激励：为采取行动提供了理由。提高团队参与决策的能力并鼓励独立工作。

- 谈判：团队成员之间的谈判旨在就项目需求达成共识。谈判有助于在团队成员之间建立融洽的相互信任的关系。
  - 团队建设：通过举办各种活动，强化团队的社交关系，打造积极合作的工作环境。

（9）**答案：A** **解析** 个人和团队评估工具能让项目经理和项目团队洞察成员的优势和劣势。这些工具可帮助项目经理评估团队成员的偏好和愿望、团队成员如何处理和整理信息、如何制定决策，以及团队成员如何与他人打交道。有各种可用的工具，如态度调查、专项评估、结构化访谈、能力测试及焦点小组。这些工具有利于增进团队成员间的理解、信任、承诺和沟通，在整个项目期间不断提高团队成效。

（10）**答案：D** **解析** 评价团队有效性的指标包括：①个人技能的改进，使成员更有效地完成工作任务；②团队能力的改进，从而使团队成员更好地开展工作；③团队成员离职率的降低；④团队凝聚力的加强，从而使团队成员公开分享信息和经验，并互相帮助来提高项目绩效。

13.7 管理团队

- 管理项目团队的作用，主要体现在___（1）___。
  ①指导团队选择和职责分配　②管理冲突　③解决问题　④改进团队协作　⑤影响团队行为
  （1）A．①③⑤　　　　B．②③④　　　　C．①③④　　　　D．②③⑤

- 管理项目团队的输入包括___（2）___。
  ①团队章程　②项目管理计划　③问题日志　④团队派工单　⑤变更请求　⑥资源日历
  （2）A．①②③④　　　B．①③④⑤　　　C．①②④⑤　　　D．②④⑤⑥

- 适用于管理团队过程的人际关系与团队技能不包括___（3）___。
  （3）A．冲突管理　　B．制定决策　　C．谈判　　D．情商

- 关于冲突管理的描述，不正确的是___（4）___。
  （4）A．冲突可增加创造力，支持做出更好的决策
  　　　B．项目管理中应尽量避免公开处理冲突
  　　　C．冲突的根源有可能是新技术的使用
  　　　D．在项目管理中冲突是不可避免的

- 在项目环境中，冲突不可避免。冲突管理办法包括___（5）___。
  ①问题解决　②谈判　③合作　④妥协　⑤撤退　⑥公示
  （5）A．①②③⑤⑥　　B．①③④⑤　　　C．②③④⑤　　　D．①②③④⑤⑥

- 有5种常用的冲突解决方法，每种技巧都有各自的作用和用途，下列说法正确的是___（6）___。
  （6）A．回避：为了暂时或部分解决冲突，寻找能让各方都在一定程度上满意的方案
  　　　B．妥协：强调一致而非差异；为维持和谐与关系而退让一步，考虑其他方的需要
  　　　C．回避：从实际或潜在冲突中退出，将问题推迟到准备充分的时候，或者将问题推给其他人员解决
  　　　D．撤退：以牺牲其他方为代价，推行某一方的观点；只提供赢-输方案

- 项目进行到关键时刻，团队内成员就资源问题产生冲突，项目经理采用了___(7)___解决方法，使得冲突各方都有一定程度满意，但冲突各方没有任何一方完全满意。

  (7) A．妥协/调解　　　　　　　　　　B．缓和/包容
  　　C．合作/解决问题　　　　　　　　D．撤退/回避

- 某项目被组织认定为非常重要，要求必须按时交付。在实施阶段，项目经理调停了两名项目团队成员之间的分歧，___(8)___冲突解决技术对双方都带来某种程度的满意度并暂时延迟冲突。

  (8) A．妥协/调解　　　　　　　　　　B．缓和/包容
  　　C．强迫/命令　　　　　　　　　　D．合作/解决问题

- 解决冲突的方法中，___(9)___通常会造成"赢-输"的局面。

  (9) A．妥协/调解　　　　　　　　　　B．缓和/包容
  　　C．强迫/命令　　　　　　　　　　D．撤退/回避

- 甲乙双方一直就价格和工期问题未能达成一致，再次谈判后双方都决定有所让步，甲方同意增加一个月工期，乙方也决定价格让利，这体现了___(10)___的解决方法。

  (10) A．妥协/调解　　　　　　　　　　B．缓和/包容
  　　C．撤退/回避　　　　　　　　　　D．合作/解决问题

- 项目团队成员小王和小赵就技术问题发生争执，为了保持团队的和谐，项目经理让两个人冷静下来，把各自手头的工作先做好，有争议的问题慢慢再解决。项目经理采取的冲突管理方法是___(11)___。

  (11) A．妥协/调解　　　　　　　　　　B．缓和/包容
  　　C．撤退/回避　　　　　　　　　　D．强迫/命令

- 在软件开发项目中，研发负责人指出了严重的设计缺陷，并提供了新的设计方案，团队成员对此缺陷也都提出了其他解决方案，但是研发负责人却不愿意采用成员的方案。这属于___(12)___冲突解决方案。

  (12) A．妥协/调解　　　　　　　　　　B．缓和/包容
  　　C．撤退/回避　　　　　　　　　　D．强迫/命令

- ___(13)___解决方案是最佳的冲突解决方案，可以达成双赢。

  (13) A．妥协/调解　　　　　　　　　　B．缓和/包容
  　　C．撤退/回避　　　　　　　　　　D．合作/解决问题

- 项目执行过程中，一名关键技术专家对某项工作不配合，项目经理为了解决该问题，与专家面对面，倾听专家想法，了解情况并制定解决方案，项目经理使用了___(14)___的冲突解决方案。

  (14) A．合作/解决问题　　　　　　　　B．缓和/包容
  　　C．撤退/回避　　　　　　　　　　D．妥协/调解

- 项目会上，两个项目成员就某问题的解决方法争论了一个小时都没有结果，项目经理请两人冷静下来，淡化争议，在讨论问题中寻找共同点，项目经理采用的是___(15)___。

  (15) A．妥协/调解　　　　　　　　　　B．缓和/包容
  　　C．撤退/回避　　　　　　　　　　D．强迫/命令

答案及解析

（1）**答案：D**　**解析**　管理团队是跟踪团队成员工作表现、提供反馈、解决问题并管理团队变更以优化项目绩效的过程。本过程的主要作用是影响团队行为、管理冲突以及解决问题。

（2）**答案：A**　**解析**　管理项目团队的输入包括项目管理计划、团队章程、问题日志、项目团队派工单、经验教训登记册、工作绩效报告、团队绩效评价、事业环境因素、组织过程资产。

（3）**答案：C**　**解析**　适用于管理团队过程的人际关系与团队技能包括：冲突管理、制定决策、情商、影响和领导力。

（4）**答案：B**　**解析**　冲突的特点：①冲突是自然的，而且要找出一个解决办法；②冲突是一个团队问题，而不是某人的个人问题；③应公开地处理冲突；④冲突的解决应该聚焦在问题，而不是人身攻击；⑤冲突的解决应该聚焦在现在，而不是过去。

（5）**答案：B**　**解析**　冲突解决办法包括撤退/回避、缓和/包容、妥协/调解、强迫/命令、合作/解决问题。

（6）**答案：C**　**解析**　冲突的五种处理方法见下表：

解决方式	特点	说明	补充说明
合作/解决问题	赢-赢	综合考虑不同的观点和意见，采用合作的态度和开放式对话引导各方达成共识和承诺，这种方法可以带来双赢局面	最好的冲突解决方式
妥协/调解	各让一步 不输不赢	为了暂时或部分解决冲突，寻找能让各方都在一定程度上满意的方案，但这种方法有时会导致"双输"局面	冲突各方都有一定程度满意，但冲突各方没有任何一方完全满意
缓和/包容	求同存异	强调一致而非差异；为维持和谐与关系而退让一步，考虑其他方的需要	保持一种友好的气氛，但是回避了解决冲突的根源
撤退/回避	双输，矛盾被搁置 "离他远点"	从实际或潜在冲突中退出，将问题推迟到准备充分的时候，或者将问题推给其他人员解决	短期可以，长远来看不好。降温或解决问题条件不成熟
强迫/命令	赢-输 单赢——"我就要赢！"	以牺牲其他方为代价，推行某一方的观点；只提供赢-输方案	通常是利用权力来强行解决紧急问题，会破坏团队气氛

（7）**答案：A**　**解析**　妥协/调解：为了暂时或部分解决冲突，寻找能让各方都在一定程度上满意的方案，但这种方法有时会导致"双输"局面。各让一步，不输不赢；冲突各方都有一定程度满意，但冲突各方没有任何一方完全满意。

（8）**答案：A**　**解析**　妥协/调解：为了暂时或部分解决冲突，寻找能让各方都在一定程度上满意的方案，但这种方法有时会导致"双输"局面。冲突各方都有一定程度满意，但冲突各方没有任何一方完全满意。

（9）**答案：C** 解析 强迫/命令：以牺牲其他方为代价，推行某一方的观点；只提供赢-输方案。通常是利用权力来强行解决紧急问题，这种方法通常会导致"赢-输"局面。

（10）**答案：A** 解析 妥协/调解：为了暂时或部分解决冲突，寻找能让各方都在一定程度上满意的方案，但这种方法有时会导致"双输"局面。各让一步，不输不赢；冲突各方都有一定程度满意，但冲突各方没有任何一方完全满意。

（11）**答案：C** 解析 撤退/回避：从实际或潜在冲突中退出，将问题推迟到准备充分的时候，或者将问题推给其他人员解决。矛盾被搁置。

（12）**答案：D** 解析 强迫/命令：以牺牲其他方为代价，推行某一方的观点；只提供赢-输方案。通常是利用权力来强行解决紧急问题，这种方法通常会导致"赢-输"局面。

（13）**答案：D** 解析 合作/解决问题：综合考虑不同的观点和意见，采用合作的态度和开放式对话引导各方达成共识和承诺，这种方法可以带来双赢局面。是最好的冲突解决方案。

（14）**答案：A** 解析 合作/解决问题：综合考虑不同的观点和意见，采用合作的态度和开放式对话引导各方达成共识和承诺，这种方法可以带来双赢局面。是最好的冲突解决方案。

（15）**答案：B** 解析 缓和/包容：强调一致而非差异；为维持和谐与关系而退让一步，考虑其他方的需要。求同存异。

13.8 控制资源

- ___（1）___ 过程的主要作用是确保所分配的资源可适时、适地用于项目。
  （1）A. 规划资源　　　　　　　　B. 获取资源
  　　C. 估算活动资源　　　　　　D. 控制资源
- 控制资源的输入，包括___（2）___。
  ①资源管理计划　②项目进度计划　③问题日志　④资源需求　⑤工作绩效报告　⑥资源日历
  （2）A. ①②③④⑤⑥　　　　　　B. ①②③④
  　　C. ①②③⑥　　　　　　　　D. ①②④⑤
- 对控制资源的工具与技术，分析不正确的是___（3）___。
  （3）A. 备选方案分析：有助于选择最佳解决方案以纠正资源使用偏差
  　　B. 成本效益分析：有助于项目成本出现差异时确定最佳的纠正措施
  　　C. 绩效审查：测量、比较和分析计划的资源使用和实际资源使用的不同
  　　D. 专家判断：控制活动资源时，应征求相关专家或接受过相关培训的个人或小组的意见
- 控制资源的工具与技术，不包括___（4）___。
  （4）A. 谈判和影响力　　　　　　B. 冲突管理
  　　C. 问题解决　　　　　　　　D. 趋势分析

答案及解析

（1）**答案：D**　**解析**　控制资源是确保按计划为项目分配实物资源，以及根据资源使用计划监督资源实际使用情况，并采取必要纠正措施的过程。本过程的主要作用：①确保所分配的资源适时、适地可用于项目；②资源在不再需要时被释放。

（2）**答案：B**　**解析**　控制资源的输入包括：资源管理计划、项目进度计划、问题日志、资源需求、资源分解结构、经验教训登记册、物质资源分配单、风险登记册、工作绩效数据、协议、组织过程资产。

（3）**答案：D**　**解析**　控制资源的工具与技术包括：数据分析技术、问题解决、人际关系与技能、项目管理信息系统。其中适用于控制资源过程的数据分析技术主要包括：

- 备选方案分析：有助于选择最佳解决方案以纠正资源使用偏差，可将加班和增加团队资源等备选方案与延期交付或阶段性交付比较，以权衡利弊。
- 成本效益分析：有助于项目成本出现差异时确定最佳的纠正措施。
- 绩效审查：测量、比较和分析计划的资源使用和实际资源使用的不同。分析成本和进度工作绩效信息有助于指出可能影响资源使用的问题。
- 趋势分析：在项目进展过程中，项目团队可能会使用趋势分析，基于当前绩效信息来确定未来项目阶段所需的资源。趋势分析检查项目绩效随时间的变化情况，可用于确定绩效是在改善还是在恶化。

（4）**答案：B**　**解析**　控制资源的工具与技术包括：数据分析技术、问题解决、人际关系与技能、项目管理信息系统。本过程使用的人际关系与团队技能包括：

- 谈判：项目经理需要就增加实物资源、变更实物资源或资源相关成本进行谈判。
- 影响力：有助于项目经理及时解决问题并获得所需资源。

第14章 项目沟通管理

14.1 管理基础

- 沟通模型的四个部分是____(1)____。
  - (1) A．发送、接受、解码和了解　　　　B．发送者、消息、媒介和接收者
  　　　 C．沟通者、消息、接收者和解码器　D．沟通、传送、接收和了解
- 项目经理老赵与团队成员召开腾讯会议同步项目情况，腾讯会议属于沟通模型的____(2)____。
  - (2) A．编码　　　　B．媒介　　　　C．媒体　　　　D．信息和反馈信息
- 书面沟通的5C原则不包括____(3)____。
  - (3) A．正确的语法和拼写　　　　B．连贯的思维逻辑
  　　　 C．详细的表述　　　　　　　D．善用控制语句和承接
- 某集团中的大型信息系统集成项目，共有190人参与项目团队，这个团队的沟通途径有____(4)____条。
  - (4) A．190　　　　B．17955　　　　C．380　　　　D．19755
- 在沟通管理中，一般____(5)____是最有效的沟通并解决干系人之间问题的方法。
  - (5) A．面对面会议　　B．问题日志　　C．问题清单　　D．绩效管理

答案及解析

(1) **答案：B** 解析　沟通模型的四个部分是发送者、消息、媒介和接收者

(2) **答案：B** 解析　沟通模型关键要素包括：

1）编码：把思想或想法转化为他人能理解的语言。
2）信息和反馈信息：编码过程所得到的结果。
3）媒介：用来传递信息的方法。
4）噪声：干扰信息传输和理解的一切因素（如距离、新技术、缺乏背景信息等）。

5）解码：把信息还原成有意义的思想或想法。

（3）**答案：C** **解析** 书面沟通的 5C 原则包括：正确的语法和拼写（Correctness）；简洁的表述（Concise）；清晰的目的和表述（Clarity）；连贯的思维逻辑（Coherent）；善用控制语句和承接（Controlling）。

（4）**答案：B** **解析** 沟通渠道计算公式为 $n(n-1)/2$，其中 $n \geq 1$（n 为参与者的数量）。$190 \times (190-1)/2 = 17955$。

（5）**答案：A** **解析** 有效果且有效率的参与和沟通包括确定干系人参与的方式、时间、频率等：①沟通是参与的关键部分，深入地参与可让人了解他人的想法，吸收其他观点以及协同努力制定共同的解决方案；②参与包括通过频繁的双向沟通建立和维持牢固的关系。鼓励通过互动会议、面对面会议、非正式对话和知识共享活动进行协作。干系人参与在很大程度上依赖于人际关系技能，包括积极主动、正直、诚实、协作、尊重、同理心和信心。这些技能和态度可以帮助每个人适应工作和彼此适应，从而增加成功的可能性。参与有助于项目团队发现、收集和评估信息、数据和意见，帮助形成共识和一致性，识别、调整和应对不断变化的环境，从而实现项目成果。

14.2 项目沟通管理过程

- 在项目沟通管理过程中，___（1）___ 是"监督沟通"过程的作用。

  （1）A．引导干系人有效参与项目

  　　B．促成项目团队与干系人之间的有效信息流动

  　　C．按沟通管理计划和干系人参与计划的要求优化信息传递流程

  　　D．及时向干系人提供相关信息

- 因为项目的独特性，项目团队可以根据需要裁剪项目沟通管理过程。裁剪时应考虑的因素一般包括___（2）___。

  ①干系人　②沟通技术　③物理地点　④语言　⑤知识管理

  （2）A．①②③　　　　B．②③④　　　　C．③④⑤　　　　D．以上全是

答案及解析

（1）**答案：C** **解析** 项目沟通管理过程包括：

1）规划沟通管理：是基于每个干系人或干系人群体的信息需求、可用的组织资产，以及具体项目的需求，为项目沟通活动制订恰当的方法和计划的过程。本过程的主要作用：①及时向干系人提供相关信息；②引导干系人有效参与项目；③编制书面沟通计划。本过程应根据需要在整个项目期间定期开展。

2）管理沟通：是确保项目信息及时且恰当地收集、生成、发布、存储、检索、管理、监督和最终处置的过程。本过程的主要作用：促成项目团队与干系人之间的有效信息流动。本过程需要在整个项目期间开展。

3）监督沟通：是确保满足项目及其干系人的信息需求的过程。本过程的主要作用：按沟通管理计划和干系人参与计划的要求优化信息传递流程。本过程需要在整个项目期间开展。

（2）**答案：D 解析** 因为项目的独特性，项目团队可以根据需要裁剪项目沟通管理过程。裁剪时应考虑的因素一般包括：干系人；沟通技术；物理地点；语言；知识管理。

14.3 规划沟通管理

- 关于规划沟通的描述，正确的是___（1）___。
  （1）A．应根据需要在整个项目期间定期开展，持续保持其成果适用性
  　　B．确保所有沟通参与者之间的信息流动的最优化
  　　C．应尽量采用小组沟通方法来实现沟通管理计划所规定的沟通需求
  　　D．沟通管理计划基于项目范围管理计划制订和更新，与其同等重要

- 在项目沟通过程中，会使用各种沟通方法。电子邮件沟通属于___（2）___。
  （2）A．实时沟通　　　　　　　　　B．推式沟通
  　　C．拉式沟通　　　　　　　　　D．情景式沟通

- 以下有关沟通方式分类的说法，错误的是___（3）___。
  （3）A．正式沟通的优点是沟通效果好，比较严肃，约束力强，易于保密并能使信息保持权威性
  　　B．沟通方式按照表达方式或方法划分，沟通可分为书面沟通、口头沟通及非言语沟通
  　　C．横向沟通包括组织中各平行部门之间的信息交流和处于不同层次的没有直接隶属关系的组织或成员之间的沟通，其正式行文格式主要是函件
  　　D．书面沟通比口头沟通更具有亲和力

- 以下对沟通管理计划的理解中，正确的是___（4）___。
  （4）A．沟通管理计划不仅包括项目干系人的需求和预期，还包括用于沟通的信息。如格式、内容、细节水平等
  　　B．由于项目具有独特性，一个公司的各个项目不宜采取统一格式记录及传递信息
  　　C．对于不同层次的项目干系人，也应规定相同的信息格式
  　　D．沟通需求分析是项目干系人信息需求的汇总，而项目的组织结构不会影响项目的沟通需求

- 在编制沟通计划时，干系人登记册是沟通计划编制的输入，___（5）___不是干系人登记册的内容。
  （5）A．主要沟通对象　　　　　　　B．关键影响人
  　　C．次要沟通对象　　　　　　　D．组织结构与干系人的责任关系

- 在以下干系人参与度矩阵中，需要授权管理职责并引导其积极参与项目执行的干系人是___（6）___。

干系人	不知晓	抵制	中立	支持	领导
干系人1					☆□
干系人2			☆	□	
干系人3			☆□		

注：□表示期望参与水平，☆表示实际参与水平。

(6) A．干系人1　　　　B．干系人3　　　　C．干系人2　　　　D．干系人2和干系人3

答案及解析

（1）**答案：A** 解析　本过程应根据需要在整个项目期间定期开展。应该在整个项目期间，定期审查本过程的成果并做必要修改，以确保其持续适用。

（2）**答案：B** 解析　项目干系人之间用于分享信息的沟通方法主要包括：

1）互动沟通。在两方或多方之间进行的实时多向信息交换。它使用诸如会议、电话、即时信息、社交媒体和视频会议等沟通方式。

2）推式沟通。向需要接收信息的特定接收方发送或发布信息。这种方法可以确保信息的发送，但不能确保信息送达目标受众或被目标受众理解。在推式沟通中，可以用于沟通的有：信件、备忘录、报告、电子邮件、传真、语音邮件、博客和新闻稿。

3）拉式沟通。适用于大量复杂信息或大量信息受众的情况。它要求接收方在遵守有关安全规定的前提之下自行访问相关内容。这种方法包括门户网站、组织内网、电子在线课程、经验教训数据库或知识库。

（3）**答案：D** 解析　口头沟通的优点是有亲切感，可以用表情、语调增加沟通的效果，可以马上获得对方的反应，具有双向沟通的好处。书面沟通本质上讲是间接的，这使得其有许多优点：可以是正式的或非正式的，可长可短。可以使写作人能够从容地表达自己的意思。词语可以经过仔细推敲，而且还可以不断修改，直到满意表达出个人风格。书面材料是准确而可信的证据。书面文本可以复制，同时发送给许多人，传达相同的信息。在群体内部经常受限于约定俗成的规则。书面材料传达信息的准确性高。

（4）**答案：A** 解析　沟通管理计划提供：干系人沟通要求；对要发布信息的描述，包括报告格式、内容和详尽程度；信息接收的个人或组织；传达信息所需的技术或方法；沟通频率和地点；上报过程；对下层无法解决的问题，确定问题上报的时间要求和管理链；沟通发起人等；状态会议、团队会议等的指导原则；随项目的进展对沟通管理计划更新与细化的方法；通用词语表等。

（5）**答案：D** 解析　干系人登记册为项目的沟通计划提供了干系人的信息，从干系人登记册中可以知道项目中干系人的信息：主要沟通对象（主要干系人）、关键影响人、次要沟通对象（次要干系人）。

（6）**答案：C** 解析　干系人参与度评估矩阵：显示了个体干系人当前和期望参与度之间的差距。在本过程中，可进一步分析该评估矩阵，以便为填补参与度差距而识别额外的沟通需求（除常规报告以外的）。

干系人参与水平可分为如下几种：①不了解型：不知道项目及其潜在影响；②抵制型：知道项目及其潜在影响，但抵制项目工作或成果可能引发的任何变更，此类干系人不会支持项目工作或项目成果；③中立型：了解项目，但既不支持，也不反对；④支持型：了解项目及其潜在影响，并且会支持项目工作及其成果；⑤领导型：了解项目及其潜在影响，而且积极参与以确保项目取得成功。

14.4 管理沟通

- 管理沟通过程主要的作用是___（1）___。
  - （1）A．引导干系人有效参与项目
     B．促成项目团队与干系人之间的有效信息流动
     C．按沟通管理计划和干系人参与计划的要求优化信息传递流程
     D．及时向干系人提供相关信息
- 可用于管理沟通的项目管理计划组件不包括___（2）___。
  - （2）A．资源管理计划　　　　　　　B．沟通管理计划
     C．经验教训登记册　　　　　　D．干系人参与计划
- 高效的会议应注意一些问题，以下做法错误的是___（3）___。
  - （3）A．放弃可开可不开的会议　　　B．在会议之前将会议资料发给参会人员
     C．将有争议的问题抛出激烈争论　D．会议要有纪要
- 在管理沟通过程中的工具与技术里，___（4）___包括积极倾听、冲突管理、文化意识、会议管理、人际交往、政策意识。
  - （4）A．沟通技术　　　　　　　　　B．沟通方法
     C．沟通技能　　　　　　　　　D．人际关系与团队技能

答案及解析

（1）**答案：B** **解析**　管理沟通是确保项目信息及时且恰当地收集、生成、发布、存储、检索、管理、监督和最终处置的过程。本过程的主要作用是促成项目团队与干系人之间的有效信息流动。本过程需要在整个项目期间开展。

（2）**答案：C** **解析**　可用于管理沟通的项目管理计划组件主要包括：
- 资源管理计划：描述为管理团队或物质资源所需开展的沟通。
- 沟通管理计划：描述将如何对项目沟通进行规划、结构化和监控。
- 干系人参与计划：描述如何用适当的沟通策略引导干系人参与。

（3）**答案：C** **解析**　在试题的选项中，C 选项是要把热点有争议的问题提出来讨论，容易将矛盾激化。因此应考虑事先征求双方的意见，再行开会；或尽量在会后就解决了，而激烈的争论可尽力在会场外部解决。

（4）**答案：D** **解析** 在管理沟通的过程中，工具与技术有：

1）沟通技术。

2）沟通方法。

3）沟通技能（沟通胜任力、反馈、非口头技能、演示）。

4）项目管理信息系统。

5）项目报告。

6）人际关系与团队技能（积极倾听、冲突管理、文化意识、会议管理、人际交往、政策意识）。

7）会议。

14.5 监督沟通

- 监督沟通的输入不包括___（1）___。

  （1）A．项目管理计划　　　　　　B．问题日志

  　　C．工作绩效数据　　　　　　D．干系人登记册

- 适用于监督沟通过程的人际关系与团队技能主要包括___（2）___。

  （2）A．观察和交谈　　　　　　　B．会议管理和积极倾听

  　　C．人际交往和谈判　　　　　D．谈判和激励

答案及解析

（1）**答案：D** **解析** 监督沟通的输入包括：

1）项目管理计划。

2）项目文件（问题日志、经验教训登记册、项目沟通记录）。

3）工作绩效数据。

4）事业环境因素。

5）组织过程资产。

（2）**答案：A** **解析** 适用于监督沟通过程的人际关系与团队技能主要包括观察和交谈。

第15章 项目风险管理

15.1 管理基础

- 关于风险的描述中，错误的是___(1)___。
  - (1) A．风险是与人类活动相生相伴的，风险无所不在
    - B．风险会随着项目的进展而变化，不确定性也会随着项目进展而逐渐减少
    - C．项目风险可能会对项目目标产生负面或正面的影响
    - D．项目风险无法事先识别，一旦发生不可控制，人们能做的只能是主动接受
- 下列___(2)___不是风险的属性。
  - (2) A．不确定性　　　　B．随机性　　　　C．相对性　　　　D．可变性
- 风险事件是否发生？何时发生？发生之后会造成什么样的后果？许多风险事件的发生都遵循一定的统计规律，这体现了风险的___(3)___属性。
  - (3) A．客观性　　　　B．普遍性　　　　C．随机性　　　　D．相对性
- 风险的相对性是指___(4)___。
  - (4) A．风险可能造成损失，也可能带来收益　B．在项目的不同阶段，有不同的风险
    - C．不同风险，采用不同的应对措施　　　D．面对同样的风险，人们有不同的承受能力
- 影响人们对风险承受能力的因素很多，其中，___(5)___人们愿意承担的风险越大。
  - (5) A．项目活动投入的越多　　　　　　B．项目的收益越大
    - C．个人、组织拥有的资源越少　　　D．组织中高级别管理人员相对较少
- 在___(6)___的情况下，人们对风险的承受能力越小。
  - (6) A．项目的收益越大　　　　　　B．项目的投入越多
    - C．管理人员的地位越高　　　　D．项目拥有的资源越多
- 项目风险的可变性主要体现在___(7)___。
  ①风险性质的变化　②风险后果的变化　③风险量的变化　④主体的变化
  ⑤新的风险产生　⑥风险影响因素的变化

（7）A．②③④ B．①③⑤ C．②⑤⑥ D．①②⑤
- 关于风险的说法，不正确的是___（8）___。
  （8）A．从风险的后果来看，风险可划分为纯粹风险和投机风险
  　　B．无法带来任何机会和利益的风险，是纯粹风险
  　　C．可能带来机会和利益，但也可能带来威胁和损失的风险，是随机风险
  　　D．有些风险在一定条件下可以相互转化
- 关于风险的描述，错误的是___（9）___。
  （9）A．纯粹风险和投机风险在一定条件下可以相互转化
  　　B．项目管理人员必须避免投机风险转化为纯粹风险
  　　C．投机风险有造成损失、不造成损失和获得利益三种可能后果
  　　D．风险是零和游戏，有人受损就有人获利
- 按照风险来源划分，可将风险分为___（10）___。
  （10）A．自然风险和人为风险　　　　B．客观风险和主观风险
  　　　C．静态风险和动态风险　　　　D．局部风险和整体风险
- 行为、经济、技术、政策和组织等方面产生的风险，属于___（11）___。
  （11）A．客观风险　　B．人为风险　　C．投机风险　　D．可管理风险
- ___（12）___是指在认真、严格地分析项目及其计划之后就能够明确的那些经常发生的，而且其后果亦可预见的风险。
  （12）A．已知风险　　B．可预测风险　　C．可管理风险　　D．不可预测风险
- ___（13）___是指可以预见其发生，但不可预见其后果的风险。这类风险的后果有时可能相当严重。
  （13）A．客观风险　　B．可预测风险　　C．不可管理风险　　D．不可预测风险
- 新冠肺炎属于___（14）___。
  （14）A．客观风险　　B．自然风险　　C．不可管理风险　　D．不可预测风险
- ___（15）___是指有可能发生，但其发生的可能性即使最有经验的人亦不能预见的风险。
  （15）A．整体风险　　B．自然风险　　C．投机风险　　D．未知风险
- 风险成本的构成，不包括___（16）___。
  （16）A．风险造成的损失　　　　　B．风险减少的收益
  　　　C．预防风险的支出　　　　　D．风险带来的机会成本
- ___（17）___是在风险事件发生前后付出的代价。如减少了机会，阻碍了生产率的提高，造成资源分配不当。
  （17）A．社会成本　　B．机会成本　　C．有形成本　　D．无形成本
- 重大交通事故造成的受伤人员的医疗费、休养费、工资等，属于风险有形成本中的___（18）___。
  （18）A．直接损失　　B．间接损失　　C．责任损失　　D．其他损失
- 某项目执行过程中，因人员操作不当造成火灾，紧急呼叫119灭火，项目停工5天，延期交货赔付违约金2万元，这属于风险成本中的___（19）___。
  （19）A．直接损失　　B．间接损失　　C．责任损失　　D．机会损失

答案及解析

（1）**答案：D** 解析 项目风险是一种不确定的事件或条件，一旦发生，会对项目目标产生某种正面或负面的影响。项目风险既包括对项目目标的威胁，也包括促进项目目标的机会。已知风险是那些已经经过识别和分析的风险，对于已知风险，对其进行规划，寻找应对方案是可行的；虽然项目经理们可以依据以往类似项目的经验，采取一般的应急措施处理未知风险，但未知风险是无法管理的。

（2）**答案：A** 解析 风险的属性：随机性、相对性、可变性。

（3）**答案：C** 解析 风险事件的发生及其后果都具有偶然性。风险事件是否发生？何时发生？发生之后会造成什么样的后果？许多事件的发生都遵循一定的统计规律，这种性质叫随机性。风险事件具有随机性。

（4）**答案：D** 解析 风险总是相对项目活动主体而言的。同样的风险对于不同的主体有不同的影响。人们对于风险事件都有一定的承受能力，但是这种能力因活动、人和时间而异。

（5）**答案：B** 解析 收益总是伴随损失。损失的可能性和数额越大，人们希望为弥补损失而得到的收益也越大。反过来，收益越大，人们愿意承担的风险也就越大。

（6）**答案：B** 解析 项目活动投入得越多，人们对成功所抱的希望也越大，愿意冒的风险也就越小。

级别高的管理人员比级别低的管理人员能够承担的风险相对要大。个人或组织拥有的资源越多，其风险承受能力也越大。

收益越大，人们愿意承担的风险也就越大。

（7）**答案：D** 解析 风险的可变性含义包括：

1）风险性质的变化。

2）风险后果的变化：风险后果包括后果发生的频率、收益或损失大小。

3）出现新风险：随着项目或其他活动的展开，会有新的风险出现。

（8）**答案：C** 解析 按照后果的不同，风险可划分为纯粹风险和投机风险。

不能带来机会、无获得利益可能的风险，叫纯粹风险。纯粹风险只有两种可能的后果：造成损失和不造成损失。纯粹风险造成的损失是绝对的损失。

既可能带来机会、获得利益，又隐含威胁、造成损失的风险，叫投机风险。投机风险有三种可能的后果：造成损失、不造成损失和获得利益。

（9）**答案：D** 解析 纯粹风险和投机风险在一定条件下可以相互转化。项目管理人员必须避免投机风险转化为纯粹风险。

风险不是零和游戏。很多情况下，涉及风险的各个方面都要蒙受损失，无一幸免。

（10）**答案：A** 解析 按风险来源或损失产生的原因可将风险划分为自然风险和人为风险。

自然风险：由于自然力的作用，造成财产毁损或人员伤亡的风险。例如，水利工程施工过程中因发生洪水或地震而造成的工程损害、材料和器材损失。

人为风险：指由于人的活动而带来的风险。人为风险又可以细分为行为、经济、技术、政策和组织风险等。

（11）**答案：B** **解析** 人为风险是指由于人的活动而带来的风险。人为风险又可以细分为行为、经济、技术、政策和组织风险等。

（12）**答案：A** **解析** 已知风险是指在认真、严格地分析项目及其计划之后就能够明确的那些经常发生的，而且其后果亦可预见的风险。已知风险发生概率高，但一般后果轻微，不严重。项目管理中已知风险的例子有：项目目标不明确、过分乐观的进度计划、设计或施工变更和材料价格波动等。

（13）**答案：B** **解析** 可预测风险是指根据经验，可以预见其发生，但不可预见其后果的风险。这类风险的后果有时可能相当严重。项目管理中的例子有：业主不能及时审查批准、分包商不能及时交工、施工机械出现故障、不可预见的地质条件等。

（14）**答案：D** **解析** 不可预测风险是指有可能发生，但其发生的可能性即使最有经验的人亦不能预见的风险。不可预测风险有时也称未知风险或未识别的风险。它们是新的、以前未观察到或很晚才显现出来的风险。这些风险一般是外部因素作用的结果，例如地震、百年不遇的暴雨、通货膨胀和政策变化等。

（15）**答案：D** **解析** 不可预测风险是指有可能发生，但其发生的可能性即使最有经验的人亦不能预见的风险。

（16）**答案：D** **解析** 风险事件造成的损失或减少的收益以及为防止发生风险采取预防措施而支付的费用，都构成了风险成本。

（17）**答案：D** **解析** 风险损失的无形成本指由于风险所具有的不确定性而使项目主体在风险事件发生之前或之后付出的代价。主要表现在如下三个方面：风险损失减少了机会、风险阻碍了生产率的提高、风险造成资源分配不当。

（18）**答案：A** **解析** 风险损失的有形成本包括风险事件造成的直接损失和间接损失。

直接损失指财产损毁和人员伤亡的价值。例如，压缩空气机房在施工过程中失火，直接损失包括空气压缩机的重置成本、受伤人员的医疗费、休养费、工资等。

间接损失指直接损失以外的其他损失、责任损失以及因此而造成的收益的减少，包括因灭火扑救、停工等发生的成本。

（19）**答案：B** **解析** 间接损失指直接损失以外的其他损失、责任损失以及因此而造成的收益的减少，包括因灭火扑救、停工等发生的成本。

15.2 项目风险管理过程

- 项目风险管理过程，正确的顺序是＿＿（1）＿＿。
  ①规划风险管理　②识别风险　③实施定性风险分析　④实施定量风险分析
  ⑤规划风险应对　⑥实施风险应对　⑦监督风险
  （1）A. ①②③④⑤⑥⑦　　　　　　　　B. ②①④③⑤⑥⑦

C．①②③④⑥⑦　　　　　　D．②①③④⑥⑦
- 项目风险管理是识别和分析项目风险及采取应对措施的活动。进行项目风险管理，第三步需要开展的工作是___（2）___。
  （2）A．定量风险分析　　B．定性风险分析　　C．识别风险　　D．规划风险应对
- 通过评估单个项目风险发生的概率和影响以及特征，对风险进行优先级排序，属于风险管理过程的___（3）___。
  （3）A．定性风险分析　　B．定量风险分析　　C．识别风险　　D．风险监控
- ___（4）___就是分析风险对项目目标的影响，主要用来评估风险对项目的总体影响。
  （4）A．定性风险分析　　B．定量风险分析　　C．识别风险　　D．规划风险应对

答案及解析

（1）**答案：A** 解析　项目风险管理过程，正确的顺序是：①规划风险管理；②识别风险；③实施定性风险分析；④实施定量风险分析；⑤规划风险应对；⑥实施风险应对；⑦监督风险。

（2）**答案：B** 解析　项目风险管理过程，正确的顺序是：①规划风险管理；②识别风险；③实施定性风险分析；④实施定量风险分析；⑤规划风险应对；⑥实施风险应对；⑦监督风险。

（3）**答案：A** 解析　实施定性风险分析：通过评估单个项目风险发生的概率和影响以及特征，对风险进行优先级排序，从而为后续分析或行动提供基础。

（4）**答案：B** 解析　实施定量风险分析：就已识别的单个项目风险和其他不确定性的来源对整体项目目标的综合影响进行定量分析。

15.3　规划风险管理

- 关于规划风险管理的过程，描述不正确的是___（1）___。
  （1）A．好的规划风险管理可以提高项目风险分析过程的成功率
  　　B．规划风险管理是定义如何实施项目风险管理活动的过程
  　　C．规划风险管理的作用是确保风险管理的水平、方法和可见度与项目风险程度相匹配
  　　D．规划风险管理在项目执行阶段开始，通过风险管理有效性审查后可能需要反复调整计划
- 下列关于风险管理计划的描述，正确的是___（2）___。
  （2）A．任何项目，为了确保风险管理的有效性，风险管理计划应该是足够详细的、正式的
  　　B．项目相关方是否保守和激进，对于风险管理计划的制订没有影响
  　　C．风险管理计划需要团队成员共同编制以达成一致的认知
  　　D．风险管理计划因项目而异，不用考虑组织的环境因素
- 下列___（3）___不属于风险管理计划编制的成果。
  （3）A．风险管理策略　　　　　　B．方法论
  　　C．风险概率和影响　　　　　D．风险登记册

- 风险管理计划是项目管理计划的组成部分，风险管理计划中的___(4)___确定用于开展本项目风险管理的具体方法、工具及数据来源。

    (4) A．方法论　　　　　B．报告格式　　　C．风险类别　　　D．风险分解结构

- 进行项目风险管理时，风险概率和影响的定义，是在___(5)___中制定的。

    (5) A．风险管理计划　　B．风险识别　　　C．定性风险分析　D．定量风险分析

- 概率和影响矩阵是规划风险管理过程的重要输出，对其描述不正确的是___(6)___。

    (6) A．概率：是指事件发生后带来影响的可能性

    B．影响：是指假设事件发生后，对一个或多个项目目标产生的偏差或失效程度

    C．概率和影响矩阵是基于风险的概率和影响，对风险进行优先级排序

    D．概率和影响矩阵中，以正面影响定义机会，以负面影响定义威胁

答案及解析

(1) **答案：D** **解析** 规划风险管理过程在项目立项阶段就应开始，并在项目早期完成。在项目生命周期的后期，可能有必要重新开展本过程，例如，在发生重大阶段变更时，在项目范围显著变化时，或者后续对风险管理有效性进行审查且确定需要调整项目风险管理过程时。

(2) **答案：C** **解析** 因项目不同，风险管理计划会有差异，可以正式，可以非正式，可详可简；项目相关方的态度决定了你对风险管理的程度；组织的环境因素变化本身就会带来很大的风险，所以是需要考虑的重要的因素。

(3) **答案：D** **解析** 风险管理计划内容主要包括：风险管理策略；方法论；角色与职责；资金；时间安排；风险类别[经常采用风险分解结构（RBS）]；干系人风险偏好；风险概率和影响；概率和影响矩阵；报告格式；跟踪。

(4) **答案：A** **解析** 方法论：确定用于开展本项目风险管理的具体方法、工具及数据来源。

(5) **答案：A** **解析** 风险管理计划主要包括：风险概率和影响。

风险概率和影响：根据具体的项目环境、组织和关键干系人的风险偏好和临界值，来制定风险概率和影响。

(6) **答案：A** **解析** 概率是指对事件发生可能性进行评估，不是事件发生后带来影响的可能性。

15.4 识别风险

- 关于风险识别过程的描述，错误的是___(1)___。

    (1) A．识别单个项目风险以及整体项目风险的来源，并记录风险特征

    B．汇总相关信息，以便项目团队能够恰当地应对已识别的风险

    C．识别风险是一个迭代的过程，迭代的频率和每次迭代所需的参与程度因情况而异

    D．为了更高效快速精准地识别风险，该过程只需要项目经理和风险管理专家参与

- 项目风险识别的输入包括___（2）___。
  ①范围、进度、成本基准　②干系人登记册　③资源需求　④采购文档
  ⑤工作分解结构（WBS）　⑥核查单　⑦应急储备与管理储备
  （2）A. ①②③④⑤⑥⑦　　　　　　　B. ①④⑤⑥⑦
  　　C. ①②③④⑥　　　　　　　　　D. ①②③④⑤
- 关于项目风险识别过程使用的工具与技术，说法正确的是___（3）___。
  （3）A. 可以用核查单来取代所需的风险识别工作
  　　B. 可以邀请资深项目参与者、干系人和主题专家在开放环境下进行访谈
  　　C. 可以组织项目团队开展头脑风暴，同时邀请团队以外的多学科专家参与
  　　D. 可以用风险分解结构底层的风险类别作为提示清单，来识别整体项目风险
- 适用于识别风险过程的数据分析技术有很多，下列描述错误的是___（4）___。
  （4）A. 根本原因分析：常用于发现导致问题的深层原因并制定预防措施
  　　B. SWOT 分析：在识别风险时，它会将内部产生的风险包含在内，从而拓宽识别风险的范围
  　　C. 多维决策分析技术：从不同维度对多维决策分析模型进行设计，有效识别项目风险
  　　D. 文件分析：通过对项目文件的结构化审查，可以识别出一些风险
- 关于识别风险的描述，不正确的是___（5）___。
  （5）A. 可使用类似项目信息的核查替代所需的风险识别
  　　B. 风险识别中鼓励所有项目干系人参与
  　　C. 从组织外部采购商品和服务可能引发新的项目风险
  　　D. 采用统一的风险描述格式清晰地、明确地描述和记录项目风险
- 识别风险过程的输出，不包括___（6）___。
  （6）A. 提示清单　　B. 风险登记册　　C. 风险报告　　D. 项目文件（更新）
- 项目经理小赵完成项目风险识别后，制作了如下图表，该图表为___（7）___。

编号	名称	发生概率	风险影响	风险级别	应对策略	预防措施	应急措施	责任人	追踪要求
1									
2									
3									
4									
5									
6									
7									
8									
9									
10									

　　（7）A. 风险清单　　　B. 风险登记册　　C. 风险核对单　　D. 风险提示清单

答案及解析

（1）**答案：D** 解析 识别风险时，应鼓励所有项目干系人参与项目风险的识别工作。项目团队的参与尤其重要，以便培养和保持他们对已识别单个项目风险、整体项目风险级别和相关风险应对措施的主人翁意识和责任感。

（2）**答案：C** 解析 识别风险的输入包括：项目管理计划（范围基准、进度基准、成本基准）、项目文件（干系人登记册、需求文件、持续时间估算、成本估算、资源需求）、采购文件、协议、事业环境因素、组织过程资产。

（3）**答案：C** 解析 A项的描述正确的应该是：必须确保不要用核查单来取代所需的风险识别工作；同时，项目团队也应该注意考查未在核查单中列出的事项。

B项的描述正确的应该是：可通过对资深项目参与者、干系人和主题专家的访谈，来识别项目风险的来源。应该在信任和保密的环境下开展访谈，以获得真实可信、不带偏见的意见。

D项的描述正确的应该是：可以用风险分解结构底层的风险类别作为提示清单，来识别单个项目风险。

（4）**答案：C** 解析 适用于识别风险过程的数据分析技术不包括多维决策分析技术。

（5）**答案：A** 解析 虽然核查单简单易用，但它不可能穷尽所有风险。所以，必须确保不要用核查单来取代所需的风险识别工作。

（6）**答案：A** 解析 提示清单是识别风险的工具与技术，而不是输出。风险识别的输出包括：风险登记册、风险报告、项目文件（更新）。

（7）**答案：B** 解析 风险登记册的内容主要包括：已识别风险的清单、潜在风险责任人、潜在风险应对措施清单；根据风险管理计划规定的风险登记册格式，可能还要记录关于每项已识别风险的其他数据，包括：简短的风险名称、风险类别、当前风险状态、一项或多项原因、一项或多项对目标的影响、风险触发条件等。

15.5 实施定性风险分析

- 关于实施定性风险分析的过程，描述不准确的是___（1）___。

  （1）A．本过程的主要作用是重点关注高优先级的风险

  B．实施定性风险分析能为规划风险应对过程确定单个项目风险的相对优先级

  C．本过程会为每个风险识别出责任人，以便由他们负责规划风险应对措施

  D．实施定量风险分析为实施定性风险分析奠定了基础

- 实施定性风险分析的输入不包括___（2）___。

  （2）A．风险管理计划　　　　　　　B．成本管理计划

  　　C．概率和影响矩阵　　　　　　D．风险类别

项目风险管理 第15章

- 在整个项目生命周期中要定期开展实施定性风险分析过程，在此过程中使用到的工具与技术，描述不正确的是___(3)___。

  (3) A．结构化或半结构化的访谈可用于评估单个项目风险的概率和影响，以及其他因素

  　　B．风险数据质量评估旨在评价关于整体项目风险的数据的准确性和可靠性

  　　C．要对每个已识别的单个项目风险进行概率和影响评估

  　　D．低概率和影响的风险将被列入风险登记册中的观察清单，以供未来监控

- 项目相关方想知道哪些风险发生的概率最高、影响最大，需要经过___(4)___得出结论。

  (4) A．定性风险分析　　B．识别风险　　C．定量风险分析　　D．控制风险

- 项目经理根据低中高风险的临界值，绘制了___(5)___，方便查看风险发生的可能性和影响。

  (5) A．直方图　　　　B．龙卷风图　　C．概率分布　　D．概率和影响矩阵

- 项目发起人要求项目经理找出哪些项目风险对项目总体目标影响最大，项目经理应该进行___(6)___。

  (6) A．定性风险分析　　　　　　B．假设条件和制约因素分析

  　　C．SWOT 分析　　　　　　　D．核对单分析

- 在项目风险管理中，项目经理需要进行___(7)___，对项目风险进行优先级排序。

  (7) A．编制风险管理计划　　　　B．定量风险分析

  　　C．定性风险分析　　　　　　D．识别项目风险

- 下列___(8)___不属于定性风险分析的输出。

  (8) A．风险登记册　　B．风险报告　　C．假设日志　　D．风险分类

答案及解析

（1）**答案：D　解析**　实施定性风险分析是通过评估单个项目风险发生的概率和影响及其他特征，对风险进行优先级排序，从而为后续分析或行动提供基础的过程。本过程的主要作用是重点关注高优先级的风险。本过程需要在整个项目期间开展。

实施定性风险分析，使用项目风险的发生概率、风险发生时对项目目标的相应影响以及其他因素，来评估已识别单个项目风险的优先级。实施定性风险分析能为规划风险应对过程确定单个项目风险的相对优先级。本过程会为每个风险识别出责任人，以便由他们负责规划风险应对措施，并确保应对措施的实施。如果需要开展实施定量风险分析过程，那么实施定性风险分析也能为其奠定基础。

（2）**答案：B　解析**　实施定性风险分析的输入包括：风险管理计划（是风险管理的角色和职责、预算和进度活动安排，以及风险类别、概率和影响定义、概率和影响矩阵、干系人的风险临界值）、项目文件（假设日志、风险登记册、干系人登记册）。

（3）**答案：B　解析**　风险数据是开展定性风险分析的基础。风险数据质量评估旨在评价关于单个项目风险的数据的准确性和可靠性。

（4）**答案：A　解析**　实施定性风险分析是通过评估单个项目风险发生的概率和影响及其他特征，对风险进行优先级排序，从而为后续分析或行动提供基础的过程。本过程的主要作用是重点

关注高优先级的风险。

（5）**答案：D** **解析** 概率和影响矩阵：把每个风险发生的概率和该风险一旦发生对项目目标的影响映射起来的表格。此矩阵对概率和影响进行组合，以便于把单个项目风险划分到不同的优先级组别。基于风险的概率和影响，对风险进行优先级排序，以便未来进一步分析并制定应对措施。

（6）**答案：A** **解析** 实施定性风险分析是通过评估单个项目风险发生的概率和影响及其他特征，对风险进行优先级排序，从而为后续分析或行动提供基础的过程。本过程的主要作用是重点关注高优先级的风险。

（7）**答案：C** **解析** 实施定性风险分析是通过评估单个项目风险发生的概率和影响及其他特征，对风险进行优先级排序，从而为后续分析或行动提供基础的过程。

（8）**答案：D** **解析** 定性风险分析的输出包括：假设日志、问题日志、风险登记册、风险报告。

15.6 实施定量风险分析

- 关于定量风险分析的说法，错误的是___（1）___。
  - （1）A．通过定量风险分析量化整体项目风险最大可能性
  - B．根据风险管理计划的规定，所有项目都需要实施定量风险分析
  - C．定性风险分析为定量风险分析奠定了基础
  - D．数据质量越高，定量风险分析越准确
- 定量风险分析的输入不包括___（2）___。
  - （2）A．里程碑清单　　　　　　　　B．资源需求
  - C．风险管理策略　　　　　　　　D．风险报告
- 进行项目定量风险分析时，___（3）___的技术是可以在模型中用概率分布来表示不确定活动数值的可能区间，如贝塔分布、三角分布等。
  - （3）A．风险概率与影响评估　　　　B．概率与影响矩阵
  - C．不确定性表现方式　　　　　　D．数据分析
- 在定量风险分析中，___（4）___使用模型来模拟单个项目风险和其他不确定性来源的综合影响，以评估它们对项目目标的潜在影响。
  - （4）A．蒙特卡洛分析　　　　　　　B．概率影响分析
  - C．帕累托分析　　　　　　　　　D．SWOT分析法
- 在定量进度风险分析中，通过___（5）___可以找出对项目整体进度影响最大的活动。
  - （5）A．专家判断　　　　　　　　　B．预期货币价值分析
  - C．建模和模拟　　　　　　　　　D．关键性分析
- 在定量风险分析过程中，使用___（6）___有助于确定对项目结果具有最大的潜在影响的风险。
  - （6）A．敏感性分析　　　　　　　　B．建模和模拟
  - C．概率和影响矩阵　　　　　　　D．蒙特卡洛分析

项目风险管理 第 15 章

- 对风险进行___（7）___时，在模型中随机选择输入值，输出项目的可能结果。
  （7）A．龙卷风图　　　　　　　　　　B．趋势分析
  　　　C．蒙特卡洛分析　　　　　　　　D．数据建模
- 敏感性分析的结果通常用___（8）___来表示，图中标出定量风险分析模型中的每项要素与其能影响的项目结果之间的关联系数。
  （8）A．龙卷风图　　B．直方图　　　C．趋势图　　　D．鱼骨图
- 在实施定量风险分析时，用___（9）___在若干备选行动方案中选择一个最佳方案。
  （9）A．敏感性分析　　　　　　　　　B．决策树分析
  　　　C．期望货币值（EMV）　　　　　 D．蒙特卡洛分析
- 某公司举办线下活动，选择5月1日、5月2日、5月3日、5月4日作为活动候选时间。活动效果和收益与天气有直接关系。下列不同日期的预期收益和天气概率。使用决策树进行决策的结果为___（10）___。

日期	晴天（25%）	阴天（50%）	下雨（25%）
5月1日	4.5万元	4.4万元	1
5月2日	5万元	4万元	1.6
5月3日	6万元	3万元	1.3
5月4日	5.5万元	3.9万元	0.9

（10）A．5月1日　　　B．5月2日　　　C．5月3日　　　D．5月4日
- 某项目有40%的概率获利10万元，30%的概率会亏损8万元，30%的概率既不获利也不亏损，该项目的EMV是___（11）___。
  （11）A．0元　　　　B．1.6万元　　　C．2万元　　　　D．6.4万元
- 下列___（12）___不是实施定量风险分析过程使用到的数据分析技术。
  （12）A．蒙特卡洛分析　　　　　　　　B．概率及影响矩阵
  　　　C．决策树分析　　　　　　　　　D．影响图
- 下列___（13）___不是实施定量风险分析过程的输出。
  （13）A．单个项目风险优先级清单　　　B．风险的发展趋势
  　　　C．风险应对建议　　　　　　　　D．风险概率及影响评估

答案及解析

（1）**答案：B**　解析　并非所有项目都需要实施定量风险分析。项目风险管理计划会规定是否需要使用定量风险分析。定量分析适用于大型或复杂的项目。能否开展稳健的定量分析取决于是否有单个项目风险和其他不确定性来源的高质量数据，以及与范围、进度和成本相关的扎实的项目基线。

（2）**答案：C** **解析** 定量风险分析的输入包括项目管理计划（风险管理计划、进度基准、范围基准、成本基准）、项目文件（假设日志、里程碑清单、估算依据、持续时间估算、成本估算、资源需求、成本预测、风险登记册、风险报告、进度预测）、事业环境因素、组织过程资产。

（3）**答案：C** **解析** 要开展定量风险分析，就需要建立能反映单个项目风险和其他不确定性来源的定量风险分析模型，并为之提供输入。

如果活动的持续时间、成本或资源需求是不确定的，就可以在模型中用概率分布来表示其数值的可能区间。概率分布可能有多种形式，最常用的有三角分布、正态分布、对数正态分布、贝塔分布、均匀分布或离散分布。应该谨慎选择用于表示活动数值的可能区间的概率分布形式。

（4）**答案：A** **解析** 模拟：在定量风险分析中，使用模型来模拟单个项目风险和其他不确定性来源的综合影响，以评估它们对项目目标的潜在影响。模拟通常采用蒙特卡洛分析。

（5）**答案：D** **解析** 在定量进度风险分析中，还可以执行关键性分析，以确定风险模型的哪些活动对项目关键路径的影响最大。通过关键性分析，项目团队能够重点针对那些对项目整体进度绩效存在最大潜在影响的活动，进行规划风险应对措施。

（6）**答案：A** **解析** 敏感性分析：有助于确定哪些单个项目风险或不确定性来源对项目结果具有最大的潜在影响。

（7）**答案：C** **解析** 蒙特卡洛模拟是一种计算机模型分析技术，基于概率分布和概率分支进行许多次迭代，每次迭代都随机抽取输入数据。最终输出的是可能的项目结果的概率。

（8）**答案：A** **解析** 敏感性分析：有助于确定哪些单个项目风险或不确定性来源对项目结果具有最大的潜在影响。它在项目结果变化与定量风险分析模型中的要素变化之间建立联系。敏感性分析的结果通常用龙卷风图来表示，图中标出定量风险分析模型中的每项要素与其能影响的项目结果之间的关联系数。

（9）**答案：B** **解析** 决策树分析：用决策树在若干备选行动方案中选择一个最佳方案。

（10）**答案：B** **解析** 在决策树分析中，通过计算每条分支的预期货币价值，就可以选出最优的路径。①预期货币价值=每个可能结果的数值与其发生概率相乘之后累加；②机会的价值一般表示为正数，而风险的价值一般表示为负数。

5月1日：4.5×0.25+4.4×0.5+1×0.25=3.575；

5月2日：5×0.25+4×0.5+1.6×0.25=3.65；

5月3日：6×0.25+3×0.5+1.3×0.25=3.325；

5月4日：5.5×0.25+3.9×0.5+0.9×0.25=3.55。

（11）**答案：B** **解析** 预期货币价值=每个可能结果的数值与其发生概率相乘之后累加。

0.4×10+0.3×(-8)+0.3×0=1.6 万元。

（12）**答案：B** **解析** 适用于实施定量风险分析过程的数据分析技术主要包括：模拟（蒙特卡洛分析）、敏感性分析、决策树分析、影响图。

（13）**答案：D** **解析** 实施定量风险分析过程的输出包括：风险报告（对整体项目风险最大可能性的评估结果、项目详细概率分析的结果、单个项目风险优先级清单、定量风险分析结果的趋势、风险应对建议）。

15.7 规划风险应对

- 关于规划风险应对的措施,下列说法错误的是___(1)___。
  - (1) A. 有效的风险应对措施可以最大化机会、最小化威胁
    - B. 对每一个风险应对都应指派个人或团体负责
    - C. 风险应对方案应该与风险的重要性相匹配
    - D. 风险应对方案应获得发起人的同意,并由项目经理具体负责
- 规划风险应对是针对项目目标,制订提高机会,降低威胁的方案和措施的过程。规划风险应对措施的依据,不包括___(2)___。
  - (2) A. 责任分配矩阵　　B. 风险登记册　　C. 资源日历　　D. 干系人登记册
- 不同级别的风险应规划适当的风险应对措施,在进行规划风险应对时,从___(3)___中可得知风险优先级。
  - (3) A. 风险报告　　　　　　　　B. 风险登记册
    - C. 项目风险管理计划　　　　D. 风险分解结构
- ___(4)___不是规划风险应对的工具与技术。
  - (4) A. 应急应对策略　　　　　　B. 概率和影响矩阵
    - C. 备选方案分析　　　　　　D. 引导
- 在规划风险应对时,下列关于威胁应对策略的说法,不正确的是___(5)___。
  - (5) A. 不论采取何种措施或策略,威胁都不能被彻底消除
    - B. 超出项目范围的风险,应该上报
    - C. 威胁一旦上报,就不再由项目团队做进一步监督
    - D. 风险规避是指项目团队采取行动来保护项目免受威胁的影响
- 威胁应对策略中,___(6)___可能适用于发生概率较高,且具有严重负面影响的高优先级的威胁。
  - (6) A. 转移　　　　B. 减轻　　　　C. 上报　　　　D. 规避
- 为保护项目目标不受影响,需要采用延长进度或减少范围的方法来应对项目消极风险,这属于___(7)___。
  - (7) A. 转移　　　　B. 减轻　　　　C. 上报　　　　D. 规避
- 运用某种有偿的方式将风险转移给资金雄厚的机构,从而改变风险承担的主题,这种策略是___(8)___。
  - (8) A. 风险转移　　B. 风险规划　　C. 风险减轻　　D. 风险缓解
- 风险转移是应对威胁的责任转移给第三方,让第三方管理风险并承担威胁发生的影响。下列___(9)___不属于风险转移的措施。
  - (9) A. 履约保证书　B. 购买保险　　C. 第三方担保　D. 改变工艺流程
- ___(10)___是指采取措施来降低威胁发生的概率和影响。
  - (10) A. 风险转移　B. 风险规避　　C. 风险减轻　　D. 风险缓解

- 提前采取减轻措施通常比威胁出现后尝试进行弥补更加有效。下列___(11)___不属于风险减轻的措施。

    (11) A．改变工艺技术　　　　　　　　B．优化项目流程
　　　　C．和合资企业合作　　　　　　　D．进行更多次测试

- 在项目研发过程中，增加冗余，属于风险应对策略中的___(12)___。

    (12) A．接受　　　B．规避　　　C．减轻　　　D．转移

- 建立应急储备属于风险应对策略中的___(13)___。

    (13) A．接受　　　B．规避　　　C．减轻　　　D．转移

- 在项目机会来临时，应该采取___(14)___策略将特定机会的出现概率提高到100确保其肯定出现，从而获得与其相关的收益。

    (14) A．开拓　　　B．分享　　　C．接受　　　D．提高

- 某公司新项目对公司发展至关重要，为了保质保量并且提前完成项目任务，团队聘请了业内专业权威专家团队，并采用了最新的研发技术，这属于机会应对策略中的___(15)___。

    (15) A．开拓　　　B．分享　　　C．接受　　　D．提高

- 建立合伙关系、合作团队、特殊公司和合资企业，属于机会应对策略中的___(16)___。

    (16) A．开拓　　　B．分享　　　C．接受　　　D．提高

- 项目使用的A材料是必需品，且目前正在降价，项目经理小赵决定提前采购一批备用，这样使得项目成本降低，进度提前，这种积极风险应对的策略属于___(17)___。

    (17) A．开拓　　　B．共享　　　C．接受　　　D．提高

- 为了提前完成项目，项目负责人小王决定向公司申请2名资深员工来支援，这属于机会应对策略中的___(18)___。

    (18) A．开拓　　　B．分享　　　C．接受　　　D．提高

- 应对消极风险和积极风险，都有可能用到的应对策略是___(19)___。

    (19) A．回避　　　B．转移　　　C．接受　　　D．提高

- 如果整体项目风险有严重的负面影响，那么可采取___(20)___策略，取消项目范围中的高风险工作；如果整体项目风险有显著的正面影响，那么可采取___(21)___策略，在项目范围中增加高收益的工作。

    (20) A．规避　　　B．转移　　　C．提高　　　D．减轻
    (21) A．开拓　　　B．分享　　　C．接受　　　D．提高

- 某新产品研发任务涉及使用最新材料与技术，这部分工作内容直接影响项目整体，公司将其分包给了更有经验的B公司，这属于风险应对策略中的___(22)___。

    (22) A．规避　　　B．转移或分享　　　C．开拓　　　D．减轻或提高

- ___(23)___指的是仅在某些预定条件出现时才执行的计划，定义并跟踪应急应对策略的触发条件。

    (23) A．应急应对策略　　B．权变措施　　C．风险控制　　D．风险监督

答案及解析

（1）**答案：D**　**解析**　一旦完成对风险的识别、分析和排序，指定的风险责任人就应该编制计划，以应对项目团队认为足够重要的每项单个的项目风险。这些风险会对项目目标的实现造成威胁或提供机会。有效和适当的风险应对可以最小化威胁、最大化机会。

风险应对方案应该与风险的重要性相匹配，并且能够经济有效地应对挑战，同时在当前项目背景下现实可行，获得全体干系人的同意，并由一名责任人具体负责。

（2）**答案：A**　**解析**　规划风险应对的输入包括资源管理计划、风险管理计划、成本基准、干系人登记册、风险登记册、风险报告、资源日历、团队派工单、项目进度计划、经验教训登记册、事业环境因素、组织过程资产。

（3）**答案：B**　**解析**　风险登记册包含了已识别并排序的、需要应对的单个项目风险的详细信息。每项风险的优先级有助于选择适当的风险应对措施。

（4）**答案：B**　**解析**　规划风险应对的工具与技术包括：专家判断、访谈、引导、威胁应对策略、机会应对策略、应急应对策略、整体项目风险应对策略、数据分析（备选方案分析、成本效益分析）、决策。

（5）**答案：A**　**解析**　威胁应对策略：

1）上报。如果项目团队或项目发起人认为某威胁不在项目范围内，或提议的应对措施超出了项目经理的权限，就应该采用上报策略。威胁一旦上报，就不再由项目团队做进一步监督，虽然仍可出现在风险登记册中供参考。

2）规避。风险规避是指项目团队采取行动来消除威胁，或保护项目免受威胁的影响。规避策略可能涉及变更项目管理计划的某些方面，或改变会受负面影响的目标，以便于彻底消除威胁，将它的发生概率降低到零。

（6）**答案：D**　**解析**　风险规避是指项目团队采取行动来消除威胁，或保护项目免受威胁的影响。它可能适用于发生概率较高，且具有严重负面影响的高优先级的威胁。

（7）**答案：D**　**解析**　规避措施可能包括消除威胁的原因、延长进度计划、改变项目策略，或缩小范围。有些风险可通过澄清需求、获取信息、改善沟通或取得专有技能来加以规避。

（8）**答案：A**　**解析**　转移涉及将应对威胁的责任转移给第三方，让第三方管理风险并承担威胁发生的影响。采用转移策略通常需要向承担威胁的一方支付风险转移费用。

（9）**答案：D**　**解析**　风险转移的应对措施主要包括购买保险、使用履约保函、使用担保书和使用保证书等，通过签订协议，把具体风险的归属和责任转移给第三方。

（10）**答案：C**　**解析**　风险减轻是指采取措施来降低威胁发生的概率和影响。提前采取减轻措施通常比威胁出现后尝试进行弥补更加有效。

（11）**答案：C**　**解析**　减轻措施包括采用较简单的流程、进行更多次测试和选用更可靠的卖方。还可能涉及原型开发，以降低从实验台模型放大到实际工艺或产品中的风险。

如果无法降低概率，也许可以从决定风险严重性的因素入手，来减轻风险发生的影响。例如，在一个系统中加入冗余部件，可减轻原始部件故障所造成的影响。

（12）**答案：C** **解析** 如果无法降低概率，也许可以从决定风险严重性的因素入手，来减轻风险发生的影响。例如，在一个系统中加入冗余部件，可减轻原始部件故障所造成的影响。

（13）**答案：A** **解析** 风险接受是指承认威胁的存在。此策略可用于低优先级威胁，也可用于无法以任何其他方式经济有效地应对的威胁。接受策略又分为主动或被动方式。最常见的主动接受策略是建立应急储备，包括预留时间、资金或资源以应对出现的威胁；被动接受策略则不会主动采取行动，而只是定期对威胁进行审查，确保其并未发生重大改变。

（14）**答案：A** **解析** 如果组织想确保把握住高优先级的机会，就可以选择开拓策略。此策略将特定机会的出现概率提高到100确保其肯定出现，从而获得与其相关的收益。

（15）**答案：A** **解析** 开拓措施可能包括：把组织中最有能力的资源分配给项目来缩短完工时间，或采用全新技术或技术升级来节约项目成本并缩短项目持续时间。

（16）**答案：B** **解析** 分享涉及将应对机会的责任转移给第三方，使其享有机会所带来的部分收益。必须仔细为已分享的机会安排新的风险责任人，让那些最有能力为项目抓住机会的人担任新的风险责任人。采用机会应对策略，通常需要向承担机会应对责任的一方支付风险费用。分享措施包括建立合伙关系、合作团队、特殊公司和合资企业分享机会。

（17）**答案：D** **解析** 提高策略用于提高机会出现的概率和影响。提前采取提高措施通常比机会出现后尝试改善收益更加有效。通过关注其原因，可以提高机会出现的概率；如果无法提高概率，也许可以针对决定其潜在收益规模的因素来提高机会发生的影响。机会提高措施包括为早日完成活动而增加资源。

（18）**答案：D** **解析** 机会提高措施包括为早日完成活动而增加资源。

（19）**答案：C** **解析** 接受机会是指承认机会的存在。此策略可用于低优先级机会，也可用于无法以任何其他方式经济有效地应对的机会。

风险接受是指承认威胁的存在。此策略可用于低优先级威胁，也可用于无法以任何其他方式经济有效地应对的威胁。

（20）（21）**答案：A A** **解析** 1）规避。如果整体项目风险有严重的负面影响，并已超出商定的项目风险临界值，就可以采用规避策略。此策略涉及采取集中行动，弱化不确定性对项目整体的负面影响，并将项目拉回到临界值以内。例如，取消项目范围中的高风险工作，就是一种整个项目层面的规避措施。

如果无法将项目拉回到临界值以内，则可能取消项目。这是最极端的风险规避措施，仅适用于威胁的整体级别在当前和未来都不可接受的情况。

2）开拓。如果整体项目风险有显著的正面影响，并已超出商定的项目风险临界值，就可以采用开拓策略。此策略涉及采取集中行动，获得不确定性对整体项目的正面影响。例如，在项目范围中增加高收益的工作，以提高项目对干系人的价值或效益；或者，也可以与关键干系人协商修改项目的风险临界值，以便将机会包含在内。

（22）**答案：B** **解析** 如果整体项目风险的级别很高，组织无法有效加以应对，就可能需要让第三方代表组织对风险进行管理。若整体项目风险是负面的，就需要采取转移策略，这可能涉及支付风险费用：如果整体项目风险高度正面，则由多方分享，以获得相关收益。整体项目风险的转移和分享策略主要包括：建立买方和卖方分享整体项目风险的协作式业务结构、成立合资企业或特殊目的公司，或对项目的关键工作进行分包。

（23）**答案：A** **解析** 可以设计一些仅在特定事件发生时才采用的应对措施。对于某些风险，如果项目团队相信其发生会有充分的预警信号，那么就应该制订仅在某些预定条件出现时才执行的应对计划。应该定义并跟踪应急应对策略的触发条件，例如，未实现中间的里程碑，或获得卖方更高程度的重视。采用此技术制订的风险应对计划通常称为应急计划，其中包括已识别的，用于启动计划的触发事件。

15.8 实施风险应对

- 实施风险应对的输入不包括＿＿（1）＿＿。
  （1）A．风险管理计划　　B．风险登记册　　C．风险报告　　D．风险分解结构
- 在实施风险应对时，项目经理可以从＿＿（2）＿＿中查到每个风险的应对措施及指定责任人。
  （2）A．风险管理计划　　B．风险登记册　　C．风险报告　　D．责任分配矩阵
- 有些风险应对措施可能由项目团队以外的人员执行，或由存在其他竞争性需求的人员执行。在这种情况下，风险负责人就要使用人际关系技能中的＿＿（3）＿＿。
  （3）A．影响力　　B．奖励　　C．惩罚　　D．谈判

答案及解析

（1）**答案：D** **解析** 实施风险应对的输入包括：风险管理计划、经验教训登记册、风险登记册、风险报告、组织过程资产。

（2）**答案：B** **解析** 风险登记册：记录了每个风险的应对措施，并指定责任人。

（3）**答案：A** **解析** 适用于本过程的人际关系与团队技能是影响力。有些风险应对措施可能由项目团队以外的人员执行，或由存在其他竞争性需求的人员执行。这种情况下，负责引导风险管理过程的项目经理或人员就需要施展影响力，去鼓励指定的风险责任人采取所需的行动。

15.9 监督风险

- 监督风险是在整个项目期间，监督风险应对计划的实施，并跟踪已识别风险、识别和分析新风险，以及评估风险管理有效性的过程。该过程无须关注的是＿＿（1）＿＿。
  （1）A．实施的风险应对是否有效
  　　B．是否出现新的单个项目风险
  　　C．风险管理政策和程序是否已得到遵守
  　　D．机会风险是否带来项目收益和回报

- 监督风险的依据不包含___(2)___。

    (2) A．工作绩效信息　　B．工作绩效数据　C．工作绩效报告　D．风险登记册

- ___(3)___ 是检查并记录风险应对措施在处理已识别风险及其根源方面的有效性，以及风险管理过程的有效性。

    (3) A．技术绩效分析　　B．风险审计　　C．储备分析　　D．会议

- 适用于监督风险过程的工具与技术，不包括___(4)___。

    (4) A．技术绩效分析　　B．储备分析　　C．会议　　D．人际关系与团队技能

答案及解析

(1) **答案：D** 解析　监督风险过程采用项目执行期间生成的绩效信息，以确定：①实施的风险应对是否有效；②整体项目风险级别是否已改变；③已识别单个项目风险的状态是否已改变；④是否出现新的单个项目风险；⑤风险管理方法是否依然适用；⑥项目假设条件是否仍然成立；⑦风险管理政策和程序是否已得到遵守；⑧成本或进度应急储备是否需要修改；⑨项目策略是否仍然有效等。

(2) **答案：A** 解析　监督风险的工具与技术有风险管理计划、问题日志、经验教训登记册、风险登记册、风险报告、工作绩效数据、工作绩效报告。

(3) **答案：B** 解析　风险审计是检查并记录风险应对措施在处理已识别风险及其根源方面的有效性，以及风险管理过程的有效性。

(4) **答案：D** 解析　监督风险过程的工具与技术包括：技术绩效分析、储备分析、会议、审计。

第16章 项目采购管理

16.1 管理基础

- 组织采购部和法务部的人员将参与项目的采购工作，有关他们在采购中的角色和职责的安排应该写入___(1)___文件中。
  （1）A．相关方登记册　　B．采购策略　　C．合同　　D．采购管理计划
- 项目采购管理的发展趋势和新兴实践主要包括___(2)___。
  ①工具的改进　②更先进的风险管理　③变化中的合同签署实践　④物流和供应链管理
  ⑤技术和干系人关系　⑥试用采购
  （2）A．①②③④　　B．③④⑤⑥　　C．②③④⑥　　D．以上都是

答案及解析

（1）答案：D　解析　采购相关方的角色和职责，是采购管理计划的内容。
（2）答案：D　解析　不同行业各方面（软件工具、风险、过程、物流和技术）的一些重大趋势，会影响项目的成功率。项目采购管理的发展趋势和新兴实践主要包括：工具的改进；更先进的风险管理；变化中的合同签署实践；物流和供应链管理；技术和干系人关系；试用采购。

16.2 项目采购管理过程

- 获取卖方应答、选择卖方并授予合同的过程指的是___(1)___过程。
  （1）A．规划采购管理　　　　　　　B．实施采购
  　　　C．控制采购　　　　　　　　　D．合同管理

- 因为每个项目都是独特的，所以项目经理可以根据需要裁剪项目采购管理过程。裁剪时应考虑的因素不包括___(2)___。

  (2) A．只开展一次主要的采购，或者需要在不同时间向不同卖方进行多次采购

  B．买方和卖方在同一或邻近地点，或者位于不同时区、国家或大洲

  C．组织的采购政策是否和当地相关的法律法规兼容，当地的法律法规会如何影响合同审计工作

  D．满足不同干系人的期望，最小化项目成本

答案及解析

(1) **答案：B** 解析 实施采购：获取卖方应答、选择卖方并授予合同的过程。本过程的主要作用：选定合格卖方并签署关于货物或服务交付的法律协议。本过程的最后成果是签订的协议，包括正式合同。本过程应根据需要在整个项目期间定期开展。

(2) **答案：D** 解析 因为每个项目都是独特的，所以项目经理可以根据需要裁剪项目采购管理过程。裁剪时应考虑的因素主要包括：

- 采购的复杂性：只开展一次主要的采购，或者需要在不同时间向不同卖方进行多次采购（会提高采购的复杂性）。
- 物理地点：买方和卖方在同一或邻近地点，或者位于不同时区、国家或大洲。
- 治理和法规环境：组织的采购政策是否和当地相关的法律法规兼容，当地的法律法规会如何影响合同审计工作。
- 承包商的可用性：是否有具备工作执行能力的承包商可供选择。

16.3 规划采购管理

- 在采购规划过程中，需要考虑组织过程资产等一系列因素，以下___(1)___不属于采购规划时需要考虑的。

  (1) A．项目管理计划　　　　　　　B．风险登记册
  　　C．采购工作说明书　　　　　　D．干系人登记册

- 关于编制采购管理计划过程的描述，正确的是___(2)___。

  (2) A．在进行自制外购分析时，有能力自制的则完全不用考虑外购

  B．编制采购管理计划时，需要考虑采购工作说明书和干系人登记册

  C．市场调研包括考查行业情况和潜在供应商的能力

  D．调研充分时，不需要与潜在投标人进行会议交流

- 在规划采购管理输入的过程中，___(3)___不属于项目章程的内容。

  (3) A．预先批准的财务资源　　　　B．项目描述
  　　C．总体里程碑　　　　　　　　D．项目实施组织的企业计划、政策方针

- ___（4）___主要内容包括规格、所需数量、质量水平、绩效数据、履约期间、工作地点和其他要求。

  （4）A．采购策略 　　　　　　　　B．采购工作说明书
  　　　C．工作大纲 　　　　　　　　D．招标文件

- 制定自制或外购决策时应考虑的因素包括___（5）___。
  ①组织当前的资源配置及其技能和能力　②对专业技术的需求　③不愿承担永久雇用的义务
  ④对独特技术专长的需求　⑤评估与每个自制或外购决策相关的风险

  （5）A．①②③④ 　　B．②③④⑤ 　　C．①②④⑤ 　　D．以上都是

- 以下关于采购计划的叙述中，不正确的是___（6）___。

  （6）A．根据每个项目的需要，采购管理计划可以是正式的或非正式的，也可以是非常详细的或高度概括的
  　　　B．采购管理计划可包括风险管理事项，包括对履约保函或保险合同的要求，以减轻某些项目风险
  　　　C．项目进度计划决定和影响着项目采购计划，项目采购计划做出的决策不会影响项目进度计划
  　　　D．如果项目由外部资助，资金的来源和可用性应符合采购管理计划和项目进度计划的规定

答案及解析

（1）**答案：C**　解析　采购工作说明书是采购规划的输出，而不是输入。

（2）**答案：C**　解析　在进行"自制外购"分析时，有时项目的执行组织可能有能力自制，但是可能与其他项目有冲突或自制成本明显高于外购，在这些情况下项目需要从外部采购，以兑现进度承诺。

采购工作说明书是规划采购管理过程的输出，不是输入。

仅靠调研，而不与潜在投标人进行会议来交流信息，有时还不能获得制定采购决策所需的明确信息。与潜在投标人会议交流和合作，有利于这些供应商开发互惠的方案或产品，从而有助于产品、材料或服务的买方采购。

（3）**答案：D**　解析　在规划采购管理输入的过程中，项目章程包括目标、项目描述、总体里程碑，以及预先批准的财务资源。

（4）**答案：B**　解析　采购工作说明书：充分详细地描述拟采购的产品、服务或成果，以便潜在卖方确定是否有能力提供此类产品、服务或成果。主要内容包括规格、所需数量、质量水平、绩效数据、履约期间、工作地点和其他要求。

（5）**答案：D**　解析　自制或外购分析：用于确定某项工作或可交付成果最好是由项目团队自行完成，还是应该从外部采购。制定自制或外购决策时应考虑的因素包括：组织当前的资源配置及其技能和能力，对专业技术的需求，不愿承担永久雇用的义务，以及对独特技术专长的需求；还

要评估与每个自制或外购决策相关的风险。

（6）**答案：C**　**解析**　采购计划的决策会影响进度计划。比如采购计划里某设备的采购到位时间，可能会影响项目的开工日期等。

16.4　实施采购

- 关于实施采购的描述，不正确的是__（1）__。
  （1）A．复杂且高风险的采购在授予卖方合同前要由组织授权管理者审批
  　　　B．本过程的主要作用是选定合格卖方并签署关于货物或服务交付的法律协议
  　　　C．应根据需要在整个项目期间定期开展
  　　　D．实施采购过程的输出包括卖方履行的工作绩效达成情况
- 可作为实施采购过程输入的项目文件不包括__（2）__。
  （2）A．需求文件　　　　　　　　　　B．项目进度计划
  　　　C．风险登记册　　　　　　　　　D．招标文件
- 某公司项目的复杂部分将由外部提供，为了确保对该项目此部分工作的要求和制约因素达成明确的共识，需要__（3）__。
  （3）A．采用固定总价合同模板　　　　B．发起广告宣传活动
  　　　C．举行投标人会议　　　　　　　D．雇佣合同专家

答案及解析

（1）**答案：D**　**解析**　选定的卖方是在建议书评估或投标评估中被判断为最有竞争力的投标人。对于较复杂、高价值和高风险的采购，在授予合同前，要把选定卖方报给组织高级管理人员审批。
实施采购是获取卖方应答、选择卖方并授予合同的过程。本过程的主要作用是选定合格卖方并签署关于货物或服务交付的法律协议。本过程的最后成果是签订的协议，包括正式合同。
本过程应根据需要在整个项目期间定期开展。
卖方履行的工作绩效达成情况属于控制采购的内容。

（2）**答案：D**　**解析**　可作为实施采购过程输入的项目文件主要包括：

- 需求文件：可能包括卖方需要满足的技术要求；具有合同和法律意义的需求，如健康安全、安保、绩效、环境、保险、知识产权、同等就业机会、执照、许可证，以及其他非技术要求。
- 项目进度计划：确定项目活动的开始日期和结束日期，包括采购活动。它还会规定承包商最终的交付日期。
- 风险登记册：取决于卖方的组织、合同的持续时间、外部环境、项目交付方法、所选合同类型，以及最终商定的价格。任何被选中的卖方都会带来特殊的风险。
- 干系人登记册：包含与已识别干系人有关的所有详细信息。

- 经验教训登记册：在项目早期获取的与实施采购有关的经验教训，可用于项目后期阶段，以提高本过程的效率。

（3）答案：C 解析 投标人会议（又称承包商会议、供应商会议或投标前会议）是在卖方提交建议书之前，在买方和潜在卖方之间召开的会议，其目的是确保所有潜在投标人对采购要求都有清楚且一致的理解，并确保没有任何投标人会得到特别优待。

16.5 控制采购

- 关于控制采购的描述，不正确的是___（1）___。
  - （1）A. 项目执行组织要督促供应商按时提供产品和服务，保证项目工期，卖方不需要控制采购过程
    - B. 控制采购是管理采购关系、监督合同绩效、实施必要的变更和纠偏，以及关闭合同的过程
    - C. 买方和卖方都出于相似的目的来管理采购合同，每方都必须确保双方履行合同义务，确保各自的合法权利得到保护
    - D. 控制采购的质量包括采购审计的独立性和可信度，是采购系统可靠性的关键决定因素

- 某科技公司与一家政府机构签了合同。该公司近来为政府完成了一个煤炭资源管理项目，今天收到了付款，进行了采购审计。应该通过___（2）___来正式通知公司项目已经完成了。
  - （2）A. 政府的项目经理　　　　　　　　B. 负责管理合同的管理员
  - 　　C. 项目控制人员　　　　　　　　　D. 项目发起人或所有权人

答案及解析

（1）答案：A 解析 控制采购过程是买卖双方都需要的。

（2）答案：B 解析 采购关闭：买方通常通过其授权的采购管理员，向卖方发出合同已经完成的正式书面通知。关于正式关闭采购的要求，通常已在合同条款和条件中规定，包括在采购管理计划中。内容包括：已按时按质按技术要求交付全部可交付成果；没有未决索赔或发票，全部最终款项已付清；项目管理团队应该在关闭采购之前批准所有的可交付成果。

结束的采购，买方通常通过其授权的采购管理员，向卖方发出合同已经完成的正式书面通知。

16.6 项目合同管理

- ___（1）___适用于工程量不太大且能精确计算、工期较短、技术不太复杂、风险不大的项目。
  - （1）A. 分包合同　　　　　　　　　　　B. 总价合同
  - 　　C. 成本补偿合同　　　　　　　　　D. 单项工程承包合同

- 对于风险大、需要立即开展、项目内容及技术经济指标未确定的项目一般采用___(2)___。

  (2) A. 成本补偿合同 　　　　　　　　　B. 采购单形式的合同
  　　C. 工时材料合同 　　　　　　　　　D. 固定总价合同

- ___(3)___合同为买方和卖方提供了一定的灵活性，允许一定的绩效偏离，并对实现既定目标给予相关的财务奖励，且会设置价格上限，高于此价格上限的全部成本将由卖方承担。

  (3) A. 固定总价 　　　　　　　　　　　B. 总价加激励费用
  　　C. 总价加经济价格调整 　　　　　　D. 订购单

- 以下对于成本加固定费用（CPFF）合同的说法，正确的是___(4)___。

  (4) A. 卖方报销履行合同工作所发生的一切可列支成本，并向卖方支付一笔固定费用
  　　B. 如果最终成本低于或高于原始估算成本，则买方和卖方需要根据事先商定的成本分摊比例来分享节约部分或分担超支部分
  　　C. 卖方报销一切合法成本，但只有在卖方满足合同规定的、笼统主观的绩效标准的情况下，才向卖方支付大部分费用
  　　D. 费用完全由买方根据自己对卖方绩效的主观判断来决定，并且通常不允许申诉

- 项目合同的履行过程中，由于当事人一方未能履行合同所规定的义务而导致另一方遭受损失时，受损失方向过失方提出合同索赔，在索赔事项发生后的___(5)___天内，向监理工程师正式提出索赔意向通知。

  (5) A. 18 　　　　　　B. 28 　　　　　　C. 30 　　　　　　D. 7

答案及解析

（1）**答案：B**　**解析**　总价合同又称固定价格合同，是指在合同中确定一个完成项目的总价，承包人据此完成项目全部合同内容的合同。适用于工程量不太大且能精确计算、工期较短、技术不太复杂、风险不大的项目，同时要求发包人必须准备详细全面的设计图纸和各项说明，使承包人能准确计算工程量。

（2）**答案：A**　**解析**　成本补偿合同是由发包人向承包人支付为完成工作而发生的全部合法实际成本（可报销成本），并且按照事先约定的某一种方式外加一笔费用作为卖方的利润。

1) 需立即开展工作的项目。
2) 对项目内容及技术经济指标未确定的项目。
3) 风险大的项目。

（3）**答案：B**　**解析**　总价加激励费用合同（FPIF）：这种总价合同为买方和卖方提供了一定的灵活性，允许一定的绩效偏离，并对实现既定目标给予相关的财务奖励（通常取决于卖方的成本、进度或技术绩效）。FPIF合同中会设置价格上限，高于此价格上限的全部成本将由卖方承担。

（4）**答案：A**　**解析**　成本加固定费用（CPFF）：卖方报销履行合同工作所发生的一切可列支成本，并向卖方支付一笔固定费用。该费用以项目初始估算成本的某一百分比计列。除非项目范围发生变更，否则费用金额维持不变。

成本加激励费用（CPIF）：为卖方报销履行合同工作所发生的一切可列支成本，并在卖方达到合同规定的绩效目标时，向卖方支付预先确定的激励费用。在 CPIF 合同中，如果最终成本低于或高于原始估算成本，则买方和卖方需要根据事先商定的成本分摊比例来分享节约部分或分担超支部分。

成本加奖励费用（CPAF）：卖方报销一切合法成本，但只有在卖方满足合同规定的、笼统主观的绩效标准的情况下，才向卖方支付大部分费用。奖励费用完全由买方根据自己对卖方绩效的主观判断来决定，并且通常不允许申诉。

（5）**答案：B 解析** 索赔流程如下：

1）提出索赔要求：当出现索赔事项时，索赔方以书面的索赔通知书形式，在索赔事项发生后的 28 天以内，向监理工程师正式提出索赔意向通知。

2）报送索赔资料：在索赔通知发出后的 28 天内，向监理工程师提出延长工期和（或）补偿经济损失的索赔报告及有关资料。

3）监理工程师答复：监理工程师在收到送交的索赔报告有关资料后，于 28 天内给予答复，或要求索赔方进一步补充索赔理由和证据。

4）监理工程师逾期答复后果：监理工程师在收到承包人送交的索赔报告的有关资料后 28 天未予答复或未对承包人作进一步要求，视为该项索赔已经认可。

5）持续索赔：当索赔事件持续进行时，索赔方应当阶段性向监理工程师发出索赔意向，在索赔事件终了后 28 天内，向监理工程师送交索赔的有关资料和最终索赔报告，监理工程师应在 28 天内给予答复或要求索赔方进一步补充索赔理由和证据。逾期未答复，视为该项索赔成立。

6）仲裁与诉讼：监理工程师对索赔的答复，索赔方或发包人不能接受，即进入仲裁或诉讼程序。

第17章 项目干系人管理

17.1 管理基础

- 关于项目干系人管理的说法，不正确的是___(1)___。
  （1）A．项目经理和团队管理干系人的能力决定着项目的成败
  　　B．为提高项目成功的概率，应尽早开始识别干系人并引导干系人参与
  　　C．有效引导干系人参与的关键是重视关键干系人并保持持续沟通
  　　D．项目干系人可能对项目施加积极影响或者消极影响
- 关于项目干系人管理，下列说法不正确的是___(2)___。
  （2）A．识别所有干系人，而非在限定范围内
  　　B．干系人满意度是一个关键的项目目标
  　　C．为了节约时间和精力，确保关键的团队成员都涉及引导干系人参与的活动
  　　D．受项目影响或能对项目施加影响的人都是项目的干系人
- 关于项目干系人的描述，正确的是___(3)___。
  （3）A．在限定范围内，识别所有项目干系人
  　　B．自认为受项目决策、活动或结果影响的个人、群体或组织也是干系人
  　　C．干系人分析是在项目计划阶段实施的工作，在项目其他阶段不涉及
  　　D．整个项目周期中项目干系人不会发生变化

答案及解析

（1）**答案：C**　解析　干系人满意度应作为项目目标加以识别和管理。有效引导干系人参与的关键是重视所有干系人并保持持续沟通（包括团队成员），理解他们的需求和期望、处理所发生的问题、管理利益冲突，并促进干系人参与项目决策和活动。

（2）**答案：C** **解析** 当前新技术快速发展，"干系人"一词的外延正在扩大，从传统意义上的员工、供应商和高层管理者扩展到涵盖各式群体，包括监管机构、环保人士、金融组织、媒体，以及那些自认为是干系人的人员（他们认为自己会受项目工作或成果的影响）。项目干系人管理的发展趋势和新兴实践主要包括：

- 识别所有干系人，而非在限定范围内。
- 确保所有团队成员都涉及引导干系人参与的活动。

（3）**答案：B** **解析** 那些自认为受项目决策、活动或结果影响的个人、群体或组织也是干系人；识别所有干系人，而非在限定范围内。

为了实现项目收益，识别干系人和引导干系人参与的过程需要迭代开展。虽然在项目干系人管理中仅对这些过程讨论一次，但是，应该经常开展识别干系人、排列其优先级以及引导其参与项目等相关活动。至少要在以下时点开展这些活动：①项目进入其生命周期的不同阶段；②当前干系人不再与项目工作有关，或者在项目的干系人群体中出现了新的干系人成员；③组织内部或更大领域的干系人群体发生重大变化。

17.2 项目干系人管理过程

- 项目干系人管理过程的顺序一般是___（1）___。
    （1）A．识别干系人—分析干系人参与—管理干系人参与—监督干系人参与
    　　B．识别干系人—规划干系人参与—管理干系人参与—监督干系人参与
    　　C．确定干系人—分析干系人参与—实施干系人管理—控制干系人参与
    　　D．确定干系人—制订干系人管理计划—实施干系人管理—控制干系人参与
- 项目干系人管理过程中，___（2）___是第三步。
    （2）A．管理干系人参与　　　　　　　　B．分析干系人参与
    　　C．规划干系人参与　　　　　　　　D．控制干系人参与
- 干系人参与计划是___（3）___过程的输出。
    （3）A．识别干系人　　　　　　　　　　B．规划干系人管理
    　　C．管理干系人参与　　　　　　　　D．监督干系人参与

答案及解析

（1）**答案：B** **解析** 项目干系人管理的过程包括：

识别干系人：定期识别干系人，分析和记录他们的利益、参与度、相互依赖性、影响力和对项目潜在的影响。

规划干系人参与：根据干系人的需求、期望、利益和对项目的潜在影响，制定项目干系人参与项目的方法。

管理干系人参与：与干系人进行沟通和协作，以满足其需求与期望，并处理问题，以促进干系

人合理参与。

监督干系人参与：监督项目干系人关系，并通过修订参与策略和计划来引导干系人合理参与项目。

（2）**答案：A　解析**　项目干系人管理的过程包括：识别干系人—规划干系人参与—管理干系人参与—监督干系人参与。

（3）**答案：B　解析**　规划干系人管理输出的是干系人参与计划。

17.3　识别干系人

- 识别项目的干系人，并分析他们的利益层次、个人期望、重要性和影响力，这对项目成功非常重要。关于识别干系人过程的说法，不正确的是___（1）___。

    （1）A．识别干系人只需要在项目启动阶段开展
    　　　B．识别干系人使项目团队能够建立对每个干系人或干系人群体的适度关注
    　　　C．干系人可能来自组织内部，也可能来自组织外部
    　　　D．对干系人进行分类有助于团队与已识别的项目干系人建立关系

- 通过识别干系人过程，找出项目的所有干系人，并初步分析和记录他们的信息。下列___（2）___不是识别项目干系人的依据。

    （2）A．立项管理文件　　　　　　　　B．项目章程
    　　　C．干系人登记册　　　　　　　　D．沟通管理计划

- 在识别项目干系人中，从___（3）___中可以快速查阅到项目的关键干系人及其职责信息。

    （3）A．立项管理文件　　　　　　　　B．项目章程
    　　　C．干系人登记册　　　　　　　　D．干系人参与计划

- ___（4）___不属于识别干系人的工具与技术。

    （4）A．专家判断　　　　　　　　　　B．头脑风暴
    　　　C．数据表现　　　　　　　　　　D．人际关系与团队技能

- 在识别干系人的过程中，使用___（5）___技术会产生干系人清单和关于干系人的各种信息，如岗位、角色、兴趣、期望、态度。

    （5）A．干系人分析技术　　　　　　　B．干系人立方体
    　　　C．凸显模型　　　　　　　　　　D．问卷和调查

- 干系人映射分析和表现是一种利用不同方法对干系人进行分类的方法。常见的分类方法不包括___（6）___。

    （6）A．权力利益方格　　　　　　　　B．权力影响方格
    　　　C．作用影响方格　　　　　　　　D．干系人分析

- 对项目干系人进行分类时，通常不需要参考___（7）___。

    （7）A．职权级别　　　　　　　　　　B．关心程度
    　　　C．影响力　　　　　　　　　　　D．资金实力

- 在项目管理过程中，某类干系人在项目上的利益小、权力也小，对此类干系人我们应该_____(8)_____。
  - (8) A．完全置之不理　　　　　　　B．满足他们的利益追求
  　　　C．监督他们的表现　　　　　　D．随时告知项目情况
- 根据干系人管理的权力利益方格，对高权力、高利益的干系人，项目经理应采取的干系人管理策略是_____(9)_____。
  - (9) A．令其满意　　　　　　　　　B．重点管理
  　　　C．随时告知　　　　　　　　　D．监督
- 在权力利益方格中，对项目成果的关心程度高，职权级别低的干系人应_____(10)_____。
  - (10) A．将项目的相关事项信息随时告知对方
  　　　B．重点解决其提出的主要需求，争取其支持
  　　　C．判断其对项目产生的影响，实施令其满意的行动策略
  　　　D．避免其对项目产生负面影响，不需过多进行干预
- _____(11)_____是识别干系人过程的主要输出，记录已识别干系人的信息。
  - (11) A．干系人登记册　　　　　　　B．干系人管理计划
  　　　C．干系人参与计划　　　　　　D．干系人分类

答案及解析

（1）**答案：A**　解析　识别干系人管理过程通常在编制和批准项目章程之前或同时首次开展，之后在项目生命周期过程中必要时重复开展，至少应在每个阶段开始时，以及项目或组织出现重大变化时重复开展。

（2）**答案：C**　解析　干系人登记册是识别干系人的输出。识别干系人的输入包括立项管理文件、项目章程、项目管理计划（沟通管理计划、干系人参与计划）、项目文件、协议、组织过程资产、事业环境因素。

（3）**答案：B**　解析　项目章程会列出关键干系人清单，还可能包含与干系人职责有关的信息。

（4）**答案：D**　解析　识别干系人的工具与技术包括：专家判断、数据收集（问卷和调查、头脑风暴）、数据分析（干系人分析、文件分析）、数据表现、会议。

（5）**答案：A**　解析　干系人分析会产生干系人清单和关于干系人的各种信息，例如，在组织内的岗位、在项目中的角色、与项目的利害关系、期望、态度（如对项目的支持程度），以及对项目信息的兴趣。

（6）**答案：D**　解析　常见的干系人分类方法包括：权力利益方格、权力影响方格或作用影响方格、干系人立方体、凸显模型、影响方向、优先级排序。不包括干系人分析技术。

（7）**答案：D**　解析　基于干系人的职权级别（权力）、对项目成果的关心程度（利益）、对项目成果的影响能力（影响），或改变项目计划或执行的能力，每一种方格都可用于对干系人进行分类。

（8）答案：C　解析　从权力/利益方格中可以看出，对权力小且利益低的干系人，需要监督（保持关注）。

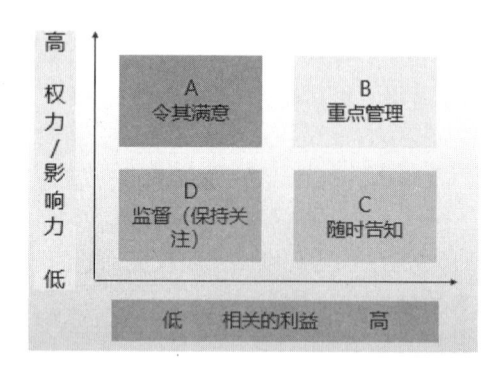

（9）答案：B　解析　从权力/利益方格中可以看出，对权力高、利益高的干系人，应该重点管理。

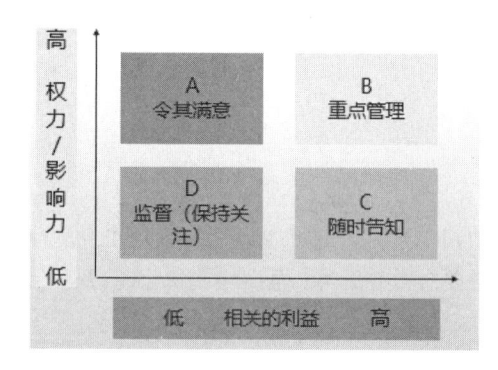

（10）答案：A　解析　从权力/利益方格中可以看出，对权力低、利益高的干系人，应该随时告知。

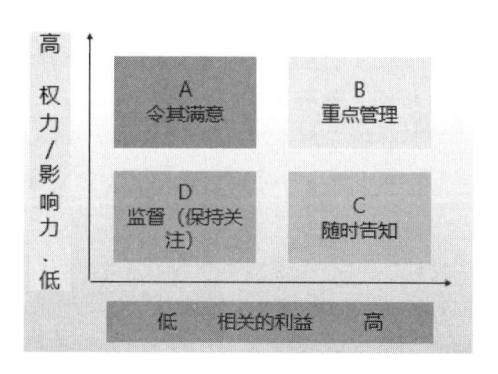

（11）答案：A　解析　干系人登记册是识别干系人过程的主要输出，记录已识别干系人的信息。

17.4 规划干系人参与

- 根据干系人的需求、期望、利益和对项目的潜在影响，制定项目干系人参与项目的方法，属于___(1)___过程的工作。

    (1) A. 识别干系人　　　　　　　　B. 规划干系人参与
    　　 C. 管理干系人参与　　　　　　D. 监督干系人参与

- 可用于规划干系人参与的依据，不包括___(2)___。

    (2) A. 项目章程　　　　　　　　　B. 沟通管理计划
    　　 C. 干系人登记册　　　　　　　D. 职责分配矩阵

- 干系人参与评估矩阵显示，某干系人当前参与项目的程度低于所需的参与程度。项目经理对他采取的措施是___(3)___。

    (3) A. 只要他不反对项目，就让他维持目前的参与程度
    　　 B. 分析原因，并制定沟通和行动方案来消除差距
    　　 C. 降低该干系人所需参与程度的等级
    　　 D. 直接要求该干系人更多地参与项目

- 在某项目的干系人参与度评估矩阵中，需要对___(4)___开展积极沟通，消除差距，引导他积极参与项目，以确保项目取得成功。

干系人	不知晓	抵制	中立	支持	领导
干系人A			○●		
干系人B			●		○
干系人C				○	

●表示实际参与水平　　○表示期望参与水平

    (4) A. 干系人A　　　　　　　　　　B. 干系人B
    　　 C. 干系人C　　　　　　　　　　D. 干系人B和干系人C

- 规划干系人参与过程的输出是___(5)___。

    (5) A. 干系人管理计划　　　　　　B. 干系人登记册
    　　 C. 干系人参与计划　　　　　　D. 干系人评估矩阵

- 干系人参与计划制订了干系人有效参与和执行项目决策的策略和行动，下列说法不正确的是___(6)___。

    (6) A. 为确保项目顺利实施，干系人参与计划必须是正式的、详细的
    　　 B. 根据项目需求和干系人的期望，输出了干系人参与计划
    　　 C. 干系人参与计划主要包括调动干系人个人或群体参与的特定策略或方法
    　　 D. 在制订干系人参与计划之前，需要对干系人进行识别和分析

答案及解析

（1）**答案：B** **解析** 规划干系人参与是根据干系人的需求、期望、利益和对项目的潜在影响，制定项目干系人参与项目的方法的过程。本过程的主要作用是提供与干系人进行有效互动的可行计划。本过程应根据需要在整个项目期间定期开展。

（2）**答案：D** **解析** 规划干系人参与的输入包括：项目章程、资源管理计划、沟通管理计划、风险管理计划、假设日志、风险登记册、干系人登记册、项目进度计划、问题日志、变更日志、协议、事业环境因素、组织过程资产。

（3）**答案：B** **解析** 干系人的参与程度可分为五种：
- 不知晓：对项目和潜在影响不知晓。
- 抵制：知晓项目和潜在影响，抵制项目工作或成果可能引发的任何变更。
- 中立：了解项目，既不支持，也不反对。
- 支持：了解项目和潜在影响，支持项目工作和成果。
- 领导：了解项目和潜在影响，积极参与以确保项目成功。

通过分析，识别出当前参与程度与所需参与程度之间的差距。项目团队可以使用专家判断来制定行动和沟通方案，以消除差距。

（4）**答案：B** **解析** 干系人的参与程度可分为五种：
- 不知晓：对项目和潜在影响不知晓。
- 抵制：知晓项目和潜在影响，抵制项目工作或成果可能引发的任何变更。
- 中立：了解项目，既不支持，也不反对。
- 支持：了解项目和潜在影响，支持项目工作和成果。
- 领导：了解项目和潜在影响，积极参与以确保项目成功。

通过分析，识别出当前参与程度与所需参与程度之间的差距。项目团队可以使用专家判断来制定行动和沟通方案，以消除差距。

（5）**答案：C** **解析** 规划干系人参与过程的输出是干系人参与计划。

（6）**答案：A** **解析** 干系人参与计划是项目管理计划的组成部分。该计划制定了干系人有效参与和执行项目决策的策略和行动。干系人参与计划可以是正式的或非正式的，非常详细的或高度概括的，这基于项目的需要和干系人的期望。干系人参与计划主要包括调动干系人个人或群体参与的特定策略或方法。

17.5 管理干系人参与

- ___(1)___ 通过与干系人进行沟通协作，以满足其需求与期望、处理问题。

（1）A. 识别干系人 B. 规划干系人参与
　　C. 管理干系人参与 D. 监督干系人参与

- _____(2)_____能最直接地提高干系人对项目的支持，降低干系人对项目的抵制，从而显著提高项目成功的机会。
  - （2）A．规划干系人管理　　　　　　B．规划干系人参与
  - 　　　C．管理干系人参与　　　　　　D．监督干系人参与
- 管理干系人参与过程的输入不包括_____(3)_____。
  - （3）A．沟通管理计划　　　　　　　B．风险管理计划
  - 　　　C．干系人管理计划　　　　　　D．变更管理计划
- 项目管理团队正在策划将干系人 A 当前对项目的参与程度提高到项目团队期望的程度，引导干系人参与，以便获取、确认或维持他们对项目成功的持续承诺，这是在进行_____(4)_____。
  - （4）A．规划干系人管理　　　　　　B．规划干系人参与
  - 　　　C．管理干系人参与　　　　　　D．监督干系人参与
- _____(5)_____不是管理干系人参与过程的工具与技术。
  - （5）A．冲突管理　　　　　　　　　B．影响力
  - 　　　C．文化意识　　　　　　　　　D．观察和交谈
- 在管理干系人参与过程中，需要开展多项活动，其中不包括_____(6)_____。
  - （6）A．制定合适的干系人管理策略
  - 　　　B．澄清和解决已识别出来的问题
  - 　　　C．预测干系人未来可能出现的问题并尽早处理
  - 　　　D．管理干系人的期望和需要

答案及解析

（1）**答案：C**　解析　管理干系人参与是通过与干系人进行沟通协作，以满足其需求与期望、处理问题，并促进干系人合理参与的过程。本过程的主要作用是尽可能提高干系人的支持度，并降低干系人的抵制程度。

（2）**答案：C**　解析　管理干系人参与是通过与干系人进行沟通协作，以满足其需求与期望、处理问题，并促进干系人合理参与的过程。本过程的主要作用是尽可能提高干系人的支持度，并降低干系人的抵制程度。

（3）**答案：C**　解析　管理干系人参与过程的输入包括：沟通管理计划、风险管理计划、干系人参与计划、变更管理计划、问题日志、干系人登记册、变更日志、经验教训登记册、事业环境因素、组织过程资产。

（4）**答案：C**　解析　管理干系人参与是通过与干系人进行沟通协作，以满足其需求与期望、处理问题，并促进干系人合理参与的过程。本过程的主要作用是尽可能提高干系人的支持度，并降低干系人的抵制程度。

在管理干系人参与过程中，需要开展多项活动，包括：①在适当的项目阶段引导干系人参与，以便获取、确认或维持他们对项目成功的持续承诺；②通过谈判和沟通的方式管理干系人期望；

③处理与干系人管理有关的任何风险或潜在关注点，预测干系人可能在未来引发的问题；④澄清和解决已识别的问题等。

(5) **答案：B** 解析 适用于管理干系人参与过程的人际关系与团队技能主要包括：
- 冲突管理：项目经理应确保及时解决冲突。
- 文化意识：有助于项目经理和团队通过考虑文化差异和干系人需求，来实现有效沟通。
- 谈判：用于获得支持或达成关于支持项目工作或成果的协议，并解决团队内部或团队与其他干系人之间的冲突。
- 观察和交谈：通过观察和交谈，及时了解项目团队成员和其他干系人的工作和态度。
- 政策意识：通过了解项目内外的权力关系，建立政策意识。

(6) **答案：A** 解析 在管理干系人参与过程中，需要开展多项活动，包括：①在适当的项目阶段引导干系人参与，以便获取、确认或维持他们对项目成功的持续承诺；②通过谈判和沟通的方式管理干系人期望；③处理与干系人管理有关的任何风险或潜在关注点，预测干系人可能在未来引发的问题；④澄清和解决已识别的问题等。

17.6 监督干系人参与

- 监督干系人参与过程的作用是___(1)___。
  (1) A．维持或提升干系人参与活动的效率和效果
  　　B．提高干系人对项目的支持度，并尽可能降低干系人对项目的抵制
  　　C．提供与干系人进行有效互动的可行计划
  　　D．项目团队能够建立对每个干系人或干系人群体的适度关注
- 监督干系人参与过程的输出不会导致___(2)___的更新。
  (2) A．干系人登记册　　　　　　　B．干系人管理计划
  　　C．沟通管理计划　　　　　　　D．项目经验教训文档
- 监督干系人参与过程的输入，不包括___(3)___。
  (3) A．问题日志　　　　　　　　　B．工作绩效数据
  　　C．工作绩效信息　　　　　　　D．项目管理计划
- ___(4)___不适用于监督干系人参与过程。
  (4) A．备选方案分析　　　　　　　B．干系人分析
  　　C．反馈与演示　　　　　　　　D．专家判断
- 适用于监督干系人参与过程的人际关系技能有很多，下列描述错误的是___(5)___。
  (5) A．积极倾听：通过积极倾听，减少理解错误和沟通错误
  　　B．领导力：强有力的领导技能能够传递愿景并激励干系人支持项目工作和成果
  　　C．谈判：解决团队内部或团队与其他干系人之间的冲突
  　　D．政策意识：有助于理解组织战略，理解谁能行使权力和施加影响

答案及解析

（1）**答案：A** **解析** 监督干系人参与是监督项目干系人的关系，并通过修订参与策略和计划来引导干系人合理参与项目的过程。本过程的主要作用是随着项目进展和环境变化，维持或提升干系人参与活动的效率和效果。

（2）**答案：B** **解析** 监督干系人参与过程会导致下列文件更新：资源管理计划、沟通管理计划、干系人参与计划、问题日志、经验教训登记册、风险登记册、干系人登记册。

（3）**答案：C** **解析** 监督干系人参与过程的输入包括：项目管理计划、项目文件（问题日志、干系人登记册、风险登记册、经验教训登记册）、工作绩效数据、事业环境因素、组织过程资产。

（4）**答案：D** **解析** 监督干系人参与过程的工具与技术包括：备选方案分析、根本原因分析、干系人分析、决策、数据表现、沟通技能（反馈与演示）、人际关系与团队技能、会议。

（5）**答案：C** **解析** 适用于监督干系人参与过程的人际关系技能主要包括：

- 积极倾听：通过积极倾听，减少理解错误和沟通错误。
- 文化意识：文化意识和文化敏感性有助于项目经理分析干系人和团队成员的文化差异和文化需求，并对沟通进行规划。
- 领导力：成功的干系人参与，需要强有力的领导技能，以传递愿景并激励干系人支持项目工作和成果。
- 人际交往：通过人际交往了解关于干系人参与水平。
- 政策意识：政策意识有助于理解组织战略，理解谁能行使权力和施加影响，以及培养与这些干系人沟通的能力。

第18章 项目绩效域

18.1 干系人绩效域

- 以下关于干系人绩效域的说法，错误的是___(1)___。
  - (1) A．干系人绩效域涉及与干系人相关的活动和职能
    - B．为了有效地让干系人参与，项目经理可带领项目团队开展工作
    - C．反对项目的干系人会对项目产生负面影响
    - D．可以通过干系人满意度指标来评估干系人绩效域的有效性
- ___(2)___不属于规划绩效域的预期目标。
  - (2) A．项目以有条理、协调一致的方式推进
    - B．对项目状况充分了解，支持决策
    - C．应用系统的方法交付项目成果
    - D．可以根据新出现的和不断变化的需求进行调整
- 对干系人进行分析时，需要考虑的因素包括权力、作用、___(3)___、信念、___(3)___、影响程度、与项目的邻近性、在项目中的利益、与干系人和项目互动相关的其他方面，这些信息有助于项目团队考虑干系人的动机和行为。
  - (3) A．态度　期望　　　　　　　　　B．目标　战略
    - C．技术　组织　　　　　　　　　D．资金　政策
- 为提高支持项目的干系人的满意度，减少反对者的负面影响，可采取对干系人绩效域的检查方法不包括___(4)___。
  - (4) A．干系人行为　　　　　　　　　B．干系人满意度
    - C．干系人相关问题和风险　　　　D．干系人参与的连续性
- 项目经理老赵正在管理一个政府项目，该项目的目标是发展偏远城镇的小企业。项目团队很难在一些目标城镇开展创业培训，因为当地市政府不批准培训。由于延误，项目实施面临风

险。这是因为___(5)___。

（5）A．该项目应该在偏远城镇建设培训中心
B．该项目没有确定并吸引正确的利益相关者
C．该项目应在所有偏远城镇都有代表
D．该项目没有充分吸引项目发起人

答案及解析

（1）**答案：C** **解析** 干系人绩效域涉及与干系人相关的活动和职能。在项目整个生命周期过程中，有效执行本绩效域可以实现的预期目标主要包含：①与干系人建立高效的工作关系；②干系人认同项目目标；③支持项目的干系人提高了满意度，并从中受益；④反对项目的干系人没有对项目产生负面影响。

在项目整个生命周期过程中，为了有效执行干系人绩效域，项目经理需要重点促进干系人的参与。

项目经理需要在整个项目生命周期过程中持续促进干系人参与到项目中，因此，在项目开始时就需要和干系人一起定义并共享清晰的项目愿景，并就项目愿景和干系人达成共识。

（2）**答案：B** **解析** 在项目整个生命周期过程中，有效执行本绩效域可以实现预期目标，主要包含：①项目以有条理、协调一致的方式推进；②应用系统的方法交付项目成果；③对演变情况进行详细说明；④规划投入的时间成本是适当的；⑤规划的内容对管理干系人的需求而言是充分的；⑥可以根据新出现的和不断变化的需求进行调整。

（3）**答案：A** **解析** 对干系人进行分析时，需要考虑的因素包括权力、作用、态度、信念、期望、影响程度、与项目的邻近性、在项目中的利益、与干系人和项目互动相关的其他方面，这些信息有助于项目团队考虑干系人的动机和行为。此外，如果超出分析的背景范围，可能会被误解，因此需要对干系人的分析工作进行保密。

（4）**答案：D** **解析** 干系人绩效域的检查方法见下表。

预期目标	指标及检查方法
建立高效的工作关系	干系人参与的连续性：通过观察、记录方式，对干系人参与的连续性进行衡量
干系人认同项目目标	变更的频率：对项目范围、产品需求的大量变更或修改可能表明干系人没有参与进来或与项目目标不一致
提高支持项目的干系人的满意度，减少反对者的负面影响	● 干系人行为：干系人的行为可表明项目受益人是否对项目感到满意和表示支持，或者他们是否反对项目 ● 干系人满意度：可通过调研、访谈和焦点小组方式，确定干系人满意度，判断干系人是否感到满意和表示支持，或者他们对项目及其可交付物是否表示反对 ● 干系人相关问题和风险：对项目问题日志和风险登记册的审查可以识别与单个干系人有关的问题和风险

（5）**答案：B** **解析** 在组建项目团队之前，可以先识别高层级的干系人，再逐步逐层识别

详细的干系人。识别过程中需要注意：有些干系人很容易识别，如客户、发起人、项目团队、最终用户等，但有些干系人很难识别，需要综合考虑项目所处的内外部环境再进行详细挖掘。在项目进展期间，如果出现新的干系人或者干系人环境发生了变化，项目团队需要重复进行干系人识别活动。

18.2 团队绩效域

- 关于团队绩效域的说法，错误的是＿＿（1）＿＿。
  （1）A．在项目整个生命周期过程中，有效执行本绩效域可以实现预期目标
  　　B．绩效要点主要包括项目团队文化、高绩效项目团队、团队管理
  　　C．团队绩效域主要包含：①共享责任；②建立高绩效团队；③所有团队成员都展现出相应的领导力和人际关系技能
  　　D．项目团队文化反映了项目团队中个体的工作和互动方式
- 项目团队应该在冲突超出有益辩论的范围之前和冲突升级之前加以解决，解决冲突的方法不包括＿＿（2）＿＿。
  （2）A．尊重、开诚布公地进行沟通　　　　B．聚焦于当前和未来
  　　C．聚焦于干系人　　　　　　　　　　D．共同寻找备选方案
- 在规划一个长期项目的过程中，项目经理认识到团队中的几个成员相对于他们自己的角色是新手。项目经理应如何将此纳入计划？＿＿（3）＿＿。
  （3）A．增加整个项目的持续时间，以考虑到项目中缺乏经验的团队成员
  　　B．确保计划已考虑到在新的项目角色中替换不能实现项目目标的团队成员
  　　C．评估培训要求，确保高级成员进行专业发展培训的时间
  　　D．重新检查项目资源分配，避免分配给项目的缺乏经验的团队成员

答案及解析

（1）**答案：B** 解析 团队绩效域的绩效要点：项目团队文化（主要包括透明、诚信、尊重、积极的讨论、支持、勇气和庆祝成功）；高绩效项目团队（采用方式有开诚布公的沟通、共识、共享责任、信任、协作、适应性、韧性、赋能、认可）；领导力技能［主要特征和活动包括建立和维护愿景；批判性思维；激励；人际关系技能（情商、决策、冲突管理）］。

（2）**答案：C** 解析 冲突管理：项目在动态环境中运行，面临着预算、范围、进度和质量等诸多相互排斥的制约因素，这些因素时常会产生冲突。并非所有冲突都是负面的，有效处理冲突可以帮助决策并形成良好的解决方案。项目团队应该在冲突超出有益辩论的范围之前和冲突升级之前加以解决，解决冲突的方法包括：①尊重、开诚布公地进行沟通：冲突可能会引起焦虑，必须保持安全的环境来探索冲突的根源，没有安全的环境，人们就会停止沟通，确保言语、语调和肢体语言不具有威胁性；②聚焦于问题：之所以会发生冲突，是因为人们持有不同的观点，应做到对事不对人，重点是解决问题，而不是指责；③聚焦于当前和未来：始终保持聚焦于当前而不是过

去的情况，如果以前发生过类似的事情，那么旧事重提往往会进一步加剧当前的冲突；④共同寻找备选方案：冲突造成的负面影响可以通过寻找解决办法和替代方案来减小或消除，共同寻找备选方案可以帮助团队成员共同努力，形成创造性的替代方案；可以建立良好的合作关系，使冲突更有利于解决。

（3）**答案：C** 解析 在规划一个长期项目的过程中，如果项目经理认识到团队中的几个成员相对于他们自己的角色是新手，应该：确保团队成员和干系人得到充分培训；确定所需培训的能力和要素；根据培训需求确定培训方案；分配培训资源；衡量培训结果。

18.3 开发方法和生命周期绩效域

- 不属于开发方法和生命周期绩效域的预期目标的是___（1）___。
  （1）A. 开发方法与项目可交付物相符合
  B. 将项目交付与干系人价值紧密关联
  C. 对演变情况进行详细说明
  D. 项目生命周期由促进交付节奏的项目阶段和产生项目交付物所需的开发方法组成
- 当需求存在不确定性或风险时和当可交付物可以模块化时，或者由不同项目团队开发可交付物时采取___（2）___。
  （2）A. 预测型方法　　　　　　　B. 混合型方法
  C. 结构型方法　　　　　　　D. 适应型方法
- ___（3）___在项目开始时确立了明确的愿景，之后在项目进行过程中在最初已知需求的基础上，按照用户反馈、环境或意外事件来不断完善。
  （3）A. 预测型方法　　　　　　　B. 变更型方法
  C. 结构型方法　　　　　　　D. 适应型方法
- 关于迭代型方法和增量型方法的说法，错误的是___（4）___。
  （4）A. 迭代型方法适合于澄清需求和调查各种可选项
  B. 在最后一个迭代之后，迭代型方法可以完成可接受的全部功能
  C. 增量型方法是用于在一系列迭代过程中生成可交付物，该可交付物包含的功能只有在最后一个迭代结束后才被完成
  D. 增量型方法是指在问题初始阶段，只考虑问题的一部分，然后在后续迭代中逐步扩展考虑的问题范围，直到完全解决问题

答案及解析

（1）**答案：C** 解析 开发方法和生命周期绩效域定义：涉及与项目的开发方法、节奏和生命周期相关的活动和职能。预期目标主要包含：①开发方法与项目可交付物相符合；②将项目交付与干系人价值紧密关联；③项目生命周期由促进交付节奏的项目阶段和产生项目交付物所需的开发

方法组成。

(2) **答案：B** **解析** 开发方法的三个类型见下表。

开发方法	特点	适用项目
预测型方法	相对稳定，范围、进度、成本、资源和风险可以在项目生命周期的**早期阶段进行明确定义**；能够在项目早期降低很多不确定性因素并提前完成大部分规划工作。少发生变更。可以借鉴以前类似项目的模板	一开始时可以定义、收集和分析项目和产品的需求的项目和涉及重大投资和高风险项目，需要频繁审查、改变控制机制以及在开发阶段之间重新规划时
混合型方法	是适应型方法和预测型方法的结合体，该方法中预测型方法的要素和适应型方法的要素均会涉及。混合型方法的适应性比预测型方法强，但比纯粹的适应型方法的适应性弱。常使用迭代型方法或增量型方法	当需求存在不确定性或风险时和当可交付物可以模块化时，或者由不同项目团队开发可交付物时
适应型方法	适应型方法在项目开始时确立了明确的愿景，之后在项目进行过程中在最初已知需求的基础上，按照用户反馈、环境或意外事件来不断完善、说明、更改或替换。敏捷方法可以视为一种适应型方法	当需求面临高度的不确定性和易变性，且在整个项目期间不断变化时

(3) **答案：D** **解析** 开发方法的三个类型见下表。

开发方法	特点	适用项目
预测型方法	相对稳定，范围、进度、成本、资源和风险可以在项目生命周期的**早期阶段进行明确定义**；能够在项目早期降低很多不确定性因素并提前完成大部分规划工作。少发生变更。可以借鉴以前类似项目的模板	一开始时可以定义、收集和分析项目和产品的需求的项目和涉及重大投资和高风险项目，需要频繁审查、改变控制机制以及在开发阶段之间重新规划时
混合型方法	是适应型方法和预测型方法的结合体，该方法中预测型方法的要素和适应型方法的要素均会涉及。混合型方法的适应性比预测型方法强，但比纯粹的适应型方法的适应性弱。常使用迭代型方法或增量型方法	当需求存在不确定性或风险时和当可交付物可以模块化时，或者由不同项目团队开发可交付物时
适应型方法	适应型方法在项目开始时确立了明确的愿景，之后在项目进行过程中在最初已知需求的基础上，按照用户反馈、环境或意外事件来不断完善、说明、更改或替换。敏捷方法可以视为一种适应型方法	当需求面临高度的不确定性和易变性，且在整个项目期间不断变化时

(4) **答案：B** **解析** 迭代型方法和增量型方法的区别：

迭代型方法适合于澄清需求和调查各种可选项,在最后一个迭代之前,迭代型方法可以完成可接受的全部功能。

增量型方法是用于在一系列迭代过程中生成可交付物,每个迭代都会在预先确定的时间期限(时间盒)内增加功能,该可交付物包含的功能只有在最后一个迭代结束后才被完成。

18.4 规划绩效域

- ___(1)___不属于规划绩效域的预期目标。
  (1) A. 项目以有条理、协调一致的方式推进
      B. 对演变情况进行详细说明
      C. 对项目状况充分了解,支持决策
      D. 规划的内容对管理干系人的需求而言是充分的

- 以下对规划绩效域与其他绩效域的相互作用的描述,不正确的是___(2)___。
  (2) A. 项目开始时,会确定预期成果,并制订实现这些成果的高层级计划
      B. 在整个项目执行过程中,规划将指导项目工作、成果和价值的交付
      C. 在参与项目工作时运用批判性思维解决问题和决策
      D. 在项目团队规划如何应对不确定性和风险时,不确定性绩效域和规划绩效域会相互作用

- 每个项目都是独特的,不同项目规划的数量、时间安排和频率也各不相同。影响项目规划的因素包括___(3)___。
  ①开发方法   ②理解和分析   ③市场条件   ④法律或法规限制
  (3) A. ①②③   B. ①③④   C. ②③④   D. 以上全是

答案及解析

(1) **答案:C 解析** 规划绩效域涉及整个项目期间组织与协调相关的活动与职能,这些活动和职能是最终交付项目和成果所必需的。在项目整个生命周期过程中,有效执行本绩效域可以实现预期目标,主要包含:①项目以有条理、协调一致的方式推进;②应用系统的方法交付项目成果;③对演变情况进行详细说明;④规划投入的时间成本是适当的;⑤规划的内容对管理干系人的需求而言是充分的;⑥可以根据新出现的和不断变化的需求进行调整。

(2) **答案:C 解析** 规划绩效域与其他绩效域的相互作用:①项目开始时,会确定预期成果,并制订实现这些成果的高层级计划;②在项目团队规划如何应对不确定性和风险时,不确定性绩效域和规划绩效域会相互作用;③在整个项目执行过程中,规划将指导项目工作、成果和价值的交付。

(3) **答案:B 解析** 每个项目都是独特的,不同项目规划的数量、时间安排和频率也各不相同。影响项目规划的因素包括:

1）开发方法。开发方法会影响如何规划、规划多少及何时实施规划。
- 采用预测型开发方法，在项目生命周期早期进行规划或组织，这种情况下，大部分规划都是预先进行的。在整个项目期间，最初的计划会渐进明细地制订，但基本并不改变原来的范围。
- 预先进行高层级规划，随后使用原型方法进行设计，在项目团队和干系人对设计表示同意后，项目团队再完成更详细的规划。
- 项目团队实施迭代的适应型方法，一些规划会提前进行，以便制订发布计划，而进一步的规划会在每个迭代开始时进行。

2）项目可交付物。建筑项目需要进行大量的前期规划，以便对设计、审批、材料采购、物流和交付做出说明。产品开发或高技术项目可以采用持续性和适应性的规划，以便根据干系人的反馈和技术进步进行演变和变更。

3）组织需求。组织治理、政策、流程和文化会要求项目经理提供特定的规划成果。

4）市场条件。产品开发项目可能会在竞争激烈的市场环境中进行，在这种情况下，项目团队可以进行最低限度的前期规划，以加快产品投入市场的速度。过量的规划会增加成本，造成延迟、成本超支、返工等风险。

5）法律或法规限制。监管机构或法规有时要求必须先提供特定的规划文件，然后才能得到授权实施，或者获得批准向市场发布项目可交付成果。

18.5 项目工作绩效域

- 关于项目工作绩效域预期目标的描述，不正确的是___（1）___。
  （1）A．适合项目和环境的项目过程
  　　 B．对实物资源进行了有效管理
  　　 C．通过持续学习和过程改进提高了团队能力
  　　 D．可以根据新出现的和不断变化的需求进行调整
- 项目工作绩效域的绩效要点包括___（2）___。
  ①项目过程　②项目制约因素　③管理实物资源　④监督新工作和变更
  （2）A．①②③　　　B．①③④　　　C．②③④　　　D．以上全是

答案及解析

（1）**答案：D**　解析　项目工作绩效域定义：涉及项目工作相关的活动和职能。项目工作可使项目团队保持专注，并使项目活动顺利进行。预期目标主要包含：①高效且有效的项目绩效；②适合项目和环境的项目过程；③干系人适当的沟通和参与；④对实物资源进行了有效管理；⑤对采购进行了有效管理；⑥有效处理了变更；⑦通过持续学习和过程改进提高了团队能力。

（2）**答案：D**　解析　项目工作绩效域的绩效要点包括：项目过程；项目制约因素；专注于

工作过程和能力；管理沟通和参与；管理实物资源；处理采购事宜；监督新工作和变更；学习与持续改进。

18.6 交付绩效域

- 交付绩效域涉及与交付项目相关的活动和职能，预期目标不包含＿＿（1）＿＿。
  - （1）A．项目有助于实现业务目标和战略　　B．项目实现了预期成果
  　　　　C．对实物资源进行了有效管理　　　　D．干系人适当的沟通和参与
- 交付绩效域的绩效要点包括价值的交付、可交付物、＿＿（2）＿＿。
  - （2）A．变更　　　　B．质量　　　　C．度量　　　　D．交付成果
- 不属于交付绩效域的检查方法的是＿＿（3）＿＿。
  - （3）A．组织的战略计划、可行性研究报告以及项目授权文件表明，项目可交付物和业务目标保持一致
  　　　B．进度表明财务指标和所规划的交付正在按计划实现
  　　　C．交付进度、资金提供、资源可用性、采购等表明项目是以整体方式进行规划的，没有差距或不一致之处
  　　　D．项目基础数据表明，项目仍处于正轨，可实现预期成果

答案及解析

（1）答案：D　解析　交付绩效域定义：涉及与交付项目相关的活动和职能。预期目标主要包含：①项目有助于实现业务目标和战略；②项目实现了预期成果；③在预定时间内实现了项目收益；④项目团队对需求有清晰的理解；⑤干系人接受项目可交付物和成果，并对其满意。

（2）答案：B　解析　交付绩效域的绩效要点包括价值的交付、可交付物、质量。

（3）答案：C　解析　交付绩效域的检查方法见下表。

预期目标	指标及检查方法
项目有助于实现业务目标和战略	目标一致性：组织的战略计划、可行性研究报告以及项目授权文件表明，项目可交付物和业务目标保持一致
项目实现了预期成果	项目完成度：项目基础数据表明，项目仍处于正轨，可实现预期成果
在预定时间内实现了项目收益	项目收益：进度表明财务指标和所规划的交付正在按计划实现
项目团队对需求有清晰的理解	需求稳定性：在预测型项目中，初始需求的变更很少，表明对需求的真正理解度较高。在需求不断演变的适应型项目中，项目进展中阶段性需求确认反映了干系人对需求的理解
干系人接受项目可交付物和成果，并对其满意	干系人满意度：访谈、观察和最终用户反馈可表明干系人对可交付物的满意度；质量问题：投诉或退货等质量相关问题的数量也可用于表示满意度

18.7 度量绩效域

- 以下不属于度量绩效域与规划绩效域、项目工作绩效域和交付绩效域相互作用的是___(1)___。
  （1）A．规划构成了交付和规划比较的基础
  　　B．度量绩效域通过提供最新信息来支持规划绩效域的活动
  　　C．在项目团队成员制订计划并创建可度量的可交付物时，团队绩效域和项目工作绩效域会相互作用
  　　D．当不可预测的事件发生时，它们会影响项目绩效，从而影响项目的度量指标
- 在度量绩效域中，___(2)___是用于评估项目成功与否的量化的指标。
  （2）A．有效度量指标　　　　　　　　B．关键绩效指标
  　　C．可持续性指标　　　　　　　　D．基准绩效的度量指标
- 在度量绩效域的检查方法中，将实际绩效与计划绩效进行比较，并评估业务文档，可表明项目实现预期价值的可能性，对应的预期目标是___(3)___。
  （3）A．对项目状况充分理解
  　　B．及时采取行动，确保项目最佳绩效
  　　C．数据充分，可支持决策
  　　D．能够基于预测和评估作出决策，实现目标并产生价值

答案及解析

（1）**答案：C**　解析　度量绩效域与规划绩效域、项目工作绩效域和交付绩效域相互作用：①规划构成了交付和规划比较的基础；②度量绩效域通过提供最新信息来支持规划绩效域的活动；③在项目团队成员制订计划并创建可度量的可交付物时，团队绩效域和干系人绩效域会相互作用；④当不可预测的事件发生时，它们会影响项目绩效，从而影响项目的度量指标；⑤作为项目工作的一部分，应与项目团队和其他干系人合作，以便制定度量指标、收集数据、分析数据、做出决策并报告项目状态。

（2）**答案：B**　解析　项目的关键绩效指标（KPI）是用于评估项目成功与否的量化的指标，KPI 有提前指标和滞后指标两种类型。

- 提前指标：提前指标用于预测项目的变化或趋势，如果变化或趋势不利，项目团队将评估根本原因，并采取行动扭转不利趋势，它可以降低项目的绩效风险。提前指标可以量化，例如项目规模或待办事项列表中正在进展的事项的数量。有的提前指标难以量化，但它们能够为潜在问题提供预警信号，例如风险管理过程缺乏、干系人未到位或没有参与，或者项目成功标准定义不明确等。
- 滞后指标：滞后指标用于测量项目可交付物或重大项目事件，它们在事后提供信息，滞后指标反映的是过去的绩效或状况。滞后指标比提前指标更容易测量，例如已完成的可

交付物的数量、进度偏差或成本偏差，以及所消耗资源的数量等。滞后指标也可用于寻找成果与环境变量之间的相关性。例如，显示进度偏差的滞后指标表明，有可能存在项目团队成员不满意的状态，这种相关性可以帮助项目团队找到成员不满意的根本原因。

（3）**答案：D 解析** 度量绩效域的检查方法见下表。

预期目标	指标及检查方法
对项目状况充分理解	度量结果和报告：通过审计度量结果和报告，可表明数据是否可靠
数据充分，可支持决策	度量结果：度量结果可表明项目是否按预期进行，或者是否存在偏差
及时采取行动,确保项目最佳绩效	度量结果：度量结果提供了提前指标以及当前状态，可导致及时的决策和行动
能够基于预测和评估作出决策,实现目标并产生价值	工作绩效数据：回顾过去的预测和当前的工作绩效数据可发现，以前的预测是否准确地反映了目前的情况。将实际绩效与计划绩效进行比较，并评估业务文档，可表明项目实现预期价值的可能性

18.8 不确定性绩效域

- 在不确定性绩效域中，不确定性的意义不包含___（1）___。
  （1）A．风险　　　　　B．可变性　　　　C．模糊性　　　　D．复杂性
- 以下对不确定性绩效域的预期目标的描述，不正确的是___（2）___。
  （2）A．了解项目的运行环境，包括技术、社会、政治、市场和经济环境等
  　　B．能够利用机会改进项目的绩效和成果
  　　C．对演变情况进行详细说明
  　　D．了解项目中多个因素之间的相互依赖关系
- 项目中必然存在不确定性，不确定性的应对方法主要包括___（3）___。
  ①收集信息　②为多种结果做好准备　③风险识别　④增加韧性　⑤集合设计
  （3）A．①②③④　　　B．②③④⑤　　　C．①②④⑤　　　D．以上都是
- 以下关于不确定性绩效域与其他绩效域的相互作用的描述，不正确的是___（4）___。
  （4）A．随着规划的进行，可将减少不确定性和风险的活动纳入计划。这些活动是在交付绩效域中执行的，度量可以表明随着时间的推移风险级别是否会有所变化
  　　B．项目团队成员和其他干系人是不确定性的主要信息来源，在应对各种形式的不确定性方面，他们可以提供信息、建议和协助
  　　C．生命周期和开发方法的选择将影响不确定性的应对方式
  　　D．采用迭代型方法的项目中，在系统如何互动或干系人如何反应方面可能存在不确定性，项目团队可以调整计划，以反映对不断演变情况的理解，还可以使用储备来应对不确定性的影响

- 在不确定性绩效域的绩效要点中，处理___(5)___的方法主要包括迭代、创造机会争取干系人参与、增加在关键组件出现故障时能提供功能正常降级的要素。

（5）A．基于系统的复杂性　　　　　　B．重新构建的复杂性
　　　C．基于过程的复杂性　　　　　　D．基于干系人的复杂性

答案及解析

（1）**答案：B　解析**　不确定性的意义包含风险、模糊性和复杂性。

（2）**答案：C　解析**　不确定性绩效域的检查方法见下表。

预期目标	指标及检查方法
了解项目的运行环境，包括技术、社会、政治、市场和经济环境等	环境因素：团队在评估不确定性、风险和应对措施时考虑了环境因素
积极识别、分析和应对不确定性	风险应对措施：与项目制约因素的优先级排序保持一致
了解项目中多个因素之间的相互依赖关系	应对措施适宜性：应对风险、复杂性和模糊性的措施适合于项目
能够对威胁和机会进行预测，了解问题的后果	风险管理机制或系统：用于识别、分析和应对风险的系统非常强大
最小化不确定性对项目交付的负面影响	项目绩效处于临界值内：满足计划的交付日期，预算执行情况处于偏差临界值内
能够利用机会改进项目的绩效和成果	利用机会的机制：团队使用既定机制来识别和利用机会
有效利用成本和进度储备，与项目目标保持一致	储备使用：团队采取步骤主动预防威胁，有效使用成本或进度储备

（3）**答案：C　解析**　项目中必然存在不确定性，任何活动的影响都无法准确预测，而且可能会产生一系列的不确定性。针对不确定性的应对方法主要包括：

1）收集信息。可以对信息收集和分析工作进行规划，以便发现更多信息（如进行研究、争取专家参与或进行市场分析）来减少不确定性。

2）为多种结果做好准备。制定可用的解决方案，包括备份或应急计划，为每一个不确定性做好准备。如果存在大量潜在不确定性，项目团队需要对潜在原因进行分类和评估，估算其发生的可能性。

3）集合设计。探索各种选项，来权衡包括时间与成本、质量与成本、风险与进度、进度与质量等多种因素，在整个过程中，舍弃无效或次优的替代方案，以便项目团队能够从各种备选方案中选择最佳方案。

4）增加韧性。韧性是对意外变化快速适应和应对的能力，韧性既适用于项目团队成员，也适用于组织过程。如果对产品设计的初始方法或原型无效，则项目团队和组织需要能够快速学习、适

应和应对变化。

（4）**答案：D**　**解析**　从产品或可交付物角度看，不确定性绩效域与其他七个绩效域都相互作用：①随着规划的进行，可将减少不确定性和风险的活动纳入计划。这些活动是在交付绩效域中执行的，度量可以表明随着时间的推移风险级别是否会有所变化。②项目团队成员和其他干系人是不确定性的主要信息来源，在应对各种形式的不确定性方面，他们可以提供信息、建议和协助。③生命周期和开发方法的选择将影响不确定性的应对方式。在范围相对稳定的采用预测型方法的项目中，可以使用进度和预算储备来应对风险；在采用适应型方法的项目中，在系统如何互动或干系人如何反应方面可能存在不确定性，项目团队可以调整计划，以反映对不断演变情况的理解，还可以使用储备来应对不确定性的影响。

（5）**答案：C**　**解析**　复杂性是由于人类行为、系统行为和模糊性而造成的难以管理的项目、项目集或其环境的特征，当有许多相互关联的影响以不同的方式表现出来并相互作用时，就会存在复杂性。在复杂的环境中，单个要素的累积会导致无法预见或意外的结果。处理复杂性的方法主要有：

1）基于系统的复杂性。处理基于系统的复杂性的方法主要包括：①解耦。解耦需要断开系统的各个部分之间的关联，确定系统的独立工作的一部分，以简化系统并减少相互之间有关联的变量的数量，可降低问题的总体规模。②模拟。可能存在类似的场景，用于模拟系统的组件。例如，一个包含购物区和多间餐厅的新机场建设项目，可以通过寻找商场和娱乐场所的类似信息来了解消费者的购买习惯。

2）重新构建的复杂性。处理需要重新构建的复杂性的方法主要包括：①多样性。需要从不同的角度看待复杂的系统，可能包括与项目团队进行头脑风暴，开启看待系统的不同方式，包括使用德尔菲法等类似方法，即从发散思维转变为收敛思维。②平衡。平衡使用的多种数据类型，包括使用预测数据、过去报告的数据或滞后指标、其变化可能抵消彼此潜在的负面影响的数据等。

3）基于过程的复杂性。处理基于过程的复杂性的方法主要包括：①迭代。以迭代或增量方式进行构建，一次增加一个特性，每次迭代后，确定哪些特性有效、哪些特性无效。②参与。创造机会争取干系人参与，可以减少假设数量，并将学习和参与融入到过程之中。③故障保护。对系统中的关键要素，要增加冗余，或者增加在关键组件出现故障时能提供功能正常降级的要素。

第19章 配置管理与变更管理

19.1 配置管理

- 关于配置管理过程的说法，错误的是___(1)___。
  - (1) A．配置管理是通过技术或者行政的手段对项目管理对象和信息系统的信息进行管理的一系列活动
    - B．通过配置管理过程，保证配置信息的可靠性、完整性和时效性
    - C．应建立与配置管理过程相一致的活动，包括对配置项的识别、收集、记录、更新和审核等
    - D．配置项是信息系统组件或与其有关的项目，包括软件、硬件，不包含各种文档
- 关于配置管理过程的说法，错误的是___(2)___。
  - (2) A．所有配置项都应按照相关规定统一编号，并以一定的目录结构保存在CMDB中
    - B．所有配置项的操作权限应由配置管理员严格管理
    - C．基线配置项向开发人员开放读取的权限；非基线配置项向所有人开放
    - D．基线配置项包括设计文档和源程序等；非基线配置项包括项目的各类计划和报告等
- 下列关于配置项状态的说法，错误的是___(3)___。
  - (3) A．配置项刚建立时，其状态为"草稿"
    - B．配置项通过评审后，其状态变为"正式"
    - C．若更改配置项，则其状态变为"修改"
    - D．当配置项修改完毕并重新通过评审时，其状态依旧是"已修改"
- 产品经理小张输出了一版需求规格说明书，并且第一次评审通过，此时的说明书版本号为___(4)___；经过跟客户开会讨论，增加了新的项目需求，小张正在改动需求规格说明书，此时说明书的版本号为___(5)___。
  - (4) A．1.0　　　　B．1.1　　　　C．0.1　　　　D．1.01

（5）A．1.1　　　　　　B．1.01　　　　　　C．0.11　　　　　　D．1.2
- 配置项的版本号规则与配置项的状态定义相关，某文档版本号为0.01，那么该文档处于___(6)___状态。

　　（6）A．第一次正式发布　　　　　　B．修改后重新正式发布
　　　　　C．正在修改　　　　　　　　　D．草稿

- 某个配置项的版本由3.0变为4.0，按照配置版本号规则，表明___(7)___。

　　（7）A．目前配置项处于正式发布状态，配置项版本升级幅度较大
　　　　　B．目前配置项处于正式发布状态，配置项版本升级幅度较小
　　　　　C．目前配置项处于正在修改状态，配置项版本升级幅度较大
　　　　　D．目前配置项处于正在修改状态，配置项版本升级幅度较小

- 配置项的版本号规则与配置项的状态相关，以下叙述中正确的是___(8)___。

　　（8）A．处于"正式"状态的配置项版本号格式为 X.Y，当配置项升级幅度较大时，可以将变动部分制作为配置项的附件，附件版本依次为 1.0、1.1
　　　　　B．处于"修改"状态的配置项版本号格式为 X.YZ，其中 X 保持不变，YZ 在 01～99 之间递增
　　　　　C．处于"草稿"状态的配置项版本号格式为 0.YZ，随着草稿的修改，YZ 取值逐步递增，而 YZ 的初值和幅值由用户自行把握
　　　　　D．处于"草稿"状态的配置项版本号格式为 X.YZ，当配置项通过评审，状态第一次成为"正式"时，版本号直接设置为 1.0

- 在信息系统开发项目过程中，绝大部分的配置项都要经过多次的修改才能最终确定下来。对配置项版本管理的做法，不正确的是___(9)___。

　　（9）A．对配置项的任何修改都将产生新的版本
　　　　　B．新版本产生后，为避免混淆，可以抛弃旧版本
　　　　　C．配置项的版本管理作用于多个配置管理活动之中，如配置标识、配置控制和配置审计、发布和交付等
　　　　　D．配置项按照一定规则进行管理

- 在信息系统项目过程中，各类配置项存在不断变化的情况，为了在不严重阻碍合理变化的情况下来控制变化，需要使用配置基线这一概念。下列关于配置基线的说法，不正确的是___(10)___。

　　（10）A．对基线的变更必须遵循正式的变更控制程序
　　　　　B．一个产品只能有一条基线
　　　　　C．交付给外部顾客的基线一般称为发行基线，内部开发使用的基线一般称为构造基线
　　　　　D．一组拥有唯一标识号的需求、设计、源代码文卷以及相应的可执行代码、构造文卷和用户文档构成一条基线

- 配置库存放配置项并记录与配置项相关的所有信息。关于配置库的说法，错误的是___(11)___。

　　（11）A．开发库，用于保存开发人员当前正在开发的配置实体
　　　　　B．受控库，也称为主库，包含当前的基线加上对基线的变更

C．产品库，包含已发布使用的各种基线的存档

D．开发库是开发人员的个人工作区，由配置管理员控制

- ___（12）___包含当前的基线加上对基线的变更；配置项被置于完全的配置管理之下。

（12）A．开发库　　　　B．发行库　　　　C．受控库　　　　D．产品库

- 研发人员应将正在研发调试的模块、文档和数据元素存入___（13）___。

（13）A．开发库　　　　B．产品库　　　　C．受控库　　　　D．基线库

- 在开发的信息系统产品完成系统测试之后，作为最终产品存入___（14）___，等待交付用户或现场安装。

（14）A．开发库　　　　B．发行库　　　　C．受控库　　　　D．产品库

- 下列关于配置管理的说法，不正确的是___（15）___。

（15）A．配置库可以分动态库、主库、产品库三种类型

B．按开发任务建立相应的配置库，适用于通用软件的开发组织

C．配置经理负责管理和决策整个项目生命周期中的配置活动

D．一个项目可以有多个基线，也可以只有一个基线

- 产品的继承性较强，工具比较统一，对并行开发有一定的需求。在这种情况下，按照___（16）___分类建库是最合适的。

（16）A．开发任务　　　　　　　　B．客户群

C．配置项类型　　　　　　　　D．时间

- 小张被任命为公司的文档与配置管理员，他的主要工作不包括___（17）___。

（17）A．管理所有活动，包括计划、识别、控制、审计和回顾

B．建立和维护配置管理系统

C．建立和维护配置库或配置管理数据库

D．配置项识别、版本管理和配置控制

- 在信息系统项目中，配置管理的目标主要用以定义并控制信息系统的组件，维护准确的配置信息，其中不包括___（18）___。

（18）A．确保关键的配置项能够被识别和记录

B．维护配置项记录的完整性

C．核实有关信息系统的配置记录的正确性并纠正发现的错误

D．确保信息系统的配置项的有效控制和管理

- 为了实现配置管理的目标，需要注意以下关键因素___（19）___。

①所有配置项应该记录　②配置项应该分类　③关键的配置项要编号

④应该定期对配置库或配置管理数据库中的配置项信息进行审计

⑤每个配置项在建立后，应由配置管理员负责　⑥要关注配置项的变化情况

⑦应该定期对配置管理进行回顾　⑧能够与项目的其他管理活动进行关联

（19）A．①②④⑥⑦⑧　　　　　　　　B．①③④⑤⑥⑦

C．①②③⑤⑥⑧　　　　　　　　D．①②③④⑤⑥

- 确定配置项的范围、属性、标识符、基准线以及配置结构和命名规则等，是在配置管理过程中的___（20）___环节完成的。
  - （20）A．制订配置管理计划　　　　　　B．配置项识别
  　　　 C．配置项控制　　　　　　　　　D．配置审计
- 配置项控制即对配置项和基线的变更控制，其中___（21）___不属于配置项控制。
  - （21）A．标识和记录变更申请　　　　　B．确定配置项
  　　　 C．批准或否决申请　　　　　　　D．实现验证和发布已修改的配置项
- CCB负责组织对变更申请进行评估并确定，___（22）___不属于CCB变更评估申请的内容。
  - （22）A．变更实施方案可行性　　　　　B．变更工作量的合理性
  　　　 C．变更对项目的影响　　　　　　D．记录变更信息的准确性
- 关于配置管理的说法，正确的是___（23）___。
  - （23）A．为便于识别，配置管理应该赋予每个配置项一个唯一的标识符
  　　　 B．配置项可以是一个独立的硬件单元或软件模块，也可以是由多个不同的配置项组合成的一个较大的配置项，但一个配置只能属于一个配置项
  　　　 C．CCB负责组织对变更申请进行评估并确定，项目经理负责将变更结果通知给干系人
  　　　 D．配置管理员组织修改相关的配置项，并在相应的文档、程序代码或配置管理数据中记录变更信息
- 公司领导要了解配置项的当前状况，要求项目组出具配置状态报告，其中___（24）___不属于该报告包含的内容。
  - （24）A．每个受控配置项的标识和状态
  　　　 B．每个变更申请的状态
  　　　 C．每个基线的当前和过去版本的状态以及各版本的比较
  　　　 D．配置管理工具型号
- 配置审计用以验证当前配置项的一致性和完整性，下列___（25）___不属于功能配置审计。
  - （25）A．要交付的配置项是否存在
  　　　 B．配置项的开发已圆满完成
  　　　 C．配置项已达到配置标识中规定的性能和功能特征
  　　　 D．配置项的操作和支持文档已完成并且是符合要求的
- 配置审计的实施是为了确保项目配置管理的有效性，___（26）___属于物理配置审计。
  - （26）A．代码走查　　　　　　　　　　B．变更审批
  　　　 C．功能测试　　　　　　　　　　D．配置项是否齐全
- 下列___（27）___不属于配置管理的日常管理活动。
  - （27）A．配置项识别　　　　　　　　　B．配置项变更控制
  　　　 C．配置项优化　　　　　　　　　D．配置审计
- 基于配置库的变更控制流程如图，图中的①②③分别为___（28）___。

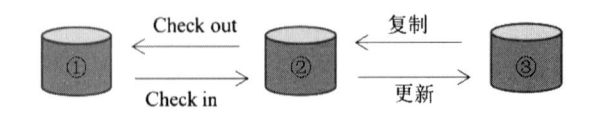

（28）A．开发库、受控库、产品库　　　　B．受控库、开发库、产品库
　　　 C．产品库、受控库、开发库　　　　D．受控库、产品库、开发库

答案及解析

（1）**答案：D**　**解析**　配置项是信息系统组件或与其有关的项目，包括软件、硬件和各种文档，如变更请求、服务、服务器、环境、设备、网络设施、台式机、移动设备、应用系统、协议、电信服务等。这些组件或项目已经或将要受到配置管理的控制。

（2）**答案：C**　**解析**　所有配置项的操作权限应由配置管理员严格管理，基本原则是：基线配置项向开发人员开放读取的权限；非基线配置项向项目经理、CCB 及相关人员开放。

（3）**答案：D**　**解析**　配置项的状态可分为"草稿""正式"和"修改"三种。配置项刚建立时，其状态为"草稿"。配置项通过评审后，其状态变为"正式"。此后若更改配置项，则其状态变为"修改"。当配置项修改完毕并重新通过评审时，其状态又变为"正式"。

（4）**答案：A**　**解析**　配置项通过评审后，其状态变为"正式"。配置项第一次成为"正式"文件时，版本号为1.0。

（5）**答案：B**　**解析**　处于"修改"状态的配置项的版本号格式为X.YZ。配置项正在修改时，一般只增大Z值，X.Y值保持不变。

（6）**答案：D**　**解析**　处于"草稿"状态的配置项的版本号格式为0.YZ，YZ的数字范围为01~99。

（7）**答案：A**　**解析**　处于"正式"状态的配置项的版本号格式为X.Y，X为主版本号，取值范围为1~9。Y为次版本号，取值范围为0~9。

如果配置项升级幅度比较小，可以将变动部分制作成配置项的附件，附件版本依次为1.0、1.1、…当附件的变动积累到一定程度时，配置项的Y值可适量增加，Y值增加到一定程度时，X值将适量增加。当配置项升级幅度比较大时，才允许直接增大X值。

（8）**答案：C**　**解析**　1）处于"草稿"状态的配置项的版本号格式为0.YZ，YZ的数字范围为01~99。随着草稿的修改，YZ的取值应递增，YZ的初值和增幅由用户自己把握。

2）处于"正式"状态的配置项的版本号格式为X.Y，X为主版本号，取值范围为1~9。Y为次版本号，取值范围为0~9。

配置项第一次成为"正式"文件时，版本号为1.0。

如果配置项升级幅度比较小，可以将变动部分制作成配置项的附件，附件版本依次为1.0、1.1、…当附件的变动积累到一定程度时，配置项的Y值可适量增加，Y值增加到一定程度时，X值将适量增加。当配置项升级幅度比较大时，才允许直接增大X值。

3）处于"修改"状态的配置项的版本号格式为X.YZ。配置项正在修改时，一般只增大Z值，

X.Y值保持不变。当配置项修改完毕，状态成为"正式"时，将Z值设置为0，增加X.Y值，参见2)。

（9）答案：B　解析　配置项的版本管理作用于多个配置管理活动之中，如配置标识、配置控制和配置审计、发布和交付等。例如，在信息系统开发项目过程中，绝大部分的配置项都要经过多次的修改才能最终确定下来。对配置项的任何修改都将产生新的版本。由于我们不能保证新版本一定比旧版本"好"，所以不能抛弃旧版本。版本管理的目的是按照一定的规则保存配置项的所有版本，避免发生版本丢失或混淆等现象，并且可以快速准确地查找到配置项的任何版本。

（10）答案：B　解析　配置基线由一组配置项组成，这些配置项构成一个相对稳定的逻辑实体。基线中的配置项被"冻结"了，不能再被任何人随意修改。对基线的变更必须遵循正式的变更控制程序。

一组拥有唯一标识号的需求、设计、源代码文卷以及相应的可执行代码、构造文卷和用户文档构成一条基线。一个产品可以有多条基线，也可以只有一条基线。交付给外部顾客的基线一般称为发行基线，内部开发使用的基线一般称为构造基线。

（11）答案：D　解析　开发库，也称为动态库、程序员库或工作库，用于保存开发人员当前正在开发的配置实体。动态库是开发人员的个人工作区，由开发人员自行控制，无须对其进行配置控制。

（12）答案：C　解析　受控库，也称为主库，包含当前的基线加上对基线的变更。受控库中的配置项被置于完全的配置管理之下。在信息系统开发的某个阶段工作结束时，将当前的工作产品存入受控库。可以修改，需要走变更流程。

（13）答案：A　解析　开发库，也称为动态库、程序员库或工作库，用于保存开发人员当前正在开发的配置实体。

（14）答案：D　解析　产品库，也称为静态库、发行库、软件仓库，包含已发布使用的各种基线的存档，被置于完全的配置管理之下。在开发的信息系统产品完成系统测试之后，作为最终产品存入产品库内，等待交付用户或现场安装。一般不再修改，真要修改的话需要走变更流程。

（15）答案：B　解析　按开发任务建立相应的配置库，这种模式适用于专业软件的开发组织。其特点是使用的开发工具种类繁多，开发模式以线性发展为主。其优点是库结构设置策略比较灵活。

（16）答案：C　解析　按配置项的类型分类建库，这种模式适用于通用软件的开发组织。其特点是产品的继承性较强，工具比较统一，对并行开发有一定的需求。优点是有利于对配置项的统一管理和控制，同时也能提高编译和发布的效率。缺点是会造成开发人员的工作目录结构过于复杂，带来一些不必要的麻烦。

（17）答案：A　解析　配置管理员负责在整个项目生命周期中进行配置管理的主要实施活动，具体有：①建立和维护配置管理系统；②建立和维护配置库或配置管理数据库；③配置项识别；④建立和管理基线；⑤版本管理和配置控制；⑥配置状态报告；⑦配置审计；⑧发布管理和交付。

（18）答案：A　解析　在信息系统项目中，配置管理的目标主要用以定义并控制信息系统的组件，维护准确的配置信息，具体包括：①所有配置项能够被识别和记录；②维护配置项记录的完整性；③为其他管理过程提供有关配置项的准确信息；④核实有关信息系统的配置记录的正确性并纠正发现的错误；⑤配置项当前和历史状态得到汇报；⑥确保信息系统的配置项的有效控制和管理。

（19）**答案：A** 解析 配置管理关键成功因素主要包括：①所有配置项应该记录；②配置项应该分类；③所有配置项要编号；④应该定期对配置库或配置管理数据库中的配置项信息进行审计；⑤每个配置项在建立后，应有配置负责人负责；⑥要关注配置项的变化情况；⑦应该定期对配置管理进行回顾；⑧能够与项目的其他管理活动进行关联。

（20）**答案：B** 解析 配置项识别是识别所有信息系统组件的关键配置，以及各配置项间的关系和配置文档等结构识别。它包括为配置项分配标识和版本号等。配置项识别是配置管理的一项基础性工作，要确定配置项的范围、属性、标识符、基准线以及配置结构和命名规则等。

（21）**答案：B** 解析 配置项控制即对配置项和基线的变更控制，包括标识和记录变更申请、分析和评价变更、批准或否决申请、实现验证和发布已修改的配置项等任务。

（22）**答案：D** 解析 CCB 负责组织对变更申请进行评估并确定：①变更对项目的影响；②变更的内容是否必要；③变更的范围是否考虑周全；④变更的实施方案是否可行；⑤变更工作量估计是否合理。CCB 决定是否接受变更，并将决定通知相关人员。

（23）**答案：A** 解析 为配置项定义标识符：为便于识别，配置管理应该赋予每个配置项一个唯一的标识符并维护这些标识的准确性。

确定配置结构：配置项可以是一个独立的硬件单元或软件模块，也可以是由多个不同的配置项组合成的一个较大的配置项。一个配置可以同时是许多不同配置项（一个配置项集）的一部分。组织应根据项目管理的需求来选择配置项的级别。

配置项控制：CCB 负责组织对变更申请进行评估并确定，CCB 把关于每个变更申请的批准、否决或推迟的决定通知受此处置意见影响的每个干系人。

变更的发布：配置管理员将变更后的配置项纳入基线。配置管理员将变更内容和结果通知相关人员，并做好记录。

（24）**答案：D** 解析 配置状态报告应该主要包含：

1）每个受控配置项的标识和状态。一旦配置项被置于配置控制下，就应该记录和保存它的每个后继进展的版本和状态。

2）每个变更申请的状态和已批准的修改的实施状态。

3）每个基线的当前和过去版本的状态以及各版本的比较。

4）其他配置管理过程活动的记录等。

（25）**答案：A** 解析 功能配置审计是审计配置项的一致性（配置项的实际功效是否与其需求一致），具体验证主要包括：①配置项的开发已圆满完成；②配置项已达到配置标识中规定的性能和功能特征；③配置项的操作和支持文档已完成并且是符合要求的等。

（26）**答案：D** 解析 物理配置审计是审计配置项的完整性（配置项的物理存在是否与预期一致），具体验证主要包括：①要交付的配置项是否存在；②配置项中是否包含了所有必需的项目等。

（27）**答案：C** 解析 配置管理的日常管理活动主要包括：制订配置管理计划、配置项识别、配置项控制、配置状态报告、配置审计、配置管理回顾与改进等。

（28）**答案：A** 解析 基于配置库的变更控制流程如下图所示。

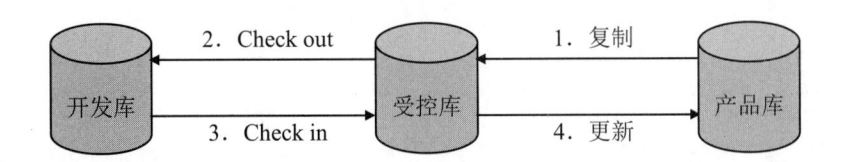

```
     2. Check out           1. 复制
开发库 ←──────── 受控库 ←──────── 产品库
       ────────        ────────
     3. Check in            4. 更新
```

19.2 变更管理

- 依据变更的性质，可以将变更分为___(1)___、重要变更和一般变更。
  - (1) A．紧急变更 B．重大变更
  - C．标准变更 D．特殊变更
- 项目经理在变更中的作用不包括___(2)___。
  - (2) A．响应变更提出者的需求
  - B．评估变更对项目的影响及应对方案
  - C．变更申请的批准与否决
  - D．将需求由技术要求转化为资源需求，供授权人决策
- 以下___(3)___负责监控变更管理过程，协调相关的资源，保障所有变更按照预定过程顺利运作。
  - (3) A．项目经理 B．变更经理
  - C．项目管理办公室（PMO） D．变更控制委员会（CCB）
- 一般变更工作程序是提出变更申请、对变更的初审、___(4)___、变更审查、发出通知并实施、实施监控、效果评估、变更收尾。
  - (4) A．变更审计 B．变更方案论证
  - C．组建 CCB D．判断变更发生原因
- 关于变更流程的说法，正确的是___(5)___。
  - (5) A．变更的提出可以是各种形式，可以是书面形式，也可以是口头形式
  - B．变更初审的目的是对变更请求是否可行实现进行论证
  - C．变更初审通过，则将变更请求由技术要求转化为资源需求，以供 CCB 决策
  - D．变更实施的过程监控，通常由 CCB 负责基准的监控
- 关于变更工作程序的说法，不正确的是___(6)___。
  - (6) A．变更提出应当及时以正式方式进行，并留下书面记录
  - B．变更初审的常见方式为变更申请文档的审核流转
  - C．对于涉及项目目标和交付成果的变更，应将项目进度和质量放在核心位置
  - D．如果变更造成交付期调整，应在变更确认时发布，而非在交付前公布
- 下列___(7)___不属于变更效果评估的内容。
  - (7) A．项目基准是评估依据 B．是否达到了变更提出时的要求
  - C．在干系人间就变更达成共识 D．评估变更的效率和效果

答案及解析

（1）**答案：B** **解析** 通常来说，根据变更性质可分为重大变更、重要变更和一般变更，通过不同审批权限进行控制；根据变更的迫切性可分为紧急变更、非紧急变更。

（2）**答案：C** **解析** 变更申请的批准与否决是由CCB决定的。

项目经理在变更中的作用是响应变更提出者的需求；评估变更对项目的影响及应对方案；将需求由技术要求转化为资源需求，供授权人决策；并据评审结果实施（即调整基准），确保项目基准反映项目实施情况。

（3）**答案：B** **解析** 变更管理负责人也称变更经理，通常是变更管理过程解决方案的负责人，其主要职责包括：①负责整个变更过程方案的结果；②负责变更管理过程的监控；③负责协调相关的资源，保障所有变更按照预定过程顺利运作；④确定变更类型，组织变更计划和日程安排；⑤管理变更的日程安排；⑥变更实施完成之后的回顾和关闭；⑦承担变更相关责任，并且具有相应权限；⑧可能以逐级审批形式或团队会议的形式参与变更的风险评估和审批等。

（4）**答案：B** **解析** 变更工作程序是提出变更申请、对变更的初审、变更方案论证、变更审查、发出通知并实施、实施监控、效果评估、变更收尾。

（5）**答案：A** **解析** 变更提出应当及时以正式方式进行，并留下书面记录。变更的提出可以是各种形式，但在评估前应以书面形式提出。

变更初审的目的是对变更提出方施加影响，确认变更的必要性，确保变更是有价值的。

变更方案的主要作用，首先是对变更请求是否可实现进行论证，如果可能实现，则将变更请求由技术要求转化为资源需求，以供CCB决策。

变更实施的过程监控，通常由项目经理负责基准的监控。

（6）**答案：C** **解析** 对于涉及项目目标和交付成果的变更，客户和服务对象的意见应放在核心位置。

（7）**答案：C** **解析** 变更评估的关注内容主要包括：①评估依据是项目的基准；②结合变更的目标，评估变更所要达到的目的是否已达成；③评估变更方案中的技术论证、经济论证内容与实施过程的差距，并促使解决。

19.3 项目文档管理

- 对于信息系统开发项目来说，其文档一般分为____（1）____。
  - （1）A．开发文档、产品文档、管理文档　　B．需求文档、合同文档、变更文档
  　　　C．需求文档、开发文档、管理文档　　D．开发文档、测试文档、管理文档
- 可行性研究报告和项目任务书，属于____（2）____。
  - （2）A．需求文档　　　　　　　　　　　　B．开发文档
  　　　C．产品文档　　　　　　　　　　　　D．管理文档

- 项目完成后，项目组向客户交付了参考手册和用户指南，这两份文档应该被归入___(3)___。

  (3) A．产品文档　　　B．管理文档　　　C．项目文档　　　D．技术文档

- 下列___(4)___不属于产品文档。

  (4) A．培训手册　　　　　　　　　B．参考手册和用户指南
  　　C．软件支持手册　　　　　　　D．需求规格说明书

- 在信息系统开发项目中，开发过程的每个阶段的进度和进度变更的记录以及软件变更情况的记录，属于___(5)___。

  (5) A．开发文档　　　B．管理文档　　　C．项目文档　　　D．技术文档

- 在信息系统项目中，根据文档的质量，可以分为四级，分别为___(6)___。

  (6) A．最低限度文档、内部文档、外部文档、管理文档
  　　B．临时文档、内部文档、工作文档、正式文档
  　　C．最低限度文档、内部文档、工作文档、正式文档
  　　D．临时文档、内部文档、工作文档、管理文档

- 按照文档的分类，适合于由同一单位内若干人联合开发的程序属于___(7)___。

  (7) A．内部文档　　　B．工作文档　　　C．技术文档　　　D．开发文档

- ___(8)___需要包含足够的注释以帮助用户安装和使用程序。

  (8) A．产品文档　　　B．开发文档　　　C．内部文档　　　D．正式文档

- ___(9)___应该包含程序清单、开发记录、测试数据和程序简介。

  (9) A．最低限度文档　B．工作文档　　　C．技术文档　　　D．开发文档

- 文档的规范化管理主要体现在文档书写规范、图表编号规则、文档目录编写标准和___(10)___等几个方面。

  (10) A．文档管理方法　　　　　　　B．文档管理制度
  　　 C．建立文档规范　　　　　　　D．文档使用权限控制

- 在审查项目需求规格说明书时，发现该文档图表编号混乱，建立___(11)___解决上诉问题。
  ①文档管理制度　②文档书写规范　③图表编号规则　④文档加密

  (11) A．①②④　　　B．②③④　　　C．①②③　　　D．①③④

答案及解析

(1) **答案：A** 解析　对于信息系统开发项目来说，其文档一般分为开发文档、产品文档和管理文档。

(2) **答案：B** 解析　开发文档描述开发过程本身，基本的开发文档包括可行性研究报告和项目任务书、需求规格说明、功能规格说明、设计规格说明（包括程序和数据规格说明、开发计划、软件集成和测试计划、质量保证计划、安全和测试信息等）。

(3) **答案：A** 解析　产品文档描述开发过程的产物，基本的产品文档包括培训手册、参考手册和用户指南、软件支持手册、产品手册和信息广告。

（4）**答案：D** 解析 需求规格说明书属于开发文档。产品文档描述开发过程的产物，基本的产品文档包括培训手册、参考手册和用户指南、软件支持手册、产品手册和信息广告。

（5）**答案：B** 解析 管理文档记录项目管理的信息，例如：开发过程的每个阶段的进度和进度变更的记录；软件变更情况的记录；开发团队的职责定义、项目计划、项目阶段报告、配置管理计划。

（6）**答案：C** 解析 文档的质量可以按文档的形式和列出的要求划分为四级：最低限度文档（1级文档）、内部文档（2级文档）、工作文档（3级文档）、正式文档（4级文档）。

（7）**答案：B** 解析 工作文档（3级文档）：适合于由同一单位内若干人联合开发的程序，或可被其他单位使用的程序。

（8）**答案：C** 解析 内部文档（2级文档）：可用于没有与其他用户共享资源的专用程序。除1级文档提供的信息外，2级文档还包括程序清单内足够的注释以帮助用户安装和使用程序。

（9）**答案：A** 解析 最低限度文档（1级文档）：适合开发工作量低于一个人月的开发者自用程序。该文档应包含程序清单、开发记录、测试数据和程序简介。

（10）**答案：B** 解析 文档的规范化管理主要体现在文档书写规范、图表编号规则、文档目录编写标准和文档管理制度等几个方面。

（11）**答案：C** 解析 文档的规范化管理主要体现在文档书写规范、图表编号规则、文档目录编写标准和文档管理制度等几个方面。

第20章 高级项目管理

20.1 项目集管理

- 以下对项目集的描述，不正确的是___(1)___。
  (1) A. 项目集是一组相互关联且被协调管理的项目、子项目集和项目集活动
     B. 项目集的目的是为了获得分别管理无法获得的利益
     C. 项目集发起人角色往往由项目经理担任
     D. 一个项目可能属于某个项目集，也可能不属于任何一个项目集，但任何一个项目集中都一定包含项目

- 项目集发起人的典型职责包括___(2)___、使效益实现交付、消除项目集管理与交付的困难和障碍。
  (2) A. 为项目集提供资金，确保项目集目标与战略愿景保持一致
     B. 为项目集提供治理支持，包括监督、控制、整合和决策职能
     C. 提供有能力的治理资源，监督与效益交付相关的项目集的不确定性和复杂性
     D. 管理决策的制定、施行、执行和沟通

- 项目集指导委员会通常由个人或集体认可的、具备组织洞察力和决策权的高层管理者组成。其典型职责不包括___(3)___。
  (3) A. 确保项目集目标和规划的效益符合组织战略和运营目标
     B. 举行计划会议，确认项目集，并对项目集进行优先级排序和提供资金
     C. 提供监督，使项目集效益得以规划、衡量并最终达成
     D. 审查预期效益并进行效益改进

- ___(4)___是由执行组织授权，组建并带领团队实现项目集目标的人员，对项目集的管理、实施和绩效负责。
  (4) A. 项目集发起人   B. 项目集经理

C．项目管理办公室　　　　　　　　D．项目集指导委员会

- 项目集管理绩效域包括项目集战略一致性、___(5)___、项目集干系人参与、项目集治理和___(5)___。

　　(5) A．项目集监督管理、项目集效益管理　　B．项目集效益管理、项目集生命周期管理

　　　　C．项目集效益管理、项目集规划管理　　D．项目集监督管理、项目集生命周期管理

- 在___(6)___时，项目集经理制定项目集路线图，按时间顺序展现项目集的预期方向、主要里程碑与决策点之间的依赖关系。

　　(6) A．项目集立项开始　　　　　　　　B．制定项目集章程

　　　　C．规划项目集　　　　　　　　　　D．项目集实施

- 项目集效益管理是定义、创建、最大化和交付项目集所提供效益的绩效域。主要活动包括___(7)___。
①效益识别　②效益分析和规划　③效益交付　④效益移交　⑤效益维持　⑥效益改进

　　(7) A．①②③④⑤　　B．②③④⑤⑥　　C．①③④⑤⑥　　D．①②③④⑥

- 项目集干系人参与主要活动包括项目集干系人识别、___(8)___、项目集干系人参与规划、项目集干系人参与和___(8)___。

　　(8) A．项目集干系人控制、项目集干系人监督

　　　　B．项目集干系人分析、项目集干系人沟通

　　　　C．项目集干系人分析、项目集干系人监督

　　　　D．项目集干系人控制、项目集干系人沟通

- 项目集生命周期分为三个主要阶段，不包括___(9)___。

　　(9) A．项目集定义阶段　　　　　　　　B．项目集实施阶段

　　　　C．项目集交付阶段　　　　　　　　D．项目集收尾阶段

答案及解析

(1) **答案：C**　**解析**　项目集是一组相互关联且被协调管理的项目、子项目集和项目集活动，目的是为了获得分别管理无法获得的利益。

项目集发起人角色往往由项目集指导委员会的高管担任。其典型职责包括为项目集提供资金，确保项目集目标与战略愿景保持一致；使效益实现交付；消除项目集管理与交付的困难和障碍。

(2) **答案：A**　**解析**　项目集发起人和收益人是负责承诺将组织的资源应用于项目集，并致力于使项目集取得成功的人。项目集发起人角色往往由项目集指导委员会的高管担任，在指导组织和投资决策方面发挥着重要作用，并为相关组织的项目集的成功做出贡献。在许多组织中，项目集发起人担任项目集指导委员会的负责人，负责分配和监督项目集经理的工作进度。有效的发起人通常具有可以影响干系人的能力，跨不同干系人群体开展工作、找到互利的解决方案的能力、管理权和决策权，以及有效的沟通技巧。其典型职责包括：

- 为项目集提供资金，确保项目集目标与战略愿景保持一致；
- 使效益实现交付；

- 消除项目集管理与交付的困难和障碍。

（3）**答案：D　解析**　项目集指导委员会通常由个人或集体认可的、具备组织洞察力和决策权的高层管理者组成。其典型职责包括：

- 为项目集提供治理支持，包括监督、控制、整合和决策职能；
- 提供有能力的治理资源，监督与效益交付相关的项目集的不确定性和复杂性；
- 确保项目集目标和规划的效益符合组织战略和运营目标；
- 举行计划会议，确认项目集，并对项目集进行优先级排序和提供资金；
- 支持或批准项目集的建议和变更；
- 解决并补救上报的项目集问题和风险；
- 提供监督，使项目集效益得以规划、衡量并最终达成；
- 管理决策的制定、施行、执行和沟通；
- 定义要传达给干系人的关键信息，并确保其保持一致、透明；
- 审查预期效益和效益交付；
- 批准项目集收尾和终止。

（4）**答案：B　解析**　项目集经理是由执行组织授权，组建并带领团队实现项目集目标的人员。项目集经理对项目集的管理、实施和绩效负责。

（5）**答案：B　解析**　组织以约定的目标，启动项目集交付效益，实施项目集时要考虑平衡各组件间的不同需求、变更、干系人期望、要求、资源和时间冲突。在项目集过程活动或职能中，分为五个项目集管理绩效域，如下图所示。项目集经理通过在不同的项目集管理绩效域实施的行动、指导和带领力来引入变更。项目集管理绩效域包括项目集战略一致性、项目集效益管理、项目集干系人参与、项目集治理和项目集生命周期管理。在整个项目集运行期间，这些绩效域彼此交互，在项目集持续期间同时存在，项目集的性质和复杂程度决定了某个特定领域在特定时间的活跃程度。

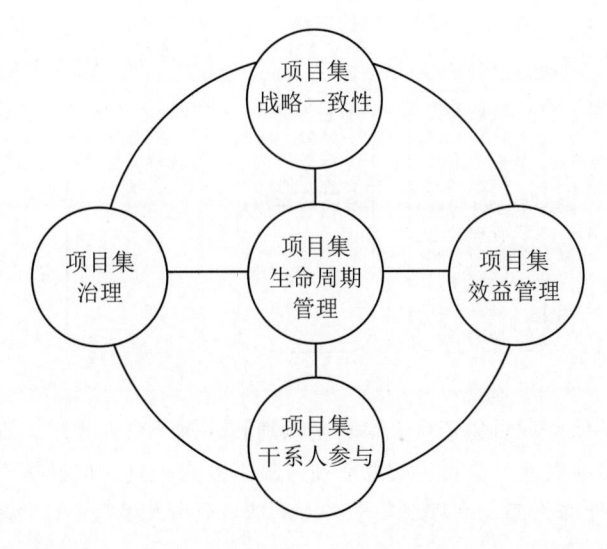

（6）**答案：C　解析**　项目集战略一致性是识别项目集输出和成果，以便与组织的目标和目的保持一致的绩效域。

项目集经理应确保项目管理计划与项目集的目标和预期效益保持一致。从项目集构建阶段开始，项目集战略一致性贯穿始终，并持续到项目集生命周期结束。

1）从项目集立项开始，通过可行性研究和项目集评估，来验证项目集的交付效益，并作为项目集章程和项目集路线图的输入。可行性研究报告和项目集评估成果批准后，项目集指导委员会将通过批准项目集章程的形式来批准项目集，指定并授权项目集经理。

2）项目集章程被用来衡量项目集成功与否，关键要素包括项目集范围、假设条件、制约因素、高层级风险、高层级效益、目的和目标、时间、成功因素、成功的定义、衡量指标、测量方法和重要干系人等。

3）在规划项目集时，项目集经理制定项目集路线图，按时间顺序展现项目集的预期方向、主要里程碑与决策点之间的依赖关系，以及各阶段或里程碑的交付效益，用于与干系人沟通总体计划和效益，建立并维系支持。

（7）**答案：A　解析**　项目集效益管理是定义、创建、最大化和交付项目集所提供效益的绩效域。主要活动包括效益识别、效益分析和规划、效益交付、效益移交和效益维持。项目集效益管理在整个项目集期间，各绩效域都要持续性、周期性交互，在项目集初期为自上而下的形式，在项目集后期则为自下而上的形式。项目集生命周期与项目集效益管理的绩效域的关系如下图所示。在整个项目集治理阶段，都要进行项目集绩效数据评估，以确保项目集产生预期的效益和成果。

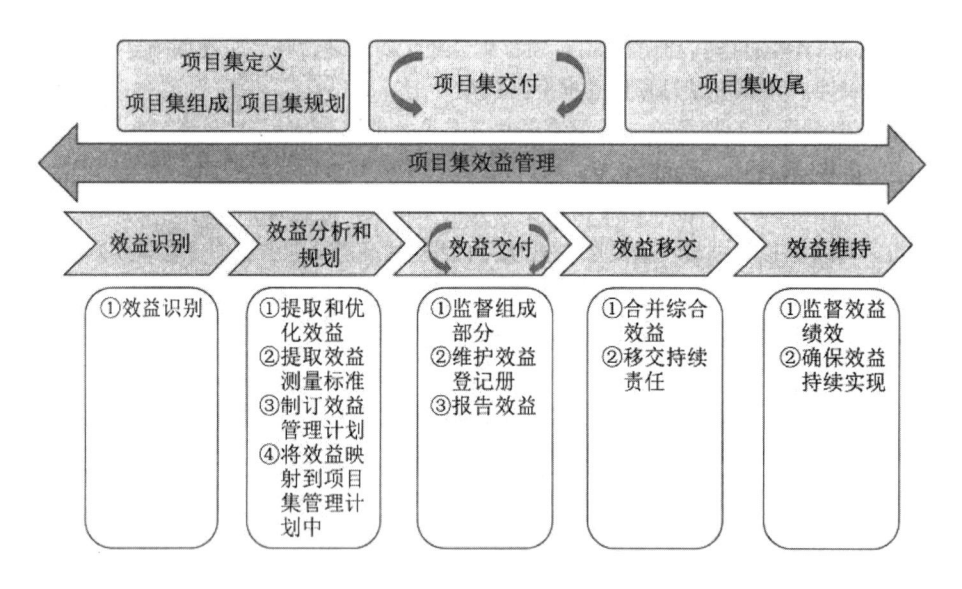

（8）**答案：B　解析**　项目集干系人参与是识别和分析干系人需求、管理期望和沟通，以促进干系人认同和支持的绩效域。主要活动包括项目集干系人识别、项目集干系人分析、项目集干系人参与规划、项目集干系人参与和项目集干系人沟通。干系人参与不仅包括沟通，还包括目标设

定、质量分析审查或其他项目集活动，目标是获取并维持项目集干系人对项目集目标、效益和成果的认同。

（9）**答案：B 解析** 为了确保实现效益，项目集各组件要与组织战略目的和目标保持一致。这些组件包括项目、子项目集和其他项目集相关活动。由于项目集本质上涉及一定程度的不确定性、变更、复杂性和各组件之间的相互依赖性，因此需要建立一套适用于不同阶段的通用和一致的过程。这些相互独立的阶段有时可能重叠，共同构成项目集生命周期。在项目集生命周期中被执行的活动取决于项目集的具体类型，通常在资金获得批准和项目集经理被指定前开始。为成功向组织交付效益，项目集要分为三个主要阶段来实施，包括项目集定义阶段、项目集交付阶段和项目集收尾阶段。

1）项目集定义阶段。为达成预期成果构建和批准项目集，制定项目集线路图，制定项目评估和项目集章程。上述内容批准后，则要制订项目集管理计划。

2）项目集交付阶段。为产生项目集管理计划各组件的预期成果而进行的项目集活动。各项目集组件的实施将包括以下项目集交付子阶段。
- 组件授权与规划；
- 组件监督与整合；
- 组件移交与收尾。

3）项目集收尾阶段。将项目集效益移交给维护组织，并以可控的方式正式结束项目集活动。在项目集收尾阶段主要工作包括项目集移交和收尾或提前终止，或者将工作移交给另一个项目集。

20.2　项目组合管理

- 项目组合经理负责建立和实施项目组合管理，以下对其职责的描述，不正确的是＿＿（1）＿＿。
  （1）A．向项目组合治理机构传达整套项目组合组件如何与战略目标一致或调整为一致
  　　　B．依据目标获得项目组合的影响和创造的价值
  　　　C．监管或与项目组合组件经理进行实施协调
  　　　D．向高级管理层汇报项目组合的进展
- 项目组合经理应该具有 PMI 人才三角模型所描述的能力，包括＿＿（2）＿＿。
  ①技术项目管理技能　②人际关系处理能力　③领导力　④战略和商务业务管理专业知识
  （2）A．①②③　　　　B．①③④　　　　C．②③④　　　　D．以上都是
- 以下对项目组合管理绩效域的描述，不正确的是＿＿（3）＿＿。
  （3）A．项目组合管理绩效域包括项目组合生命周期、项目组合战略管理、项目组合治理、项目组合产能与能力管理、项目组合干系人参与、项目组合价值管理和项目组合风险管理
  　　　B．项目组合生命周期：由启动、实施、控制、规划、执行与优化六个阶段组成
  　　　C．在相同的业务变更生命周期里，随着增加、剔除、修改项目组合组件，项目组合可能会被刷新
  　　　D．一个项目组合可能反复进行几轮规划，转入一个短时间框架内执行

- 以下对项目组合治理的描述，不正确的是___(4)___。
  - (4) A．项目组合治理是在某个框架内的一套实践、职能与过程
    - B．以一套引领项目组合管理活动的基本规范、规则或价值作为框架基础
    - C．优化投资并满足组织战略和运营目的
    - D．治理与管理相同，都与决策制定、监管、控制和整合有关，以达成组织目标
- 项目组合价值管理需要的关键活动主要包括___(5)___。
  ①协商期望的价值　②最大化价值　③实现价值　④测量价值　⑤报告价值
  - (5) A．①②③④　　　　　　　　　B．②③④⑤
    - C．①②④⑤　　　　　　　　　D．以上都是
- 在___(6)___时，应考虑的因素包括与治理保持一致、沟通的基础设施、项目组合管理计划、项目组合报告、项目组合过程资产、沟通治理和组件接口。
  - (6) A．干系人的定义和识别　　　　B．项目组合干系人分析
    - C．识别沟通管理方法　　　　　D．管理项目组合沟通

答案及解析

(1) **答案：B**　**解析**　项目组合经理负责建立和实施项目组合管理。项目组合经理通常扮演许多重要角色，包括项目组合管理原则、过程和实践的架构师、促成者和引导者，以及担当项目组合分析师的角色。其主要职责包括：

- 向项目组合治理机构传达整套项目组合组件如何与战略目标一致或调整为一致。
- 依据战略指令获得项目组合的影响和创造的价值。
- 提供适当的建议或行动方案。
- 影响与管理资源分配过程。
- 监管或与项目组合组件经理进行实施协调。
- 接收项目组合组件绩效和进展方面的信息。
- 向高级管理层汇报项目组合的进展。

(2) **答案：B**　**解析**　项目组合经理负责建立和实施项目组合管理。项目组合经理通常扮演许多重要角色，包括项目组合管理原则、过程和实践的架构师、促成者和引导者，以及担当项目组合分析师的角色。项目组合经理应该具有 PMI 人才三角模型所描述的能力（技术项目管理技能、领导力，以及战略和商务业务管理专业知识）。

(3) **答案：B**　**解析**　项目组合管理绩效域包括项目组合生命周期、项目组合战略管理、项目组合治理、项目组合产能与能力管理、项目组合干系人参与、项目组合价值管理和项目组合风险管理，如下页图所示。

项目组合生命周期由启动、规划、执行与优化四个阶段组成，一个项目组合可能反复进行几轮规划，转入一个短时间框架内执行。在相同的业务变更生命周期里，随着增加、剔除、修改项目组合组件，项目组合可能会被刷新。

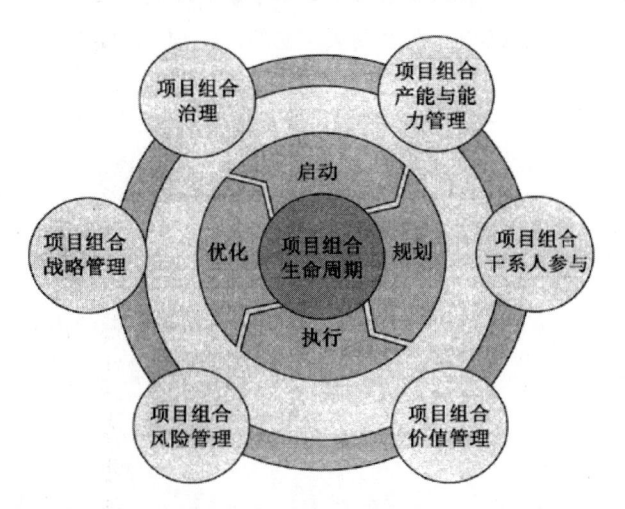

（4）**答案：D** **解析** 项目组合治理是在某个框架内的一套实践、职能与过程，以一套引领项目组合管理活动的基本规范、规则或价值作为框架基础，优化投资并满足组织战略和运营目的。治理与管理不同，治理与决策制定、监管、控制和整合有关。管理则被描述为在治理框架所设定界限内工作，以达成组织目标。

（5）**答案：D** **解析** 价值是衡量实体/服务所实现的影响力的一个指标，如提高的收入、增加的利润、降低的风险等。在把项目组合对环境的作用、组织的目的及可能导致创建或重构一个项目组合的战略开发联系起来的场景中，高效的项目组合价值管理需要的关键活动主要包括协商期望的价值、最大化价值、实现价值、测量价值和报告价值等。

1）协商期望的价值。协商应由项目组合所创建的价值，一是项目组合所针对的组织战略的目的；二是在项目组合内，根据所协商的项目组合价值框架，评估每个候选组件。

2）最大化价值。项目组合投资回报的最大化，在最低的、安全经济的成本上，对所需效果与价值没有负面影响地交付每个组件，以满足项目组合的目的。

3）实现价值。确保投资到项目组合中所需要实现的价值得以达成。

4）测量价值。项目组合中各个组件所产生的产物达成的绩效，如支持平衡计分卡。项目组合经理应收集已达成共识的参数。

5）报告价值。报告基于这些参数所达成的价值。

（6）**答案：C** **解析** 干系人参与的一个不可分割的部分就是项目组合的沟通管理，干系人参与和沟通的关键迭代步骤包括：干系人的定义和识别、项目组合干系人分析、规划干系人参与、识别沟通管理方法、管理项目组合沟通。

1）干系人的定义和识别。组织中的项目组合管理通常意味着该组织中存在着许多预期的或在执行的项目集和项目，除了组织的内部干系人，还会包括实际的和潜在的客户、供应商、竞争对手、监管者和其他利益干系人。在组织战略的指导下，项目组合经理可以识别干系人的类型，并且要识别与其建立和维护关系的优先方，并将关系维持到项目组合下的项目集和项目。

2）项目组合干系人分析。项目组合的干系人在不同的范围或领域运作，并有不同的利益，通过分组管理，以确保干系人利益不会受到其他人不必要的影响。识别干系人是一个持续的过程，应周期性地进行分析。

3）规划干系人参与。规划干系人参与计划是项目组合经理的关键活动之一，应包括沟通的触发因素和干系人参与活动，项目组合会随着战略计划的变更而被审查和调整。

4）识别沟通管理方法。在识别项目组合内最有效的沟通方法时，应考虑的因素包括与治理保持一致、沟通的基础设施（包括流程、策略、技术等）、项目组合管理计划、项目组合报告、项目组合过程资产、沟通治理和组件接口（沟通需求的实现和沟通需求分析）。

5）管理项目组合沟通。在与项目组合干系人的沟通中，要不断考虑双方商定的治理和干系人的沟通需求，根据变化对沟通矩阵做出相应的更新。这些更新包含在项目组合管理计划中或项目组合沟通管理计划中。

20.3 组织级项目管理

- 以下对OPM框架要素的描述，正确的是___（1）___。
  （1）A．OPM治理属于OPM方法论的管辖范围，在许多情况下，人才管理和知识管理可能并不完全属于OPM方法论的管辖范围
  B．OPM知识管理帮助组织建立一种共同的项目工作方式，提供标准化项目的一致性结构，提供共同的项目语言和数据字典，促进团队和部门间的有效协作
  C．OPM框架的关键要素包括OPM治理、OPM方法论、知识管理和人才管理
  D．OPM治理中包括流程定义和描述、角色定义和描述、文档模板、项目合规要求、风险与成本管理知识、推荐的工具、绩效报告、可持续性指南、监管标准、集中评审和检查等

- 在OPM框架内，___（2）___通常侧重于实现绩效改进、创新、经验教训分享、记录最佳实践、流程整合和组织持续改进的组织目标。
  （2）A．OPM方法论　　B．知识管理　　C．人才管理　　D．OPM治理

- 组织中的项目管理决策和流程管理是由数据驱动的。OPM流程绩效的管理方式能够实现量化改进目标。OPM流程绩效经过了系统性分析，以提高为组织增加价值的改进机会。该组织成熟度级别达到了___（3）___。
  （3）A．级别1　　　　B．级别2　　　　C．级别3　　　　D．级别4

答案及解析

（1）**答案：C　解析**　组织级项目管理框架描述了提供持续支持所需的要素。OPM框架的关键要素包括OPM治理、OPM方法论、知识管理和人才管理。在OPM治理框架下，确保上述要素与组织战略保持一致。OPM方法论属于OPM治理的管辖范围，在许多情况下，人才管理和知识管理可能并不完全属于OPM治理的管辖范围。OPM方法论帮助组织建立一种共同的项目工作方

式，提供标准化项目的一致性结构，提供共同的项目语言和数据字典，促进团队和部门间的有效协作，传播最佳实践和经验教训等。组织通过建立和整合被认为最有可能提供预期收益的项目组合、项目集和项目方法论的要素来开发和改进 OPM 方法论。组织可以通过公共领域和业务领域素材、组织资产、成功项目经验等方式构建 OPM 方法论。OPM 方法论中包括流程定义和描述、角色定义和描述、文档模板、项目合规要求、风险与成本管理知识、推荐的工具、绩效报告、可持续性指南、监管标准、集中评审和检查等。

（2）**答案：B　解析**　在 OPM 框架内，知识管理通常侧重于实现绩效改进、创新、经验教训分享、记录最佳实践、流程整合和组织持续改进的组织目标。知识管理应涵盖完整的知识管理生命周期，包括知识从开始直到在组织中成功应用并使实际举措实现收益。在 OPM 的知识管理中应关注：增加 OPM 知识所需的文档、需要获取知识所需资源、个人增强确保 OPM 成功所必需的知识。

（3）**答案：D　解析**　OPM 成熟度级别特征的一般描述，可应用于项目组合、项目集和项目。

1）级别 1。初始或临时的 OPM。项目绩效无法可靠预测。项目管理极不稳定，高度依赖于执行工作的人员的经验和能力。项目虽然完成，但经常出现推迟、超出预算、质量各异的情况。存在的 OPM 流程是临时的或无序的。

2）级别 2。项目层级采用 OPM。根据行业最佳实践，在项目或职能层级上计划、执行、监督和控制项目，但是 OPM 流程和实践并非从组织角度统一应用或管理，并且可能存在项目差异。

3）级别 3。组织定义的 OPM。项目管理是主动的，组织项目绩效是可预测的。项目团队遵循组织建立的 OPM 流程，这些流程根据项目的复杂性和从业者的能力加以裁剪。OPM 流程在组织上是标准化的、可测量的、可控制的，并可由组织进行分析，以监控 OPM 流程绩效。

4）级别 4。量化管理的 OPM。组织中的项目管理决策和流程管理是由数据驱动的。OPM 流程绩效的管理方式能够实现量化改进目标。OPM 流程绩效经过了系统性分析，以提高为组织增加价值的改进机会。

5）级别 5。持续优化的 OPM。组织稳定且专注于持续改进。OPM 与组织战略的一致性，以及定义好的和可测量的价值贡献为关注点的 OPM 流程，促进了组织的敏捷和创新。在优化的组织中，已建立了有效的持续改进，以及一系列测量和度量指标。项目集和项目的成功率很好，项目组合经过优化以确保业务价值。

20.4　量化项目管理

- 关于量化项目管理的描述，不正确的是＿＿(1)＿＿。
    （1）A．量化管理是指以数据为基础，用统计或其他量化的方法来分析和研究事物的运行状态和性能，对关键的决策点及操作流程进行管理监控
    　　B．量化管理理论是一种从目标出发，使用科学、量化的手段进行组织管理体系的设计并为具体工作建立工作标准的理论
    　　C．量化管理理论包括任务定额化、程序标准化、薪酬差额化、管理职能化

D．量化管理是对事物存在和发展的规模、程度等做出精确的数字描述和科学控制，实施标准化操作的管理模式
- 1924年，___(2)___将数理统计用于制造过程的质量控制，以控制图为核心创立统计过程控制理论。统计过程控制使用的控制图基于正态分布的原理。

(2) A．泰勒　　　　　B．彼得·德鲁克　C．休哈特　　　D．福莱特
- 六西格玛是一种改善组织质量流程管理的技术，其代表特征是___(3)___的量化、管理指标的量化。

(3) A．管理流程　　　B．管理进度　　　C．管理模式　　D．管理质量

答案及解析

(1) **答案：C** 解析
- 量化管理是指以数据为基础，用统计或其他量化的方法来分析和研究事物的运行状态和性能，对关键的决策点及操作流程进行管理监控，以求对事物存在和发展的规模、程度等做出精确的数字描述和科学控制，实施标准化操作的管理模式。
- 量化管理理论是一种从目标出发，使用科学、量化的手段进行组织管理体系的设计并为具体工作建立工作标准的理论。
- 科学管理的五大原则：①工时定额化；②分工合理化；③程序标准化；④薪酬差额化；⑤管理职能化。
- 量化管理理论包括：①任务定额化；②程序标准化；③薪酬差额化。

(2) **答案：C** 解析　统计过程控制（SPC）理论是由统计学家休哈特（W.A.Shewhart）将数理统计用于制造过程的质量控制，以控制图为核心所创立。统计过程控制使用的控制图基于正态分布的原理。

(3) **答案：A** 解析　六西格玛是一种改善组织质量流程管理的技术，强调"零缺陷"的预防控制和过程控制，带动组织质量大幅提升，同时降低生产和交付成本的方法。六西格玛背后的原理是，如果检测到项目中有多个缺陷，就可以找出如何系统地减少缺陷，使项目尽量完美的方法。一个组织要想达到六西格玛标准，那么按照正态分布特征，它的出错率不能超过 0.00034%。六西格玛在20世纪90年代中期开始从一种全面质量管理方法演变成一个高度有效的组织流程设计、改善和优化的技术方法，并提供了一系列适用于设计、生产和服务的新产品开发工具。六西格玛逐步发展成为以客户或服务对象为中心来确定产品开发设计的标准，追求持续改进的一种管理哲学。

20.5　项目管理实践模型

- CMMI将所有收集并论证过的最佳实践按逻辑归为四大能力域类别，其中___(1)___用于支持解决方案实施和交付的能力域。

(1) A．行动　　　　　B．管理　　　　　C．使能　　　　D．提高

- 以下关于 CMMI 模型的说法，错误的是＿＿（2）＿＿。
  - （2）A．CMMI 将所有收集并论证过的最佳实践按逻辑归为五大能力域类别：计划、行动、管理、使能、提高
    - B．CMMI V2.0 有三种评估方法，分别是基准评估、维持性评估和评价评估
    - C．CMMI 模型广泛应用于各个领域的研发管理等，有效地促进了交付效率的提高和交付质量的提升
    - D．大能力域类别共包含了 9 个能力域。CMMI 模型将共 196 条实践分组，形成 20 个实践域，并将 20 个实践域分别归属于 9 个能力域
- PRINCE2 的七个原则不包括＿＿（3）＿＿。
  - （3）A．持续的业务验证　　　　　　　　B．吸取经验教训
    - C．明确定义的角色和职责　　　　　　D．按计划管理
- PRINCE2 的七个主题包括立项评估、＿＿（4）＿＿、质量、＿＿（4）＿＿、风险、变更、进展。
  - （4）A．组织、控制　　　　　　　　　　B．管理、计划
    - C．组织、计划　　　　　　　　　　D．管理、控制

答案及解析

（1）**答案：C**　解析　CMMI 将所有收集并论证过的最佳实践按逻辑归为四大能力域类别：
- 行动：用于生产和提供优秀解决方案的能力域。
- 管理：用于策划和管理解决方案实施的能力域。
- 使能：用于支持解决方案实施和交付的能力域。
- 提高：用于维持和提高效率效能的能力域。

（2）**答案：A**　解析

1）CMMI 将所有收集并论证过的最佳实践按逻辑归为四大能力域类别：行动；管理；使能；提高。

2）四大能力域类别共包含了 9 个能力域。CMMI 模型将共 196 条实践分组，形成 20 个实践域，并将 20 个实践域分别归属于 9 个能力域。

3）CMMI 级别与表示方法：CMMI 共划分了五个成熟度级别，分为 1~5 级。每个等级的提升都基于之前的等级，随着成熟度级别的提升，组织的管理能力和效率效能也随之提升。1~5 级成熟度分别如下：

成熟度级别	表现	特征
第 1 级 初始级	各个实践域的活动应该能够在组织中得到基本的执行	• 满足实践域意图的初步方法能够得到基本实现； • 没有一套完整的实践来满足实践域的全部意图； • 开始专注于能力问题

续表

成熟度级别	表现	特征
第2级管理级	在第1级的基础上,组织在项目实施上能够遵守项目团队既定的工作计划与流程,能够实现相应的管理,对整个流程进行监测与控制	• 能够满足实践域的全部目的; • 不需要使用组织资产或标准; • 对项目的各个方面实现了管理; • 实践的意图可以得到满足
第3级定义级	在第2级的基础上,组织能够根据自身的情况定义适用于自身的标准过程,将这套管理体系与流程实现制度化。同时,要求组织能够建立过程资产并得到有效复用	• 采用组织标准流程开展各项工作; • 能够对组织的标准流程进行裁剪; • 项目能够使用和向组织贡献过程资产
第4级量化管理级	在第3级的基础上,组织的管理实现了量化,实现了可预测。降低项目在过程能力和质量上的波动	• 使用统计和其他量化技术,从而实现组织或项目的质量与过程性能目标; • 以统计和量化管理的方式了解组织或项目的效率效能变化,并根据质量和过程性能目标的情况管理组织和项目的效率效能
第5级优化级	在第4级的基础上,组织能够充分利用其管理数据和量化的方法对组织在项目实施的过程中可能出现的不符合策划的内容进行预防。组织能够主动地改进标准过程,运用新技术和方法实现流程的持续优化	• 使用统计和其他量化技术来优化效率效能并改善组织目标的实现,包括业务、度量和效率效能以及质量与过程性能目标; • 能够通过基于量化的持续优化来持续支持组织业务目标的达成

- 组织基于CMMI的改进工作主要包括:①定义改进目标;②建立改进团队;③开展差距分析;④导入培训和过程定义;⑤过程部署。
- CMMI V2.0有三种评估方法,分别是基准评估、维持性评估和评价评估。

(3) 答案:D 解析 PRINCE2的七个原则:①持续的业务验证;②吸取经验教训;③明确定义的角色和职责;④按阶段管理;⑤例外管理;⑥关注产品;⑦根据项目剪裁。

(4) 答案:C 解析 PRINCE2的七个主题:①立项评估;②组织;③质量;④计划;⑤风险;⑥变更;⑦进展。

第21章 项目管理科学基础

21.1 工程经济学

- 投资一个风力发电项目，各年成本和收入见下表，折现率为10%，该项目动态投资回收期为___(1)___年。

成本	初期投资	第1年	第2年	第3年	第4年
成本/百万元	1500	500	500	500	500
收入/百万元	0	1000	1200	1400	1600

(1) A. 2.4　　　　B. 2.7　　　　C. 3.4　　　　D. 3.7

- 某项目2023年投资额为12万元，2025年开始每年取得项目的净收益（产品—原料辅料及公用工程）6万元，2025—2028年每年还会产生其他成本（包括人员工资、管理成本、制造成本等）1.1万元；增值税0.35万元每年、营业税金及附加0.05万元每年，截止到2025年年底该项目的投资收益率是___(2)___。

(2) A. 0.33　　　　B. 0.34　　　　C. 0.35　　　　D. 0.36

- 有四个已完成项目的历史数据见下表，其中负值代表项目的投资额，正值代表项目的收益。从投资收益率来看，___(3)___项目最优。

单位：百万元

项目	2019年	2020年	2021年	2022年	2023年
甲	-10	2	23	7	
乙		-100	80	110	
丙		-20	15	18	30
丁	-150	150	150		

（3）A．甲　　　　　　B．乙　　　　　　C．丙　　　　　　D．丁

● 项目李经理编制了项目资产负债表（单位：万元），见下表。该项目的静态投资回收期为____（4）____年。

项目年度	0	1	2	3	4	5
支出	35000	1000	1500	2000	1000	2000
收入		20000	10000	12000	15000	20000
折现因子		0.91	0.83	0.75	0.68	0.62

（4）A．2.5　　　　　　B．2.6　　　　　　C．2.7　　　　　　D．2.8

● 某工厂开展新的工程项目，初始资金为1800万元，预计收益见下表，则此工程项目静态投资回收期约为____（5）____年。

2020年	2021年	2022年	2023年	2024年
投入1800万元	净收益500万元	净收益700万元	净收益900万元	净收益500万元

（5）A．2.9　　　　　　B．3.9　　　　　　C．2.7　　　　　　D．3.8

● 某工厂开展新的工程项目，初始资金为2200万元，预期收益见下表，贴现率为10%，则动态回收期为____（6）____年。

	第1年	第2年	第3年
预期收益/万元	1100	1210	1331

（6）A．2.1　　　　　　B．3.1　　　　　　C．2.2　　　　　　D．2.4

答案及解析

（1）**答案：B**　**解析**　动态投资回收期=(累计净现值出现正值的年数-1)+上一年累计净现值的绝对值/出现正值年份净现值，本题中为(3-1)+458.08÷676.2 = 2.677≈2.7。

成本	初期投资	第1年	第2年	第3年	第4年
成本/万元	1500	500	500	500	500
收入/万元	0	1000	1200	1400	1600
净现金	1500	500	700	900	900
净现值	-1500	454.54	578.5	676.2	
累计净现值	-1500	-1045.46	-466.96	209.24	

（2）**答案：A**　**解析**　投资收益率又称投资利润率，是指投资方案在达到设计一定生产能力后一个正常年份的年净收益总额与方案投资总额的比率。它是评价投资方案盈利能力的静态指标，表明投资方案正常生产年份中，单位投资每年所创造的年净收益额。对运营期内各年的净收益额变化幅度较大的方案，可计算运营期年均净收益额与投资总额的比率。

公式：投资利润率=年息税前利润或年均息税前利润/项目总投资×100%[息税前利润=销售收入-变动成本-固定成本=净利润/(1-所得税税率)+利息费用=净利润+所得税费用+利息费用=利润总额+利息费用]。

该项目的投资收益率=[(4.9×4)/5]/12≈0.33。

（3）**答案：A**　**解析**　投资收益率又称投资利润率，是指投资方案在达到设计一定生产能力后一个正常年份的年净收益总额与方案投资总额的比率。

公式：投资利润率=年息税前利润或年均息税前利润/项目总投资×100%。

甲的投资收益率=(2+23+7)/(3×10)≈106.7%；

乙的投资收益率=(80+110)/(2×100)=59%；

丙的投资收益率=(15+18+30)/(3×20)=105%；

丁的投资收益率=(150+150)/(2×150)=100%。

甲的投资收益率最大。

（4）**答案：D**　**解析**　静态投资回收期计算见下表。

项目年度	0	1	2	3	4	5
支出	35000	1000	1500	2000	1000	2000
收入		20000	10000	12000	15000	20000
净现金流量	-35000	19000	8500	10000	14000	18000
折现因子		0.91	0.83	0.75	0.68	0.62

静态投资回收期=(t-1)+第(t-1)年累计盈利的绝对值/第t年的盈利=(3-1)+(-35000+19000+8500)/10000≈2.8。

（5）**答案：C**　**解析**　累计净现值（FNPV）计算见下表。

2020年	2021年	2022年	2023年	2024年
投入1800万元	净收益500万元	净收益700万元	净收益900万元	净收益500万元
投产年	第1年	第2年	第3年	第4年
FNPV：-1800	FNPV：-1300	FNPV：-600	FNPV：300	FNPV：800

静态投资回收期=(累计净现值开始出现正值的年份数-1)+出现正值年份上一年累计净收益的绝对值÷出现正值年份的净收益

本题中，静态回收期=(3-1)+600÷900≈2.7。

（6）**答案：C**　**解析**　根据题意，贴现率为10%，根据复利公式换算：

折现后的利润=预期利润÷(1+利率)^n（n 为年数）
第 1 年折现后的利润=1100÷(1+0.1)^1=1000；
第 2 年折现后的利润=1210÷(1+0.1)^2=1000；
第 3 年折现后的利润=1331÷(1+0.1)^3=1000。
根据以上结果，再计算折现后的累计净现值，见下表。

	第 1 年	第 2 年	第 3 年
预期收益/万元	1100	1210	1331
折现后收益	1000	1000	1000
折现累计净现值	−1200	−200	800

动态投资回收期=(折现累计净现值开始出现正值的年份数-1)+出现正值年份上一年折现累计净现值的绝对值÷出现正值年份的折现后收益

本题中动态回收期=(3-1)+200÷1000=2.2。

21.2 运筹学

- 某乡镇响应号召筹建"村村通"道路建设项目，乡镇下属村子如下图所示（距离单位：公里），至少需要建设　　(1)　　公里道路才能保持各村相通。

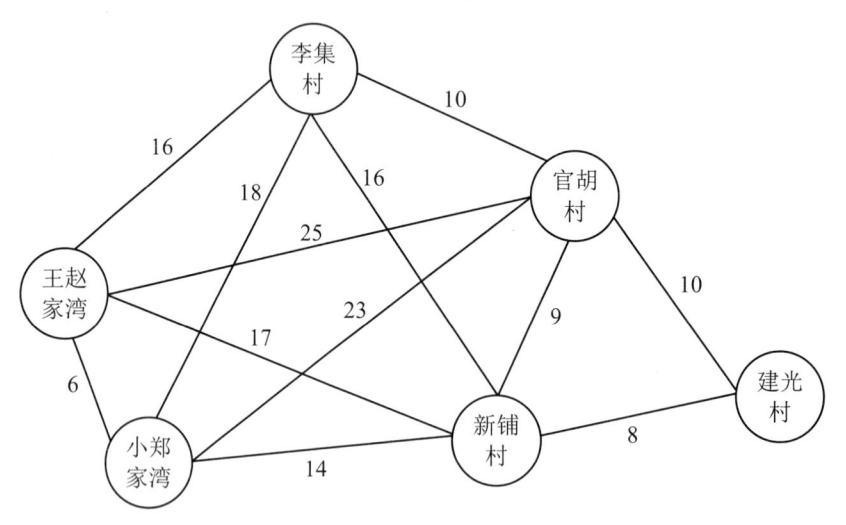

（1）A．55　　　　　　B．64　　　　　　C．63　　　　　　D．47

- 某化工集团运输表如下页所示（单位：公里），原料从原料地 S 运输经 B1、B2、B3 中转站后，可以选择 C1、C2 仓库，再从仓库 C1、C2 运输到目的地工厂 F，原料地 S 到目的地 F 的最短距离是　　(2)　　公里。

	S	B1	B2	B3	C1	C2	F
S		26	30	28			
B1	26				15	19	
B2	30				11	15	
B3	28				11	17	
C1		15	11	11			21
C2		19	15	17			19
F					21	19	

(2) A. 62　　　　　B. 64　　　　　C. 60　　　　　D. 59

● 下图标出了某工厂的产品从生产地 S 到销售地 F 的运输网，箭线上的数字表示该运输线路的最大通过能力（流量）（单位：万吨每小时）。产品经过该运输网从 S 到 F 的最大运输能力可以达到＿＿(3)＿＿万吨每小时。

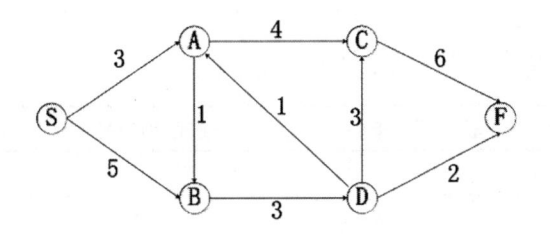

(3) A. 5　　　　　B. 6　　　　　C. 7　　　　　D. 8

● 下图（单位：公里）表示某物流运输从 S 市到 F 市单向路线，途经 1~9 个城市，最短路线需要途经＿＿(4)＿＿个城市（不包含 S 市与 F 市），其长度为＿＿(5)＿＿。

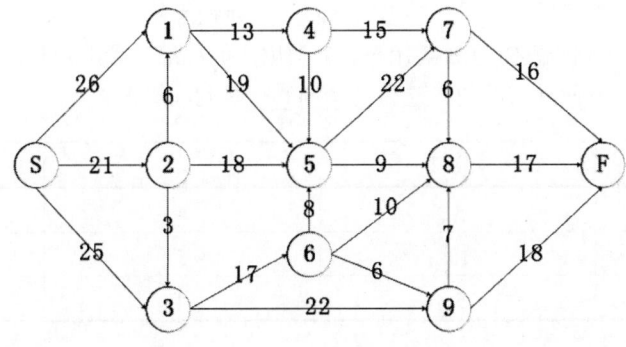

(4) A. 3　　　　　B. 4　　　　　C. 5　　　　　D. 6
(5) A. 72　　　　　B. 83　　　　　C. 64　　　　　D. 65

● 某工厂计划根据市场需求调整 ERP 系统，经初步估算形成下图所示的决策路线。按照灵敏度分析计算，以下结论正确的是＿＿(6)＿＿。

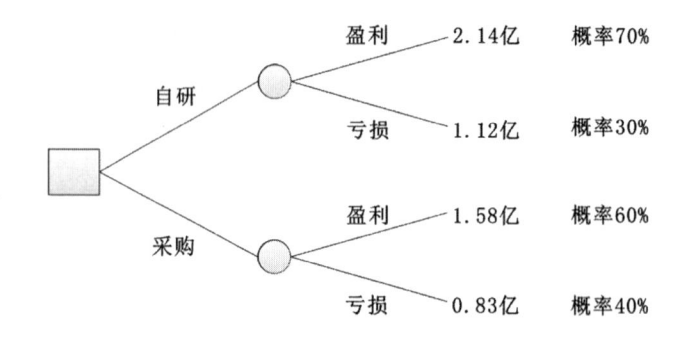

```
           盈利 ── 2.14亿    概率70%
      自研
           亏损 ── 1.12亿    概率30%

           盈利 ── 1.58亿    概率60%
      采购
           亏损 ── 0.83亿    概率40%
```

(6) A. 自研的加权平均值为 1.162 亿，采购的加权平均值为 1.211 亿，因此选择采购
　　 B. 自研的加权平均值为 1.162 亿，采购的加权平均值为 0.616 亿，因此选择自研
　　 C. 自研的加权平均值为 1.581 亿，采购的加权平均值为 0.881 亿，因此选择自研
　　 D. 采购与自研的加权平均值相当，都可以选择

● 某机构决策层计划彻底重构企业核心系统以满足市场变化的长远业务需求，经统计形成以下预测绩效指标数据（满分 10 分），根据乐观主义原则选择＿＿(7)＿＿；根据悲观主义原则选择＿＿(8)＿＿；根据后悔值原则选择＿＿(9)＿＿。

	成本绩效指数	进度绩效指数	近年盈利绩效指数
整体自研彻底改革	5	6	10
重新采购兼顾维稳	6	9	8
升级系统优化流程	9	8	5

(7) A. 整体自研彻底改革　　　B. 重新采购兼顾维稳　　　C. 升级系统优化流程
(8) A. 整体自研彻底改革　　　B. 重新采购兼顾维稳　　　C. 升级系统优化流程
(9) A. 整体自研彻底改革　　　B. 重新采购兼顾维稳　　　C. 升级系统优化流程

● 某 O2O 创业公司计划研发针对 B 类用户、C 类用户的终端产品Ⅰ和Ⅱ，人力资源及设备资源如下表所示，Ⅰ和Ⅱ两种产品的产量为＿＿(10)＿＿时利润最大。

	Ⅰ	Ⅱ	资源限制
人力资源/人	5	4	20
设备资源/台	10	5	34
单位利润/万元	3	4	

(10) A. Ⅰ = 3，Ⅱ = 2.2　　　　　　　　B. Ⅰ = 2.4，Ⅱ = 2
　　 C. Ⅰ = 3，Ⅱ = 4　　　　　　　　　D. Ⅰ = 3.25，Ⅱ = 3.75

● 某化工厂生产某产品需要向 P1、P2 两供应商采购原料 A 和原料 B 各 20 吨，P1、P2 供应商采购价格分别为 250 元每吨和 200 元每吨。对于该化工厂，需要从 P1 供应商采购＿＿(11)＿＿吨方能使此次采购的成本最低，最低的采购成本是＿＿（12）＿＿元。

	P1 供应商	P2 供应商
原料 A	30%	40%
原料 B	50%	25%
其他原料	20%	35%

（11）A．20　　　　B．24　　　　C．28　　　　D．32
（12）A．12400　　B．13000　　C．13600　　D．14800

- 某工厂每年可以生产 10 万台产品 A，年固定成本为 1200 万元，预计产品 A 单台售价为 800 元，单台产品 A 可变成本为 200 元，则盈亏平衡点产量为＿＿（13）＿＿万台。

（13）A．2　　　　B．4　　　　C．5　　　　D．7

- 某物流公司计划安排一辆载重 10 吨的货车运送货物，目前待运的货物与利润见下表，若选择性地运送货物，则单车运送货物的最大总利润为＿＿（14）＿＿元。

货物类别	A	B	C	D	E
每件重量/吨	1	2	3	4	5
每件利润/元	53	104	165	216	265

（14）A．530　　　　B．534　　　　C．536　　　　D．548

答案及解析

（1）**答案：D**　**解析**　根据最小生成树的克鲁斯卡尔算法（Kruskal）进行求解。

首先，我们把原图中所有连线去掉（但保留权值）。

第 1 步，我们在图中找出一个最小值——6，可见是"王赵家湾"与"小郑家湾"间的连接，我们把这两个点连起来。

第 2 步，在图中剩余的权值中再找出一个最小值——8，可见是"新铺村"与"建光村"间的连接，把这两个点再连起来。

第 3 步，在图中剩余的权值中再找出一个最小值——9，可见是"官胡村"与"新铺村"的连接，把这两个点再连起来。

第 4 步，在图中剩余的权值中再找出一个最小值——10，可见是"李集村"与"官胡村"的连接，把这两个顶点连起来。

第 5 步，在图中剩余的权值中再找出一个最小值——14，可见是"小郑家湾"与"新铺村"的连接，把这两个点连起来。

至此，所有的顶点（村子）已经位于同一棵树中，这棵树就是所求的最小生成树。

如下图所示：

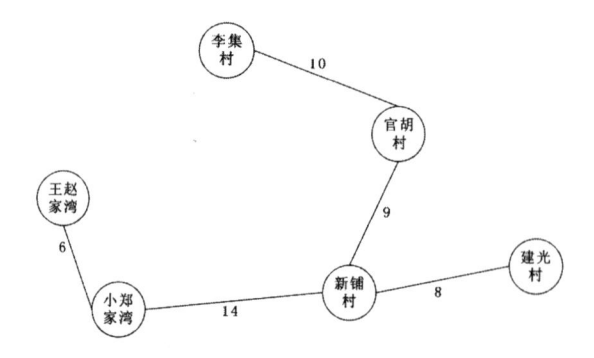

可见，6+8+9+10+14=47。

（2）**答案：C** **解析** 根据最短路径计算，结果如下图所示：

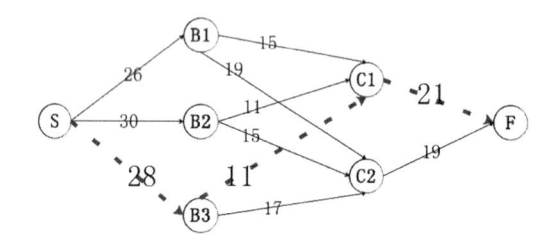

最短公里数：28+11+21=60。

（3）**答案：B** **解析** 计算过程如下：① S-A-C-F 路线间的流量减去3，S-A 减3为0并断开路线，A-C 减3为1，C-F 减3为3，累计运输流量3；②S-B-D-C-F 路线间的流量减去3，S-B 减3为2，B-D 减3为0并断开路线，D-C 减3为0并断开路线，C-F 因①计算只剩3，再减3为0并断开路线，累计运输量3；计算结果如下图所示：

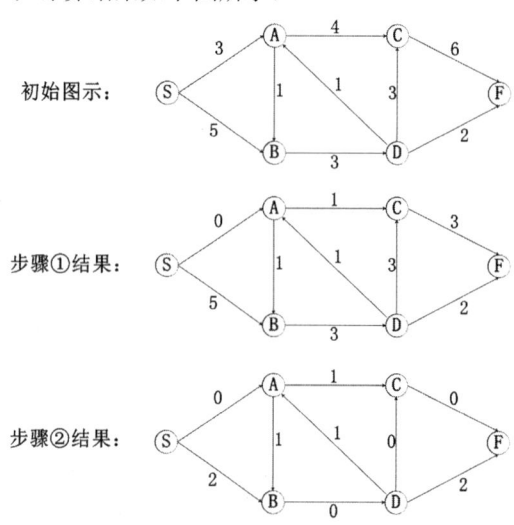

262

因 S-F 之间断开的路线已彻底断开再无连线，累计运输量为 3+3=6。

（4）（5）**答案：A C**　**解析**　按照最短路径计算，结果如下：

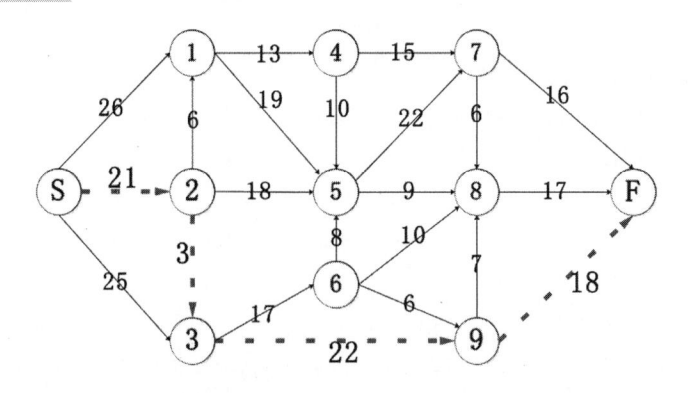

经历 2、3、9 三个城市，公里数为 21+3+22+18=64。

（6）**答案：B**　**解析**　根据灵敏度分析：
自研收益=盈利概率 70%×2.14-亏损概率 30%×1.12=1.498-0.336=1.162（亿）；
采购收益=盈利概率 60%×1.58-亏损概率 40%×0.83=0.948-0.332=0.616（亿）。
相对来说自研收益更大。

（7）（8）（9）**答案：A B B**　**解析**　根据乐观主义原则分析（<u>大中取大</u>），"整体自研彻底改革"的最大绩效指数是"近年盈利绩效指数"，分值为 10，"重新采购兼顾维稳"的最大绩效指数是"进度绩效指数"，分值为 9，"升级系统优化流程"的最大绩效指数是"成本绩效指数"，分值为 9，所以，相对分数最大的是"整体自研彻底改革"。

根据悲观主义原则分析（<u>小中取大</u>），"整体自研彻底改革"的最小绩效指数是"成本绩效指数"，分值为 5，"重新采购兼顾维稳"的最小绩效指数是"成本绩效指数"，分值为 6，"升级系统优化流程"的最小绩效指数是"近年盈利绩效指数"，分值为 5，相对分数最大的是"重新采购兼顾维稳"。

根据后悔值原则分析（<u>在后悔值的基础上大中取小</u>），后悔值用每项绩效指数最大值减去各个绩效指数得出，见下表。

	成本绩效指数	进度绩效指数	近年盈利绩效指数
整体自研彻底改革	9-5=4	9-6=3	10-10=0
重新采购兼顾维稳	9-6=3	9-9=0	10-8=2
升级系统优化流程	9-9=0	9-8=1	10-5=5

按照后悔值计算结果，"整体自研彻底改革"的最大后悔值是"成本绩效指数"，分值为 4，"重新采购兼顾维稳"的最大后悔值是"成本绩效指数"，分值为 3，"升级系统优化流程"的最大后悔值是"近年盈利绩效指数"，分值为 5，相对分数最小的是"重新采购兼顾维稳"。

（10）答案：B 解析 设产品Ⅰ的产量为 x，产品Ⅱ的产量为 y，则根据题意可得：

$$\begin{cases} 5x+4y \leq 20 \\ 10x+5y \leq 34 \end{cases}$$

解出二元一次方程得到 $x \leq 2.4$，$y \leq 2$。

（11）（12）答案：B A 解析 设从 P1 供应商处采购 x 吨，从 P2 供应商处采购 y 吨，则根据题意，其约束条件为：

$$\begin{cases} 0.3x+0.4y=20 \\ 0.5x+0.25y=20 \end{cases}$$

解出二元一次方程得到 $x=24$，$y=32$。

因 P1、P2 供应商采购价格分别为 250 元和 200 元，所以，24×250+32×200=6000+6400=12400（元）。

（13）答案：A 解析 盈亏平衡点（Break Even Point，BEP）又称零利润点、保本点、盈亏临界点、损益分歧点、收益转折点。通常是指全部销售收入等于全部成本时（销售收入线与总成本线的交点）的产量。当销售收入高于盈亏平衡点时企业盈利，反之，企业就亏损。盈亏平衡点可以用销售量来表示，即盈亏平衡点的销售量；也可以用销售额来表示，即盈亏平衡点的销售额。根据题意，$1200+200x=800x$，解得 $x=2$。

（14）答案：D 解析 根据题意，可得出两个约束条件：一是首先选择单位重量利润最高的货物进行装车；二是让车尽量不空。每类货物单位重量的利润见下表：

货物类别	A	B	C	D	E
每件重量/吨	1	2	3	4	5
每件利润/元	53	104	165	216	265
每吨利润/元	53	52	55	54	53

由此表分析得出货物选择顺序，优先 C，再选 D，其次 A、E，最后 B。

因货车载重 10 吨，最合理的安排是 3 件 C，1 件 A。

总利润=165×3+53×1=495+53=548（元）。

第22章 组织通用治理

22.1 组织战略

- 组织战略是组织高质量发展的总体谋略，下列关于组织战略的说法，错误的是___(1)___。
  （1）A. 战略目标决定了组织的总体发展的主要行动方向，是组织战略的核心
  　　　B. 组织的战略目标是唯一的，即实现经营利润的最大化
  　　　C. 组织战略是组织针对其发展进行的全局性、长远性、纲领性目标的策划和选择
  　　　D. 战略目标的制定要短、中、长期目标衔接并协调好
- 关于常见的组织总体战略类型，下列描述错误的是___(2)___。
  （2）A. 发展型战略：基本保持战略起点的运行绩效范围和水平
  　　　B. 稳定型战略：这是一种风险相对较低的战略
  　　　C. 紧缩型战略：从当前战略运行领域和基础水平收缩和撤退
  　　　D. 其他类型战略：复合型、联盟、成本领先、差异化、集中化等
- 当组织较为满意过去的运行绩效和方法，选择延续基本相同的产品和服务时，可以采取___(3)___战略。
  （3）A. 发展型　　　　B. 稳定型　　　　C. 紧缩型　　　　D. 复合型
- 组织战略作为组织发展的蓝图，从___(4)___角度确定了组织的战略目标，规范和指导其运行管理活动。
  （4）A. 长远性　　　　B. 纲领性　　　　C. 全局性　　　　D. 指导性
- 组织战略指明了组织总体的长远目标、发展方向、经营重点、前进道路，以及基本的行动方针、重大措施和基本步骤。这体现了组织战略的___(5)___特性。
  （5）A. 长远性　　　　B. 纲领性　　　　C. 全局性　　　　D. 指导性
- 组织战略规定了一定时期内组织的基本发展目标，以及实现该战略目标的路线和途径，引导并激励员工为实现目标而奋斗。这体现了组织战略的___(6)___特性。

（6）A．长远性　　　　B．纲领性　　　　C．全局性　　　　D．指导性
- ___（7）___ 指明了组织的前进方向，组织未来的业务形态、发展和塑造组织形象所确定的战略道路。

（7）A．组织愿景　　　B．组织使命　　　C．组织文化　　　D．组织战略
- ___（8）___ 涵盖了产品或服务、客户和服务对象、行业或领域、公众形象、自我认知、增长目标、价值观等要素。

（8）A．组织愿景　　　B．组织使命　　　C．组织文化　　　D．组织战略
- 员工管理方法、员工互动方式、激励机制等组织发展的制度、行为等措施属于 ___（9）___ 。

（9）A．组织愿景　　　B．组织使命　　　C．组织文化　　　D．组织战略
- 组织环境是存在于组织内外部，影响组织发展的各种因素的总和。下列 ___（10）___ 不属于组织内部环境分析的内容。

（10）A．技术开发能力分析　　　　　　B．资源环境分析
　　　C．产品和服务竞争力分析　　　　D．营销能力分析
- 组织的基本能力包含四个方面，分别为 ___（11）___ 。
①核心能力的管理　②领导力　③组织结构　④信息技术　⑤项目管理能力　⑥影响力
（11）A．①②③④　　　B．②③④⑥　　　C．②③④⑤　　　D．①②③⑤
- 在组织的四项基本能力中，建立员工能力提升的激励措施，提供足够的培训或招募机制，属于 ___（12）___ 。

（12）A．核心能力的管理　　　　　　B．组织结构
　　　C．组织激励　　　　　　　　　D．人力资源管理
- 在组织的四项基本能力中，建立战略性奖励措施，根据员工对组织的贡献，对为组织做出贡献、具备能力并符合组织文化、价值观的员工进行奖励，属于 ___（13）___ 。

（13）A．核心能力的管理　　　　　　B．组织结构
　　　C．组织激励　　　　　　　　　D．人力资源管理
- 组织的产品和服务战略的类型通常可以分为技术密集型、___（14）___ 和目标动态型。

（14）A．市场导向型　　　B．成本导向型　　　C．人力密集型　　　D．产品导向型

答案及解析

（1）**答案：B**　**解析**　战略目标是组织在一定的战略期内总体发展的总水平和总任务。它决定了组织在该战略期间的总体发展的主要行动方向，是组织战略的核心。组织的战略目标是多元化的，包含经济性目标和非经济性目标，也包含定量目标和定性目标。战略目标的制定要明确对象和时间范围，定量和定性相结合，短、中、长期目标衔接并协调好。不同类型的组织，其战略目标的组成和覆盖领域不同。

（2）**答案：A**　**解析**　发展型战略：是指组织从现有战略基础水平上向更高一级的目标发展的战略。组织可根据其战略定位和实际情况选择不同的发展型战略。

（3）**答案：B** **解析** 稳定型战略：是指组织由于其运行环境和内部条件的限制，在整个战略期内基本保持战略起点的运行绩效范围和水平的一种战略。这是一种风险相对较低的战略。当组织较为满意过去的运行绩效和方法，选择延续基本相同的产品和服务时，可以采取这类战略。

（4）**答案：C** **解析** 全局性：组织战略作为组织发展的蓝图，从全局性角度确定了组织的战略目标，规范和指导其运行管理活动。

（5）**答案：B** **解析** 纲领性：组织战略是组织运行的行动纲领。它指明了组织总体的长远目标、发展方向、经营重点、前进道路，以及基本的行动方针、重大措施和基本步骤。

（6）**答案：D** **解析** 指导性：组织战略规定了一定时期内组织的基本发展目标，以及实现该战略目标的路线和途径，引导并激励员工为实现目标而奋斗。

（7）**答案：A** **解析** 组织愿景是组织制定战略不可或缺的因素，指明了组织的前进方向、组织未来的业务形态、发展和塑造组织形象所确定的战略道路。

（8）**答案：B** **解析** 组织使命是管理者为组织确定的较长时期的业务发展的总方向、总目的、总特征和总的指导思想，描述了组织所处的社会价值范畴、当前的业务和宗旨。组织使命是组织的生存基石和存在理由宣言，体现了组织的宗旨、核心价值观和未来方向。其陈述通常涵盖的要素包括：

产品或服务：组织提供的主要产品或服务是什么。

客户和服务对象：组织服务的客户和服务对象群体是哪些，他们在哪里。

行业或领域：组织提供产品和服务的行业或领域是哪些，在什么地方。

公众形象：组织试图营造什么样的形象；对社会、社区和环境承担了哪些责任。

自我认知：什么是组织的独特能力和主要竞争优势。

此外，组织在生存、增长和盈利、价值观、技术、员工等方面的目标也可以纳入使命的陈述。

（9）**答案：C** **解析** 组织文化是组织发展过程中凸显的精神特质与内涵，是组织区别于其他组织的关键因素。组织文化是组织最为本质的体现之一，是组织发展的原动力。

组织文化有两个基本特征：①组织文化具有浓厚的文化属性和良好的执行性。组织文化确立了组织核心价值观、道德准则、运行管理理念、组织宗旨和组织精神等思想层面的内容。在共同的价值观的引导下，组织各项工作朝着统一的发展方向开展。②组织文化提出了组织发展涉及的制度、行为等措施，如员工管理方法、员工互动方式、激励机制等，为日常工作提供了具体的实践方法。

（10）**答案：B** **解析** 组织外部环境分析的基本内容包括：政治环境分析、经济环境分析、社会-文化-技术环境分析、资源环境分析、市场需求分析和行业环境分析等。

组织内部环境分析的内容通常包括：理清组织自身的优势和劣势、查清造成劣势的原因、挖出内部的潜力、产品和服务竞争力分析、技术开发能力分析、生产能力和服务效能分析、营销能力分析、产品和服务增值能力分析等。

（11）**答案：A** **解析** 组织的基本能力包括核心能力的管理、领导力、组织结构、信息技术。

（12）**答案：A** **解析** 组织应将自己具有的能力当作资产来积极管理。建立员工能力提升的激励措施，提供足够的培训或招募机制，确保能力不过时。

（13）**答案：B** **解析** 组织结构应根据实施战略而设计，依据战略成立各种团队，团队为实现组织战略而服务。应建立战略性奖励措施，根据员工对组织的贡献，对为组织做出贡献、具备能力并符合组织文化、价值观的员工进行奖励。

（14）**答案：B　解析**　组织的产品和服务战略的类型通常可以分为技术密集型、成本导向型和目标动态型。

22.2　绩效考核

- 关于绩效考核的说法，错误的是___（1）___。
  - （1）A．绩效计划是确定部门或员工在考核期内应该完成什么样的工作和达到什么样的绩效的过程
  - B．绩效计划的设计从组织最低层开始依次向上
  - C．绩效计划是有效实施绩效管理的主要平台和关键手段
  - D．绩效目标来源于组织战略目标的逐级分解及岗位职责
- 在制订绩效计划时都应遵循一定的原则，下列___（2）___不是制订绩效计划的原则。
  - （2）A．目标导向原则　　　　　　　B．价值驱动原则
  - C．全员参与原则　　　　　　　D．全面覆盖原则
- 制订绩效计划，作为绩效管理体系的第一个关键步骤，是实施绩效管理的重要手段。绩效计划包括三方面的要素，分别为___（3）___。
  - （3）A．绩效标准、绩效目标、绩效内容　　B．绩效标准、绩效对象、绩效指标
  - C．绩效指标、绩效目标、绩效内容　　D．绩效指标、绩效评估、绩效对象
- 绩效计划是绩效管理期间的行动总则，关于绩效计划内容的说法，错误的是___（4）___。
  - （4）A．绩效标准为员工明确了工作任务完成的程度和质量标准
  - B．组织管理者不是用目标来控制员工，而是用它们来激励员工
  - C．参与性绩效目标设定方法是由上级与下级经过沟通，由上级决定具体的绩效目标
  - D．绩效计划按照计划主体分为组织绩效计划、部门绩效计划与个人绩效计划
- 绩效内容为员工的工作任务指明了方向和范围，它包括绩效项目和绩效指标两个部分。下列___（5）___不属于绩效项目。
  - （5）A．工作业绩　　　B．工作能力　　　C．工作态度　　　D．工作评价
- 绩效指标的合理确定直接关系到绩效考核的客观性。下列___（6）___不属于绩效指标。
  - （6）A．分析判断能力、组织指挥能力　　B．开拓创新能力、协调沟通能力
  - C．公共关系能力、决策行动能力　　D．务实抗压能力、调整适应能力
- 绩效实施就是指对已制定好的绩效目标进行实施的过程。绩效实施的关键点不包括___（7）___。
  - （7）A．统一思维　　　B．引发热情　　　C．制定标准　　　D．训练能力
- 对绩效实施的主要特征的描述，不正确的是___（8）___。
  - （8）A．绩效实施是一个动态的过程
  - B．绩效实施的核心是持续沟通式的绩效辅导

C. 绩效实施结果是为绩效评估提供依据

D. 绩效实施的关键是绩效信息的记录和收集

- 组织的发展、问题的解决和业绩的提升需要的是全面的绩效治理，下列关于绩效治理的描述，错误的是___(9)___。

(9) A. 绩效考核等同于绩效治理，是针对员工的工作成绩进行评定

B. 绩效评估在绩效治理各环节中技术性最强

C. 绩效反馈是绩效治理中最重要的环节

D. 发现问题、分析原因、解决问题才是绩效治理的核心步骤

- 科学、全面的绩效治理通常包含八个步骤，其中，提炼绩效考核指标是以___(10)___为基础的。

(10) A. 统一组织目标　　　　　　B. 明确职位职责

C. 个人能力水平　　　　　　D. 绩效评估

- 绩效评估通过正式的结构化的制度或方法，评价和测量团队或员工个人的工作行为和工作成果，全面了解员工的发展潜力，下列___(11)___不属于绩效评估的内容。

(11) A. 评估员工在工作过程中的行为态度和职业素养

B. 回顾实际完成绩效，并将实际完成结果与设定的衡量标准进行比照评价

C. 制定或改进调整绩效标准、绩效目标、绩效内容

D. 确定报酬调整和奖励方案

- 在绩效评估的类型中，___(12)___考评的是工作业绩而非工作过程，因此评估的标准容易确定，也容易操作。

(12) A. 效果主导型　　B. 品质主导型　　C. 行为主导型　　D. 目标主导型

- 在具体应用中绩效评估的方法较多，其中，___(13)___将绩效评估结果进行分档，这种评估方法成本相对较低，但绩效评估标准模糊，主观性较高。

(13) A. 排序法　　　B. 硬性分布法　　C. 目标管理法　　D. 效果主导法

- ___(14)___是把绩效评估的每一项内容进行定量分解，对被评估者的工作绩效进行考评打分，最后将考评分值进行合计得到评估总分的方法。

(14) A. 尺度评价表法　　　　　　B. 平衡计分卡法

C. 目标分解法　　　　　　　D. 关键绩效指标评估法

- 绩效评价结果反馈简称绩效反馈，作为整个绩效评估环节中的最后一环，直接关系到绩效评估工作的完整性和预期目的的达成。下列对绩效反馈内容的描述，不正确的是___(15)___。

(15) A. 通报被评估人当期绩效评估结果，确定报酬调整和奖励方案

B. 分析被评估人的绩效差距与确定改进措施，提升员工工作效率

C. 沟通协商下一个绩效评估周期的工作任务与目标

D. 确定与工作任务和目标相匹配的资源配置

- 绩效评价结果主要应用于如下方面___(16)___。

①员工荣誉　②绩效改进　③薪酬调整　④人事调整　⑤在职培训

⑥员工职业生涯规划　⑦组织目标调整　⑧工作流程和制度优化

（16）A．①②③④⑤⑥　　　　　　B．①②③④⑥⑧
　　　C．②③④⑥⑦⑧　　　　　　D．①②③④⑤⑧

答案及解析

（1）**答案：B**　解析　绩效计划是确定部门或员工在考核期内应该完成什么样的工作和达到什么样的绩效的过程。绩效计划的设计从组织最高层开始依次向下，是有效实施绩效管理的主要平台和关键手段。

（2）**答案：D**　解析　绩效计划制订的原则：目标导向原则、价值驱动原则、全员参与原则、流程系统化原则、可行性原则、重点突出原则、足够激励原则和职位特色原则等。

（3）**答案：A**　解析　制订绩效计划，作为绩效管理体系的第一个关键步骤，是实施绩效管理的重要手段。绩效计划包括三方面的要素：绩效标准、绩效目标和绩效内容。

（4）**答案：C**　解析　绩效目标的确定一般有传统目标设定方法和参与性目标设定方法两种。传统目标设定方法是由上级给下级规定目标的单向传递过程。参与性目标设定方法是由上级与下级经过沟通，共同决定具体的绩效目标。组织管理者不是用目标来控制员工，而是用它们来激励员工。

（5）**答案：D**　解析　绩效项目一般包括三项：工作业绩、工作能力和工作态度，这是对员工进行绩效考核的具体内容。

（6）**答案：D**　解析　绩效指标一般可细化为六项：分析判断能力、协调沟通能力、组织指挥能力、开拓创新能力、公共关系能力及决策行动能力。绩效指标的合理确定直接关系到绩效考核的客观性。

（7）**答案：C**　解析　绩效实施三大关键点：统一思维、引发热情、训练能力。

（8）**答案：D**　解析　绩效实施的主要特征包括：绩效实施是一个动态的过程；绩效实施的核心是持续沟通式的绩效辅导；绩效实施结果是为绩效评估提供依据。

绩效实施的具体内容一般包括两个方面：一是持续不断的绩效沟通；二是绩效信息的记录和收集。

（9）**答案：A**　解析　很多人混淆绩效治理和绩效考核，把绩效考核等同于绩效治理。通常，绩效考核给人的印象是填表、打分和奖惩，是针对员工的工作成绩进行评定，而实际上这些只是绩效治理中的一部分，而并非全部，组织的发展、问题的解决和业绩的提升需要的是全面的绩效治理。

（10）**答案：B**　解析　绩效治理通常包括以下八个步骤：①统一组织目标；②明确职位职责；③提炼绩效考核指标；④设定职位考核指标值；⑤执行中的跟踪、监督和指导；⑥绩效评估；⑦分析问题和建议方法；⑧绩效反馈。

（11）**答案：A**　解析　绩效评估主要包括三方面内容：①对上一周期内实际完成绩效进行回顾及评估；②为下一绩效周期制定或改进调整绩效标准、绩效目标、绩效内容；③确定报酬调整和奖励方案。

（12）**答案：A**　解析　根据绩效评估的内容，效果评估的类型一般可分为效果主导型、品质主导型、行为主导型。考评的内容以被评估者的工作成果为主，重点考查的是工作结果，而不是过程。效果主导型的优点是由于考评的是工作业绩而非工作过程，因此评估的标准容易确定，也容易操作。效果主导型的评估方式符合现代组织目标管理要求，因此应用较为广泛。但是效果主导型评估具有短期性和表现性，因此不适合对管理型或事务型员工的绩效评估。

（13）**答案：B** **解析** 硬性分布法是指将绩效评估结果进行分档，评估者根据分档档次和分档比例对被评估者进行分派的方法。这种评估方法成本相对较低，但绩效评估标准模糊，主观性较高。

（14）**答案：A** **解析** 尺度评价表法是指评估者通过评估表的形式，把绩效评估的每一项内容进行定量分解，对被评估者的工作绩效进行考评打分，最后将考评分值进行合计得到评估总分的方法。这种方法一般适用于对组织管理人员的绩效评估。

（15）**答案：A** **解析** 通过对被评估人绩效结果的通报，使其明确自身绩效表现是否符合组织的要求和目标，并对其表现结果在整个组织中的大致位置有一个了解，从而激发其进一步改进和提升当前绩效水平的意愿。

（16）**答案：A** **解析** 通常绩效评价结果应用于如下方面：员工荣誉、绩效改进、薪酬调整、人事调整、在职培训、员工职业生涯规划。

22.3 转型升级

- 战略转型升级是对组织的长期发展方向、运行模式、组织战略、组织方式、资源配置方式、组织文化等进行全方位升级变革。下列对战略转型升级的描述，错误的是___（1）___。

  （1）A．大多数组织的转型主要是战略转型

  B．组织转型升级首先要解决的是战略选择问题

  C．组织文化与组织战略之间是动态平衡、相互影响的关系

  D．组织战略制定和组织架构建设是相互制约的关系

- 常见的战略升级主线有四种，其中___（2）___指的是通过分析社会与市场潜力、客户和服务对象需求，探索未来组织发展的驱动力量，明确业务发展方向，进而促进组织产品和服务开发动力。

  （2）A．技术战略　　　B．市场战略　　　C．产品战略　　　D．产业战略

- ___（3）___将顾客的需求和新技术发展相结合，研发符合市场需求的新产品和服务，推动新技术和市场需求经济价值的实现。

  （3）A．技术战略　　　B．市场战略　　　C．产品战略　　　D．需求战略

- 关于绩效考核转型升级的描述，错误的是___（4）___。

  （4）A．不能单以经济指标看待组织发展，也应将非经济指标纳入绩效评价体系

  B．转型结果主要用非经济指标衡量，转型过程主要用经济指标衡量

  C．转型升级阶段的绩效考核要点更关注中长期发展目标的实现，强调发展品质而不仅仅是速度

  D．绩效评价指标的建立以组织战略为支撑，将战略目标层层分解，细化成系统的绩效评价指标

- 数字化转型是组织顺应新一轮科技革命和社会发展趋势，常见的数字化转型的驱动因素不包括___(5)___。

    (5) A．新技术的强势发展　　　　　　B．个性化需求的满足
    　　C．业务运行的私密化　　　　　　D．低"交互成本"运作

- 数字化转型组织架构及工作机制的建议可分为四个层次，下列描述错误的是___(6)___。

    (6) A．规划层：顶层设计、具有全局观
    　　B．实施层：围绕数字化产品和服务进行实施推进
    　　C．能力层：构建数字化相关的支撑实施层的能力
    　　D．技术层：新兴技术与传统业务、传统IT链接

答案及解析

（1）**答案：D** 解析　组织战略制定和组织架构建设两者之间的关系是相互影响的，这种影响是相辅相成的，不是相互制约的。在制定组织战略的同时，要充分考虑组织架构的建设，考虑组织架构对新战略的适应性，才能提高战略实施的价值。而组织架构的设立也应随着战略的改革而调整，这样才能更好地提升组织运营效率与战略转型效益。

（2）**答案：B** 解析　市场战略：通过分析社会与市场潜力、客户和服务对象需求，探索未来组织发展的驱动力量，明确业务发展方向，进而促进组织产品和服务开发动力。

（3）**答案：C** 解析　产品战略：将顾客的需求和新技术发展相结合，研发符合市场需求的新产品和服务，推动新技术和市场需求经济价值的实现。

（4）**答案：B** 解析　组织绩效评价的发展是与组织发展紧密结合的。不能单以经济指标看待组织发展，组织应将非经济指标也纳入绩效评价体系，同时要处理好经济指标和非经济指标的关系。转型结果主要用经济指标衡量，转型过程主要用非经济指标衡量。

（5）**答案：C** 解析　常见的数字化转型的驱动因素主要包括：新技术的强势发展；低"交互成本"运作；业务运行的透明化；个性化需求的满足。

（6）**答案：D** 解析　数字化转型组织架构及工作机制的建议可分为四个层次：

规划层：顶层设计、具有全局观。

实施层：围绕数字化产品和服务进行实施推进。

能力层：构建数字化相关的支撑实施层的能力。

资源层：组织与传统业务、传统IT链接。

第23章 组织通用管理

23.1 人力资源管理

- 下列关于人力资源管理的描述，正确的是___(1)___。
  - (1) A. 人力资源管理的狭义目标是充分利用组织中的人员使组织的各项工作效率水平达到最高
    - B. 人力资源管理的广义目标帮助各团队负责人更加有效地管理团队成员
    - C. 对人力资源的有效开发利用是组织保持竞争优势的必要条件
    - D. 人力资源管理工作直接影响整个组织的经营状况和运行状态，具体取决于搭建高质量的人才梯队
- 如何管理员工的工资和奖金，通过绩效、福利等措施激励员工，属于人力资源管理中的___(2)___。
  - (2) A. 维护　　　　　B. 规划　　　　　C. 提升　　　　　D. 评价
- 下列___(3)___不属于人力资源管理的主要工作内容。
  - (3) A. 根据各工作岗位任务的特点和工作要求，预测组织的人力需求
    - B. 根据工作需要，选拔出符合组织需要的员工
    - C. 对新员工进行工作指导和培训
    - D. 为项目团队争取和募集更多资金
- 人力资源管理涉及工作分析及岗位设计，下列说法正确的是___(4)___。
  - (4) A. 岗位设计是对组织分工和分工内容进行清晰的界定，让任职者更清楚工作的内容
    - B. 工作分析是确定完成工作的方式、所需要完成的任务
    - C. 工作分析需要把工作内容、从事工作所需的资格条件和薪酬结合起来
    - D. 工作分析的目的是明确所要完成的任务以及完成这些任务所需要的人员能力特征
- 定性的工作分析方法主要有工作实践法、___(5)___、面谈法、问卷法和典型事例法。

(5) A．直接观察法 B．职位分析问卷法
　　C．管理岗位描述问卷法 D．功能性工作分析法

- 工作分析是对组织分工和分工内容进行清晰的界定过程，通常划分为四个阶段，分别为明确工作分析范围、___(6)___、工作信息收集和分析、评价工作分析方法。

(6) A．确定工作分析目标 B．确定工作分析方法
　　C．确定工作分析对象 D．确定工作分析步骤

- 确定所需信息的类型、识别工作信息的来源，属于工作分析的___(7)___阶段。

(7) A．明确工作分析范围 B．确定工作分析方法
　　C．工作信息收集和分析 D．评价工作分析方法

- 岗位设计的主要内容包括___(8)___三个方面。

(8) A．工作内容设计、工作职责设计、工作关系设计
　　B．工作内容设计、工作薪酬设计、工作职责设计
　　C．工作职责设计、工作薪酬设计、工作关系设计
　　D．工作职责设计、工作绩效设计、工作流程设计

- 工作内容设计是岗位设计的重点，下列不属于工作内容设计的是___(9)___。

(9) A．工作的难度 B．工作的广度
　　C．工作的自主性 D．工作的反馈性

- 在战略性人力资源管理中，如何实现选人、育人、用人和留人，包括招聘、培训开发、薪酬福利和绩效考核等具体的人力资源管理行为，属于___(10)___。

(10) A．人力资源战略 B．人力资源管理系统
　　　C．人力资源管理实施 D．人力资源管理计划

- 关于人力资源预测的说法，错误的是___(11)___。

(11) A．人力资源预测包括组织内部、外部的人力供给预测和组织的人力需求预测
　　　B．组织的业务量、财务资源、技术和管理水平都会影响组织人力资源供给预测
　　　C．需求预测是研究组织内部对人力资源的需求
　　　D．供给预测则是研究组织内部的供给和组织外部的供给两个方面

- 当组织计划的人力资源需求超过供给时，可通过下列方法解决，其中不包括___(12)___。

(12) A．降低录用标准，招聘新员工 B．增加临时性员工和使用退休员工
　　　C．减少加班数量或工作时间 D．提高员工工作效率

- 关于人员招聘与录用的说法，错误的是___(13)___。

(13) A．招聘计划是人力资源部门在组织发展战略的指导下，根据组织的用人需求编制
　　　B．招聘计划应包含岗位需求、招聘渠道、到岗时间等，不必包含预算
　　　C．完整的招聘过程还包括后续对本次招聘工作的评估与反馈
　　　D．申请表格、员工测评和录用面试是筛选工作申请人的主要方法

- 下列关于面试类型的说法，正确的是___(14)___。

(14) A．非结构化面试是面试人员完全任意地与申请人讨论各种话题

B．结构化面试是面试人员依据事先规划的一系列问题对应征者进行提问

C．半结构化面试要求工作申请人在问卷上选择答案

D．结构化面试方法可以帮助组织全面了解工作申请人的兴趣

- ___（15）___ 了解工作申请人的技术能力、人格类型和对激励的态度等。

  （15）A．结构化面试　　　　　　　　B．非结构化面试

  　　　C．半结构化面试　　　　　　　　D．压力面试

- 面试官提前准备好问题和各种可能的答案，要求工作申请人在问卷上选择答案，面试官可以根据应征者的回答，迅速对应征者做出不理想、一般、良好或优异等各种简洁的评论，这属于___（16）___。

  （16）A．结构化面试　　　　　　　　B．非结构化面试

  　　　C．一次性面试　　　　　　　　D．情景面试

- 招聘效果主要从五个方面进行评估，分别为___（17）___。

  （17）A．招聘周期、用人部门满意度、招聘成功率、招聘达成率、招聘成本

  　　　B．招聘周期、用人部门满意度、招聘流程顺畅度、新员工离职率、招聘成本

  　　　C．招聘周期、招聘员工的质量、招聘成功率、新员工离职率、招聘成本

  　　　D．招聘周期、招聘员工的质量、招聘成功率、招聘流程顺畅度、招聘成本

- 关于员工培训的说法，不正确的是___（18）___。

  （18）A．培训目标应该是可以衡量的、保持不变的

  　　　B．通过比较员工接受培训前后的差异来考核培训计划的效果

  　　　C．人力资源部门对入职培训活动的计划和追踪负有总体责任

  　　　D．培训结果可能是积极的，也可能是消极的

- 员工薪酬分为直接报酬和间接报酬，下列___（19）___不属于间接报酬。

  （19）A．医疗保险　　B．周末假日　　C．股票期权　　D．带薪休假

- 员工薪酬分为直接报酬和间接报酬，下列___（20）___不属于直接报酬。

  （20）A．交通补助　　B．社会保险　　C．股票期权　　D．储蓄计划

- 在为销售业务人员制定薪酬激励时，___（21）___最能激励销售业务人员，可以吸引业务能手。

  （21）A．底薪制　　　B．佣金制　　　C．加薪　　　　D．奖金计划

- 下列关于员工职业规划与管理的说法，不正确的是___（22）___。

  （22）A．员工职业道路应该代表员工职业发展的真实可能性，发展应以通常的速度为依据

  　　　B．员工未来职业道路应具有尝试性和灵活性，不要过分集中于同一个领域

  　　　C．组织应为员工和管理人员提供建立职业规划所需要的培训

  　　　D．组织的管理人员应跟踪员工的职业规划并指导其进行适当的调整

答案及解析

（1）**答案：C**　**解析**　人力资源管理的广义目标是充分利用组织中的人员使组织的各项工作

效率水平达到最高，狭义目标是帮助各团队负责人更加有效地管理团队成员。

人力资源管理工作直接影响整个组织的经营状况和运行状态，具体取决于人力资源的管理政策、体制设计和贯彻实施。

高层管理者之所以日益重视人力资源的战略地位，其根本原因在于对人力资源的有效开发利用是组织保持竞争优势的必要条件。

（2）**答案：A** **解析** 维护：维护员工有效工作的积极性，维护安全健康的工作环境。维护包括如何管理员工的工资和奖金，做到按照员工的贡献等因素进行收入分配，做到奖惩分明，并通过绩效、福利等措施激励员工。

（3）**答案：D** **解析** 人力资源管理主要包括：

规划：主要进行工作分析和岗位策划。

招聘：根据工作需要确定最合适人选的过程。

维护：维护员工有效工作的积极性，维护安全健康的工作环境。

提升：提高员工的知识、技能和经验等方面的能力，保持和增强员工的工作素养。

评价：对员工的工作结果和工作表现与人力资源管理相关策略执行情况的观察、测量和评估。

（4）**答案：D** **解析** 工作分析是对组织分工和分工内容进行清晰的界定，让任职者更清楚工作的内容；岗位设计是确定完成工作的方式、所需要完成的任务，以及界定该项工作在组织中与其他岗位工作的关系的过程。

岗位设计是把工作内容、从事工作所需的资格条件和薪酬结合起来，从而满足员工和组织建设与发展需要。

工作分析的目的是明确所要完成的任务以及完成这些任务所需要的人员能力特征。工作分析将每项工作所包含的任务、责任和任职资格用正式的文件明确下来，确保组织中的每项工作都按照管理人员的意愿进行分配。

（5）**答案：A** **解析** 工作分析的方法分为定性和定量两类。定性的工作分析方法主要有工作实践法、直接观察法、面谈法、问卷法和典型事例法；定量的工作分析方法主要有职位分析问卷法、管理岗位描述问卷法和功能性工作分析法等。

（6）**答案：B** **解析** 工作分析通常划分为四个阶段，包括10个具体步骤，见下表。

阶段	步骤
第一阶段：明确工作分析范围	①确立工作分析的目的；②确定工作分析的对象
第二阶段：确定工作分析方法	③确定所需信息的类型；④识别工作信息的来源；⑤明确工作分析的具体步骤
第三阶段：工作信息收集和分析	⑥收集工作信息；⑦分析所收集的信息；⑧向组织报告结果；⑨定期检查工作分析情况
第四阶段：评价工作分析方法	⑩以收益、成本、合规性和合法性等为标准评价工作分析结果

（7）**答案：B** **解析** 确定工作分析方法包括确定所需信息的类型；识别工作信息的来源；

明确工作分析的具体步骤。

（8）**答案：A** **解析** 岗位设计的主要内容包括工作内容设计、工作职责设计和工作关系设计三个方面。

（9）**答案：A** **解析** 工作内容设计是岗位设计的重点，一般包括工作的广度、工作的深度、工作的完整性、工作的自主性和工作的反馈性五个方面。

（10）**答案：B** **解析** 人力资源管理系统是指人力资源管理的实践，即在人力资源战略模式的指引下，具体如何实现选人、育人、用人和留人，包括招聘、培训开发、薪酬福利和绩效考核等具体的人力资源管理行为。

（11）**答案：B** **解析** 人力资源需求预测的解释变量一般包括以下几个方面：①组织的业务量；②预期的流动率；③提高业务质量，或者进入新行业的决策对人力需求的影响；④技术水平或管理方式的变化对人力需求的影响；⑤组织所拥有的财务资源对人力需求的约束。

（12）**答案：C** **解析** 如果计划的人力资源需求超过供给，有两种解决方法：①增加录用的数量，这通常借助寻找新的员工招聘来源、增加对求职者的吸引强度、降低录用标准、增加临时性员工和使用退休员工等办法解决；②提高每位员工的效率或延长他们的工作时间，这就需要提高员工的工作能力并增强他们的工作动力，可借助培训、新的岗位设计、采用补偿政策或福利措施、调整管理人员与员工的关系等办法解决。

一旦组织的人力供给超过需求，组织将面临非常困难的境地，组织可以选择的策略有减少加班数量或工作时间、鼓励员工提前退休、减少新进员工的数量等，还可以让组织的合作伙伴以比较低廉的费率使用自己闲置的人力资源。在没有其他选择的时候，组织只好采用辞退的办法，缓解或解除人力供需矛盾。

（13）**答案：B** **解析** 招聘计划是用人部门在组织发展战略的指导下，根据部门的发展需要，在人力资源规划和工作分析的基础上，对招聘的岗位、人员数量、素质要求、能力要求以及时间限制等因素做出的详细计划。招聘计划是招聘活动的主要依据，其目的在于使招聘合理化和科学化。招聘计划的内容大致包括：①招聘的岗位、人员需求量、每个岗位的具体要求等；②招聘信息发布的时间、方式、渠道与范围等；③招募对象的来源与范围等；④招聘方法；⑤招聘测试的实施部门；⑥招聘预算；⑦招聘结束时间与新员工到位时间等。招聘计划由人力资源部门制订，或者由用人部门制订，然后由人力资源部门进行复核，特别是要对人员需求量、费用等项目进行严格复查，签署意见后交上级主管领导审批。

组织在招聘的录用环节需要开展许多具体工作来为录用决策寻找依据，最主要的筛选方法是申请表格、员工测评和录用面试。

（14）**答案：A** **解析** 非结构化面试的特点是面试人员完全任意地与申请人讨论各种话题。面试人员可以即兴提出问题，不依据任何固定的线索，因此对于不同的应征者，可能会提出不同的问题。非结构化面试方法可以帮助组织全面了解工作申请人的兴趣。

（15）**答案：C** **解析** 半结构化面试其实有两种含义：一种是面试人员提前准备重要的问题，但是不要求按照固定的次序提问，而且可以讨论那些似乎需要进一步调查的题目；另一种是面试人员依据事先规划的一系列问题对应征者进行提问，一般是根据管理人员、业务人员和技术人员等不同的工作类型设计不同的问题表格,在表格上要留出空白以记录应征者的反应以及面试人员的主要问题。这种半结构化面试可以帮助组织了解工作申请人的技术能力、人格类型和对激励的态度等。最后,面试人员要在表格上给出评估和建议。

(16) **答案:A** 解析 结构化面试即提前准备好问题和各种可能的答案,要求工作申请人在问卷上选择答案,面试人员可以根据应征者的回答,迅速对应征者做出不理想、一般、良好或优异等各种简洁的结论。

(17) **答案:A** 解析 招聘效果主要从五个方面进行评估,分别为招聘周期、用人部门满意度、招聘成功率、招聘达成率、招聘成本。

(18) **答案:A** 解析 在确定培训目标的过程中,需要注意目标设立与评价标准密切联系,培训目标应该是可以衡量的。由于组织面临的问题会不断变化,培训在实施过程中会暴露出新的问题,因此培训目标也将不断变化。

(19) **答案:C** 解析 间接报酬包括各种福利保障、带薪休假和各种服务与津贴,如下图所示。

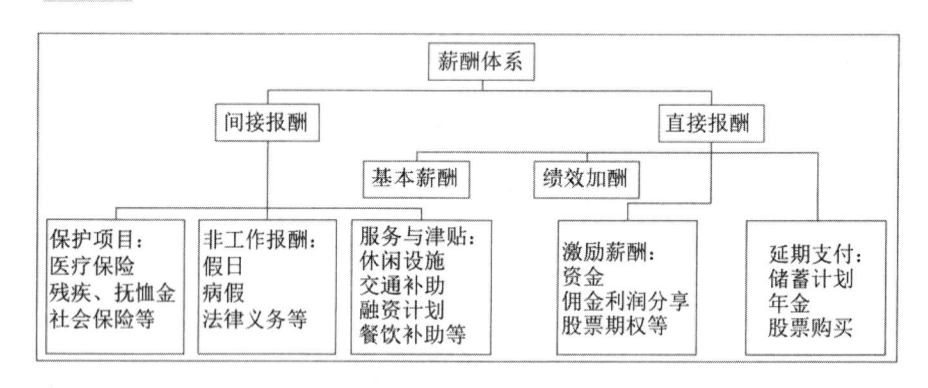

(20) **答案:B** 解析 直接报酬包括基本薪酬、绩效加酬、鼓励员工进一步提高生产效率的各种激励性报酬和各种延期支付性质的报酬等。绩效加酬是对员工工作行为和所取得的成绩的奖励,表现为基本薪酬的增加,这取决于员工的绩效水平。此外,还有储蓄计划、股票购买和年金等各种延期支付,如下图所示。

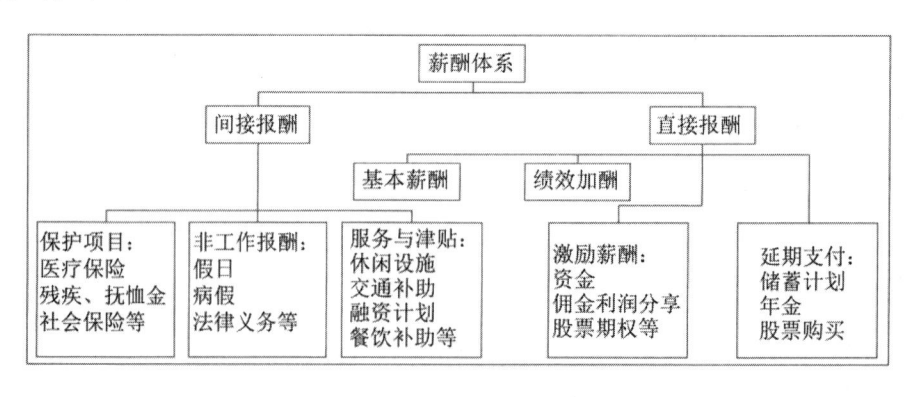

(21) **答案：B　解析**　佣金制是指销售业务人员的收入完全按照绩效而定。佣金制的优点是最能激励销售业务人员，可以吸引业务能手。佣金制的缺点是容易使销售业务人员只重视近期的销售和数额大的销售，而忽视开发有潜力的客户和为小客户提供服务。底薪制是指销售业务人员领取固定的薪水，有时也有红利等奖励。这种方法比较适合从事任务性和服务性工作的销售业务人员。

　　(22) **答案：A　解析**　对员工职业道路的要求是：①应该代表员工职业发展的真实可能性，发展不应该以通常的速度为依据；②应该具有尝试性，能够根据工作的内容、任职的顺序、组织的形式和管理的需要进行相应调整，同时也不要过分集中于一个领域；③具有灵活性；④说明每个职位要求员工具备的技能、知识和其他品质，以及具备这些条件的方法。

23.2　流程管理

- 关于组织流程管理的说法，错误的是＿＿(1)＿＿。
  (1) A．流程可以是跨部门、跨岗位工作活动流转的过程
　　　B．流程有明确的目标或任务
　　　C．流程追求的是单个环节的优化
　　　D．组成流程的活动本身也可以是一个流程
- 在组织战略执行保障体系中，＿＿(2)＿＿是战略执行落地的核心枢纽，起承上启下的作用。
  (2) A．战略控制层　　B．流程执行层　　C．系统支撑层　　D．业务应用层
- 在组织战略执行保障体系中，＿＿(3)＿＿以 ERP、CRM、PDM 等技术应用为基础。
  (3) A．技术控制层　　B．流程执行层　　C．系统支撑层　　D．业务应用层
- 进入流程＿＿(4)＿＿时，运用流程管理工具将日渐成熟的业务转变成标准化、规范化的操作，并把最佳的实践经验固化下来，以提高业务运作的效率与效果。
  (4) A．导入期　　　　B．成长期　　　　C．成熟期　　　　D．变革期
- 关于流程规划，说法错误的是＿＿(5)＿＿。
  (5) A．端到端的流程就是要以终为始，目标导向
　　　B．端到端流程更多地关注任务本身，形成闭环
　　　C．流程规划不是一步到位，而是持续改进的过程
　　　D．从端到端的流程到组织整体流程框架，称之为流程从"线"到"面"的优化
- 关于组织流程分类，＿＿(6)＿＿是直接为业务对象创造价值的流程，从业务对象提出需求开始，到满足业务对象需求结束。
  (6) A．运行流程　　　B．支持流程　　　C．业务流程　　　D．战略流程
- 常见的流程检查方法主要有流程稽查、＿＿(7)＿＿、满意度评估和流程审计等。
  (7) A．流程抽查　　　　　　　　　　　B．流程绩效评估
　　　C．关键流程评估　　　　　　　　　D．流程评价
- 下列＿＿(8)＿＿不属于流程绩效评估的维度。
  (8) A．流程效果　　　B．流程效率　　　C．流程弹性　　　D．流程适应性

- 关于流程管理的说法，不正确的是　__(9)__ 。

（9）A．流程审计是针对组织流程体系整体进行全面的、系统的检查，流程审计的输出是流程体系整体的评估与改进建议

B．不断地以组织发展战略为导向来优化流程，流程所创造的价值也会提高，流程的绩效也随之提升

C．流程绩效评估反映了流程结果的质量、流程执行的水平和流程管理的水平

D．将业务对象满意度评估的结果与流程绩效评估的结果进行关联，这对于组织战略调整具有极强的参考价值

答案及解析

（1）**答案：C** 解析　流程追求的不是个性的、单点的优化，而是全量的、整体的优化。

（2）**答案：B** 解析　组织战略执行保障体系包括以下三层：

第一层：以会议管理、运行分析、预算考核为基础建立组织发展计划，形成以执行和控制为目标的战略控制层。

第二层：以业务流程、岗位描述、绩效测评为基础架构，对研发、采购、生产与交付、销售、客服等各职能领域构建稳定的流程执行层。是战略执行落地的核心枢纽，在整个战略执行保障体系中起承上启下的作用。

第三层：以 ERP（组织资源规划）、CRM（客户关系管理）、PDM（产品数据管理）等大量的信息技术应用为基础的系统支撑层。

（3）**答案：C** 解析　系统支撑层以 ERP（组织资源规划）、CRM（客户关系管理）、PDM（产品数据管理）等大量的信息技术应用为基础。

（4）**答案：C** 解析　流程进入成长期是流程管理介入的好时期，这时要适度管理，把握规范和灵活的平衡。建议在流程的关键节点及流程的粗线条上进行管理，不需要具体到每一个活动及每一个步骤。流程进入成熟期是流程管理的好时机，运用流程管理工具将日渐成熟的业务转变成标准化、规范化的操作，并把最佳的实践经验固化下来，以提高业务运作的效率与效果。

（5）**答案：B** 解析　端到端的流程是指从获取业务对象需求开始，到业务对象满意结束，也就是要以终为始，目标导向。端到端流程管理的本质就是要让组织更多地关注贡献，而不是任务本身。

（6）**答案：A** 解析　运行流程就是直接为业务对象创造价值的流程，能够被内外部业务对象看到或感觉到，运行流程从业务对象提出需求开始，到满足业务对象需求结束。运行流程包括产品价值链（新产品管理）、市场链（营销和销售）、供应链（产品与服务的提供）和服务链（服务管理）等。运行流程以战略流程为导向，以战略流程确定的架构为基础展开，它的逻辑顺序是战略—业务模式—运行流程。

（7）**答案：B** 解析　常见的流程检查方法主要有流程稽查、流程绩效评估、满意度评估和流程审计等。

(8) **答案：D 解析** 流程绩效评估的三个维度为效果、效率和弹性。

(9) **答案：B 解析** 不断地以业务对象需求为导向来优化流程，业务对象满意度会提高，流程所创造的价值也会提高，流程的绩效也随之提升。

23.3　知识管理

- 关于知识管理的说法，不正确的是＿＿(1)＿＿。
    - (1) A．知识管理以知识为中心，以数据、信息为基础，以知识的创造、积累、共享及应用为目标
    - B．知识管理可以帮助组织实现知识显性化和知识共享、知识转移
    - C．通过组织知识的共享与重用，可以提高员工的知识水平、工作效率和创新能力
    - D．领导者的支持和参与是系统实施知识管理的前提和保障，是取得知识管理成功的关键

- 下列关于知识与知识管理的说法，不正确的是＿＿(2)＿＿。
    - (2) A．知识分为显性知识和隐性知识，显性知识与隐性知识不可以相互转换
    - B．显性知识是客观存在的，不以个人意志为转移
    - C．隐性知识依赖于个人经验和认知，难以交流和分享
    - D．知识需要分享才能产生真正的价值，将知识分享出去，回来的知识将会更多

- 知识可以分为显性知识和隐性知识。下列＿＿(3)＿＿分别属于显性知识和隐性知识。
    - (3) A．主观洞察力和产品说明书
    - B．科学原理和个人直觉
    - C．企业文化和资料手册
    - D．可以用规范方式表达的知识和可编码结构化的知识

- 关于显性知识和隐性知识的说法，错误的是＿＿(4)＿＿。
    - (4) A．显性知识不随时间或环境的变化而变化，一旦表达出来就不再变化
    - B．知识可以被传播并共享，知识管理为显性知识和隐性知识共享提供新的途径
    - C．出于自身利益考虑，隐性知识拥有者不会将有价值的隐性知识轻易转移出去
    - D．显性知识比隐性知识更容易保存、记录、交流和传播

- 知识管理的原则不包括＿＿(5)＿＿。
    - (5) A．积累原则　　　B．共享原则　　　C．交流原则　　　D．创新原则

- 知识管理需要遵循积累原则、共享原则和交流原则。其中＿＿(6)＿＿是实施知识管理的基础，＿＿(6)＿＿需要建立有利于知识管理的组织结构和文化气氛。
    - (6) A．共享原则　交流原则　　　B．积累原则　交流原则
    - C．积累原则　共享原则　　　D．交流原则　共享原则

- 组织获取隐性知识的途径和方法，不包括＿＿(7)＿＿。
    - (7) A．邀请专业人士演讲和培训　　　B．举行头脑风暴会议
    - C．对专业人员进行访谈和分析　　　D．数据挖掘与网络搜索

- 关于知识库的构建，说法错误的是___(8)___。

  (8) A．知识库构建遵循自顶而下原则，先定义知识库的总框架结构，在此基础上层层分解

  B．由内而外搭建知识库，既保证知识库的相对独立性，又保证知识库建立活动的效率

  C．知识库的内容要依据新的知识结构定期更新

  D．知识库构建要高内聚低耦合，保证后期知识库更新和知识检索的效率

- 知识共享的三要素为___(9)___。

  (9) A．共享对象、共享主体、共享手段

  B．知识数量、知识质量、共享手段

  C．知识内容、共享途径、共享手段

  D．共享对象、共享途径、共享手段

- 关于知识管理的描述，错误的是___(10)___。

  (10) A．知识审计是对组织当前拥有的知识的数量和质量进行核查，对组织知识的价值进行评估，知识审计是动态的、循环的、完整的过程

  B．知识协同以共享为目标，以知识管理为基础，由多主体共同参与，是各组织优化整合相关资源、促进整体业务绩效提升的管理模式和战略手段

  C．知识协同具有面向知识创新、知识互补性、共赢性、知识协同平台支持和"1+1>2"的效应涌现等特征

  D．知识服务是从大量隐性和显性信息资料中，依据需求将知识提炼出来，并有针对性地解决服务对象问题的过程，是以资源建设为基础的高级信息服务

答案及解析

（1）**答案：A** **解析** 知识管理应把知识作为组织的战略资源，作为一种管理思想和方法体系，它以人为中心，以数据、信息为基础，以知识的创造、积累、共享及应用为目标。

（2）**答案：A** **解析** 知识可以分为显性知识和隐性知识，显性知识与隐性知识可相互转换。

（3）**答案：B** **解析** 凡是能以文字与数字来表达，而且以资料、科学法则、特定规格及手册等形式展现者皆属显性知识。这种知识随时都可在个人之间相互传送；隐性知识是相当个人化而富弹性的东西，因人而异，很难用公式或文字来加以说明，因而也就难以流传或与别人分享。个人主观的洞察力、直觉与预感等皆属隐性知识。隐性知识深植于个人的行动与经验之中，同时也储藏在一个人所抱持的理想与价值或所珍惜的情怀之中。

（4）**答案：B** **解析** 显性知识可以被传播并共享，而隐性知识不具有这个能力，因此要实现知识的传播和共享必须将隐性知识转化为显性知识。

（5）**答案：D** **解析** 知识管理要遵循以下三条原则：①积累原则；②共享原则；③交流原则。

（6）**答案：B** **解析** 知识管理是一个复杂的过程，要遵循以下三条原则：①积累原则。知识积累是实施知识的管理基础。②共享原则。知识共享是指一个组织内部的信息和知识要尽可能公开，使每一个员工都能接触和使用组织的知识和信息。③交流原则。知识管理的核心就是要在组织

内部建立一个有利于交流的组织结构和文化气氛，使人员之间的交流毫无障碍。

（7）答案：D 解析 隐性知识不像显性知识那样可以通过技术工具实现编码化，难以用数字、公式和科学规则等来表达。所以数据挖掘与网络搜索适用于显性知识的采集获取。

隐性知识获取与收集的途径形式多样，比如，邀请专业人员演讲或培训时可以获得一部分经验与认识；举行一个头脑风暴法会议时，可以就某个主题融汇集体智慧；通过观察专业人员操作可以识别其专长。隐性知识获取方式主要有结构式访谈、行动学习、标杆学习、分析学习、经验学习、综合学习、交互学习等。

（8）答案：B 解析 知识库构建的原则包括：①自顶而下原则；②由外而内原则；③专家参与原则；④高内聚低耦合原则；⑤定期更新原则。

（9）答案：A 解析 知识共享的三要素：共享对象、共享主体和共享手段。

（10）答案：B 解析 知识协同以创新为目标，以知识管理为基础，由多主体共同参与，是各组织优化整合相关资源、促进整体业务绩效提升的管理模式和战略手段。

23.4 市场营销

- 关于市场营销的说法，正确的是___（1）___。
  - （1）A．广义的市场营销指的是组织为获得利益回报而为客户创造价值并与之建立稳固关系的过程
    - B．狭义的市场营销指的是通过创造和与他人交换价值，来实现个人和组织的需要和欲望
    - C．设计创造价值的营销战略，制订整合营销计划为市场营销过程的第一步
    - D．组织拥有的有价值的客户越忠诚，其客户权益就越高
- 市场营销的基础是___（2）___。
  - （2）A．需要、欲望和需求　　　　　B．客户价值和满意
    - C．市场　　　　　　　　　　　　D．市场提供物
- 市场营销的4P指的是___（3）___。
  - （3）A．产品、定价、渠道、促销　　B．产品、定价、包装、促销
    - C．产品、包装、渠道、促销　　　D．产品、定价、包装、渠道
- 市场营销的微观环境不包括___（4）___。
  - （4）A．组织内部团队及部门　　　　B．客户
    - C．公众　　　　　　　　　　　　D．文化
- 下列___（5）___不属于市场营销的宏观环境。
  - （5）A．自然环境　　　　　　　　　B．人口环境
    - C．政治与社会　　　　　　　　　D．公众
- 影响客户购买行为的社会因素不包括___（6）___。
  - （6）A．文化　　　　　　　　　　　B．参照群体
    - C．家庭　　　　　　　　　　　　D．社会地位

答案及解析

（1）**答案：D**　**解析**　市场营销的目的是通过承诺卓越的价值来吸引客户，以及通过提升满意度来留住和发展客户。广义上，市场营销是一种通过创造和与他人交换价值，来实现个人和组织的需要和欲望的社会和管理过程。在狭义的商业环境中，市场营销涉及与顾客建立价值导向的交换关系。于是，将市场营销定义为：组织为获得利益回报而为客户创造价值并与之建立稳固关系的过程。

理解客户的需求以及组织从事经营活动的市场是市场营销过程的第一步。

（2）**答案：A**　**解析**　市场营销的基础是人或组织的需要。

（3）**答案：A**　**解析**　主要的市场营销组合工具称为市场营销的 4P：产品（Product）、定价（Price）、渠道（Place）和促销（Promotion）。

（4）**答案：D**　**解析**　市场营销的微观环境通常包括：组织、供应商、营销中介、客户、竞争者、公众等。

（5）**答案：D**　**解析**　市场营销的宏观环境通常包括人口、经济、自然、技术、政治与社会，以及文化等。

（6）**答案：A**　**解析**　影响客户购买行为的因素如下图所示。

文化因素	社会因素	个人因素	心理因素
文化 亚文化	参照群体 家庭 社会角色与地位	年龄与生命周期阶段 职业 经济情况 生活方式 个性及自我概念	动机 感知 学习 概念和态度

第24章 法律法规与标准规范

24.1 法律法规

- 根据《中华人民共和国民法典》合同编，当事人订立合同，可以采用___(1)___进行。
  - (1) A．书面形式 B．口头形式
     C．电子邮件形式 D．以上都是

- 以下对《中华人民共和国民法典》合同编的描述，不正确的是___(2)___。
  - (2) A．采用数据电文形式订立合同的，收件人的主营业地为合同成立的地点；没有主营业地的，其住所地为合同成立的地点。当事人另有约定的，按照其约定
     B．对格式条款有两种以上解释的，应当作出不利于提供格式条款一方的解释。格式条款和非格式条款不一致的，应当采用格式条款
     C．无论合同是否成立，不得泄露或者不正当地使用
     D．合同不生效、无效、被撤销或者终止的，不影响合同中有关解决争议方法的条款的效力

- 当事人就有关合同内容约定不明确，依据前条规定仍不能确定的，应该适用下列规定：___(3)___。
  - (3) A．质量要求不明确的，按照强制性国家标准履行；没有强制性国家标准的，按照推荐性国家标准履行
     B．价款或者报酬不明确的，按照订立合同时收款方所在地的市场价格履行
     C．履行期限不明确的，债务人可以随时履行，债权人也可以随时请求履行，无须给对方准备时间
     D．履行费用的负担不明确的，由债权人负担

- 下列做法符合《中华人民共和国招标投标法》相关规定的是___(4)___。
  - (4) A．某项目的招标文件中详细介绍了招标人的名称和地址、招标项目的性质、数量、实施地点和时间、评标委员会组成名单以及获取招标文件的办法等事项

B．投标监督员有权对标书的密封情况进行检查，投标人之间也可以相互检查标书的密封情况

C．某项目在截止时间前仅收到了两份投标文件，招标人直至收到第三份投标文件后才宣布开标

D．某企业在中标之后，将主体工程分为三个部分，并将其中两个部分分别承包给其他单位

- 下列施工项目不属于必须招标范围的是___（5）___。

  （5）A．北京大型机场的信息化基础设施项目
  B．使用世界银行贷款的建设项目
  C．政府投资的信息安全建设项目
  D．施工主要技术采用特定专利的建设项目

- 以下对招标代理机构的描述，不正确的是___（6）___。

  （6）A．招标代理机构应该有从事招标代理业务的营业场所和相应资金
  B．行政机关和其他国家机关通过申请可担任招标代理机构
  C．任何单位和个人不得强制其委托招标代理机构办理招标事宜
  D．招标代理机构应有能够编制招标文件和组织评标的相应专业力量

- 根据《中华人民共和国政府采购法》，以下叙述中，不正确的是___（7）___。

  （7）A．政府采购应当采购本国货物、工程和服务。但为在中国境外使用而进行采购的除外
  B．采购人可以委托经国务院有关部门或者省级人民政府有关部门认定资格的采购代理机构，在委托的范围内办理政府采购事宜
  C．只能从唯一供应商处采购的，可以依照本法采用单一来源方式采购
  D．政府采购项目的采购合同自签订之日起五个工作日内，采购人应当将合同副本报同级政府采购监督管理部门和有关部门备案

- 根据《中华人民共和国政府采购法》，___（8）___应作为政府采购的主要方式。

  （8）A．公开招标　　B．邀请招标　　C．竞争性谈判　　D．单一来源采购

- 根据《中华人民共和国政府采购法》，当___（9）___时，采用邀请招标方式采购。

  （9）A．为在中国境外使用而进行采购的
  B．招标后没有供应商投标或者没有合格标的或者重新招标未能成立的
  C．具有特殊性，只能从有限范围的供应商处采购的
  D．采用招标所需时间不能满足用户紧急需要的

- 依据《中华人民共和国政府采购法（2014 修订）》，采用竞争性谈判方式采购的，应当遵循下列程序___（10）___。

  ①成立谈判小组　②谈判　③确定成交供应商　④确定邀请参加谈判的供应商名单
  ⑤制定谈判文件

  （10）A．①②③④⑤　　　　　　　　B．①⑤②④③
  C．①⑤④②③　　　　　　　　D．①④⑤②③

- 以下对于专利法的描述，不正确的是___（11）___。
  - （11）A．2020 年 10 月 17 日第四次修正的《中华人民共和国专利法》通过，并于 2021 年 6 月 1 日正式实施
    - B．执行本单位的任务或者主要是利用本单位的物质技术条件所完成的发明创造为职务发明创造，职务发明创造申请专利的权利属于该单位
    - C．专利权授予最先申请的人
    - D．发明专利权的期限为二十年，实用新型专利权和外观设计专利权的期限为八年，均自申请日起计算

- 以下对于著作权的说法，错误的是___（12）___。
  - （12）A．中国公民、法人或者非法人组织的作品，不论是否发表，依照本法享有著作权
    - B．公民为完成法人或者非法人组织工作任务所创作的作品是职务作品，除本条第二款的规定以外，著作权由作者享有，但法人或者非法人组织有权在其业务范围内优先使用
    - C．受委托创作的作品，著作权的归属由委托人和受托人通过合同约定。合同未作明确约定或者没有订立合同的，著作权属于受托人
    - D．作者的署名权、修改权、保护作品完整权的保护期限为 10 年

- 根据著作权法相关规定，著作权属于公民时，发表权的保护期为___（13）___。
  - （13）A．10 年　　　　　　　　　　　　B．20 年
    - C．50 年　　　　　　　　　　　　D．作者终生及其死亡后的 50 年

- 《中华人民共和国网络安全法》已由中华人民共和国第十二届全国人民代表大会常务委员会第二十四次会议于 2016 年 11 月 7 日通过，现予公布，自___（14）___起施行。
  - （14）A．2017 年 6 月 1 日　　　　　　B．2017 年 7 月 1 日
    - C．2018 年 3 月 11 日　　　　　　D．2018 年 6 月 1 日

- ___（15）___负责统筹协调网络安全工作和相关监督管理工作。
  - （15）A．国务院电信主管部门　　　　　B．国家网信部门
    - C．国家安全中心　　　　　　　　D．国家公安部门

- 建设、运营网络或者通过网络提供服务，应当依照法律、行政法规的规定和国家标准的强制性要求，采取技术措施和其他必要措施，保障网络安全、稳定运行，有效应对网络安全事件，防范网络违法犯罪活动，维护网络数据的___（16）___、保密性、可用性。
  - （16）A．完整性　　　　　　　　　　　B．稳定性
    - C．可控性　　　　　　　　　　　D．及时性

- ___（17）___依照本法和有关法律、行政法规的规定，负责统筹协调网络数据安全和相关监管工作。
  - （17）A．工信部　　　　　　　　　　　B．公安部
    - C．国资委　　　　　　　　　　　D．网信办

- 老赵和老王两人分别独立开发出相同主题的差速锁，但甲完成在先，乙完成在后。依据专利法规定，___(18)___。
  - (18) A．甲享有专利申请权，乙不享有
  - B．甲不享有专利申请权，乙享有
  - C．甲、乙都享有专利申请权
  - D．甲、乙都不享有专利申请权

答案及解析

（1）**答案：D** 解析 根据《中华人民共和国民法典》第四百六十九条 当事人订立合同，可以采用书面形式、口头形式或者其他形式。书面形式是合同书、信件、电报、电传、传真等可以有形地表现所载内容的形式。以电子数据交换、电子邮件等方式能够有形地表现所载内容，并可以随时调取查用的数据电文，视为书面形式。

（2）**答案：B** 解析 根据《中华人民共和国民法典》第四百九十二条 承诺生效的地点为合同成立的地点。

采用数据电文形式订立合同的，收件人的主营业地为合同成立的地点；没有主营业地的，其住所地为合同成立的地点。当事人另有约定的，按照其约定。

- 第四百九十八条 对格式条款的理解发生争议的，应当按照通常理解予以解释。对格式条款有两种以上解释的，应当作出不利于提供格式条款一方的解释。格式条款和非格式条款不一致的，应当采用非格式条款。

- 第五百零一条 当事人在订立合同过程中知悉的商业秘密或者其他应当保密的信息，无论合同是否成立，不得泄露或者不正当地使用；泄露、不正当地使用该商业秘密或者信息，造成对方损失的，应当承担赔偿责任。

- 第五百零六条 合同中的下列免责条款无效：
（一）造成对方人身损害的；
（二）因故意或者重大过失造成对方财产损失的。

- 第五百零七条 合同不生效、无效、被撤销或者终止的，不影响合同中有关解决争议方法的条款的效力。

（3）**答案：A** 解析 《中华人民共和国民法典》第五百一十一条 当事人就有关合同内容约定不明确，依据前条规定仍不能确定的，适用下列规定：

（一）质量要求不明确的，按照强制性国家标准履行；没有强制性国家标准的，按照推荐性国家标准履行；没有推荐性国家标准的，按照行业标准履行；没有国家标准、行业标准的，按照通常标准或者符合合同目的的特定标准履行。

（二）价款或者报酬不明确的，按照订立合同时履行地的市场价格履行；依法应当执行政府定价或者政府指导价的，依照规定履行。

（三）履行地点不明确，给付货币的，在接受货币一方所在地履行；交付不动产的，在不动产所在地履行；其他标的，在履行义务一方所在地履行。

（四）履行期限不明确的，债务人可以随时履行，债权人也可以随时请求履行，但是应当给对

方必要的准备时间。

（五）履行方式不明确的，按照有利于实现合同目的的方式履行。

（六）履行费用的负担不明确的，由履行义务一方负担；因债权人原因增加的履行费用，由债权人负担。

（4）**答案：B** 解析 《中华人民共和国招标投标法》中的相关条款如下：第十九条　招标人应当根据招标项目的特点和需要编制招标文件。招标文件应当包括招标项目的技术要求、对投标人资格审查的标准、投标报价要求和评标标准等所有实质性要求和条件以及拟签订合同的主要条款。国家对招标项目的技术、标准有规定的，招标人应当按照其规定在招标文件中提出相应要求。招标项目需要划分标段、确定工期的，招标人应当合理划分标段、确定工期，并在招标文件中载明。

第二十八条　投标人应当在招标文件要求提交投标文件的截止时间前，将投标文件送达投标地点。招标人收到投标文件后，应当签收保存，不得开启。投标人少于三个的，招标人应当依照本法重新招标。在招标文件要求提交投标文件的截止时间后送达的投标文件，招标人应当拒收。

第四十八条　中标人应当按照合同约定履行义务，完成中标项目。中标人不得向他人转让中标项目，也不得将中标项目肢解后分别向他人转让。中标人按照合同约定或者经招标人同意，可以将中标项目的部分非主体、非关键性工作分包给他人完成。接受分包的人应当具备相应的资格条件，并不得再次分包。中标人应当就分包项目向招标人负责，接受分包的人就分包项目承担连带责任。根据上述规定可知，选项 A、C、D 不符合招标投标法的规定，因此应选 B 项。

（5）**答案：D** 解析 根据《中华人民共和国招标投标法》第三条　在中华人民共和国境内进行下列工程建设项目包括项目的勘察、设计、施工、监理以及与工程建设有关的重要设备、材料等的采购，必须进行招标：

（一）大型基础设施、公用事业等关系社会公共利益、公众安全的项目；

（二）全部或者部分使用国有资金投资或者国家融资的项目；

（三）使用国际组织或者外国政府贷款、援助资金的项目。

前款所列项目的具体范围和规模标准，由国务院发展计划部门会同国务院有关部门制订，报国务院批准。

法律或者国务院对必须进行招标的其他项目的范围有规定的，依照其规定。

（6）**答案：B** 解析 招标代理机构应当具备下列条件：

（一）有从事招标代理业务的营业场所和相应资金；

（二）有能够编制招标文件和组织评标的相应专业力量。

(1)《中华人民共和国招标投标法》第十四条　招标代理机构与行政机关和其他国家机关不得存在隶属关系或者其他利益关系。

(2)《中华人民共和国招标投标法》第十二条　招标人有权自行选择招标代理机构，委托其办理招标事宜。任何单位和个人不得以任何方式为招标人指定招标代理机构。

招标人具有编制招标文件和组织评标能力的，可以自行办理招标事宜。任何单位和个人不得强制其委托招标代理机构办理招标事宜。

（7）**答案：D** 解析 《中华人民共和国政府采购法》第十条　政府采购应当采购本国货物、

工程和服务。但有下列情形之一的除外：

（一）需要采购的货物、工程或者服务在中国境内无法获取或者无法以合理的商业条件获取的；

（二）为在中国境外使用而进行采购的；

（三）其他法律、行政法规另有规定的。

第十九条　采购人可以委托经国务院有关部门或者省级人民政府有关部门认定资格的采购代理机构，在委托的范围内办理政府采购事宜。

采购人有权自行选择采购代理机构，任何单位和个人不得以任何方式为采购人指定采购代理机构。

第二十六条　政府采购采用以下方式：

（一）公开招标；

（二）邀请招标；

（三）竞争性谈判；

（四）单一来源采购；

（五）询价；

（六）国务院政府采购监督管理部门认定的其他采购方式。

公开招标应作为政府采购的主要采购方式。

第三十一条　符合下列情形之一的货物或者服务，可以依照本法采用单一来源方式采购：

（一）只能从唯一供应商处采购的；

（二）发生了不可预见的紧急情况不能从其他供应商处采购的；

（三）必须保证原有采购项目一致性或者服务配套的要求，需要继续从原供应商处添购，且添购资金总额不超过原合同采购金额百分之十的。

第四十二条　采购人、采购代理机构对政府采购项目每项采购活动的采购文件应当妥善保存，不得伪造、变造、隐匿或者销毁。采购文件的保存期限为从采购结束之日起至少保存十五年。

第四十七条　政府采购项目的采购合同自签订之日起七个工作日内，采购人应当将合同副本报同级政府采购监督管理部门和有关部门备案。

（8）**答案：A　解析**　《中华人民共和国政府采购法》第二十六条　政府采购采用以下方式：

（一）公开招标；

（二）邀请招标；

（三）竞争性谈判；

（四）单一来源采购；

（五）询价；

（六）国务院政府采购监督管理部门认定的其他采购方式。

公开招标应作为政府采购的主要采购方式。

（9）**答案：C　解析**　《中华人民共和国政府采购法》第二十九条　符合下列情形之一的货物或者服务，可以依照本法采用邀请招标方式采购：

（一）具有特殊性，只能从有限范围的供应商处采购的；

（二）采用公开招标方式的费用占政府采购项目总价值的比例过大的。

（10）**答案：C　解析**　根据《中华人民共和国政府采购法》第三十八条的规定，采用竞争性谈判方式采购的，应当遵循下列程序：①成立谈判小组；②制定谈判文件；③确定邀请参加谈判的供应商名单；④谈判；⑤确定成交供应商。

（11）**答案：D　解析**　2020年10月17日第四次修正的《中华人民共和国专利法》通过，并于2021年6月1日正式实施。

第二条　本法所称的发明创造是指发明、实用新型和外观设计。发明，是指对产品、方法或者其改进所提出的新的技术方案。实用新型，是指对产品的形状、构造或者其结合所提出的适于实用的新的技术方案。外观设计，是指对产品的整体或者局部的形状、图案或者其结合以及色彩与形状、图案的结合所作出的富有美感并适于工业应用的新设计。

第六条　执行本单位的任务或者主要是利用本单位的物质技术条件所完成的发明创造为职务发明创造。职务发明创造申请专利的权利属于该单位，申请被批准后，该单位为专利权人。该单位可以依法处置其职务发明创造申请专利的权利和专利权，促进相关发明创造的实施和运用。

非职务发明创造，申请专利的权利属于发明人或者设计人；申请被批准后，该发明人或者设计人为专利权人。

两个以上的申请人分别就同样的发明创造申请专利的，专利权授予最先申请的人。

第四十二条　发明专利权的期限为二十年，实用新型专利权的期限为十年，外观设计专利权的期限为十五年，均自申请日起计算。

（12）**答案：D　解析**　根据《中华人民共和国著作权法》第二条　中国公民、法人或者非法人组织的作品，不论是否发表，依照本法享有著作权。

第十八条　自然人为完成法人或者非法人组织工作任务所创作的作品是职务作品，除本条第二款的规定以外，著作权由作者享有，但法人或者非法人组织有权在其业务范围内优先使用。作品完成两年内，未经单位同意，作者不得许可第三人以与单位使用的相同方式使用该作品。

有下列情形之一的职务作品，作者享有署名权，著作权的其他权利由法人或者非法人组织享有，法人或者非法人组织可以给予作者奖励：

（一）主要是利用法人或者非法人组织的物质技术条件创作，并由法人或者非法人组织承担责任的工程设计图、产品设计图、地图、示意图、计算机软件等职务作品；

（二）报社、期刊社、通讯社、广播电台、电视台的工作人员创作的职务作品；

（三）法律、行政法规规定或者合同约定著作权由法人或者非法人组织享有的职务作品。

第十九条　受委托创作的作品，著作权的归属由委托人和受托人通过合同约定。合同未作明确约定或者没有订立合同的，著作权属于受托人。

第二十条　作品原件所有权的转移，不改变作品著作权的归属，但美术、摄影作品原件的展览权由原件所有人享有。

作者将未发表的美术、摄影作品的原件所有权转让给他人，受让人展览该原件不构成对作者发表权的侵犯。

第二十二条 作者的署名权、修改权、保护作品完整权的保护期不受限制。

（13）**答案：D** **解析** 根据《中华人民共和国著作权法》第二十三条 自然人的作品，其发表权、本法第十条第一款第五项至第十七项规定的权利的保护期为作者终生及其死亡后五十年，截止于作者死亡后第五十年的 12 月 31 日；如果是合作作品，截止于最后死亡的作者死亡后第五十年的 12 月 31 日。

法人或者非法人组织的作品、著作权（署名权除外）由法人或者非法人组织享有的职务作品，其发表权的保护期为五十年，截止于作品创作完成后第五十年的 12 月 31 日；本法第十条第一款第五项至第十七项规定的权利的保护期为五十年，截止于作品首次发表后第五十年的 12 月 31 日，但作品自创作完成后五十年内未发表的，本法不再保护。

视听作品，其发表权的保护期为五十年，截止于作品创作完成后第五十年的 12 月 31 日；本法第十条第一款第五项至第十七项规定的权利的保护期为五十年，截止于作品首次发表后第五十年的 12 月 31 日，但作品自创作完成后五十年内未发表的，本法不再保护。

（14）**答案：A** **解析** 《中华人民共和国网络安全法》已由中华人民共和国第十二届全国人民代表大会常务委员会第二十四次会议于 2016 年 11 月 7 日通过，现予公布，自 2017 年 6 月 1 日起施行。

（15）**答案：B** **解析** 《中华人民共和国网络安全法》第八条 国家网信部门负责统筹协调网络安全工作和相关监督管理工作。国务院电信主管部门、公安部门和其他有关机关依照本法和有关法律、行政法规的规定，在各自职责范围内负责网络安全保护和监督管理工作。

县级以上地方人民政府有关部门的网络安全保护和监督管理职责，按照国家有关规定确定。

（16）**答案：A** **解析** 《中华人民共和国网络安全法》第十条 建设、运营网络或者通过网络提供服务，应当依照法律、行政法规的规定和国家标准的强制性要求，采取技术措施和其他必要措施，保障网络安全、稳定运行，有效应对网络安全事件，防范网络违法犯罪活动，维护网络数据的完整性、保密性和可用性。

（17）**答案：D** **解析** 《中华人民共和国网络安全法》第六条 各地区、各部门对本地区、本部门工作中收集和产生的数据及数据安全负责。

工业、电信、交通、金融、自然资源、卫生健康、教育、科技等主管部门承担本行业、本领域数据安全监管职责。

公安机关、国家安全机关等依照本法和有关法律、行政法规的规定，在各自职责范围内承担数据安全监管职责。

国家网信部门依照本法和有关法律、行政法规的规定，负责统筹协调网络数据安全和相关监管工作。

（18）**答案：C** **解析** 根据《中华人民共和国专利法》第九条，两个以上的申请人分别就同样的发明创造申请专利的，专利权授予最先申请的人。因此，甲乙二人都具有申请权，但是专利权授予二人当中最先申请专利权的人。

24.2 标准规范

- 《信息技术　软件工程术语》（GB/T 11457—2006）中不包括＿＿(1)＿＿。
  （1）A. 验收准则　　　　B. 验收测试　　　C. 审计　　　　D. 验证
- 在《信息技术　软件生存周期过程》（GB/T 8566）中，"评审需求；准备投标；签订合同；制订并实施项目计划；开展评审及评价；交付产品"指的是＿＿(2)＿＿。
  （2）A. 获取过程　　　　B. 供应过程　　　C. 开发过程　　D. 运作过程
- 软件生存周期的组织过程包括＿＿(3)＿＿。
  （3）A. 基础设施过程　　　　　　　　B. 人力资源过程
  　　　C. 资产管理过程　　　　　　　　D. 以上都是
- 在云计算相关标准中，＿＿(4)＿＿规定了平台即服务（PaaS）参考架构的术语定义和缩略语、图例说明、PaaS 参考架构概念、PaaS 用户视图和功能视图。
  （4）A. GB/T 32399　　B. GB/T 35301　　C. GB/T 35293　　D. GB/T 32400
- 在信息技术服务标准中，＿＿(5)＿＿建立了信息技术服务质量模型，规定了信息技术服务质量评价指标、测量方法以及质量评价过程等。
  （5）A. GB/T 33850　　B. GB/T 37696　　C. GB/T 37961　　D. GB/T 39770

答案及解析

（1）**答案：D**　解析　《信息技术　软件工程术语》（GB/T 11457—2006）中包括以下内容。

术语	解释
验收准则	软件产品要符合某一测试阶段必须满足的准则，或软件产品满足交货要求的准则
验收测试	确定一系统是否符合其验收准则，使客户能确定是否接收系统
审计	为评估是否符合软件需求、规格说明、基线、标准、过程、指令、代码和标准或其他的合同和特殊要求是否恰当和被遵守，以及其实现是否有效而进行的活动
代码审计	由某人、某小组或借助某种工具对源代码进行的独立的审查，以验证其是否符合软件设计文件和程序设计标准。还可能对正确性和有效性进行估计
配置审计	证明所要求的全部配置项均已产生出来，当前的配置与规定的需求相符。技术文件说明书完全而准确地描述了各个配置项目，并且曾经提出的所有更动请求均已得到解决的过程
认证	一个系统、部件或计算机程序符合其规定的需求，对操作使用是可接受的一种书面保证
走查	一种静态分析技术或评审过程，在此过程中，设计者或程序员引导开发组的成员通读已书写的设计或编码，其他成员负责提出问题并对有关技术、风格、可能的错误、是否违背开发标准等方面进行评论

续表

术语	解释
鉴定	一个正式的过程，通过这个过程确定系统或部件是否符合它的规格说明，是否可在目标环境中适合于操作使用
桌面检查	对程序执行情况进行人工模拟，用逐步检查源代码中有无逻辑或语法错误的办法来检测故障
评价	决定某产品、项目、活动或服务是否符合它的规定的准则的过程

（2）**答案：B** 解析 软件生存周期过程建立了一个公共框架，供软件工业界使用。该标准包括了在含有软件的系统、独立软件产品和软件服务的获取期间以及在软件产品的供应、开发、运行和维护期间需应用的过程、活动和任务。此外，该标准还规定了用来定义、控制和改进软件生存周期的过程。主要过程内容见下表。

过程名		主要活动和任务描述
主要过程	获取过程	定义、分析需求或委托供方进行需求分析而后认可；招标准备；合同准备以及验收
	供应过程	评审需求；准备投标；签订合同；制订并实施项目计划；开展评审及评价；交付产品
	开发过程	过程实施；系统需求分析；系统结构设计；软件需求分析；软件结构设计；软件详细设计；软件编码和测试；软件集成；软件合格测试；系统集成；系统合格测试；软件安装及软件验收支持
	运作过程	过程实施（制订并实施运行计划）；运行测试；系统运行；对用户提供帮助和咨询
	维护过程	问题和变更分析；实施变更；维护评审及维护验收；软件移植及软件退役

（3）**答案：D** 解析 软件生存周期的组织过程内容见下表。

组织过程		
	管理过程	制订计划；监控计划的实施；评价计划实施；涉及有关过程的产品管理、项目管理和任务管理
	基础设施过程	为其他过程所需的硬件、软件、工具、技术、标准，以及开发、运行或维护所用的各种基础设施的建立和维护服务
	改进过程	对整个软件生存周期过程进行评估、度量、控制和改进
	人力资源过程	过程实施、定义培训需求、补充合格的员工、评价员工绩效、建立项目团队需求、知识管理
	资产管理过程	过程实施、资产存储和检索定义、资产的管理和控制
	重用大纲管理过程	启动、领域标识、重用评估、策划、执行和控制、评审和评价
	领域工程过程	过程实施、领域分析、领域设计、资产供应、资产维护

（4）**答案：B** 解析 云计算相关标准主要有《信息技术 云计算 概览与词汇》（GB/T 32400）、《信息技术 云计算 参考架构》（GB/T 32399）等标准。现行主要云计算相关标准见下页表。

标准编号	标准名称	主要内容	适用范围	类别
GB/T 32400	信息技术 云计算 概览与词汇	该标准给出了云计算概览、云计算相关术语及定义。该标准为云计算标准提供了术语基础	该标准适用于各类组织（例如企业、政府机关和非营利性组织）	国家标准
GB/T 32399	信息技术 云计算 参考架构	该标准规定了云计算参考架构（CCRA），包括云计算角色、云计算活动、云计算功能组件以及它们之间的关系	该标准适用于云计算架构参考使用	国家标准
GB/T 35301	信息技术 云计算 平台即服务（PaaS）参考架构	该标准规定了平台即服务（PaaS）参考架构的术语定义和缩略语、图例说明、PaaS 参考架构概念、PaaS 用户视图和功能视图	该标准适用于 PaaS 云计算系统的设计、实现、部署和使用	国家标准
GB/T 35293	信息技术 云计算 虚拟机管理通用要求	该标准规定了虚拟机的基本管理与调度、监控与告警、可用性和可靠性、安全性等管理通用技术要求	该标准适用于虚拟机相关产品的设计、开发、测评、使用等	国家标准

（5）**答案：A** **解析** 现行主要信息技术服务通用标准见下表。

标准编号	标准名称	主要内容	适用范围	类别
GB/T 29264	信息技术服务 分类与代码	该标准规定了信息技术服务的分类与代码，是信息技术服务分类、管理和编目的准则，为信息技术服务体系的建立提供了范围基础	该标准适用于信息技术服务的信息管理及信息交换，供科研、规划等工作使用	国家标准
GB/T 33850	信息技术服务 质量评价指标体系	该标准建立了信息技术服务质量模型，规定了信息技术服务质量评价指标、测量方法以及质量评价过程等	该标准适用于对信息技术服务质量进行评价	国家标准
GB/T 37696	信息技术服务 从业人员能力评价要求	该标准规定了信息技术服务从业人员的职业种类、能力要素等级和评价方法	该标准适用于对信息技术服务从业人员的能力评价与培养	国家标准
GB/T 37961	信息技术服务 服务基本要求	该标准规定了信息技术服务中服务过程基本要求、信息技术咨询、设计与开发、信息系统集成实施、运行维护、数据处理和存储、运营等服务的活动内容和成果要求	该标准适用于服务供方和需方确立服务内容及签署合同	国家标准
GB/T 39770	信息技术服务 服务安全要求	该标准提出了信息技术服务安全模型，规定了安全总则、生存周期和能力要素的安全要求	该标准适用于对信息技术服务提供方、服务需求方和第三方	国家标准

第25章
案例分析

试题一

阅读下列说明，回答问题 1 至问题 4。

【说明】某公司承接了某银行业务系统的软件开发项目，质量要求非常高，为确保项目顺利完成，项目经理小赵和项目组成员制订了范围管理计划，并参照公司其他项目制订了项目的质量管理计划，为了确保质量达标，他预留了大量时间，以便开展充分的测试工作。

小赵安排项目组的小李和小张与银行方接口人对接，发现该项目与大部分银行的项目需求类似，项目组参照之前完成的类似项目编写了《需求规格说明书》，随后项目经理小赵召集部分骨干人员对项目进行 WBS 分解。分解完成后，项目组进入了紧张的开发工作，历经三个月，开发工作完成。第一轮测试，发现了 70 个缺陷。项目组对发现的缺陷进行了修改，又重新提交了测试。第二轮又发现了 100 多个缺陷，就这样反复修改和测试，直到第六轮，发现了 3 三个缺陷。各轮发现的缺陷数如下：

轮数	第一轮	第二轮	第三轮	第四轮	第五轮	第六轮
缺陷数	70	117	89	54	158	33

这时，小赵终于松了一口气，由于第六轮只剩下 3 三个缺陷，他觉得测试工作应该很快就会结束了。

系统开始上线试运行，发现诸多问题，银行方反馈有部分业务流程与该银行业务处理规范不一致。另外，系统的界面也未考虑前台营业人员的操作习惯，一个简单的业务需要多次点击鼠标；页面的访问和加载速度慢，远远低于同类系统指标，要求项目组重新完善。眼看合同工期即将到期，小赵心急如焚。

【问题1】请分析此项目的范围管理过程和质量管理过程中存在哪些问题。（各答三条即可满分）

【问题2】请问"小赵觉得测试工作很快就会结束了"的结论是否正确？并分析原因。

【问题3】请写出详细的项目范围说明书的内容及作用。

【问题4】结合案例，把正确的选项填入相应的位置。

项目管理团队应了解的与统计相关的术语包括：

___(1)___——保证过程中不出现错误；___(2)___——保证错误不落到客户手中；___(3)___——结果的可接受范围；___(4)___——在统计意义上稳定的过程或过程绩效的普通偏差的边界。

A．检查
B．公差
C．预防
D．控制界限

试题二

阅读下列说明，回答问题1至问题4。

【说明】某政府部门拟建设一个新的信息管理系统。项目主要负责人希望该系统与政府部门正在建设的新办公大楼能够同期投入使用，因此该部门将原来预计的信息管理系统的开发时间压缩了五个月，然后据此制定了招标文件并进行了招标。

A公司长期从事系统集成项目，但是并不具备信息管理系统的开发经验。在参与此项目的招投标时，虽然认为项目风险较大，但为了企业的业务发展，还是觉得应该投标，并最终中标。

张工被任命为该项目的项目经理。考虑到该公司对此类项目尚无成熟案例，他认为做好项目风险管理很重要，就参照以前的项目模板，编制了一个项目风险管理计划，经公司领导签字后就下发各小组实施。但随着项目的进行，各成员发现项目中面临的问题与风险管理计划缺乏相关性，就按照各自理解对实际风险采取应对措施，导致项目绩效较差，未能按期交付系统，项目款项也迟迟不能收回。

【问题1】请指出张工在该项目风险管理方面存在哪些问题。

【问题2】结合案例，请指出交付绩效域可以实现的预期目标和绩效要点。

【问题3】项目中必然存在不确定性，请结合案例写出不确定性的应对方法。

【问题4】请将下面（1）～（5）处的答案补全。

风险应对措施的规划和实施不应只针对单个项目风险，还应针对整体的项目风险。整体项目风险应对策略有：___(1)___、___(2)___、___(3)___、___(4)___、___(5)___。

试题三

阅读下列说明，回答问题1至问题4。

【说明】某工程项目部分信息见下表。

活动名称	紧前活动	工期	赶工工期
A	/	10	10
B	/	8	6
C	A、B	6	6
D	B	16	12
E	C	24	24
F	D、E	4	4
G	F	4	2
H	F	10	8
I	F	4	3
J	G	12	8
K	H、I、J	16	12
L	C	8	6
M	L	24	24
N	K、M	4	2

【问题1】
（1）画出项目的双代号网络图。
（2）写出项目的关键路径及总工期。

【问题2】假设项目总成本为150万元，按各活动的工期长短进行分配，各活动每天成本相同。工程执行到第40天结束，项目经理发现M已完成三分之一，D和E已完成，F尚未开始，实际花费的成本为100万元。请计算项目的成本绩效和进度绩效，并说明项目此时的绩效情况。

【问题3】若要求该项工程在70天内完工，可能需要压缩的活动有哪些？

【问题4】请写出资源平衡和资源平滑的区别。

试题四

阅读下列说明，回答问题1至问题4。

【说明】2022年5月，A公司中标了某银行信息安全管理系统开发项目，工期7个月。由于王工刚成功地领导一个10人的项目团队完成了一个某国有企业的信息安全管理系统项目，因此公司安排王工带领原来的团队负责该项目，王工任项目经理。

王工认为，该项目时间紧，任务重，想要在预定的期限内完成开发工作，必须要有足够的资源保障。为此，王工根据经验判断，项目组除了原有成员外，还需招聘两名有银行业务系统开发经验的团队成员，为了保险起见，王工向公司人力资源管理部门提出招聘三人的要求。

人员招聘到位后，项目开始实施，为了保证项目进度，王工加强了监督，要求所有团队成员每天上报工作进展，导致团队成员怨言较大，同时由于该项目与之前完成的项目虽然均为信息安全管理项目，但开发任务和要求大相径庭，有的团队成员工作量很大，甚至加班也未能跟上进度，但有些成员的工作量较少，但绩效考核是按项目整体进度进行，导致有些团队成员产生不满，认为不公平。且项目团队原成员和新加入成员之间经常发生争执，对发生的错误相互推诿。项目团队原成员认为新加入的成员效率低下，延误项目进度；新加入成员则认为项目团队原成员倚老卖老，不好沟通。王工认为每个人的工作量不可能完全一样，有些波动是正常的，对于新老团队成员的冲突，王工认为冲突是不可避免的，所以就选择了息事宁人的态度，在大会上强调所有团队成员要相互谦让，同心协力把项目做好。

项目实施三个月后，王工发现大家汇报的项目进度言过其实，进度远没有达到计划目标，项目已陷入困境。

【问题1】请指出本项目资源管理方面存在的问题。

【问题2】为了最有效地开展工作，你认为项目经理需要重点关注的关键技能有哪些？并具体说明其内容和作用。

【问题3】针对项目目前的状况，在项目人力资源管理方面王工可以采取哪些补救措施？

【问题4】请将下面（1）～（4）处的答案补全。

有5种常用的冲突解决方法，每种技巧都有各自的作用和用途。其中：

_____（1）_____强调一致而非差异；为维持和谐与关系而退让一步，考虑其他方的需要。

_____（2）_____为了暂时或部分解决冲突，寻找能让各方都在一定程度上满意的方案，但这种方法有时会导致"双输"局面。

_____（3）_____方法通常会导致"赢-输"局面。

_____（4）_____方法可以带来双赢局面。

试题五

阅读下列说明，回答问题1至问题4。

【说明】2023年3月，A公司中标了某大型国企的办公大楼的信息化工程项目，项目整体交付时间为2023年9月，按照资源配置和专业分工，公司将项目初步拆为智慧安防、智慧机房、综合布线、楼宇管理等7个子项目，并成立了以副总经理牵头的协同小组负责管理这7个启动时间不一、关键节点不一却又内部互有关联的项目，组成项目集。

在智慧安防子项目开展过程中，考虑到成本问题，该子项目经理小王决定对所需摄像机进行外购，并在竞标的几个供应商里选择了报价最低的B公司，并签订了合同，合同约定交货周期为三个月，且B公司在合同中增加了预付全部货款才能按时发货的条款，小王同意了对方的要求。前期工作进展顺利，临近交货日期，B公司提出，因为最近公司订单太多，只能按时支付80%的货物，经过几次催促，B公司才答应按时全部交货，产品进入现场后，安装人员发现摄像机有大量残次品，小王与B公司交涉多次，相关问题都没有得到解决，甲方很不满意。

【问题1】结合案例，请指出智慧安防子项目在采购管理方面存在的问题。

【问题2】结合案例，从定义、成果两个方面上阐述项目、项目集、项目组合的差异。

【问题3】请写出项目采购管理包含的过程，并描述每个过程的主要作用。

【问题4】请判断以下描述是否正确（正确的选项填写"√"，不正确的选项填写"×"）：

1. 如果工作性质清楚，但范围不是很清楚，而且工作不复杂，又需要快速签订合同，一般使用成本补偿合同。（　　）

2. 项目集要分为三个主要阶段来实施，包括项目集定义阶段、项目集交付阶段和项目集收尾阶段。（　　）

3. 出现索赔事项时，索赔方以书面的索赔通知书形式，在索赔事项发生后的天 14 以内，向监理工程师正式提出索赔意向通知。（　　）

试题六

阅读下列说明，回答问题1至问题4。

【说明】某公司技术人员人力成本见下表。

人力成本	职位			
	分析师	设计师	程序员	测试工程师
日均成本/元	350	300	400	300

项目经理根据项目总体要求制订了某项目的网络资源计划图，如下图所示（单位为日，为简化起见，不考虑节假日）并向公司申请了 2 名分析师负责需求分析，3 名设计师负责系统设计，10 名程序员负责子系统开发和集成，2 名测试工程师负责系统测试和发布。项目经理估算总人力成本为 27400 元。

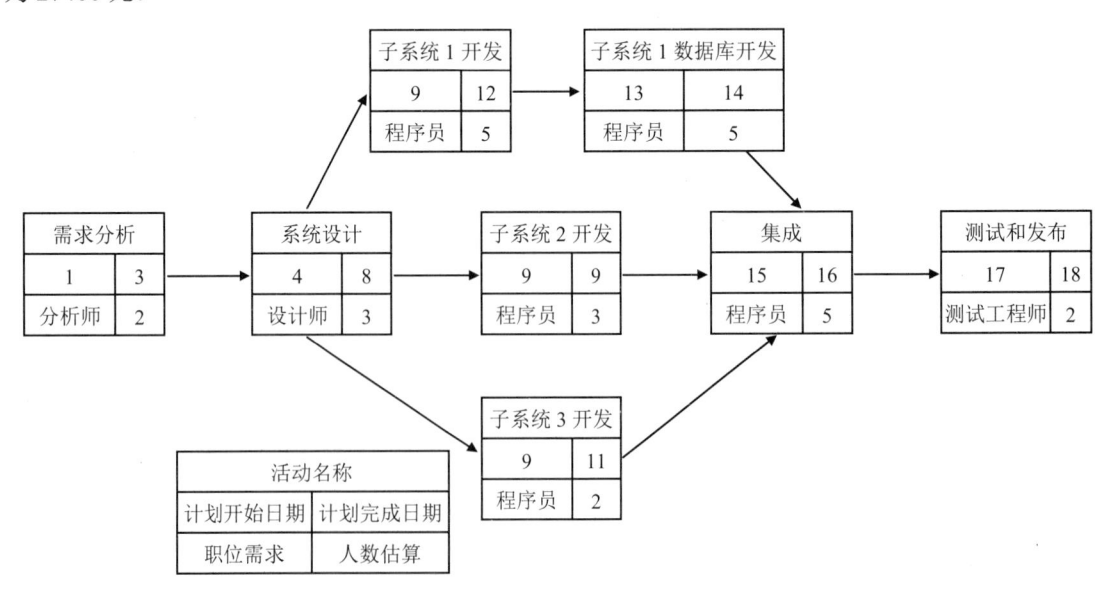

子系统1开发		
9	12	
程序员	5	

子系统1数据库开发		
13	14	
程序员	5	

需求分析		
1	3	
分析师	2	

系统设计		
4	8	
设计师	3	

子系统2开发		
9	9	
程序员	3	

集成		
15	16	
程序员	5	

测试和发布		
17	18	
测试工程师	2	

子系统3开发		
9	11	
程序员	2	

活动名称	
计划开始日期	计划完成日期
职位需求	人数估算

【问题1】成本估算中的估算方法有哪些？

【问题2】第 9 日的工作结束时，项目组已完成需求分析、系统设计工作，子系统 1 的开发完成了四分之一，子系统 3 的开发完成了三分之一，其余工作尚未开展，此时人力部门统计应支付总人力成本 9400 元。请评价项目当前的进度绩效和成本绩效，给出调整措施，并预测原计划继续执行所需要的 ETC（完工尚需成本）。

【问题3】假设每名项目组成员均可胜任分析、设计、开发、集成、测试和发布工作，在不影响工期的前提下，可重新安排有关活动的顺序以减少项目所需人数，此种情况下，该项目最少需要___（1）___人，子系统 3 的开发最晚应在第___（2）___日开始。

【问题4】人员流失对项目的影响是巨大的，请叙述防止人员流失的方法。

试题七

阅读下列说明，回答问题 1 至问题 5。

【说明】鉴于配置管理在信息系统集成和 IT 运维项目中的重要作用，某企业计划在企业层面统一建立配置库，以规范公司的配置管理，并责成公司的商务经理杨工兼任公司的配置经理，全面组织和协调公司的配置管理事项。杨工接到任务后，按照公司目前系统集成和运维的架构，将配置库分为系统集成项目配置库和运维项目配置库，不过这种配置库管理只是从名称方面进行了区分，实际上只有一个配置库。由于公司大部分运维项目来自于公司的系统集成部，所以底层数据是共享的，没有分割开来，运维人员和系统集成人员经常针对同一个配置项进行修改。

在配置库运行四个月之后，公司组织了一次对配置库的审计，发现配置库存在大量的问题，杨工面对这样的局面，对自己在配置管理中的角色也感到非常迷茫。他收集了目前公司配置库管理方面存在的问题，这些问题比较突出地体现在以下几个方面：

（1）有的项目组将配置项细化到了软件产品的模块，而有的项目组以项目简单为由，根本没有进行配置管理，并且各项目组内部对配置管理的需求也不统一，随时间变化波动较大。

（2）很多开发人员和运维人员不知道在不同的库里应该放置什么内容，而且各种配置项的配置格式也不统一，导致配置库难以达到预期的效果。

（3）配置库增删比较混乱，很多配置项还找不到最后的版本，而且很多配置内容也放置混乱，各种库的分隔管理起不到预期的效果。

【问题1】请结合以上案例，简要说明配置管理的目标和主要活动。

【问题2】请说明杨工在配置管理中存在的问题。

【问题3】根据你的理解，请指出功能配置审计和物理配置审计是什么。

【问题4】配置管理的基线一般分为_____、_____、_____。

【问题5】基于如下图所示的配置库的变更控制，请补全其中的（1）、（2）、（3）、（4）。

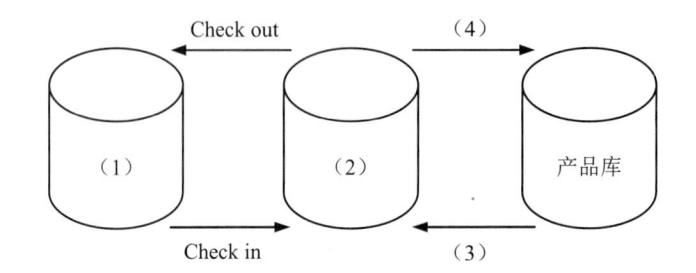

```
         Check out          (4)
    ┌───────┐  ←──  ┌───────┐  ──→  ┌───────┐
    │       │       │       │       │       │
    │ （1） │       │ （2） │       │ 产品库 │
    │       │       │       │       │       │
    └───────┘  ──→  └───────┘  ←──  └───────┘
         Check in           (3)
```

答案及解析

【试题一参考答案】

【问题1】范围管理方面存在的问题：

（1）未开展需求收集工作。

（2）需求未经评审，没有形成范围说明书。

（3）WBS分解缺少主要干系人参与。

（4）未进行范围确认，后期才发现问题。

质量管理方面存在的问题：

（1）质量管理计划没有针对性，未经干系人评审。

（2）没有制定质量指标，未就质量指标与干系人达成共识。

（3）没有开展质量管理工作，导致后期缺陷数较多。

（4）质量控制存在问题，对测试结果的认知存在误区。

【问题2】小赵的结论不正确。根据六次测试结果分析，结果波动很大，并没有呈整体下降且趋于稳定的趋势，所以不能得出下一轮测试缺陷数必然减少的结论。最后一轮测试缺陷次数虽然减少了，但是，还没有经过回归测试，新的缺陷可能还会产生。系统也没有经过集成测试，也可能还有新的缺陷产生。

【问题3】详细的项目范围说明书的内容有：

（1）产品范围描述。

（2）可交付成果。

（3）验收标准。

（4）项目的除外责任。

作用：项目范围说明书可以帮助项目团队进行更详细的规划，在执行过程中指导项目团队工作，并为评价变更请求或额外工作是否超过项目边界提供基准。

【问题4】（1）C　（2）A　（3）B　（4）D

【试题二参考答案】

【问题1】张工在该项目风险管理方面存在的问题：
（1）在没有成熟案例的情况下，参照以前模板编制的风险计划不妥，偏离项目实际情况。
（2）风险管理计划应该全员参与编制，必要时邀请相关专家以及干系人参与。
（3）没有进行风险识别，并导致实际出现的问题与风险管理计划没有相关性。
（4）没有对风险进行分析。
（5）未制订风险应对计划，按照各自理解对实际风险采取应对措施。
（6）管理过程中缺乏对风险的监督和控制。

【问题2】交付绩效域可以实现的预期目标主要包含：
（1）项目有助于实现业务目标和战略。
（2）项目实现了预期成果。
（3）在预定时间内实现了项目收益。
（4）项目团队对需求有清晰的理解。
（5）干系人接受项目可交付物和成果，并对其满意。

绩效要点包括：
（1）价值的交付。
（2）可交付物。
（3）质量。

【问题3】不确定性的应对方法如下：
（1）收集信息。
（2）为多种结果做好准备。
（3）集合设计。
（4）增加韧性。

【问题4】（1）规避　（2）开拓　（3）转移或分享　（4）减轻或提高　（5）接受

【试题三参考答案】

【问题1】
（1）双代号网络图如下：

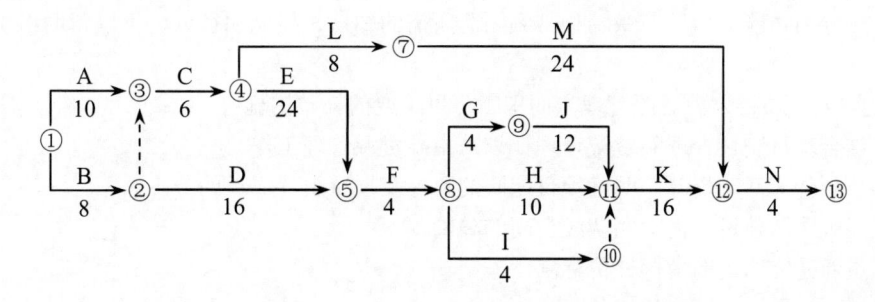

（2）关键路径为 A-C-E-F-G-J-K-N，总工期为 80 天。

【问题 2】按各活动的工期长短进行分配，各活动每天成本相同，项目进行到 40 天结束时，各活动累计天数为：10+8+6+16+24+4+4+10+4+12+16+8+24+4=150（天），即每天成本为 1 万元。

PV=A+B+C+D+E+L+16/24×M=10+8+6+16+24+8+16=88（万元）；

AC=100 万元；

EV=A+B+C+D+E+L+1/3×M=10+8+6+16+24+8+8=80（万元）；

CPI=EV/AC=80/100=0.8；

SPI=EV/PV=80/88=0.91；

因为 CPI<1，所以成本超支；SPI<1，所以进度滞后。

【问题 3】可能需要压缩的活动有：G、H、J、K、N。

【问题 4】（1）资源平衡。资源平衡是为了在资源需求与资源供给之间取得平衡，根据资源制约因素对开始日期和完成日期进行调整的一种技术。资源平衡往往导致关键路径改变。

（2）资源平滑。对进度模型中的活动进行调整，从而使项目资源需求不超过预定的资源限制的一种技术。相对于资源平衡而言，资源平滑不会改变项目的关键路径，完工日期也不会延迟。

【试题四参考答案】

【问题 1】本项目资源管理方面存在的问题：

（1）未制订资源管理计划，未对资源管理工作进行有效指导。

（2）没有结合项目实际进行有效的资源估算。

（3）未根据项目实际需求获取资源，也未对资源进行合理分配。

（4）团队建设存在问题，绩效考核不明，缺少激励措施。

（5）严格监督的方式不妥，应建立团队成员间的信任。

（6）团队管理存在问题，冲突处理方法过于简单。

（7）资源控制存在问题，未对资源进行有效管控，导致进度远远低于计划目标。

【问题 2】项目经理需要重点关注的关键技能有：

（1）项目管理技能：与项目、项目集和项目组合管理特定领域相关的知识、技能和行为，可以帮助达成项目目标。

（2）战略和商务技能：关于行业和组织的知识和专业技能，有助于提高绩效并取得更好的业务成果。

（3）领导力技能：指导、激励和带领团队所需的知识、技能和行为，可以帮助组织达成业务目标。

【问题 3】在项目人力资源管理方面王工可以采取的补救措施：

（1）结合项目制订合理的资源管理计划，指导资源管理工作。

（2）重新估算活动资源，明确项目团队的目标及项目组各成员的分工。

（3）加强团队建设，消除团队成员间的隔阂。

（4）重新建立明确的考核评价标准。

（5）加强团队管理，及时解决团队中存在的问题，正确处理冲突。
（6）加强资源管控，确保资源适时、适地可用于项目。

【问题 4】
（1）缓和/包容
（2）妥协/调解
（3）强迫/命令合作/解决问题
（4）合作/解决问题

【试题五参考答案】

【问题 1】智慧安防子项目在采购管理方面存在的问题：
（1）没有进行采购分析和制订采购管理计划。
（2）在实施采购过程中，未全面考评供应商，仅依据价格选择供应商不妥。
（3）采购合同缺少违约条款，导致后期 B 公司未履行合同时没有有效的解决方案。
（4）不能由项目经理决定预付全款。
（5）在采购控制过程中，B 公司未能按时交货时没有采取有效措施。
（6）在采购控制过程中，未对采购产品进行验收，导致安装时才发现有残次品。
（7）没有执行有效的合同索赔方式。

【问题 2】项目、项目集、项目组合在定义和成果方面的差异见下表。

	项目	项目集	项目组合
定义	项目是为创造独特的产品、服务或成果而进行的临时性工作	项目集是一组相互关联且被协调管理的项目、子项目集和项目集活动，以便获得分别管理所无法获得的效益	项目组合是为实现战略目标而组合在一起管理的项目、项目集、子项目组合和运营工作的集合
成果	项目的成功通过产品和项目的质量、时间表、预算的依从性以及客户满意度水平进行衡量	项目集的成功通过项目集向组织交付预期效益的能力以及项目集交付所述效益的效率和效果进行衡量	项目组合的成功通过项目组合的总体投资效果和实现的效益进行衡量

【问题 3】项目采购管理包含的过程及每个过程的主要作用：
（1）规划采购管理是记录项目采购决策、明确采购方法及识别潜在卖方的过程。本过程的主要作用是确定是否从项目外部获取货物和服务，如果是，则还要确定将在什么时间、以什么方式获取什么货物和服务。
（2）实施采购是获取卖方应答、选择卖方并授予合同的过程。本过程的主要作用是选定合格卖方并签署关于货物或服务交付的法律协议。
（3）控制采购是管理采购关系、监督合同绩效、实施必要的变更和纠偏，以及关闭合同的过程。本过程的主要作用是确保买卖双方履行法律协议，满足项目需求。

【问题4】

1．×（如果工作性质清楚，但范围不是很清楚，而且工作不复杂，又需要快速签订合同，则使用工料合同。）

2．√

3．×（出现索赔事项时，索赔方以书面的索赔通知书形式，在索赔事项发生后的28天以内，向监理工程师正式提出索赔意向通知。）

【试题六参考答案】

【问题1】成本估算中的估算方法有专家判断、类比估算、参数估算、自下而上做算、三点估算、数据分析、项目管理、信息系统、决策。

【问题2】由题可知，AC=9400元；

EV=需求分析+系统设计工作+子系统1开发的开发×1/4+子系统3的开发×1/3=350元×2人×3天+300元×3人×5天+400元×5人×1天+400元×2人×1天=9400元；

PV=需求分析+系统设计工作+子系统1开发的1/4+子系统2开发的1/3+子系统3开发的1/3=350元×2人×3天+300元×3人×5天+400元×5人×1天+400元×3人×1天+400元×2人×1天=10600元；

CPI=EV/AC=1　　成本刚好预算平衡，不需要调整；

SPI=EV/PV=0.89　　进度滞后；

措施：用高效人员替代低效人员、改进技术与工具、加班（赶工）或在没有风险的前提下进行快速跟进。

ETC=(BAC-EV)/CPI=(27400-9400)/1=18000（元）。

【问题3】（1）7人；（2）12日。根据题意，子系统2开发与子系统3开发由并行改为串行不影响关键路径，此时，在第9~14日，总共需要7名成员即可。子系统3开发最晚于第12日开始。

【问题4】防止人员流失的方法有：①加强沟通，项目经理应该经常和项目成员保持沟通，了解他们的情绪和想法；②激励措施，采取激励措施，鼓舞团队士气；③加强培训，提高团队成员的完成工作的能力和自信；④集中办公，增强团队成员归属感。

【试题七参考答案】

【问题1】配置管理的目标：为了系统地控制配置变更，在系统的整个生命周期中维护配置的完整性和可跟踪性。

配置管理的主要活动：制订配置管理计划、配置项识别、配置项控制、配置状态报告、配置审计、配置管理回顾与改进。

【问题2】杨工在配置管理中存在的问题主要有：①缺少制订配置管理计划；②配置管理员不应是兼职；③项目对配置库的建立只遵从形式，没有实际应用；④配置库的权限没有有效规定并建立规则；⑤配置项的变更没有遵循变更控制流程；⑥对配置项的需求定义没有定义统一的规范；⑦缺少对团队进行配置管理方面的培训；⑧没有建立有效的配置审核机制；⑨对配置项的版本管理混乱，未建立追溯机制确保需求的一致性。

【问题3】（1）功能配置审计。功能配置审计是审计配置项的一致性（配置项的实际功效是否与其需求一致），具体验证主要包括：①配置项的开发已圆满完成；②配置项已达到配置标识中规定的性能和功能特征；③配置项的操作和支持文档已完成并且是符合要求的等。

（2）物理配置审计。物理配置审计是审计配置项的完整性（配置项的物理存在是否与预期一致），具体验证主要包括：①要交付的配置项是否存在；②配置项中是否包含了所有必需的项目等。

【问题4】功能基线、分配基线、产品基线。

【问题5】（1）开发库；（2）受控库；（3）复制；（4）更新。